KRÄUTER

Dank

Die Zusammenstellung dieses Buches wäre ohne die Hilfe vieler Menschen nicht möglich gewesen. Wir danken besonders Duncan Donald, dem Kurator des Chelsea Physic Garden, der den Text sorgfältig durchsah, und Martin Rix, der die Taxonomie überprüfte und manche Frage beantwortete. Wir möchten auch den folgenden Gärten und Kräuterlieferanten danken, die es uns möglich machten, sie häufig zu besuchen und ihre Pflanzen zu fotografieren: Bateman's, Barnsley House Garden, The Chelsea Physic Garden, Eccleston Square Garden, Hollington Nursery and Garden, Iden Croft Herbs, The Royal Botanic Garden Kew, Michelham Priory, Hardwicke House, The Royal Horticultural Society Garden in Wisley, The Savill Gardens in Windsor Great Park, The Stephen Pearce Pottery, Suffolk Herbs, The Westonbirt Arboretum und der Herb Society. Unter denen, die uns auf die eine oder andere Weise geholfen haben, möchten wir danken: James Compton, Ros Forster, Harry Hay, Judith Hopkinson, Jacqui Hurst, Christopher Lloyd, Stephen Pearce und Kim Mai Mooney, Rosemary Verey, Phillippa Voss, Anne Thatcher, Phillippa Staniland. Die Autoren und Herausgeber halten die Informationen in diesem Buch zur Zeit der Drucklegung für richtig und genau. Das Buch soll kein Führer zur Selbstmedikation, das heißt, zur Selbstbehandlung mit Kräutern sein. Wenn Sie glauben, daß Ihnen eine bestimmte Pflanze bei einem bestimmten Leiden hilfreich sein könnte, sollten Sie einen Arzt konsultieren. Es ist wichtig, die Pflanzen genau zu kennen, bevor man sie in der Küche oder medizinisch verwendet. Wenn Sie auch nur den geringsten Zweifel haben, dann sollte man es nicht tun. Weder die Autoren noch der Herausgeber können irgendeine rechtliche Verantwortung oder Haftung in diesem Zusammenhang übernehmen.

Aus dem Englischen von Ilse und Peter Menzel

© Copyright für die deutschsprachige Ausgabe bei Droemersche Verlagsanstalt Th. Knaur Nachf., München 1991

Text © Roger Phillips and Nicky Foy 1990
Illustrations © Roger Phillips

Titel der englischen Originalausgabe »Herbs«
Pan Books Ltd; London

Printed in Singapore
ISBN 3-426-26525-7

KRÄUTER

Roger Phillips / Nicky Foy

Layout by Jill Bryan

DROEMER KNAUR

Für Sam, Phoebe und Amy

Inhalt

Ein Duftpfad im Suffolk-Kräutergarten

Einleitung

Die Nutzung von Kräutern als Medizin und Nahrung ist wahrscheinlich schon über 60 000 Jahre alt. Von den acht Pflanzenarten, deren Pollen man im Grab eines Neandertalers im Irak fand, wachsen sieben Arten noch heute in dieser Gegend und werden auch jetzt, im 20. Jahrhundert, noch für Heilzwecke verwendet. Kräutermedizin gab es seit Jahrtausenden bei allen Völkerstämmen der Welt, und die Kenntnis, die anfangs durch Beobachtung und durch Versuch und Irrtum – Erfolg und Mißerfolg – gewonnen wurde, wurde mündlich von Generation zu Generation weitergegeben. Manchmal wurde dieses Wissen auch aufgezeichnet, und eine der ältesten Listen ist die des chinesischen Kräuterkundigen Shen Nung, der 2800 v. Chr. ein Verzeichnis mit 366 Pflanzendrogen erstellte. Im 1. Jahrhundert n. Chr. schrieb Dioscorides sein grundlegendes Kräuterbuch, *De Materia Medica*, das zum Vorbild aller späteren Werke in diesem Bereich wurde. Im alten Griechenland versorgten die Kräutersammler, bekannt als *rhizotomoki*, das heißt Wurzelsammler, die Ärzte mit Kräutern, die sie wahrscheinlich wild sammelten. Aus England gibt es Aufzeichnungen über Heilkräuteranbau aus dem 7. Jahrhundert, und bei uns haben sicherlich die Römer, wahrscheinlich aber schon die Kelten, ebenfalls Heilkräuter angebaut. Mit der Ankunft der christlichen Mönche, deren Pflicht es war, sich um die Kranken zu kümmern, entstanden Kräutergärten in den Klöstern und damit der Anbau der meisten gebräuchlichen Heilpflanzen. Von frühester Zeit bis zum Ende des 19. Jahrhunderts verwendete man zumeist Pflanzen für die Heilbehandlung, doch im 20. Jahrhundert gerieten die vielfältigen Kenntnisse der Kräuterheilkunde durch die Anwendung der in Massen hergestellten chemischen Arzneimittel in Vergessenheit. Wenn damit auch in gewissen Bereichen viel Leben gerettet werden konnten, so haben sich diese Arzneimittel doch nicht als die universellen Allheilmittel gezeigt, wie die Forscher sich erhofften. Heute schwingt das Pendel wieder zurück zur Forschung an Heilpflanzen und an ihren wirksamen Bestandteilen. Etwa 25 000 Arten auf der ganzen Welt gehören zu diesem Bereich, von denen etwa 2500 üblicherweise medizinische Verwendung fanden, bis heute sind jedoch nur etwa 250

Pflanzen durch und durch untersucht, um festzustellen, ob es eine wissenschaftliche Klärung für ihre angenommenen Wirkungen gibt. Ein Ergebnis war, daß man viele neue komplexe chemische Verbindungen entdeckt hat. Manche davon lassen sich leicht im Laboratorium herstellen, und andere wiederum sind in der Herstellung so schwierig, daß es leichter ist, sie aus Pflanzen zu gewinnen. Auch haben Pflanzen in Millionen von Jahren Wege entwickelt, sich gegen Krankheiten und Schädlinge zu schützen, und es ist sehr wahrscheinlich, daß die Forscher in den nächsten hundert Jahren noch hunderte, vielleicht auch tausende neue Wirkstoffe in den Pflanzen finden werden. Es ist deshalb unerläßlich, daß wir alle Teile dieses riesigen, praktisch unberührten und noch unbekannten Schatzes an pflanzlichen Ressourcen erhalten. Wir müssen akzeptieren, daß der Mensch nur ein Teil des gesamten Ökosystems ist; wenn er zu dominant wird, wird das ganze Gefüge zusammenbrechen. Die Menschheit muß Pflanzen schützen, nicht zerstören, die es geschafft haben, in der Natur seit Millionen von Jahren zu überleben und durch die Entstehung chemischer Verbindungen außerordentliche Kompliziertheit entwickelt haben, von denen Gesundheit und Überleben der Menschheit in der Zukunft abhängen kann. Das Pendel ist zurückgeschwungen – heute werden wieder Pflanzen auf ihre Verwendung in der Medizin hin untersucht und genutzt.

Die Absicht des Buches

Es ist die Absicht dieses Buches, ein ausführlich bebilderter Führer zu 400 Pflanzen zu sein, die man dem Begriff »Kräuter« im weitesten Sinne zuordnen kann. Für viele Menschen sind Kräuter direkt mit Nahrung verbunden, und tatsächlich werden viele, in erster Linie in der Küche, verwendet. Für andere sind Kräuter hauptsächlich mit der Medizin verbunden, und bis in unser Jahrhundert waren alle wesentlichen Bestandteile

Ein Blick in den historischen Chelsea Physic Garden, von 1673, dem ältesten englischen Kräutergarten

von Arzneien zur Heilung der bekannten Krankheiten bei Königen wie bei Armen pflanzlicher Natur. Wenn auch in den vergangenen einhundert Jahren chemische Arzneimittel in großem Umfange Kräutermedizin ersetzt haben, so gab es doch auch viele interessante neuere Untersuchungen zu einer Reihe herkömmlicher Kräutermedizin. Diese Forschungen haben die Inhaltsstoffe der Pflanzen analysiert und dazu beigetragen, die heilenden Wirkungen, die man den Pflanzen seit alters her zuschrieb, zu erklären und zu bestätigen. Die Wissenschaft, die in der Kräutermedizin zur Krankenbehandlung verwendet wird, nennt man Phytotherapie. Abgesehen von den Kräutern oder Pflanzen, die meist in der Küche oder in der Medizin verwendet werden oder auch in beiden zugleich, wird der Begriff »Kräuter« dieses Buches auch für alle die Pflanzen verwendet, die für Tee oder in Salaten, zum Färben oder als Duftpflanzen und zum Streuen als grüner Teppich verwendet wurden und werden. Die Gliederung des Buches beruht auf dieser Zuordnung. Wenn auch manche »Kräuter« vielen dieser Kategorien angehören könnten, so sind sie hier doch dort eingeordnet, wo ihre Hauptverwendung liegt. So gibt es zum Beispiel mehrere Kamillenarten, oder als Kamille bezeichnete Pflanzen, die unterschiedlich genutzt werden, und deshalb auch je nach Nutzung in unterschiedlichen Abschnitten des Buches zu finden sind (entsprechend dem englischen Original). Wenn auch meist die Blätter der Pflanzen benutzt werden, so gilt dieses aber auch sehr häufig für Blüten, Stengel, Samen, Ähren oder Wurzeln, die ebenfalls Verwendung finden.

Anlage eines Kräutergartens

Wenn man zwischen fünfzig und zweihundertfünfzig, meist sehr klein bleibende Pflanzen im Garten nebeneinander anbauen will, muß man zunächst ein System entwerfen, bei dem sich die Pflanzen, ohne sich gegenseitig zu stören, entwickeln können, und man andererseits leicht und schnell zu jeder Pflanze gelangt. Die Lösung ist eine Vielzahl kleiner Beete, nicht tiefer als eine Armeslänge vom Ende bis zur Mitte des Beetes, damit das Pflücken und Schneiden ohne Mühe erfolgen kann. Die Gliederung der Beete kann zum gestaltenden Gartenelement gemacht werden. Die praktischste Lösung wäre es, etwa 30 cm hohe, geschnittene Buchshecken dazu zu verwenden. Die Hecken können in komplizierter graphischer Weise miteinander verbunden werden und bleiben so das ganze Jahr hindurch ausdrucksstarkes Gartenelement. Ein besonders typisches und gelungenes Beispiel ist der englische »Knot Garden«, bei dem die Zwischenräume sich überschneidender Heckenführungen aus Buchs mit Kräutern unterschiedlicher Blattformen, Blütenfarbe und Wuchshöhe dazu dienen, die Heckenformen in ihrer Wirkung zu steigern und das Ganze zu einer interessanten Gartenergänzung zu machen. Es gibt aber auch viele andere Wege, dieses Problem zu lösen. Schmale Ziegel- oder Steinmauern, schmale Pfade aus Steinziegeln oder Splitt, aber auch Rasen können ebenso dekorativ wie praktisch sein. Auch Beete (ca. 75 cm hoch) sind eine Möglichkeit, bei der vor allem das Unkrautjäten ohne Rückenschmerzen möglich ist. Wer einen kleinen Garten hinter dem Haus oder einen Garteninnenhof besitzt, sollte als beste Lösung die Topf-/Kübelkultur anwenden. Viele Kräuter, und vor allem die aus dem Mittelmeergebiet, sind an ziemlich trockene Lagen gewöhnt. Thymian, Salbei, Lorbeer, Kapuzinerkresse und Lavendel wachsen auf diese Weise gut, man sollte aber dáran denken, daß diese Pflanzen trotz der Möglichkeit, trockene,

Der Kräutergarten in Wisley

Kräuter in Gefäßen auf dem Ecclestone Square

Bepflanzte Kübel auf Ziegelpflaster

Ein schöner Heckengarten in Barnsley House

Kräuterbeet, durch Ziegel unterteilt

Kräutergartenmotiv in Hollington

Schmale Pfade führen zu den Küchenkräutern

heiße Bedingungen zu ertragen, durch Gießen im Wachstum gefördert werden, und deshalb sollten die Gefäße, in denen sie gezogen werden, auch nicht zu klein ausfallen. Das Substrat in den Gefäßen muß wasserdurchlässig sein, damit sich keine Staunässe bildet und Wasser durch das Bodenloch abziehen kann und auch der Frost im Winter die Gefäße nicht sprengt. Der Humus- oder Kompostanteil sollte so hoch sein, daß er gewisse Feuchtigkeit hält, aber die Durchlässigkeit des Bodens erhalten bleibt und auch nicht durch zu hohe Ton- oder Lehmanteile leidet. Wie auch immer ihr Kräutergarten ausfallen mag, es lohnt sich, vor der Pflanzung alles genau zu überlegen. Das gilt für das Pflanzschema, die Zusammenstellung und Benachbarung, aber auch die Möglichkeit der Kombination mit anderen Pflanzengemeinschaften im Garten. Mit »Kräutern« Gartenteile zu gestalten bereitet großes Vergnügen.

Zum Gebrauch des Buches

Das Buch enthält neun Kapitel, entsprechend den Hauptverwendungsbereichen der »Kräuter«. Es sind die Küchenkräuter, die Salatkräuter, das Wildgemüse, die Beerenfrüchte, Teekräuter, Duftkräuter, Streublumen, Färberpflanzen und Heilkräuter. Die Abbildungen zeigen die Pflanzen einzeln oder in Gemeinschaften, wie sie im Jahreslauf zusammenwachsen, manche Aufnahmen sind im Studio gemacht, und die Pflanzen sind für die Aufnahme auf einen geeigneten Hintergrund ausgelegt, während andere wiederum die Pflanzen am natürlichen Standort oder im Kräutergarten zeigen. Die Pflanzen sind in ihren Abschnitten, wo immer möglich, entsprechend ihrer Blütenfolge in der Jahreszeit geordnet. Der Text der Einzelpflanzen nennt Verbreitung und natürlichen Standort und gibt eine kurze Beschreibung. Der Hauptteil des Textes behandelt die Geschichte der Pflanze und faßt ihre traditionellen Verwendungen in Küche, Medizin und Kosmetik oder wo auch immer zusammen. Wenn die Pflanze auch

heute noch von Kräuterärzten verwendet wird, sind manchmal Rezepte für Tees oder Salben angegeben und wo passend auch Informationen über moderne Forschung, Bestätigungen auf Erfahrung beruhender Wirkungsannahme und Verwendungen angefügt. Schließlich ist dort, wo sinnvoll, ein kurzer Hinweis auf den Anbau der Kräuter im Garten oder am Fensterbrett ergänzt. Manchmal haben wir zu den im Buch genannten Pflanzen verwandte Arten ergänzt, da sie wegen ihrer Verwendung in Küche und Medizin sehr bekannt sind. Andere, obwohl ihr medizinischer Wert nicht voll erforscht ist, wurden aufgenommen, weil sie oft in Kräutergärten gezogen oder in Kräuterläden angeboten werden und deshalb zum Vergleich und für die Vollständigkeit mit einbezogen wurden. Das Buch hat nicht die Absicht, ein Führer für Selbstmedikation mit Kräutern zu sein. Wenn Sie meinen, daß eine Pflanze für die Heilung eines besonderen Leidens hilfreich sein könnte, sollten Sie sich dazu von einem Arzt beraten lassen, der in der Kräuteranwendung erfahren ist. In dieser Ausgabe wurde für die botanischen Namen das deutsche Standardwerk: Zander, Handwörterbuch der Pflanzennamen, Ulmer Verlag 1984, zugrunde gelegt und in Einzelfällen weitergehende Spezialliteratur hinzugezogen. Dieses im Original englischsprachige Werk bezieht sich in seinem Text vor allem auf alte englische Kräuterbücher. Für interessierte Leser sei hier eine Auswahl aus unserem Sprachraum genannt:
Becher, Josef Joachim: Parnassus Medicinalis (1663). Bingen, Hildegard von (1098–1179): Physica (1533). Bock, Hieronimus: New Kreuterbuch (1539). Brunfels, Otto: Contrafayt Kreuterbuch (1532). Fuchs, Leonhard: New Kreuterbuch (1543). Gart der gesuntheyt (1486 und viele weitere Ausgaben). Lonicerus, Adamus: Kreuterbuch (1557). Magnus, Albertus (1193–1280): Wunderbar natürlich Wirkungen, eigenschaft und Natur … (1531). Mattioli, Pier Andrea: New Kräuterbuch (1563). Megnberg, Conrad von: Puch der Natur (1483). Tabernaemontanus, Jacobus Theodorus: New Kräuterbuch (1588).
Viele dieser Kräuterbücher wurden immer wieder überarbeitet und neu aufgelegt oder einfach nachgedruckt und manche davon bis ins 18. Jahrhundert.

Schutz der Wildpflanzen

Durch das Bundesnaturschutzgesetz sind grundsätzlich alle Pflanzen und Tiere und ihre Lebensgemeinschaften geschützt. Gewerbliches Sammeln bedarf nicht nur der Genehmigung des Besitzers der Fläche, sondern auch der Genehmigung der zuständigen Naturschutzbehörde. Wenn auch das Sammeln von Pflanzenteilen des einzelnen selten ernste Schäden bewirkt, so gilt auch hier, daß viele kleine Sammelmengen doch beträchtliche Auswirkungen haben können. Auch sind nach der Bundes-Artenschutzverordnung, Anlage 1, eine Vielzahl von heimischen Pflanzenarten besonders geschützt und manche auch als vom Aussterben bedroht eingestuft. Das Sammeln von Pflanzenteilen und ganzen Pflanzen dieser Arten ist nicht erlaubt. Wer die Natur und damit die Pflanzen liebt und sie auch im Sinne der »Kräuternutzung« dieses Buches verwenden möchte, sollte aus dem reichlich angebotenen Sortiment der Wildstauden, Gartenstauden, Heil- und Gewürzkräuter wählen und im Garten, im Kübel und Balkonkasten oder auf dem Fensterbrett gärtnerisch vermehrte Pflanzen kultivieren. Fragen zum Schutz der Wildpflanzen kann die zuständige Naturschutzbehörde beantworten, die über Ihre Stadt- oder Gemeindeverwaltung zu erfragen ist.

Die Aufnahmen

Die Studioaufnahmen wurden mit einem Hasselblad-500-CM- und einem 80-CM-Planar-Objektiv gemacht. Die Lichtquelle war ein Stroboskop-Blitzlicht mit »Strobe Fish Fryer« mit ca. 3000 jewels Leistung. Die Geländeaufnahmen wurden mit einer Nikon FM und hauptsächlich mit einem normalen 50-mm-Objektiv gemacht. Das Filmmaterial war in beiden Fällen Ektachrome 64 ASA professionell. Ich benutze es, da bei diesen weniger empfindlichen Filmen die Farbsättigung besser ist.

Wisley, Kräutergarten mit Zentralplatz und Wegespinne

Rosmarinus officinalis ›Sissinghurst‹

Rosmarin *Rosmarinus officinalis*

Rosmarinus officinalis ›Tuscan Blue‹

Rosmarinus officinalis ›Fota Blue‹

Rosmarin *Rosmarinus officinalis* ist ein aromatischer immergrüner Strauch des Mittelmeergebietes, aber auch in anderen, klimatisch geeigneten Zonen Europas eingeführt und bei uns als Topf- oder Kübelpflanze gezogen. In der Heimat wächst er in Seenähe in der Machia, wird aber auch weit verbreitet als Zierpflanze und Küchenkraut gezogen. Er hat eine Pfahlwurzel und gedrehte, braunrindige Zweige, die bis zwei Meter hoch werden. Die ungestielten schmalen Blätter sind leuchtend grün, oberseits leicht glänzend und unterseits silbrig und am Rande leicht nach unten gebogen. Die hübschen lilafarbenen oder auch manchmal weißen Blüten stehen gedrängt in den Blattachseln der Zweigenden und blühen von Juni bis Juli in kühleren, fast ganzjährig in wärmeren Gegenden.

Der Gattungsname kommt vom lateinischen *ros-marinus* ›Seetau‹ und bezieht sich auf die

küstennahe Verbreitung im Bereich salziger Gischt. Das Lateinische *officinalis* weist auf die alte Nutzung als Heilpflanze hin.

Rosmarin war schon in alter Zeit das Symbol der Freundschaft, der Liebe und Treue. Ein Rosmarinkranz wurde von der Braut als Symbol für die Liebe und Treue getragen. Rosmarin diente in gleicher Weise bei religiösen Zeremonien und Begräbnissen im Glauben, daß er böse Geister abwehren und sein aromatisch-stechender Geruch Schutz gebe vor Krankheiten und Infektionen. Er diente auch als Weihrauch, wenn dieser fehlte. Rosmarin hielt man für ein Stärkungsmittel des Gehirns und des Gedächtnisses, und Studenten trugen im alten Griechenland Rosmarinkränze bei Examen.

In manchen Ländern wurde Rosmarin üblicherweise in Krankenzimmern und Hospitalen verbrannt, um die Luft zu reinigen, und ein altes Kräuterbuch empfiehlt, Blüten unter Kleidung und zwischen Bücher zu legen, um sie vor dem Befall durch Motten und Bücherwürmer zu schützen. Es empfiehlt auch verschiedene Zubereitungen der Blätter zum Schutz der Haut, zur Behandlung von Husten, zur Bewahrung der Zähne und zum Erhalt der Jugendlichkeit. Die Nutzung von Rosmarin als Gewürz, in der Kosmetik und als Heilkraut geht weit in alte Zeiten zurück. Die Römer brachten es nach Nordeuropa, wahrscheinlich weil sie damit gerne ihre Speisen würzten. Heute wird es vielfach verwendet, insbesondere zu gebratenem Fleisch, z. B. Lamm und auch Fisch; wird Suppen, Eintöpfen, Gemüse – oft zusammen mit Wein und Knoblauch – hinzugefügt. Rosmarin kann auch zum Würzen von Süßspeisen, z. B. Gelees, Marmeladen, Biskuits und Kuchen, benutzt werden. Rosmarinhonig schmeckt vorzüglich. In der Kosmetik ist Rosmarin mit dem berühmten ungarischen Wasser verbunden, von dem die gichtkranke ungarische Königin Isabella im 14. Jahrhundert behauptete, durch dessen Benutzung wieder ihre Jugend zurückerhalten zu haben, nachdem sie das Wasser nach einem Rezept hergestellt habe, das ihr ein Eremit gab. Es gibt »Original«-Rezepte, die aber alle darin gleich sind, daß Rosmarinblüten und blühende Triebenden für einen Monat in Alkohol liegen, der danach durch ein feines Musselintuch abgegossen wird. Die entstandene Mixtur kann dann innerlich in kleinen Dosen von $^1/_2$ bis 1 Teelöffel bei Rheumatismus und ähnlichen Schmerzen eingenommen werden. In manchen Rezepten wird Rosmarin mit anderen Kräutern, wie Thymian, Majoran und Lavendel, gemischt. Rosmarin gilt auch als Stimulans, Herztonikum, Verdauungsmittel, als entkrampfend und harntreibend. Auf diese Weise ist ein Auszug als Tonikum für Kranke, Depressive und solche nützlich, die an Anämie, Asthma, Schlaflosigkeit, Ängstlichkeit und nervösen Kopfschmerzen leiden. Äußerlich kann es zur Heilung von Wunden und Mundinfektionen dienen und Quetschungen und Verstauchungen lindern. Für einen Auszug nimmt man 30 g blühende Triebspitzen auf ein Liter kochendes Wasser und läßt fünf bis zehn Minuten ziehen, abgießen und drei Tassen pro Tag davon trinken. Rosmarin kann als Topf- oder Kübelpflanze gezogen werden, und wird im Kräutersortiment angeboten. Vermehrung durch Stecklinge im August, frostfreie Überwinterung. Bestes Wachstum an sonnigen Stellen ohne Staunässe. Blütentriebe in kleinen Bündeln trocknen und aufbewahren.

Rosmarinus officinalis ›Tuscan Blue‹ ist eine schöne Gartensorte mit leuchtend-grünen Blättern und hellblauen Blüten.

Lorbeer *Laurus nobilis* ist ein Strauch oder kleiner Baum der Mittelmeerregion, aber heute in geeigneten Klimazonen der Erde verwildert und weit verbreitet in dortigen Gärten kultiviert. Lorbeer kann zwanzig Meter hoch werden und hat glatte dünne Zweige, glänzend ledrige, immergrüne, aderige, lanzettartige, dunkelgrüne und unterseits mattgrüne Blätter. Die kleinen gelbgrünen Blüten stehen in kleinen Gruppen in den Blattachseln und entwickeln sich nach der Blüte im Juni zu schwarzen einsamigen Beeren.

Das lateinische Wort *nobilis* ›edel‹ zeigt die Wertschätzung dieser Pflanze seit alter Zeit. Sie war Apollo gewidmet, dem »Gott des Lichtes«, und war auch ein Symbol für Frieden und Sieg und so in Kränze für Kaiser, Generäle und Dichter gewunden. Im Mittelalter wurden Gelehrte und erfolgreiche Prüflinge mit einem Kranz von Lorbeerblättern oder *bacca laurea* gekrönt, und dies führte zu der wissenschaftli-

chen Graduierung *Baccalaureat,* die in Frankreich und in der Bezeichnung »Bachelor« auch in England als akademischer Grad noch existiert und wohl auf diese Bezeichnung zurückzuführen ist. Jahrhunderte hindurch hielt man Lorbeer für das Symbol von Glück und für einen Schutz gegen das Böse. Lorbeer wurde auch als Streublume wegen seiner aromatischen und antiseptischen Eigenschaften genutzt.

Lorbeerblätter wurden seit jeher in der Küche wegen ihrer würzigen aromatischen Eigenschaften genutzt und waren so ein wesentlicher Bestandteil von Suppen, Saucen, beim Einlegen in Gemüsewürzmischungen, Fleisch- und Fischgerichten und bei einer Vielzahl von medizinischen Anwendungen. Für einen Auszug nimmt man 30 g Blätter in 1 l kochendes Wasser und gießt nach zehn Minuten ab. Es

wird empfohlen als Verdauungshilfe, zur Milderung bei Verdauungsstörungen und Blähungen und gilt auch als gut zur Behandlung bei Grippe und Bronchitis. Ein Auszug aus den entsteinten, gequetschten Beeren (Mengen wie oben) wird als harntreibendes und antirheumatisches Mittel verschrieben. Ein besonderes Mittel gegen beginnende Kahlheit wurde auch aus Lorbeer hergestellt. Halbreife Stecklinge sind für die Vermehrung des Lorbeers geeignet, der bei uns als Topf- oder Kübelpflanze gezogen und frostfrei überwintert werden muß. Er benötigt einen sonnigen Platz und gute Wasserversorgung im Sommer. Die Blätter können frisch gepflückt verwendet werden, oder aber getrocknet und dunkel aufbewahrt für spätere Verwendung. Der Geschmack wird stärker, wenn die Blätter getrocknet und zerkleinert werden.

Koriander
Coriandrum sativum

Petersilie

Petersilie Mooskrause
Petroselinum crispum ›Crispum‹

Aufgenommen am 7. Mai

Petersilie *Petroselinum crispum* ist eine kräftige, aufrechte, zweijährige Pflanze, die wahrscheinlich aus Südeuropa stammt, aber heute in allen gemäßigten Klimazonen aus Kultur verwildert ist. Sie wächst an trockenen grasigen Stellen, an Mauern, Felsen, Ödland, Straßenrändern. Petersilie hat eine weiße spindelige Pfahlwurzel und einen festen, gestreiften Stengel, der im zweiten Jahr treibt und 30 bis 75 cm hoch wird. Im oberen Teil verzweigt, stehen an den Enden dichte flache Dolden gelblicher Blüten, die sich im Juni und Juli öffnen. Die glänzenden zwei- bis dreifachen fiederteiligen Blätter sind langgestielt, die Blättchen eiförmig keilig, dreispaltig und knorpelig gezähnt. Seit Jahrhunderten ist Petersilie eines der geschätztesten Gewürzkräuter. Die alten Griechen glaubten, daß es aus dem Blut von Archemorus, dem Vorboten des Todes, entsproß, deshalb aßen sie es nicht, benutzen es aber zu Kränzen, die Toten und ihre Gräber zu schmücken. Die Römer trugen bei Festen Petersilienkränze als Schutz vor Vergiftung, hielten sie aber von stillenden Müttern fern, da sie glaubten, daß sie Epilepsie bei deren Kindern auslöse. Viele Gebräuche und viel Aberglauben entstanden um Petersilie, da sie zu langsam keimte. In England heißt es, daß die Petersilie vorher mehrfach zum Teufel gehe und dann nur keime, wenn die Frau »der Herr im Hause sei«, bei uns gab es die Redensart, daß die Petersilie »erst nach Rom wallfahre«, bis sie dann keime. Die der Petersilie zugeschriebenen Heilkräfte sind zahlreich und gehen Jahrhunderte zurück. Anfangs hieß es, daß es Gift zerstöre, wahrscheinlich weil es in der Lage war, starke Gerüche, wie z. B. Knoblauch, zu neutralisieren. Als Lotion oder frisch als Erste-Hilfe-Behandlung bei Insektenstichen benutzt und Petersiliensaft ist ein wirksamer Mückenschutz. Petersilie ist leicht abführend, besonders zur Behandlung bei anämischen Menschen und Rekonvaleszenten geeignet. Sie ist harntreibend und ein Stimulans zur Fiebersenkung und hilft auch bei unregelmäßiger Menstruation. Culpeper sagt: »Der Samen fördert das Harnen und der Frauen Tage … und erweicht der Frauen Brüste, wenn sie durch Gerinnen der Milch hart geworden seien.« Er sagt auch, daß destilliertes Petersilienwasser eine Familienmedizin sei, die man den Kindern gäbe, wenn sie von Winden in Magen oder Bauch geplagt seien! Petersilie hilft der Verdauung und lindert Blähungen. Große Mengen können im Gebärmutterbereich Blutstauungen erzeugen und zum Abort führen, sie sollten deshalb nicht bei Schwangerschaft verwendet werden. Äußerlich angewendet lindert Petersilie Blutergüsse; es heißt, daß sie Augeninfektionen heile, und ein Wattebausch mit Petersiliensaft lindere Ohr- und Zahn-

Petersilie Mooskrause *Petroselinum crispum* ›Crispum‹

Glatte Petersilie *Petroselinum crispum*

Wurzelpetersilie *Petroselinum crispum* ›Tuberosum‹

Koriander *Coriandrum sativum*

schmerzen. Es heißt auch, daß sie Haarausfall verhindere und Sommersprossen verschwinden lasse. Trotz der vielen der Petersilie zugeschriebenen Heilwirkungen schätzen die meisten die Petersilie doch als Küchenkraut. Reich an Vitamin C, Eisen, Jod, Magnesium und anderen Vitaminen sowie Mineralstoffen, ist sie eine hervorragende Ergänzung der Nahrung. Obwohl sehr oft dekorativ benutzt, sollte sie doch mehr auch beim Kochen verwendet werden. Sie ist meist Bestandteil vieler Kräutermischungen sowie Würzmischungen und wird Salaten, Suppen, geschmorten Fleischgerichten zugesetzt und auch besonderen Petersiliensaucen, z. B. für kaltes Lammfleisch oder der grünen »Frankfurter Soße«. Petersilie wird im Garten durch Aussaat angebaut, kann aber auch in Blumentöpfen, in Balkonkästen am Fenster gezogen werden. Die Samen keimen langsam und benötigen dazu höhere Temperaturen. Eingeweichtes Saatgut hilft diese Zeit zu verkürzen, gute Wasserversorgung in Trockenzeiten ist für das Wachstum wichtig. Der Boden muß wasserdurchlässig, luftig sein. Das Blattwachstum wird durch häufiges Schneiden der Petersilie gefördert.

Die glattblättrige Petersilie ist aromastärker als die optisch interessantere krausblättrige Petersilie, die heute meist angeboten wird.

Wurzelpetersilie *Petroselinum crispum* ›Tuberosum‹ wird wegen ihrer eßbaren Wurzeln angebaut, die entweder gekocht als Würze oder roh in Salaten gegessen werden können. Vermehrung durch Aussaat und Nutzung der Blätter wie Petersilie, jedoch nur hilfsweise, damit die Pflanze kräftig assimilieren und große Wurzeln entwickeln kann. Die Ernte erfolgt vor der Blüte im zweiten Jahr. Petersilienwurzeln lassen

sich, im Herbst geerntet, in feuchten Sand eingeschlagen, frostfrei für Winterverwendung aufbewahren oder in wintermilden Gegenden direkt zum Gebrauch frisch aus dem Garten holen.

Koriander *Coriandrum sativum* ist ein aufrecht wachsendes, aromatisches einjähriges Kraut Südeuropas, heute aber in Mittel- und Südeuropa, in Asien, Indien, Teilen Nord- und Südamerikas verwildert und verbreitet angebaut. Koriander hat schlanke verzweigte Stengel, die 35 bis 90 cm hoch werden. Die Blätter sind unten ungeteilt bis einfach fiederteilig und nach oben zu zweifach bis dreifach gefiedert. Die blaßlila, rosa oder weißen Blüten stehen am Triebende in Dolden und erblühen von Juni bis August. Die kleinen rundlichen Samen sind gerieft und fallen bei Reife schnell ab.

Der Gattungsname stammt vom griechischen *koros* »Insekt« und bezieht sich auf den starken, bettwanzenähnlichen Geruch der Blätter; als aromatisches Stimulans und Gewürz wurde Koriandersamen seit alter Zeit benutzt. Es wurde von Ägyptern und Römern bevorzugt, die es auch nach Nordeuropa mitbrachten, wo sie es auch mit Kümmel und Essig gemischt zur Fleischaufbewahrung nutzten. Im Mittelalter wurde Koriander Liebestränken beigemischt, weil man ihm die Eigenschaften eines Aphrodisiakums zuschrieb. In China glaubte man, daß Koriandersamenverzehr Unsterblichkeit verleihe.

Koriander wird hauptsächlich zum Würzen oder zum Überdecken von unangenehm schmeckender Abführmittel oder als Gegenmittel bei kolikartigen Zuständen angewandt, die durch andere, stärkere Medizin ausgelöst wurden. Korianderwasser wurde früher zur Erleichterung bei Blähungen und verklemmten

Winden benutzt. Äußerlich wird es als Salbe bei Rheumatismus und Arthritis angewandt.

Koriander wird sehr verbreitet als Küchenkraut und Gewürz benutzt, es ist ein wichtiger Bestandteil von Curry und anderen Gewürzmischungen, hauptsächlich in der indischen Küche. Die Frankfurter Würstchen verdanken ihm auch ihren Geschmacksakzent. Sowohl das gemahlene Gewürz wie auch die frischen Blätter sind Bestandteile ägyptischer und peruanischer Gerichte. Gekochtes Schweinefleisch mit Koriander ist ein bekanntes griechisches Gericht. Koriander wird zur Geschmacksverbesserung bei Brot, Kuchen, Pasteten, Pudding, Fruchtspeisen, Süßigkeiten, Kakao, Schokolade, Likören und manchen anderen alkoholischen Getränken sowie auch in Fleisch- und Gemüsegerichten verwendet.

Zum Anbau im Kräutergarten sät man Koriander im zeitigen Frühling in leichte humose Erde an sonniger Stelle. Die Samen sind im August zur Ernte reif, wenn sie sich von Grün zu Grau verfärben und der unangenehme Geruch gewichen ist. Nach einigen weiteren Tagen an der Pflanze kann man sie ernten. Sie müssen aber gut trocknen, bevor sie luftdicht verschlossen aufbewahrt werden. Der Duft verbessert sich mit der Lagerung. Koriander ist eines der in Indien geschätztesten Würzkräuter, und Madhur Jaffrey empfiehlt, die ganze frische Pflanze mit Wurzeln in ein Glas mit Wasser zu stecken und das Ganze mit einer Plastiktüte zu umhüllen und im Kühlschrank aufzubewahren. Jeden Tag werden die gelben Blätter entfernt und so stehen frische Korianderblätter für Wochen zur Verfügung zum Garnieren und Aromatisieren von Gerichten.

Süßdolde, Myrrhenkerbel *Myrrhis odorata*

Süßdolde, Myrrhenkerbel *Myrrhis odorata* ist eine aromatische Staude Europas und hier wie auch in Asien weit verbreitet angebaut und manchmal auch verwildert. Sie wächst in montanen Staudenflusen, auf frischen nährstoffreichen Substraten. Die Süßdolde hat eine dicke Wurzel und gefurchte hohle Stengel, die 60 bis 100 cm hoch werden. Die großen, leicht behaarten Blätter sind fedrig unterteilt, hellgrün mit purpurner Herbstfarbe. Die weißen Blüten stehen in großen Dolden von Mai bis Juni.

Der Gattungsname ist griechisch und bedeutet »nach Myrrhe duftend« und das lateinische *odorata* »duftend« bezieht sich ebenfalls auf den angenehmen Duft der Pflanze. Die Süßdolde wird in Europa seit Jahrhunderten als Küchenkraut gezogen. Der köstliche, süße, an Anis erinnernde Geschmack kann dazu benutzt werden, den herben Geschmack, besonders von Früchten, zu verbessern, ohne daß man mit Zucker süßen muß, dies macht die Süßdolde besonders nützlich für Diabetiker und für diejenigen, die abnehmen wollen. Die Blätter sind ein wichtiger Bestandteil in Würzmischungen, sie können auch Suppen, Eintöpfen oder Salaten zugefügt werden. Die gekochten Wurzeln kann man ebenfalls Salaten beifügen. Sie sind nach Grieve besonders gut für alte Menschen, die schwerfällig und mutlos geworden sind. Die Samen wurden im 16. und 17. Jahrhundert von Hausfrauen zum Polieren von Möbeln benutzt, da sie eine schön glänzende, aromatisch duftende Oberfläche bewirken. Grieve sagt, »daß die Süßdolde im Mittelalter als in der Heilanwendung so harmlos beschrieben worden sei, daß man keinen Mißbrauch mit ihr treiben könne«. Sie wurde als sanftes Stimulans bei Magenverstimmung und Auszehrung angewendet und galt als besonders gutes Tonikum für Mädchen zwischen 15 und 18 Jahren. Eine Abkochung der antiseptischen Wurzeln wurde bei Schlangen- und Hundebissen benutzt und eine Salbe zur Linderung bei Gicht, Wunden und Geschwüren. Die Süßdolde ist eine sehr stattliche, attraktive Pflanze im Kräutergarten und kommt mit fast jedem Boden zurecht. Im März oder April in gut vorbereiteten Boden gesät, mit reichlich Raum pro Pflanze, oder durch Teilung im Frühling oder Herbst vermehrt, können die Blätter vom Februaraustrieb an bis zum Abwelken im November genutzt werden. Die Blütenstände sollten ausgeschnitten werden, damit die Pflanze im vegetativen Wachstum verbleibt. Am besten frisch nutzen und nur einige Blätter getrocknet luftdicht für den Wintergebrauch aufbewahren.

Kerbel *Anthriscus cerefolium* ist eine zierliche aufrechte, aromatische, verzweigte einjährige Pflanze, aus Südosteuropa und von den Römern nach Norden gebracht. Kerbel wird heute weit verbreitet in fast ganz Europa, in Nordafrika, Nord- und Südamerika, Ostasien und Neuseeland kultiviert; manchmal verwildert er dann an Gehölzrändern, auf Ödland als Gartenflüchtling. Kerbel hat eine dünne weißliche Wurzel, duftet ganz leicht nach Anis, und der hohle, gestreifte Stengel wird 30 bis 50 cm hoch. Die zierlichen, zwei- bis dreifach gefiederten Blätter haben eiförmige bis längliche, fein fiederspaltige Abschnitte. Die kleinen, weißen Blüten stehen in lockeren Dolden von Mai bis Juni am Triebende.

Im Mittelalter war Kerbel eine Heilpflanze und wurde verschrieben als harntreibend, zur Reinigung von Leber und Nieren, bei Gelbsucht und Blutarmut junger Mädchen, bei Koliken und zur Auflösung von Blutgerinnseln. Frauen wurden während der Wehen darin gebadet. Kerbel wird auch heute noch zur Behandlung von Kreislaufbeschwerden, Leberleiden, Harnwegserkrankungen, Hämorrhoiden, Hautproblemen und Schmerzen in den Gelenken angewandt. Unsere Altvordern nutzten ihn auch zur Linderung bei schmerzenden oder entzündeten Augen, eine Anwendung, die heute noch durchgeführt wird. Für einen Auszug nimmt man 40 bis 60 g frische Blätter auf 1 l Wasser und kocht eine halbe Stunde, dann wird abgegossen. Augenspülung oder Kompresse damit dreimal am Tag für entzündete Augenlider oder eine Schönheitsbehandlung des Gesichtes, um die Faltenbildung zu verzögern.

Neben seiner Heilwirkung wurde Kerbel schon lange in der Küche geschätzt. Die Franzosen schätzen ihn besonders als Würzkraut und es ist wesentlicher Bestandteil in ›Fines Herbes‹ und in Gewürzmischungen. Kerbel hat eine so feine Würze, daß er immer frisch verwendet werden sollte.

Kerbel immer anbauen. Saat nur leicht andrücken, nicht bedecken, regelmäßig wässern und im Halbschatten wachsen lassen. Frühjahrssaat und Spätsommersaat sorgen für frische Blätter während der gesamten Vegetationsperiode.

Bockshornklee Griechisch-Heu *Trigonella foenum-graecum* ist eine im Mittelmeergebiet kultivierte, verwilderte, vorderasiatische einjährige Pflanze, die auch in Indien, Afrika und Nordamerika angebaut wird. Genutzt wird sie als Viehfutter, in der Küche und in der Medizin. Sie hat eine Pfahlwurzel und einen aufrechten hohlen, nur wenig verzweigten Stengel, der 10 bis 50 cm hoch wird. Jedes Blatt besteht aus drei ovalen, fein gezähnten Blättchen, das auf der Oberfläche weich behaart ist. Die duftenden, cremefarbenen Blüten stehen einzeln oder paarweise und blühen von Juni bis August. Sie entwickeln sich zu flachen Hülsen mit meist sechzehn Samen.

Der Gattungsname kommt aus dem Griechischen und bedeutet »dreieckig« und bezieht sich auf die Blütenform, die Bezeichnung Griechisch-Heu ist von der Viehfutternutzung über die Römer zu uns gekommen. Bockshornklee kommt von der Form der Hülsen, die Bockshörnern ähneln, und den kleeähnlichen Blättern. Die Ägypter nutzten die Pflanze als Nahrung, beim Einbalsamieren und für Kosmetik, die Römer bauten sie auch als Nahrung an, obwohl manche sie nur als Viehfutter geeignet hielten. Im Mittelalter wurde er in Klostergärten zur Behandlung von Leber- und Nierenbeschwerden, von Fieber und Herzklopfen verwendet.

Die Samen werden in vielen Ländern für die Küche genutzt. Sie sind ein wichtiger Bestandteil in Mango-Chutney und gemahlen im

Curry-Gewürz. Die arabische Süßigkeit Halva ist mit Bockshornklee gewürzt, und das frisch gehackte Kraut wird Salaten und Gemüsegerichten kurz vor dem Servieren beigemischt und prägt viele Gerichte des Mittelmeers und in der Küche des Mittleren Ostens und Ostens. In der Kosmetik werden zerstoßene Samen mit Öl gemischt in die Kopfhaut gerieben, um so glänzendes Haar zu erzielen, während ein Absud als Hautlotion als gut für den Teint gilt.

Bockshornklee enthält viele wichtige Bestandteile wie Eisen, Phosphor und Schwefel ebenso wie Schleimstoffe, Eiweiß, Öl und Enzyme. Er ist sehr nahrhaft, aufbauend und ein ausgezeichnetes Tonikum für kranke oder durch nervöse und infektiöse Krankheiten oder Anämie geschwächte Personen. Er wird auch zur Linderung von Hals- und Mundentzündungen, Husten und Darmentzündung benutzt. Umschläge werden zur Heilung von Abszessen, Furunkeln und Hühneraugen angewandt.

Für eine Abkochung nimmt man 30 g grob gestoßene Samen auf 1 l kochendes Wasser und kocht weitere 15 Minuten, abgießen und drei Tassen pro Tag für Verdauungsprobleme trinken und Zitrone und Honig zur Linderung bei Halsentzündungen beifügen. In der Vergangenheit wurde Bockshornklee zur Vermehrung der Milch empfohlen, und die Frauen in den Harems in Nordafrika nahmen ihn, um ihre Brüste runder werden zu lassen. Neuere Untersuchungen haben gezeigt, daß die Samen Diosgenin enthalten, eine wichtige Substanz bei der Synthese der empfängnisverhütenden Sexualhormone. Bockshornklee kann im Garten leicht durch Samen gezogen werden und braucht einen warmen geschützten Platz mit lockerem, von Staunässe freiem Boden. Vom Samen bis zur blühenden Pflanze dauert es vier Monate.

Kreuzkümmel *Cuminum cyminum* ist eine flachwachsende einjährige Pflanze, wahrscheinlich aus Oberägypten, Arabien und der Türkei, aber in Indien, China und in den Mittelmeerländern Europas seit alter Zeit eingeführt und heute auch in Nord- und Südamerika angebaut. In ungeeignetem Klima verwildert der Kreuzkümmel. Kreuzkümmel ist eine zierliche Pflanze mit einem verzweigten Stengel, der 10 bis 50 cm hoch wird, die Blätter sind fein geteilt, und die kleinen weißen oder rosa Blüten stehen in drei- bis fünfstrahligen Dolden an den Triebenden und blühen im Juni und Juli und entwickeln sich zu einer 1/2 cm großen länglichen, feingerieften, gelbbraunen kurzbehaarten Frucht, die bei der Reife in Teilfrüchte zerfällt. Ihr Geruch ist unangenehm würzig und der Geschmack etwas bitter.

Seit biblischer Zeit werden Kreuzkümmelsamen in Weihwasser oder Brot wegen ihrer verdauungsfördernden und Blähungen verhindernden Wirkung eingenommen oder als Würze benutzt. Nach Plinius haben die Jünger des gelehrten Rhetorikers Porcius Latro Kreuzkümmelsamen geraucht, um ihrem Teint eine ungesunde Blässe zu geben, die übermäßiges Studieren vortäuschte, was sich bei Horaz mit *exsangue cuminum,* der blutleeren Blässe, von Kreuzkümmel wiederfindet. Kreuzkümmel galt bei den Griechen als Symbol der Begierde, und Geizhälse wurden spaßeshalber gefragt, ob sie Kreuzkümmel genommen hätten. Kreuzkümmel war im Mittelalter und in der Römerzeit auch bei uns eine Brotwürze, die heute kaum noch benutzt wird. Die Anwendung in Speisen verschwand zugunsten von Kümmel seit dem 17. Jahrhundert, da dieser weniger bitter schmeckte. Kreuzkümmel aber ist noch ein wichtiger Bestandteil im Curry und wird verbreitet in Indien, Mexiko und osteuropäischen

Ländern in einer Vielzahl von Gerichten genutzt. Kreuzkümmel wird auch noch zur Geschmacksverbesserung von Käse, Fleisch, in Beizen zum Einlegen, in Chutneys, Brot, Brötchen, Keksen und Kuchen genutzt. Das ätherische Öl der Samen dient der Parfümindustrie.

Kreuzkümmel kann im Kräutergarten angebaut werden, aber erfolgreich nur dann, wenn das Wetter langanhaltend schön ist. Aussaat in Töpfen und später auspflanzen an sonnigen warmen Stellen in nährstoffreichen, lehmigen Böden. Für die Reife werden drei bis vier Monate bei beständig schönem Wetter benötigt. Die Samen müssen getrocknet und luftdicht aufbewahrt werden.

Anis *Pimpinella anisum* ist ein stark aromatisches einjähriges Gewächs des mittleren Ostens, aber in Europa seit Jahrtausenden angebaut und ebenso in Nordafrika, Südamerika und Indien kultiviert, manchmal auch auf Schutt- und Ödland aus Kultur verwildert. Der Stengel ist stark gerillt und kurzflaumig behaart, im oberen Teil verzweigt und 10 bis 50 cm hoch. Die hellgrünen Blätter sind unterschiedlich geformt, rund und gezähnt am Grund, herzförmig und gezähnt in der Mitte und an der Spitze drei- bis fünfteilig eingeschnitten. Die cremeweißen oder rosa Blüten stehen in lockeren Dolden und blühen im Juli und August, die aromatischen Früchte enthalten zwei behaarte Samen in jeder Kapsel.

Anis hat eine sehr lange geschichtliche Tradition seines Gebrauchs in Küche und in der Medizin (vgl. Matthäus 23; Vers 23). Die Römer nutzten seine aromatischen, verdauungsfördernden Eigenschaften, indem sie es besonderen gewürzten Kuchen beifügten, die sie nach ihren Speisen aßen, um Blähungen zu lindern und die Verdauung der üppigen Speisen zu erleichtern. Anis ist heute noch ein sehr verbreitetes Küchengewürz zur Aromatisierung von Kuchen, Semmeln, Brot und Weihnachtsgebäck. Er ist auch ein wichtiger Bestandteil vieler beliebter Liköre und Kräuterschnäpse. Am bekanntesten sind Pernod, Ouzo und Anis. Anis kann auch als Würze für Suppen, Eintöpfe und Pasteten benutzt werden. Medizinisch wird Anis innerlich gegen Magenverstimmungen eingenommen, es mindert Blähungen, lindert Durchfall bei Kindern und stimuliert den Appetit, lindert Husten und Asthma, führt Schlaf herbei, stoppt Schluckauf und stimuliert die Brustwarzen stillender Mütter. Eingenommen in Pastillenform, erfrischt er den Atem und lindert trockenen Husten. Anisöl ist ein gutes antiseptisches Mittel und wird manchmal zur geschmacklichen Verbesserung der Zahnpasta benutzt.

Anis kann im Garten durch Aussaat im April in leichten wasserdurchlässigen, kalkhaltigem Böden an sonniger, geschützter Stelle gezogen werden. Die Samen reifen im August, aber nur in sehr heißen Sommern. Wenn die Spitzen der Früchte graugrün sind, die Pflanzen am Grund schneiden, bündeln und zum Trocknen aufhängen; eine große Schüssel darunterstellen, damit die aus den hängenden Samenständen herausfallenden Samen aufgefangen werden. So an einem trockenen Platz etwa eine Woche Nachreife gewähren und dann die Samen ausstreifen, getrocknet, luftdicht verschlossen und dunkel aufbewahren.

Für einen Auszug nimmt man 10 g Samen auf 1 l kochendes Wasser und läßt fünf bis zehn Minuten ziehen, gießt ab und süßt. Davon ein bis zwei Tassen pro Tag fördern die Verdauung und lindern Regelschmerzen, doppelt so stark zur äußeren Anwendung auf geschwollene Brüste und zur Anregung der Milchsekretion.

Kerbel *Anthriscus cerefolium*

Kreuzkümmel *Cuminum cyminum*

Bockshornklee Griechisch-Heu
Trigonella foenum-graecum

Knoblauchsrauke *Alliaria petiolata*

Knoblauchskraut, Knoblauchhederich, Knoblauchsrauke *Alliaria petiolata* (synonym *Alliaria officinalis)* ist als Staude in Europa, Nordafrika und Asien bis in den Himalaja und auch in Australien zu finden. Sie wächst in Zaungesellschaften, an Hecken und Gebüsch. Die Pflanze riecht beim Berühren stark nach Knoblauch, hat eine Pfahlwurzel und einen aufrechten runden, meist unverzweigten Stengel, der 20 bis 100 cm hoch wird. Die nierenförmigen bis herzförmigen Grundblätter sind langgestielt, am Rand gewellt und grob gezähnt, sie stehen in einer Rosette. Die Stammblätter sind mehr dreieckig oval, kurz gestielt, am Rande stärker gewellt und spitz gezähnt. Die weißen Blüten stehen in endständigen Köpfchen und öffnen sich von April bis Juni. Der Gattungsname kommt vom lateinischen *allium* »Knoblauch« und bezieht sich auf den unverwechselbaren Geruch der Pflanze. Die Pflanze kann gekocht als Gemüse oder roh in Salaten gegessen werden. Sie gibt nicht nur einen köstlichen Knoblauchgeschmack, sondern soll auch das Verdauungssystem fördern. Auf dem Lande wurde sie früher häufig als Würze in Saucen, Eintöpfen und zu Salzfleisch genutzt. Es hieß auch, daß sie gut sei bei Wassersucht. Äußerlich angewandt, können ihre antiseptischen Eigenschaften die Schmerzen bei Bissen und Stichen lindern. In Wildstauden-, Gehölzbereichen im Garten sich ansiedelnd oder aus dem Wildkräutersortiment leicht zu pflanzen oder zu kultivieren. Zur Frischernte an Salate im Frühling und Sommer oder zum Trocknen der Blätter und Samen für die Winterzeit.

Schnittlauch *Allium schoenoprasum* ist eine Staude Nordeuropas und Nordostamerikas. Sie wächst wild an trockenen felsigen Stellen und Flußufern. Schnittlauch hat kleine, flache Zwiebeln und wächst in Pulks. Die Blütenstengel können 15 bis 30 Zentimeter hoch werden, die langen dünnen, grasähnlichen Blätter sind hohle Röhrchen, und die zierlichen, purpurnen, rosa oder seltener weißen oder lilafarbenen Blüten sitzen in runden, pomponähnlichen Köpfchen am Stengelende und erblühen von Juni bis Juli. *Schoenoprasum* kommt vom lateinischen *schoenus* »binsenähnlich« und bedeutet »binsenähnlicher Lauch«. Der Gattungsname *Allium* stammt vermutlich vom keltischen *Al*, was »bissig, scharf« bedeutet und sich auf den Ge-

Schnittlauch
Allium schoenoprasum

Dreikantiger Lauch
Allium triquetrum

Aufgenommen am 2. Mai

Dreikantiger Lauch *Allium triquetrum*

schmack bezieht, der bei manchen Laucharten auch so scharf ist, daß er einem das Wasser in die Augen treibt. Schnittlauch wurde in China schon vor fast 5000 Jahren verwendet und ist auch bei uns mit anderen Alliumarten eine alte Würz- und Heilpflanze. Schnittlauch hat einen milderen, angenehmeren Geschmack als seine nahe Verwandte, die Zwiebel, und wird als Gewürz zu vielen Gerichten und Salaten verwendet, so fein geschnitten zu Suppen, Salaten, Eiern, Quark und gekochtem Gemüse – wobei die leuchtend grüne Farbe des Lauchs auch für das Auge attraktiv ist. Schnittlauch ist als Gartenpflanze unproblematisch und läßt sich auch im Balkonkasten und Topf ziehen. Bei trockenem Wetter ist gute Wasserversorgung wichtig und der Boden muß nährstoffreich sein, um immer wieder trotz regelmäßigem Schneiden kräftiges Wachstum zu fördern.

Riesenschnittlauch *Allium schoenoprasum ›Sibiricum‹* wird bis 30 cm hoch und hat dikkere, kräftigere Blätter und läßt sich wie der normale Schnittlauch verwenden, muß aber wegen der größeren Röhrchen feiner geschnitten werden.

Dreikantiger Lauch *Allium triquetrum* stammt aus dem westlichen Mittelmeergebiet und ist in wintermilden, nahezu frostfreien Gebieten an feuchten, fast sumpfigen Stellen verbreitet.

Bärlauch *Allium ursinum* ist eine Staude Europas und Kleinasiens, die in Laub-, Misch- und Auenwäldern auf frischen, bis zeitweise nassen nährstoffreichen Böden wächst und bis 1700 Meter hoch im Gebirge aufsteigt, aber in Norddeutschland in weiten Gebieten fehlt. Bärlauch hat eine weiße längliche Zwiebel, aus der der Blütenstand bis 25 cm hoch erwächst, zusammen mit zwei bis drei elliptisch speerförmigen, dunkelgrün glänzenden, grundständigen, nicht ganz so hohen Blättern. Die ganzteiligen, weißen Blüten stehen zu mehreren kopfig am Blütenstandsende und erblühen von April bis Juni. Der Knoblauchgeruch ist so stark beim Laufen durch Bärlauchbestände, daß man gern das Durchqueren solcher Waldbereiche vermeidet.

Der Bärlauch ist ein Verwandter des Knoblauchs und kann in gleicher Weise medizinisch oder in der Küche benutzt werden. Die frischen jungen Blätter können im Frühling gesammelt und als Salatbeigabe verwendet werden, der frisch gepreßte Saft wird verbreitet in Diäten angewandt und als Sirup, Tinktur oder Absud bei Husten, Erkältungen, Halsentzündungen und Bronchitis verwendet. Wenn auch über seine Inhaltsstoffe wenig bekannt ist, so scheint der Bärlauch doch hauptsächlich über den Darm zu wirken. Man hat beim Bärlauch eine gute Wirkung bei fermentbedingten Verdauungsstörungen festgestellt. Bärlauch ist manchmal im Heilkräutersortiment, aber auch im Wildstaudensortiment erhältlich.

Zitronengras *Cymbopogon citratus* (synonym *Andropogon citratus*) ist nur als Kultur in Südindien und Ceylon bekannt. Heute aber auch auf den Seychellen und in Uganda verbreitet angebaut und bei uns manchmal als Gewürzpflanze im Topf, den Zimmerpflanzen ähnlich, kultiviert. Das lateinische *citratus* und unsere Bezeichnung Zitronengras weisen auf den starken Zitronenduft seines Inhaltsstoffes Citral hin. Das Zitronenöl, welches aus der Pflanze gewonnen wird, ist wichtig für die Herstellung von Tonen, dem künstlichen Veilchenparfüm. Es wird auch verbreitet anstatt Zitronenöl verwandt. In den vergangenen Jahren wurde Zitronengras auch zum hochgeschätzten Küchenkraut und wegen seines intensiven Zitronengeschmacks verwendet.

Bärlauch *Allium ursinum*

Zitronengras *Cymbopogon citratus*

Winterzwiebel *Allium fistulosum,* aufgenommen am 4. Juni

Knoblauch *Allium sativum* (Zwiebel)

Knoblauch *Allium sativum* (Blüten)

Knoblauch *Allium sativum* ist eine stark riechende Staude mit Zwiebeln aus Zentralasien, aber heute überall in der Welt kultiviert und manchmal als Kulturflüchter verwildert. Knoblauch hat eine aus acht bis zehn Teilen – sogenannten Zehen – bestehende Zwiebel und einen aufrechten hohlen Stengel, der von 30 bis 120 cm hoch wird und die weißen, seltener rosa Blütenköpfe von Juni bis Juli an seinem Ende trägt. Die herabhängenden schmalen derben Blätter umfassen den Stengelgrund scheidenförmig. Auch der ganze Blütenstand, im knospigen Zustand von einem Hochblatt eingehüllt, das sich zum Erblühen öffnet und dann abfällt. Der Gattungsname soll vom keltischen *Al* »brennen« mit Bezug auf den kräftigen Geschmack kommen, das lateinische *sativum* bedeutet »angepflanzt« und weist auf die menschliche Nutzung seit alters her hin. Der Name Knoblauch ist aus *Chlo von Chlieben* »Spalten« abzuleiten und steht im Bezug zur geteilten Zwiebel. Knoblauch wird seit Jahrtausenden in Küche und Medizin genutzt. Da er Stärke verleihen sollte, erhielten ihn die ägyptischen Arbeiter beim Pyramidenbau. Nach Homers *Odyssee* aß *Odysseus* Knoblauch, um sich selbst dagegen zu schützen, von Circe in ein Schwein verwandelt zu werden. Galen und Dioscorides hielten ihn für ein großes Allheilmittel des gewöhnlichen Mannes und empfahlen den Knoblauch bei einer Vielzahl von Leiden. Von den einen hoch geschätzt, wurde er von anderen wegen seines starken Geruchs als vulgär betrachtet. Die Forschung hat heute bestätigt, daß Knoblauch hilfreich ist, Amöbenruhr im Zaum zu halten. In ganz Europa, und besonders in den Mittelmeerländern, ist Knoblauch ein wichtiger Bestandteil in der Küche und die Grundlage mancher Gerichte. Er wird in großen Mengen zum Würzen von Suppen, Eintöpfen, Gemüsen, Saucen, Mayonnaise, Fleisch- und Fischgerichten verwendet. Sein strenger Duft und Geschmack gibt Speisen und Atem einen charakteristischen Geruch, manche Menschen empfinden ihn als unangenehm, und er läßt sich durch Pfefferminze oder Petersilie etwas überdecken. Andere empfinden ihn als angenehm, so auch Mességué in seinem »Health Secrets of Plants and Herbs«, in dem er sagt, daß der Atem eines Kavallerieoffiziers aus seiner Bekanntschaft schon aus drei Meter Entfernung zu riechen war, er jedoch als absolut unwiderstehlich für Frauen bekannt war. Knoblauch wurde seit Jahrtausenden medizinisch angewandt, man wußte schon lange um seine antiseptischen und antibiotischen Eigenschaften, und so war er ein Hauptbestandteil des »Vierdiebe-Weines«, den die Leichenfledderer der Pestopfer tranken, um nicht selbst die Krankheit zu bekommen. Die französischen Priester, die im 19. Jahrhundert in den Armenvierteln Londons arbeiteten, aßen zu ihren Mahlzeiten regelmäßig Knoblauch und blieben gesund, während die englischen Geistlichen, die dies nicht taten, häufig an Infektionskrankheiten starben. Die antiseptischen Eigenschaften von Knoblauchsaft bei Wundanwendung retteten das Leben von Tausenden von Soldaten im Ersten Weltkrieg. Knoblauch ist, nach Mességué, gut zur Regulierung der Darmflora, und er verschreibt ihn für Durchfall, Magenkrämpfe, Blähungen und trägen Darm. Er ist auch ein Wurmmittel und ein allgemeines Tonikum zur Regulierung aller lebenswichtigen Funktionen. Als Auszug eingenommen, kann Knoblauch hohen Blutdruck senken und den Blutzuckerspiegel regulieren, was ihn bei Zuckerkrankheit nützlich macht. Für einen Absud bei Bluthochdruck nehme man eine Knoblauchzwiebel auf 1 l kochendes Wasser oder Brühe und koche 10 bis 15 Minuten, man

Luftzwiebel *Allium cepa* var. *viviparum*

Gemüseknoblauch *Allium tuberosum*

trinke drei Tassen dieser Flüssigkeit pro Tag. In Honig eingeweicht, lindern Knoblauchzehen Bronchitis und Husten und helfen beim Vertreiben von Erkältungskrankheiten. Dies empfiehlt sich besonders bei Kindern mit Brustkatarrhen. Für einen Sirup zur Hustenlinderung nimmt man fünf dicke, in Scheiben geschnittene Zehen in 100 g Honig und legt sie darin für mehrere Stunden ein; zwei bis drei Teelöffel voll, alle drei Stunden einzunehmen. Viele neuere Untersuchungen bestätigen die antibakteriellen und anregenden Eigenschaften von Knoblauch und er wird für nützlich gehalten zur Behandlung von Darmstörungen, Arteriosklerose, auszehrenden Krankheiten und Netzhautentzündung. Es ist jedoch festzustellen, daß die besten Ergebnisse mit frischen Zwiebeln erreicht wurden, da längere Lagerung die antibakteriellen Eigenschaften mildert. Der bulgarische Wissenschaftler Petkov hat entdeckt, daß Knoblauch die Entgiftung bei chronischer Bleivergiftung fördert. Regelmäßiger Verzehr von Knoblauch soll eine große Hilfe zum allgemeinen Erhalt der Gesundheit sein. Wer den Geruch abstoßend findet, soll Kerbel, Petersilie oder Kaffeebohnen kauen oder sich mit Angelikawasser benetzen. Knoblauchbrot – Stangenweißbrot – wird mit Butter bestrichen, in das man zerquetschte Knoblauchzehen mischt, dann zehn Minuten im Ofen erhitzt. Dies ist eine appetitliche Möglichkeit, die wöchentliche Knoblauchration zu verzehren. Leicht durch Stecken der Knoblauchzehen im Frühling zu vermehren.

Zwiebel *Allium cepa* ist eine streng riechende zweijährige Zwiebelpflanze, die wahrscheinlich aus dem Mittleren Osten stammt, heute aber überall in der Welt kultiviert wird. Die äußeren Zwiebelschalen können weiß, gelb oder violett sein, und aus der Zwiebel wächst im zweiten Jahr ein aufrechter, hohler Stengel, der über 100 cm hoch werden kann und an seinem Ende die grünweißen Blüten in einem großen runden Köpfchen trägt. Die Zwiebeln blühen von Juli bis September. Zwiebeln werden seit dem Altertum genutzt und waren eine der ersten Pflanzen, die man für Küche und medizinische Zwecke anbaute. Zwiebeln sind wesentlicher Bestandteil in Suppen, Eintöpfen, bei Fleisch-, Fisch- und Gemüsegerichten und in Saucen. Frisch, geben fein geschnittene Zwiebeln einen bestimmten kräftigen Geschmack an Salate, Käse und Eiergerichte, und man ißt sie auch sehr gern gebacken, gekocht oder eingelegt. Mit ihren dem Knoblauch ähnlichen medizinischen Eigenschaften soll regelmäßiges Essen, vor allem roher Zwiebeln, das Leben verlängern und den allgemeinen Gesundheitszustand verbessern. Zwiebeln sind wie Knoblauch antiseptisch, antibiotisch, antisklerotisch, harntreibend und auswurffördernd. Sie senken den Blutdruck, helfen verdauen, heilen Wunden, ordnen das Verdauungssystem, lindern Husten und Erkältung, sind reich an Vitamin C und anderen Vitaminen und Mineralstoffen. Früher wurden sie zur Abwehr von Skorbut gegessen und halfen auch Husten, Erkältungen und andere kleinere Infektionskrankheiten abzuhalten. Wegen ihres hohen Phosphorgehaltes gelten Zwiebeln als Stärkung des Gedächtnisses, der Konzentration und kreativer Gedanken. Sie wirken wahrscheinlich beträchtlich stärker, wenn roh, statt gekocht verzehrt, werden jedoch von manchen, besonders von denen, die unter Blähungen leiden, nicht vertragen. Jean Palaiseul in »Grandmother's Secrets« empfiehlt, Zwiebelwein zu trinken, wenn rohe Zwiebeln unangenehm sind. Man nimmt 300 g kleingeschnittene Zwiebel und 100 g Honig in eine Flasche Weißwein und läßt das Ganze zwei Tage stehen, schüttelt aber alle paar Stunden, dann gießt man ab und nimmt zwei bis vier Eßlöffel voll pro Tag. Der Zwiebelwein kann als Tonikum bei Anämie, bei Bronchialbeschwerden, Zuckerkrankheit, Magen- und Harnwegsinfektionen genommen werden. Kleingeschnittene Zwiebeln äußerlich angewandt, sollen lindernd bei rheumatischen Gelenken, Verbrennungen und Migräne wirken. Zwiebeln können gesät, aber besser durch Steckzwiebeln im Frühjahr vermehrt werden, sie wachsen in jedem Boden an geschützter sonniger Stelle und lieben keine Staunässe, sondern lockeren nährstoffreichen Boden. Die Ernte erfolgt Ende Juli und die Zwiebeln werden in Bündeln aufgehängt getrocknet und an kühler Stelle bei Luftbewegung trocken gelagert.

Luftzwiebel *Allium cepa* var. *proliferum* bildet statt der Blüte direkt kleine Zwiebeln, die wiederum austreiben und manchmal nochmals als Blütenstand kleine Zwiebeln bilden und wintergrün bleiben. Gut zum Einlegen.

Winterzwiebel *Allium fistulosum* ist eine wintergrüne Staude mit wintergrünen Blättern und dick aufgeblasenen Blütenstengeln. Der Geschmack ist milder als bei Zwiebeln und für feineres Würzen zu verwenden.

Gemüseknoblauch, Knoblauch *Allium tuberosum* hat einen milden Knoblauchgeschmack und flache weiße Blütenköpfe. Er läßt sich gut bei Salaten oder Quark verwenden.

Schildampfer *Rumex scutatus*

Blutampfer *Rumex sanguineus* var. *sanguineus*

Kleiner Sauerampfer *Rumex acetosella*

Krauser Ampfer *Rumex crispus*

Sauerampfer *Rumex acetosa* im Vordergrund, aufgenommen am 1. Juni

Sauerampfer *Rumex acetosa* ist eine Staude Europas, des gemäßigten Asiens, Nordamerikas und Grönlands, auf feuchten Wiesen und Weiden und an Gräben. Er besitzt einen mehrköpfigen spindelförmigen, stark verästelten Wurzelstock und aufrechte saftige verzweigte Stengel, die bis 100 cm hoch werden. Die breiten eiförmigen, am Grunde pfeilartigen grünen Blätter werden später rötlich, und die rötlich grünen Blüten stehen in lockeren Rispen an den Zweigenden. Blühend von Juni bis Juli. Pflanze gewöhnlich zweihäusig.

Sauerampfer ist seit alten Zeiten als Gemüse und Heilkraut verwendet worden. Die Ägypter und Römer aßen es gegen die Beschwerden von übermäßigem Essen, und im Mittelalter war er verbreitet als Gemüse- und Salatpflanze. Man kann ihn in Saucen geben oder mit frisch gebratenem oder kaltem Fleisch essen. Er eignet sich auch zu Salaten, Omeletts, Gemüse und Eintöpfen, und die jungen Blätter können wie Spinat gegessen werden. Der Saft der Blätter und der Stengel läßt Milch gerinnen und die Lappländer benutzten ihn als Labersatz. Man sollte nichtrostende Messer und beschichtete Töpfe benutzen, da die Pflanze mit Eisen chemisch reagiert.

Da Sauerampfer viel Oxalsäure enthält, sollte er nicht längere Zeit genommen werden, da dies zur Bildung kleiner Calciumoxalatsteine führen kann. Besonders sollten ihn Personen mit Blasensteinen, Rheumatismus, Gicht, Asthma und Lungenbeschwerden meiden. Sauerampfer wurde seit der Griechen- und Römerzeit wegen seiner wassertreibenden und kühlenden Eigenschaften geschätzt. Man nützte ihn für ein kühlendes Getränk, für Fiebernde, er war wegen seines hohen Vitamin-C-Gehalts ausgezeichnete Schutz gegen Skorbut. Seine adstringierenden Eigenschaften machten ihn nützlich zum Blutstillen. Äußerlich wurde er verschrieben gegen Schorf, Ringelflechte, Krätze, eiternde Geschwüre und Wunden, Mundgeschwüre und Furunkel.

Sauerampfertee wirkt abführend und wassertreibend. 30 g getrocknete Blätter in 1 l kochendes Wasser für 10 Min., dann abgießen und 3 Tassen pro Tag. Mességué empfiehlt in *Health Secrets of Plants and Herbs* einen Aufguß von Wurzel und Samen bei Magenschmerzen, Koliken und Durchfall. Man nehme ein kleines Stück Wurzel und 10 g Samen in 1 l Wasser und koche 10 Min., abgießen und 1 Tasse pro Tag.

Sauerampfer läßt sich leicht im Garten aussäen und im Frühjahr oder Herbst durch Teilung vermehren. 4 Monate nach der Pflanzung kann die Ernte beginnen und bei Unterglaskultur auch das ganze Jahr hindurch dauern. Nach 4 Jahren sollten die Pflanzen erneuert werden.

Schildampfer *Rumex scutatus* ist eine glattblättrige Staude Mittel- und Südeuropas, Westasiens und Nordafrikas. Sie wächst an alten Mauern, auf Bergwiesen und an Flußufern. Sie unterscheidet sich vom Sauerampfer insbesondere durch ihre schildförmigen, leicht sukkulenten brüchigen Blätter. Schildampfer ist weniger bitter und wird deshalb in der Küche vorgezogen. Er kann als Hauptbestandteil der Sauerampfersuppe benutzt werden, und junge Blätter geben Frühlingssalaten einen leichten, aber kräftigen Zitronengeschmack.

Kleiner Sauerampfer *Rumex acetosella* kommt in Mittel- und Südosteuropa vor und ist heute weit in der Welt außerhalb der Tropen verbreitet. Er wächst auf sauren, kalkfreien, nährstoffarmen, meist sandigen Böden und ist kleiner als Sauerampfer und Schildampfer, wird aber in gleicher Weise genutzt, obwohl weniger wirksam als Heilpflanze.

Krauser Ampfer *Rumex crispus* ist eine aufrechtwachsende Staude Europas und in vielen anderen Teilen der Welt verwildert. Sie wächst an Ufersäumen, Wegrändern, in Unkrautgesellschaften auf feuchten, nährstoffreichen, besonders stickstoffreichen Ton- und Lehmböden und auf Sanddünen in Küstennähe. Krauser Ampfer hat eine lange fleischige Wurzel, außen rotbraun, innen weiß, und einen verzweigten 50 bis 100 cm hohen Stengel. Die ziemlich großen Blätter sind oval und spitz zulaufend mit starker Kräuselung oder Wellung am Rand. Die grünen Blüten erblühen in dichten Quirlen in endständiger Ähre von Juni bis Oktober.

Da reich an Eisen, wird Krauser Ampfer als Tonikum bei Anämie, allgemeiner Schwäche unter Rekonvaleszenz verschrieben. Er hat auch wassertreibende und abführende Eigenschaften und wird empfohlen bei Rheumatismus, Magenstörung und chronischen Hautleiden. In der Homöopathie wird eine Hustentinktur bei Reizhusten und kratzendem Hals verordnet. Von einigen wird behauptet, er verhindere den wiederholten Ausbruch von Krebs.

Hainampfer Dock *Rumex sanguineus var. sanguineus* wird wegen seiner roten Aderung der Blätter in manchen Kräutergärten als Zierde gezogen.

23

Salvia officinalis
›Icterina‹

Salvia officinalis
›Tricolor‹

Salvia officinalis
›Purpurascens‹

Gartensalbei
Salvia officinalis

*Salvia
hians*

Aufgenommen am 10. Juni

empfahlen ihn bei Schlangenbissen. Im Mittelalter war er verbreitetes Heilkraut gegen Erkältungen, Fieber, Epilepsie, Cholera und Verstopfung. Man glaubte im Mittelalter, daß das Wachstum des Salbeis im Garten den Wohlstand anzeige. Gute Geschäfte, und der Salbeibusch wuchs, und schlechte Geschäfte, wenn die Pflanze kümmerte. Andere glaubten, wo der Salbei im Garten kräftig wuchs, beherrsche eine starke Frau den Haushalt.

In den Jahrhunderten wurde Salbei immer mehr als Küchenkraut geschätzt und wird heute hauptsächlich zum Würzen von Fleisch, Fisch, Eintöpfen und Suppen genutzt. Wegen seiner verdauungsfördernden Eigenschaften wird er häufig mit fettem Fleisch, wie Schwein oder Ente, oder öligem Fisch wie Aal gekocht. Salbei-Zwiebelfüllung ist bekannt bei Geflügel und Sage Derby ist ein bekannter englischer salbeigewürzter Käse. Salbeihonig ist sehr gefragt. In der Medizin hat Salbei viele gute Eigenschaften, so verdauungsfördernde Wirkung, aber auch adstringierende, genutzt in Mundspülungen und zum Gurgeln, zum Heilen von Geschwüren, blutendem Gaumen und rauhem Hals. In Zahnpasta fördert er weiße Zähne, soll aber auch ein gutes Haartonikum sein.

Salbeitee gilt als ausgezeichnetes Tonikum für die Nerven und als Stimulans für den Kreislauf. Empfohlen bei Rekonvaleszenz, Depressionen, Anämie und Studierenden, die unter Examensstreß leiden. Salbei hat den Ruf, Menstruationen zu regeln, Fieber zu mindern, rheumatische Schmerzen und Migräne zu lindern und Krankheiten abzuwehren. Trockene Salbeiblätter zu rauchen kann Asthma lindern. Mit Salbei kann man Krankenzimmer ausräuchern. Ein kalter Aufguß kann Babys mit Durchfall gegeben werden. Äußerlich wird er bei Wunden, Schorf, Ekzemen und Pickeln angewandt. Zum Aufguß nehme man 15 g getrockneten Salbei in 1 l kaltes Wasser, koche 5 Min. und lasse weitere 5 Min. ziehen. 3 Tassen pro Tag. Man sollte Salbei reichlich in der Küche zur allgemeinen Gesundheitsförderung verwenden.

Salbei wächst leicht im Garten, wenn er an warmen, trockenen, sonnigen Stellen steht. Vermehrung durch Stecklinge oder Kauf einer der vielen Sorten. Im harten Winter benötigt er als Mittelmeerkind etwas Schutz. Alle 4 bis 5 Jahre erneuern, da dann das Verholzen zum Strauch beginnt und damit in unserem Klima die Wintergefahr. Sammeln und Trocknen der Pflanze vor der Blüte. Für die Küche Blätter das ganze Jahr hindurch verwenden. Langsam gut durchtrocknen und luftdicht aufbewahren.

Purpursalbei *Salvia officinalis* ›Purpurascens‹ hat rote Blätter und leuchtend blaue Blüten, für Küche und zum Gurgeln geeignet.

Goldsalbei *Salvia officinalis* ›Icterina‹ hat zierliche goldgelb gefleckte Blätter.

Spanischer Salbei *Salvia lavandulifolia*. Im Frühsommer blaublühend mit kleineren schmalen Blättern und ebenfalls küchengeeignet.

Salvia officinalis ›Tricolor‹ Blätter cremefarben rötlich gefleckt und Zierpflanze wie Küchenkraut.

Echter Salbei *Salvia officinalis* ist ein aromatischer, immergrüner kleiner Strauch des Mittelmeergebietes und heute in klimatisch günstigen Gegenden Süd- und Mitteleuropas verwildert. Bei uns wird er als Heil- und Küchenpflanze im Kräutergarten oder Topf gezogen. Er hat eine verzweigte Pfahlwurzel, aus dem kantige aufrechte, verzweigte weißwollige Triebe wachsen, die 30 bis 70 cm hoch werden können. Die lanzettartigen, schwachgekerbten, gestielten Blätter sind oben graugrün und unten weißwollig mit einem deutlichen Nervennetz. Die violetten, purpurnen, rosa oder weißen Blüten stehen in Quirlen und blühen von Juni bis August.

Der Gattungsname kommt vom lateinischen *salvere*, retten oder heilen, und bezieht sich auf den Glauben an die Heilkräfte der Pflanze. Daher auch unser Name, bei dem sich das *v* zu *b* wandelte. *Officinalis* zeigt wie bei vielen Pflanzen den Heilgebrauch seit alters her. Die Römer hielten Salbei für ein heiliges Kraut, das nicht nur die Möglichkeit habe, Leben zu retten, sondern es auch zu schaffen. Frauen, die nicht schwanger wurden, riet man, 4 Tage Salbeisaft zu trinken und dem Manne fernzubleiben, danach könne man Empfängnis erreichen. Ein altes Sprichwort sagt: »Warum soll jemand sterben, wenn er Salbei im Garten hat.« Die Griechen und Römer benutzten Salbei als allgemeines Tonikum für Geist und Körper und

Goldsalbei *Salvia officinalis* ›Icterina‹ (links) und **Purpursalbei** *Salvia officinalis* ›Purpurascens‹

Salvia officinalis ›Albiflora‹

Gartensalbei *Salvia officinalis*

Muskatellersalbei *Salvia sclarea*

Salvia patens

Salvia patens ›Cambridge Blue‹

Muskateller-Salbei *Salvia sclarea* ist eine aromatische, zweijährige Pflanze oder kurzlebige Staude aus Südeuropa bis Syrien, aber auch in vielen anderen klimatisch günstigen Teilen Europas, meist auf Schuttplätzen, verwildert. Der aufrechte reich verzweigte Stamm kann über 100 cm hoch werden. Die gegenständigen ovalen bis herzförmigen Blätter sind runzelig, samtig behaart und gesägt. Die Quirle lilafarbener oder blaßblauer Blüten bilden eine lockere Ähre und blühen von Juni bis September. Der kräftige, warme, aromatische Geschmack und Geruch nach Muskateller wurde schon im frühen Mittelalter genutzt, um im Rheingau Weißwein den begehrten Muskatellergeschmack zu verleihen. Wie in unseren Kräuterbüchern nachzulesen und dann in anderen Gegenden nachgeahmt. In Großbritannien wurde Muskateller-Salbei auch als Hopfenersatz zum Bierbrauen benutzt, das dann stark berauschend schnell zum Vollrausch führte. Die Blätter können auch in Teig getaucht und im heißen Fett ausgebacken werden. Medizinisch wird der Muskateller-Salbei verbreitet als Verdauungshilfe genutzt. Culpeper empfiehlt ihn auch für Kompressen, bei Schwellungen, Geschwüren, Furunkeln, um Splitter auszuziehen und sagt auch, »daß der Saft des Krautes, in Bier getrunken, der Frauen Zeit bringe und die Nachgeburt fördere«. In Jamaika wird er als verbreitete Augenlotion genutzt und oft dem Bad wegen seiner lindernden aromatischen Eigenschaften beigefügt. Scharlach-Salbeiöl wird als Fixativ in Parfum eingesetzt. Aussaat direkt an Ort und Stelle und vereinzelt auf 40 cm Abstand, ist Muskateller-Salbei mit seinen attraktiv weiß rötlich oder violett gefärbten Hochblättern im Blütenstand eine attraktive Bereicherung des Kräutergartens.

Klebsalbei *Salvia glutinosa* hat blaßgelbe Blüten im August und gibt ein aromatisches Harz.

Salvia microphyllo (synonym *S. grahamii, S. neurepia*) ist bei uns nicht winterhart und muß als Kübelpflanze mit frostfreier Überwinterung bei etwa 10° C gezogen werden und benötigt viel Sonne an heißem Sommerplatz zu reicher Blüte.

Salvia patens hat in verschiedenen Sorten hell- oder dunkelblaue Blüten und wird als Sommerblume gezogen.

Salvia hians und *Salvia mertaurea* sind bei uns selten, in England häufiger zu findende Salbeiarten ohne besondere medizinische oder Küchenverwendung.

Salvia coccinea blüht zierlich leuchtend rot und wird seltener als Sommerblume verwendet, häufig dagegen ist *Salvia farinacea* mit dunkelblauen, hellblauen, violetten oder weißen Blütenständen als Sommerblumen-Beetpflanze.

Salvia horminum mit attraktiven violetten, rötlichen, rosa oder weißen Hochblättern läßt sich auch für Gurgelwasser verwenden. Die Samen bei der Likörfermentation zugesetzt, machen diesen berauschend.

Ananas-Salbei *Salvia rutilans* ist als Topf- oder Kübelpflanze zu ziehen und kann mit seinen nach Ananas duftenden Blättern Fruchtsalate, Pizzas oder gegrilltes Schweinefleisch würzen.

Quirlsalbei *Salvia verticillata* ist eine behaarte, unangenehm riechende Staude der Gebirge Südeuropas. Aber heute auch in Nordamerika auf Schuttplätzen verwildert und als winterharte reichblühende Gartenstaude verwendbar.

Ananas-Salbei *Salvia rutilans*

Quirlsalbei *Salvia verticillata*

Klebsalbei *Salvia glutinosa*

Salvia horminum

Salvia hians

Salvia neurepia

Salvia mertaurea

Engelwurz *Angelica archangelica,* aufgenommen am 18. Juni im Garten von Barnsley House

Weißblühender Borretsch

Borretsch *Borago officinalis*

Angelikawurzel *Angelica archangelica* (synonym *Archangelica officinalis*) ist eine große süßduftende Staude, meist aber nur 2- bis 3jährig kurzlebig. Heimisch in Nord- und Mitteleuropa, Nordasien, bis Norwegen und Grönland, aber auch in den Alpen Österreichs und der Schweiz und im Kaukasus. In nassen nährstoffreichen Wiesen und Flußuferbereichen. Dieser Doldenblütler wird bis zu 3 m hoch und hat eine dicke, fleischige spindlige Wurzel und kräftige hohle gerillte Stengel. Die großen breiten spitz auslaufenden Blättchen sind gesägt und dreiteilig eingeschnitten. Sie bilden das paarig gefiederte Gesamtblatt, dessen Blattscheide meist erweitert aufgeblasen den Stengel umfaßt. Die kleinen weißen oder gelbgrünen Blüten bilden große runde endständige Dolden, die durch die reiche Verzweigung einen großen Gesamtblütenstand formen und blühen im Juli. Sie entwickeln zu blaßgelben länglichen, eiförmig zusammengedrückten Früchten.

Jahrhunderte hindurch wurden die Eigenschaften von Angelika in vielen Büchern gerühmt. Nach einer Legende geht der Name auf einen Engel zurück, der in einem Traum enthüllte, daß die Pflanze gegen die Pest helfe, und Paracelsus nannte sie eine wunderbare Medizin während der Pestepidemie in Mailand 1510. Angelika vom Lateinischen *herba angelica* »Engelpflanze« erinnert daran. Eine andere Legende sagt, daß sie ihren Namen daher habe, daß sie am Tage von Michael dem Erzengel, am 8. Mai des alten Julianischen Kalenders, blühe. In der Renaissance war sie den Doktoren als Wurzel des Heiligen Geistes bekannt, da sie die Eigenschaft besitzen solle, jede Krankheit zu heilen und auch Schutz gegen Hexen, Zauber und böse Geister zu geben.

In der Medizin wird Angelika heute als Stimulans, schweißtreibendes Mittel, Tonikum, Magenmittel und Expektorant empfohlen. Es wird oft benutzt bei Blähungen, Verdauungsstörungen, chronischer Bronchitis und Typhus. Culpeper meint auch, daß ein Sirup der Angelikastengel der Verdauung besonders bei übermäßigem Essen helfe. Wie es auch »der Frauen Zeiten fördere und die Nachgeburt bringe«.

Mésségué empfiehlt Angelika bei schmerzhafter Regel, Magenschmerzen, Migräne, warnt aber, daß der kräftige Saft, unvorsichtig benutzt, unangenehme Hautreizungen verursache und nie mit den Augen in Berührung kommen dürfe. In der modernen Kräuterheilkunde wird Angelikaöl oder Angelikageist manchmal zur Einreibung bei rheumatischen Beschwerden verwendet. Angelika war nicht nur wegen seiner medizinischen, sondern auch seiner Möglichkeiten bei der Konfektherstellung berühmt. So können kandierte Angelikastengel auch bei Kuchen und Süßspeisen Verwendung finden. Die Samen werden bei der Herstellung von Kräuterlikören, wie Chatreuse, Benediktiner und anderen und im gewissen Umfang auch in der Parfumindustrie benutzt. Die Stengel verwendet man zur Marmeladenherstellung, und ein kleines Stückchen Wurzel oder Stengel zu Rhabarberkompott hilft, dessen Säure zu mindern. Einen Aufguß kann man von 22 g kleingeschnittener Wurzel oder 15 g Samen in 1 l kochendem Wasser machen und davon täglich eine Tasse trinken – mehr reizt zu stark.

Angelika sollte man im Garten durch Aussaat oder Anpflanzen aus dem Kräutersortiment ziehen. Ende August/Anfang September reift das Saatgut und sollte gleich gesät werden, da die Keimkraft schnell nachläßt. Angelika braucht guten nährstoffreichen, feuchten Boden und zumindest ein Teil des Tages Schatten. Die jungen Stengel können im April und Mai, die Blätter im Mai und Juni vor der Blüte gesammelt werden. Die Wurzeln werden zu Herbstende geerntet, getrocknet und aufbewahrt und bleiben viele Jahre wirksam. Die Blätter eignen sich für Tees, Aufgüsse und zur Speisendekoration.

Waldengelwurz *Angelica sylvestris* ist eine verwandte Art schattiger Wälder, feuchter Wiesen und Gehölze und wird, weil weniger wirksam, nicht verwendet.

Borretsch Borago officinalis ist ein kräftiges aufrechtes einjähriges Kraut aus Kleinasien bis Syrien und Nordafrika und heute in vielen Teilen Europas, aber auch Nordamerikas verwildert und oft als Gartenflüchtling auf Schuttplätzen und Brachflächen in der Nähe bewohnter Bereiche zu finden. Borretsch ist eine breitwachsende Pflanze und ganz mit steifen Borstenhaaren besetzt. Der runde hohle Stengel ist meist verzweigt und wird 30 bis 60 cm hoch. Die großen ovalen, spitz zulaufenden dunkelgrünen Blätter sind runzlig, wechselständig und die unteren gestielt. Die hellblauen, manchmal weißen sternförmigen Blüten sitzen in Wicken an den Stengelenden und öffnen sich von Juli bis September. Jede Frucht enthält vier braunschwarze Nüßchen.

Der Gattungsname kommt entweder vom lateinischen *borra*, ›rauhhaarig‹ oder durch Abwandlung des lateinischen *corago*, ›ich bringe dem Herzen Mut‹. Das lateinische *officinalis* weist auf seine lange Heilpflanzennutzung hin.

Seit alters her hielt man Borretsch für wunderbar wirksam auf Geist und Körper, Melancholie vertreibend und Glücksgefühl auslösend. Nach Dioscorides und Plinius war Borretsch das *nepenth* – die Pflanze Homers, die in Wein getaucht zu völliger geistiger Abwesenheit führte. Gerard sagte, daß der Blütensirup »tobende und mondsüchtige Menschen« beruhige. Junge Borretschblätter können gekocht als Gemüse oder feingeschnitten roh in Frühlingssalaten gegessen werden. Die frischen Blätter schmecken gurkenähnlich und eignen sich mit Zitrone, Zucker oder Honig zu erfrischenden Getränken. Borretsch wird auch in der Nähe von Bienenstöcken angebaut, da er einen sehr guten Honig ergibt. Seit alter Zeit werden Borretschblätter wegen des Geschmacks und auch zum Schmuck von Weingläsern benutzt. Die Blüten werden oft kandiert und dann als Süßigkeit oder Kuchendekoration verzehrt und geben auch einen farbigen Akzent für Salate.

Medizinisch hat Borretsch wassertreibende, entzündungshemmende und lindernde Eigenschaften wegen seines hohen Schleimstoffgehalts. Es kann zur Linderung bei Bronchitis, Katarrhen, Rippenfellentzündung und Rheumatismus angewandt werden. In Frankreich wird es bei einigen Fiebern und Lungenbeschwerden angewandt: Mésségué berichtet, daß sein Vater es als generelles Linderungsmittel benutzte und als Heilmittel gegen Erkältungen hielt bei Anwendung als Fuß- und Handbäder. Hierher gehört vielleicht auch eine andere Ableitung des Namens Borretsch aus dem arabischen *borash*, d. h. Vater des Schweißes.

Für einen Absud nimmt man 30 g getrocknete Pflanze in 1½ l kochendes Wasser, gießt ab und trinkt täglich 3 bis 4 Gläser davon.

Für ein erfrischendes Sommergetränk nimmt man 2 bis 3 Borretschblätter und 2 bis 3 Borretschblüten auf ½ l hausgemachte Limonade. Für ½ l Limonade nimmt man eine Zitrone, 2 Eßlöffel Zucker oder Honig, die man in ½ l kochendem Wasser auflöst und dann das Ganze abkühlt.

Borretsch läßt sich leicht im Garten ziehen und aussäen und wenn man Samen reifen und sich aussäen läßt, hat man immer Borretsch als »eigenes Gartenunkraut«. Borretsch wächst problemlos an sonnigen Stellen ohne Staunässe und sollte nur frisch verwendet werden, da er getrocknet Geschmack und Farbe verliert.

Fenchel *Foeniculum vulgare*

Fenchel *Foeniculum vulgare*

Fenchel *Foeniculum vulgare* (synonym *Foeniculum officinale*) ist eine kräftige Staude des Mittelmeergebietes und Vorderasiens. Heute aber in den gesamten Subtropen und anderen Teilen Europas und Nordamerikas eingebürgert. Fenchel ist eine weltweite Gartenpflanze und verwildert gern an warmen, trockenen, kalkreichen Standorten.

Fenchel hat eine große spindelige Pfahlwurzel und einen festen aufrechten gestreiften 60 bis 200 cm hohen Stengel. Die hellgrünen fedrigen Blätter haben dicke fleischige Blattscheiden, die grundständig verdickt zum Knollenfenchelgemüse führen. Die gelben Dolden an den Enden der Verzweigungen öffnen sich im Juli und August. Die Früchte sind oval und hervorstehend gerippt und duften wie die ganze Pflanze nach Anis.

Die Römer aßen Fencheltriebe als Gemüse, und auch heute sind die Italiener noch Liebhaber von ›Carosella‹, den jungen Trieben des süßen Fenchels *Foeniculum vulgare* var. *dulce,* dessen verdickte Blattscheiden am Stengelgrund den Knollenfenchel bilden. Plinius schrieb über die Heilwirkung des Fenchels und empfahl ihn zur Verbesserung des Augenlichtes, während Hippokrates ihn zur Vermehrung der Milch bei Ammen empfahl. Im Mittelalter hing man Fenchel am Mittsommerabend über die Türen, um böse Geister abzuwehren und Samen in den Schlüssellöchern verwehrten den Durchgang für Geister. Fenchel war ein wichtiger Bestandteil von Sack, einem verbreiteten Getränk im Elizabethanischen England und Culpeper empfahl es als Gegenmittel bei giftigen Pilzen und Schlangenbissen. Sein süßlicher Anisgeschmack ist köstlich in Saucen oder Füllungen und hilft das ölige Fett vieler Fische verdauen. Fenchel wird in Marinaden für Schweine- und Kalbfleisch, in Suppen und Salaten und als Kuchengeschmack verwendet. Die Samen dienen zum Würzen von Likören und als Duftanteil bei Seifen und Parfüms.

Medizinisch wird Fenchel vielfältig verwandt. In erster Linie als hervorragende Verdauungshilfe, weshalb getrocknete Samen bei Magenschmerzen, Trägheit, Appetitverlust, Blähungen, Anämie und allgemeiner Schwäche verschrieben werden. Es wird manchmal auch als Babymagenmittel zum Lindern von schmerz-haften Blähungen verwendet. Fenchel gilt auch als geeignet zur Behandlung von Ohren- und Zahnschmerzen, Husten, Asthma, Kopfweh, entzündeten Augen, und ein Fenchelwurzelabsud empfiehlt sich als gut harntreibend bei Nieren- und Blasenbeschwerden. Beim Abnehmen hilft Fenchel fette Speisen schneller zu verdauen.

Für Fencheltee gießt man 30 g zerstoßenen Samen mit einem $^1/_2$ l kochenden Wassers auf und gießt nach 5 Min. ab. Davon kleine Tassen zur Linderung bei Blähungen trinken. Fenchel wächst problemlos in heißen, sonnigen, trockenen, gut wasserdurchlässigen Böden im Garten und wird durch Aussaat vermehrt. Blatternte zu Würz- und Heilzwecken das ganze Jahr über und Samenernte im September/Oktober.

Bronzefenchel *Foeniculum vulgare* ›*Purpurascens*‹ ist eine rotbronzefarbene Sorte.

Knollenfenchel *Foeniculum vulgare* var. *dulce* hat verdickte Blattscheiden am Stengelgrund, die die »Knolle« bilden und vor dem Schossen, d. h. dem Stengeltrieb zur Blüte, roh oder gekocht in Salat oder Gemüse köstlich schmeckt.

Liebstöckel *Levisticum officinale* ist eine Staude, deren Stammpflanze wahrscheinlich aus Persien kommt, heute aber in Nordeuropa verbreitet angebaut und hier wie auch in Nordamerika manchmal verwildert ist. Die lange vielköpfige fleischige Pfahlwurzel trägt einen runden hohlen rinnigen Stengel, der bis 2 m hoch werden kann. Die zwei- bis dreifach gefiederten, kahlen glänzendgrünen Blätter sitzen verkehrt eiförmig am Grunde langer, keilförmiger Fiederblättchen, die bei Berührung und Verletzung stark nach Maggi duften. Die kleinen gelbgrünen Blüten öffnen sich im Juni und Juli und entwickeln sich zu kleinen aromatischen Früchten.

Liebstöckel war schon bei Griechen und Römern verbreitet und wurde in Klostergärten im Mittelalter für Küche und Gesundheit angebaut. Die Blattstiele und Stengel können wie Stengelsellerie gebleicht und gegessen werden. Mit den jungen Blättern würzt man Suppen, Eintöpfe, Salate und kann auch die jungen Stengeltriebe wie bei Angelika kandieren. Der in England verbreitete Liebstöckelmagenbitter enthält auch Scharfgarbe und Rainfarn, die den kräftigen Geschmack bestimmen. Liebstöckelessenz wird heute wegen ihres bestimmten aromatischen Geschmacks in der Parfümerie und bei der Likörherstellung benutzt und ein Tee der getrockneten Blätter als verdauungsfördernd empfohlen.

In alten Zeiten empfahl man einen Tee der Wurzel bei Harngrieß, Gelbsucht und Harnwegsproblemen. Und gestoßene Blätter in Igelfett gebraten, sollten Flecken und Furunkel reifmachen. Heute wird Liebstöckelöl in der Aromatherapie zur Entfernung von Flecken und Sommersprossen im Gesicht benutzt. Wurzel und Samen haben wassertreibende und blähungsmildernde Eigenschaften und werden in der Kräutermedizin bei Koliken, Blähungen bei Kindern benutzt und gelten als gut bei Menstruationsstörungen. Im Mittelalter hieß es bei uns, daß ein Mädchen, das keinen Mann bekam, Liebstöckelsamen in seine Schuhe tun sollte, da es dann die Liebe der Männer auf sich zöge – auch heute gibt es ja Menschen, denen Maggiduft und Maggigeschmack über alles geht.

Maggikraut, wie Liebstöckel auch heißt, kann man aussäen, besser aber durch Teilstücke aus dem Kräutersortiment pflanzen. Nährstoffreiche feuchte teilschattige Stellen sind geeignet.

Bronzefenchel *Foeniculum vulgare* ›Purpurascens‹ im Eden-Croft-Kräutergarten

Knollenfenchel *Foeniculum vulgare* var. *dulce*

Liebstöckel, Maggikraut *Levisticum officinale*

Red Raripila
Mentha x *smithiana* ›Rubra‹

Apfelminze
Mentha x *rotundifolia*

Krause Minze
Mentha spicata ›Crispa‹

Mentha x *villosa*

Ananasminze
Mentha suaveolens › Variegata‹

Grüne Minze *Mentha spicata*

Ingwerminze, Edelminze *Mentha* x *gentilis*

Minzen. Es gibt viele Arten und Sorten dieser in aller Welt beliebten und in Küche und Medizin verwendeten aromatischen Stauden. Alle hier genannten Minzen haben mehr oder weniger die gleichen Eigenschaften und können in gleicher Weise genutzt werden.

Der Gattungsname wie auch die gebräuchlichen Volksnamen erinnern an die Nymphe Menthe, die von der eifersüchtigen Göttin Proserpina in die Minzenpflanze verwandelt wurde, nachdem sie Plutos Leidenschaft für Ihenthe entdeckte. Minzen werden seit Jahrtausenden weit verbreitet für Küche und Medizin genutzt. Die alten Griechen entdeckten ihre antiseptischen Eigenschaften, nutzten Minzen zum Abreiben ihrer Festtafeln und gaben sie ins Bad, um ihre Körper zu beleben. Die Römer machten mit ihnen Saucen (eine Aufzeichnung aus dem 3. Jahrhundert berichtet davon) und nutzten sie auch als Verdauungshilfe und für frischen Atem. Plinius riet den Studenten, einen Minzenkranz zur Förderung der Konzentration zu tragen und warnte Liebhaber, daß Minze »gegen die Zeugung wäre«. Die Griechen jedoch, der gleichen Meinung wie wir heute, glaubten das Gegenteil. Warnten die Soldaten vor Minzengebrauch, da sie fürchteten, daß die liebesanregende Wirkung zur Schwächung der Kampfkraft führe. Seit alten Zeiten trinken die Araber bis heute Minzentee und verwenden Zweige frischer Minze zur Abwehr krankheitsübertragender Insekten und zur Mehrung der Potenz.

Seit die Römer sie zu uns brachten, blieb die grüne Minze populär. Alle frühen Heilpflanzenverzeichnisse zeigen, daß sie in Klostergärten verbreitet war. Minzen, insbesondere die Pfefferminze, werden für Marmeladen, Gelees und Saucen zu Fleisch, Fisch und Gemüsegerichten verwendet. Frisch nimmt man sie zu Tees, Fruchtsäften, Cocktails und Punsch. Pfefferminzöl aromatisiert Liköre, Kräuterschnäpse, Konfekt, Arzneien, Seifen und Zahnpasten.

Die medizinischen Eigenschaften der unterschiedlichen Minzen sind zahlreich und gut untersucht. Sie sind ein allgemeines Stimulans besonders für Kinder, die sich unwohl fühlen, und für alte Leute und Rekonvaleszenten. Sie sind krampflösend und empfohlen zur Nervenberuhigung bei Schlaflosigkeit und Ängstlichkeit, zur Linderung bei Husten, Bronchialbeschwerden und Asthma. Sie sind ausgezeichnet zur Verdauungsförderung, lindern Blähungen, beruhigen den Magen nach Erkrankung, fördern den Appetit und lindern mit Übelkeit verbundene Kopfschmerzen. Minzen haben aseptische und örtlich betäubende Eigenschaften und sind so geeignet als Gurgelmittel für entzündeten Hals, Zahnschmerzen, Mundgeschwüre und für Wunden, Schnitte und Blutergüsse. Das gilt besonders für Pfefferminze.

Ratten und Mäuse verabscheuen Minzengeruch sehr, weshalb im Mittelalter Käse und Getreide dadurch geschützt wurde, und Minze auch zu den Streupflanzen gehörte. Für Minzentee nimmt man 15 bis 30 g frische oder getrocknete Blätter in $1/2$ l kochendes Wasser und gießt, zuerst einige Minuten ziehen lassen, ab. Man trinkt davon 2 Tassen pro Tag nach den Mahlzeiten, um träge Därme in Schwung zu bringen und Blähungen zu lindern. Da Minzentee bei manchen Menschen Schlaflosigkeit auslösen kann, sollte man ihn schwächer machen und nur morgens und mittags trinken. Im allgemeinen wirkt ein schwacher Tee beruhigend, ein stärkerer als Tonikum und Stimulans.

Mességué empfiehlt folgenden Tee, den er den Teilnehmern der Tour de France empfahl, um sich in Form zu halten: 15 g Minze,

Grüne Minze *Mentha spicata*

Ananasminze *Mentha suaveolens* ›Variegata‹

5 g Rosmarin in 1 l kochendes Wasser. Zur Abwehr von Gefühlskälte und Förderung sexueller Harmonie verschreibt Mességué 4 g Minze und 2 g Bohnenkraut auf eine Tasse kochendes Wasser als Tee zu trinken.

Minzen wachsen problemlos in jedem Garten und eignen sich auch für Duftbeete, große Steinanlagen oder als Kübelbepflanzung. Oft wachsen sie so stark, daß sie lästig werden. Vermehrung durch Teilung der Bodentriebe im Frühjahr oder Herbst. Feuchten, nicht staunassen Boden mit Schatten für Wurzeln und Sonne für Blatt und Blüte lieben sie. Bei Pilzbefall, z. B. Rost auf den Blättern, Pflanzen entfernen, nicht kompostieren und nach Austausch der Erde mit den abgefallenen sporentragenden Blättern neues gesundes Pflanzmaterial besorgen. Verwendung der frischen Blätter solange möglich und getrocknete in der Winterszeit.

Krause Minze *Mentha spicata* ›Crispa‹ hat gekrauste leuchtendgrüne Blätter und ist eine dekorative Form der Pfefferminze. Gut geeignet für Minzensaucen, Gelee und Tee.

Edelminze/Ingwerminze *Mentha × gentilis* hat goldfarbig geflecktes Laub und echten Ingwergeruch und eignet sich als interessanter Geschmacksakzent in frischen Salaten (die Eltern sind *Mentha arvensis* und *Mentha spicata*).

Rote Minze *Mentha × smithiana* ›Rubra‹ hat rotgetönte Blätter und Stengel und ist gut für Küchengebrauch.

Mentha × villosa ist eine Kreuzung aus *Mentha spicata × Mentha suaveolens* mit lila oder blaßrosa Blüten und gut geeignet für Salate und Gemüsegerichte.

Rundblättrige Minze Ananasminze *Mentha suaveolens* ›Variegata‹ ist mit ihren weißgefleckten Blättern sehr dekorativ im Kräutergarten wie in Salaten.

Grüne Minze *Mentha spicata* ist eine scharfriechende Staude des Mittelmeergebietes und heute in vielen Teilen Europas und Nordamerikas an feuchten Plätzen auf Brachland und an Wegrändern eingebürgert. Sie wird als Küchenkraut gezogen.

Apfelminze *Mentha rotundifolia*

Pfefferminze *Mentha × piperita* ist eine scharf riechende Staude, deren Eltern die grüne Minze und die Wasserminze sind, ohne daß man weiß, wann sie entstand. Sie ist verbreitet in Europa, Süd- und Ostasien, Nord- und Südamerika und Australien in Kultur und manchmal auch in Gräben und an feuchten Wegrändern verwildert. Aufrechte, vierkantige, leicht behaarte Stengel, 30 bis 80 cm hoch. Die kurzstieligen, lanzettartigen Blätter stehen paarweise gegenständig, sind dunkelgrün, tiefgeädert mit rauher Oberfläche. Die kleinen, rötlich lila Blüten bilden dichtgedrängte Ähren am Stengelende und erblühen von Juni bis August.

Zitronenminze, Kölnisch-Wasser-Minze *Mentha × piperita ›citrata‹* hat kleine grüne Blätter und einen starken Zitronenduft.

Wasserminze *Mentha aquatica* wächst an sehr nassen Stellen und wurde wegen ihres angenehmen frischen Geruchs als Streukraut benutzt. Sie hat grüne, mit Purpur überlaufene Blätter und wird oft zu Kräuterbädern und Kräuterpastillen, nicht aber in der Küche (zu strenger Geschmack) benutzt.

Poleiminze *Mentha pulegium* hat leuchtend grüne Blätter und purpurne Blüten. Sollte nach Weiss aber nicht medizinisch genutzt werden, da das Pulegon als Hauptbestandteil ihrer ätherischen Öle sehr giftig ist und Abort verursachen kann.

Wirtelminze *Mentha × verticillovta* ist eine Kreuzung aus Wasserminze und Ackerminze. Sehr variabel in Gestalt, aber robust und mit mildem Duft.

Pfefferminze *Mentha × piperita*

Zitronenminze *Mentha × piperita citrata*

Roßminze *Mentha longifolia*

Bachminze, Wasserminze *Mentha aquatica*

Poleiminze *Mentha pulegium*

Wirtelminze *Mentha × verticillata*

Korsische Minze *Mentha requienii*

Korsische Minze *Mentha requienii* mit winzigen Blättern, purpurnen Blüten und kräftigem Pfefferminzduft wächst als flache Pflanze und bei uns nur in klimatisch günstigen Gegenden und milden Wintern. Kommt aber meist dann durch Selbstaussaat wieder.

Roßminze *Mentha longifolia* hat graue Blätter und purpurne Blütenähren, die sie auch als Schnittblume geeignet machen. Sie wird in Kräuterpastillen, nicht aber in der Küche benutzt.

Rundblättrige Minze, Apfelminze *Mentha rotundifolia* hat große runde behaarte Blätter und eignet sich ausgezeichnet in der Küche und zur Aromatisierung von sommerlichen Erfrischungsgetränken.

Französischer Estragon *Artemisia dracunculus ›Sativa‹* ist eine Staude Europas, Rußlands, Sibiriens, der Mongolei, Nordchinas und des westlichen und mittleren Nordamerika, wo sie an Ufern wächst. Bei uns wird sie als Küchenkraut gezogen und verwildert manchmal an Wegrändern in Gartennähe. Diese aromatisch duftende Pflanze hat lange Faserwurzeln und verbreitet sich durch Ausläufer, die bis 1 m hohe Triebe entwickeln. *Estragon* hat lange schmale und glänzende Blätter und winzige gelbe Blütenköpfchen, die eine endständige verzweigte Ähre bilden und von Juni bis August blühen.

Der Gattungsname bezieht sich auf die griechische Göttin Artemis (römisch Diana), von der es heißt, daß sie diese Pflanzengattung Chiron, dem Centauren, gegeben habe. Das lateinische *dracunculus* bedeutet kleiner Drachen, ebenso wie das arabische Wort *tarkhun*, daß wir im englischen und französischen *tarragon* wiederfinden. Diese Namensbezeichnung läßt darauf schließen, daß man überall bei uns Estragon, d. h. das kleine Drachenkraut, als wirksam gegen die Bisse giftiger Tiere und tollwütiger Hunde hielt. Estragon ist hauptsächlich als Küchenkraut bekannt und verbreitet in Estragonessig und Sauce Bearnaise, Sauce Hollandaise, Sauce Tatare, Estragonbutter und in vielen Geflügelgerichten, zu Steaks, Koteletts und Fischsaucen, in Kräutermischungen und Kräutermarinaden, in Füllungen und auf jeden Fall auch bei gegrilltem Hummer. Sein Wert und seine Verbreitung in der Küche beruht sicherlich auf seiner medizinischen Wirkung als Verdauungshilfe. Wie andere Beifußarten besitzt Estragon eine stimulierende Wirkung auf das ganze Verdauungssystem. Als Tee oder Digestive kann man es bei schlechter Verdauung, Darmstörungen, Unwohlsein, Blähungen, Schluckauf, wie auch gegen Rheumatismus, Gicht, Arthritis, als Wurmmittel und zur Linderung bei Kopfschmerzen anwenden. Als Linderung bei Rheumatismus oder Zahnschmerz nimmt man einen Umschlag aus Blättern, den man für 1 bis 2 Min. mit dem Bügeleisen leicht erhitzt hat und nach dem Abkühlen auf die betroffene Stelle auflegt. Zur Herstellung eines Digestive nimmt man 30 g frische Blätter, eine Vanillestange, 300 g Zucker in 1 l 40- oder 50%igem Alkohol und bei regelmäßigem Schütteln läßt man alles einen Monat ziehen, gießt ab und trinkt davon nach dem Essen ein kleines Gläschen (aus *Grandmother's Secrets*, Jean Palaiseul).

Für Estragonessig nimmt man ein Glasgefäß mit frischen Blättern, bedeckt sie mit Weißweinessig guter Qualität und läßt 2 Monate ziehen – für die Verwendung in Salaten oder Mayonnaissen.

Für eine Estragonsalatsauce nimmt man 1 Eigelb, 1 Eßl. Zucker, 1½ Eßl. Pfeilwurzstärkemehl, 2 Eßl. Estragonessig und ein ½ Eßl. frischgetrocknete Estragonblätter. Das Ganze wird im kochenden Wasserbad gerührt, bis es dick ist, abgekühlt und 2 Eßl. Sahne daruntergezogen (aus *Complete Book of Herbs and Spices*, Claire Loewenfeld und Philippa Back).

Französischer Estragon kann durch Stecklinge oder Teilung des Wurzelstockes vermehrt werden. Er bevorzugt warme sonnige Stellen, Böden mit gutem Wasserabzug und sollte im Herbst zurückgeschnitten werden und bei strengen Wintern Schutz erhalten. Alle 4 Jahre teilen und neu aufpflanzen oder auch als Topfpflanze für den Frischgebrauch ziehen. Für Wintergebrauch im Herbst Blätter trocknen.

Russischer Estragon *Artemisia dracunculus ›Inodora‹* ist ein kräftiger wuchernder Typ des Estragons, der auch angebaut und oft mit dem

Russischer Estragon
Artemisia dracunculus
›Inodora‹

Französischer Estragon
Artemisia dracunculus
›Sativa‹

Estragonsorten, nur durch Geschmack und Duft zu unterscheiden, aufgenommen am 4. August

in Duft und Geschmack besseren französischen Estragon verwechselt wird.

Kümmel *Carum carvi* ist eine aufrechte Zweijahrespflanze Europas, Sibiriens, der Türkei, Asiens, Indiens, Nordafrikas und heute auch in manchen Teilen Nordamerikas. Mit Anbau in den Niederlanden, der UdSSR, Ungarn, der Tschechoslowakai und bei uns. Wild wächst er in Wiesen und Weiden und an Wegerändern, auf frischen nährstoffreichen, tonigen oder lehmigen Böden. Sowohl im Flachland wie auch im Gebirge. Kümmel hat eine spindelige Pfahlwurzel und glatte verzweigte gefurchte Stengel, die 25 bis 75 cm hoch werden. Die tiefeingeschnittenen feinfiedrigen Blätter sehen hübsch aus, und die kleinen weißen Blüten stehen in endständigen Dolden und blühen von Juni bis Juli. Die reifen Früchte bestehen aus zwei leicht gebogenen dunkelbraunen Samen mit 5 deutlichen blaßbraunen Rillen. Ihnen entströmt beim Zerstoßen ein starker scharfer würziger Geruch. Unser Wort Kümmel kommt vom hebräischen *Cuminum*, das den Vorläufer des Kümmels, den Kreuzkümmel, bezeichnete. *Carum* geht zurück auf die kleinasiatische Provinz Carien und das lateinische *carvi*, Samen, ist das gleiche wie das arabische *Al-karwiya*, das zur englischen Bezeichnung Caraway führte. Kümmel wird seit Jahrtausenden für Nahrung und Heilung des Menschen benutzt, aber auch mit viel Aberglauben verbunden. So heißt es, daß ein Teller mit Kümmel unter dem Bett des Kindes dieses vor Hexen schütze, und man glaubte auch, daß jeder Gegenstand, der Kümmel enthalte, nicht gestohlen werden könne. Da man glaubte, daß es Liebhaber davon abhalte, unbeständig zu sein, war er auch verbreitet Bestandteil von Liebestränken. Die Verbreitung

im Mittelalter zeigt Shakespeares *Heinrich IV,* Teil 2, wo Justice Shallow Falstaff einlädt, bei einem Apfel und einem Kümmelgericht mitzuhalten. Kümmelkuchen war traditionelles Ernteessen. Kümmel ist mit Dill, Fenchel und Anis verwandt und hat ähnliche medizinische Eigenschaften und Anwendung. Er fördert die Verdauung, ist abführend, krampflösend und aseptisch und wurde auch dazu benutzt, die Milchdrüsen anzuregen, um das Stillen zu fördern. Heute wird Kümmel verbreitet in Arzneimitteln als Korrektiv oder Geschmack verwendet. Kümmelessenz gilt als gutes Mittel bei kindlichen Kolliken und Krämpfen, ist hervorragend Kinderarzneimittel. Zumeist wird Kümmel für den Küchengebrauch angebaut und das, so glaubt man, schon in der Steinzeit. Besonders in der deutschen und österreichischen Küche nimmt man es bei Käse, Klößen, Gänsebraten und Würstchen, aber auch bei Gemüsegerichten, in Sauerkraut, Kuchen, Brot und Backwaren. Das ätherische Kümmelöl dient zur Aromatisierung von Kümmellikör. Junge Kümmeltriebe geben Salaten einen aromatischen Geschmack, und die gekochten Wurzeln noch nicht blühender Pflanzen sind ein ausgezeichnetes Gemüse. Ein Aufguß der Samen hat lindernde Wirkung auf die Verdauung, und die Samen können gegen Mundgeruch und zur Linderung von Sodbrennen nach reichlichen stark gewürzten Speisen gekaut werden. Wenn der Platz reicht, kann man Kümmel fast in jedem Boden an sonniger warmer Stelle ohne Staunässe ziehen. Man muß den Pflanzenbestand pflegen und unkrautfrei halten, da Kümmel erst im zweiten Jahr zur Blüte und Fruchtreife kommt. Geerntet wird bei Samenreife, und wenn einige Körner ausfallen, so gibt dies Nachwuchs fürs nächste Jahr. Gut durchge-

Dill *Anethum graveolens*

Dill Anethum graveolens, aufgenommen am 15. Juli

Englische Garbe *Achillea decolorans*

Kümmel *Carum carvi*

trocknet, kühl und trocken, dunkel gelagert, erhalten Kümmelkörner für einige Zeit ihre Würzkraft.

Dill *Anethum graveolens* ist ein aromatisches aufrechtwachsendes Kraut aus Iran, Indien, Südeuropa und Rußland. Wahrscheinlich kam Dill schon sehr früh zu uns und wird heute überall, aber auch in vielen anderen Teilen der Welt angebaut und ist auch in Nordamerika hier und da verwildert und wächst dann an Wegrändern und auf Ödland in klimatisch günstigen Gegenden. Dill hat eine lange dünne Pfahlwurzel und glatte hohle, feingestreifte dunkelgrüne Stengel, die etwas verzweigt 60 bis 100 cm hoch werden. Die feingeteilten blaugrünen Blätter ähneln denen des Fenchels, sind aber wesentlich zierlicher. Die gelben Blüten stehen endständig in großen Dolden und blühen von Juni bis August. Die flachen braunen Früchte haben hervorstehende Rippen und fallen in zwei Samen auseinander, die durchdringend bitterwürzig schmecken. Dill ist eines der Kräuter, das in einem ägyptischen Papyrus erwähnt ist und für das Anethon, das Dioscorides beschrieb, gehalten wird. Der Name Dill stammt wahrscheinlich vom altnordischen *dylla* ›lindern‹ und bezieht sich auf die abführende Wirkung der Pflanzen. Der Gattungsname *Anethum* kommt vom griechischen *Anethon* (Fenchel) wegen der Ähnlichkeit. Im Mittelalter medizinisch schon in der Küche genutzt, wird Dill heute meist nur noch zum Würzen gebraucht, obwohl beide Anwendungen miteinander verbunden sind. Das bis zu 4 % in den Samen enthaltene ätherische Öl ist stimulierend, abführend und magenwirksam und fördert die Milchbildung. Schmerzstillende Essenz für Kinder wird aus Dillsaat hergestellt

zur Linderung von Verdauungsstörungen, Blähungen, Koliken und zur schlaffördernden Wirkung bei Babys. Ein Aufguß des Krautes wird zur Behandlung von Hämorrhoiden empfohlen. Dill ist wichtig für Fischgerichte, zum Einlegen für Saucen und zu Salaten, insbesondere Gurkensalat. Es gehört auch wesentlich zum skandinavischen Gericht Gravalax. Blätter nur frisch vorm Servieren oder kurz vorher hinzufügen, da sie beim Erhitzen ihren Geschmack verlieren. Zur Verdauungsförderung weicht man 50 g, etwa 2 Eßl. voll gestoßene Dillblätter in eine Tasse Wasser über Nacht ein, gießt ab und süßt mit etwas Honig. Ein Eßl. davon nach schweren Mahlzeiten beruhigt den Magen in hervorragender Weise. Kinder erhalten weniger davon. Dill wird von April bis Juni ausgesät und unkrautfrei gehalten. Die Blätter sind am besten vor der Blüte, während fürs Einlegen blühende oder auch schon fruchtende Pflanzen genutzt werden. Die Samen sollten an der Pflanze reifen und vor der Lagerung gut trocknen.

Englische Garbe *Achillea decolorans* ist eine Staude unsicherer taxonomischer Zuordnung (wahrscheinlich ein Abkömmling der Sumpfgarbe *Achillea ptarmica*) von der man annimmt, daß sie aus der Schweiz 1798 eingeführt wurde. Sie wird 50 cm hoch, hat schmale, leuchtend grüne Blätter mit gezähntem Rand und cremefarbene kleine Margaritenblüten, die in endständigen Dolden von Juli bis September erblühen. Die aromatischen Blätter können feingehackt auf Kartoffelsalat gestreut werden oder aromatisieren Suppen und Eintöpfe. Die Pflanze läßt sich gut in großen Kübeln ziehen, da die Blütentriebe nach außen hängen und den ganzen Sommer hindurch blühen. Gehört zum Kräutersortiment, bei uns aber selten zu finden.

Thymus serpyllum ›Coccineus Majus‹

Thymus hirsutus

Thymus herba-barona

Quendel *Thymus serpyllum*

Thymus cilicius

Thymus pseudolanuginosus

Gartenthymian *Thymus vulgaris*

Thymus praecox subsp. arcticus

Zitronenthymian *Thymus × citriodorus* ›Bertram Anderson‹

Zitronenthymian *Thymus serpyllum* ›Lemon Curd‹ mit graugrünen Blättern und Zitronenduft

Quendel *Thymus serpyllum* ist ein kleines Sträuchlein Mittel- und Nordeuropas und wächst auf Sandfluren, in steppen- und heideähnlichen Flächen und Ackerrainen, auf trockenen, meist kalkarmen Sandböden. Quendel hat einen holzigen Wurzelstock mit Faserwurzeln und lange kriechende, auf dem Boden aufliegende Stengel, die etwa 10 cm hoch werden und mit kurzen weißen Haaren besetzt sind. Die gegenständigen Blätter sind breit elliptisch bis oval. Die rosalila Blüten stehen in dichten endständigen Blütenköpfchen und öffnen sich von Mai bis September.

Der Gattungsname leitet sich vom griechischen *thymon* ›ausräuchern‹ ab, da er als angenehm riechendes Räuchermittel benutzt wurde. Manche glauben auch, daß der Name vom griechischen *thyum* ›ich dufte‹ komme, da sich für uns auch mit dem Wort Thymian der Duft des Quendels verbindet. Römische Soldaten pflegten in Thymianwasser zu baden, um Kraft aufzunehmen. Die aseptischen Eigenschaften des Quendels wurden bereits in alter Zeit entdeckt, und die Ägypter benutzten ihn mit bei der Einbalsamierung. Die Forschung hat heute gezeigt, daß Thymianessenz so stark ist, daß sie Bazillen in 40 Sek. abtöten kann. Wozu also gleich Antibiotika-Behandlungen bei unbedeutenderen Infektionen, wenn regelmäßige Thymian-Anwendung frei von Krankheitskeimen halten kann.

Quendel wird im großem Umfang in der Kosmetik, für Parfums und Liköre verwandt und ist oft Bestandteil von Mundwassern, Gurgelmitteln, Zahnpasten und Pudern und gibt Seifen und Pudern Duft und ist Bestandteil von Duftmischungen. Thymian ist wesentlicher Bestandteil von Kräutermischungen, die man zum Aromatisieren vieler Gerichte – Suppen, Eintöpfe, Fleisch, Fisch und Gemüse – benutzt. Bienenhonig von Thymian hat einen köstlichen Geschmack. Quendelöl wird in der Aromatherapie benutzt und ist ein beruhigendes Einreibemittel bei Rheumatismus, Ischias und ähnlichen Schmerzen.

Quendel ist Stimulans und Tonikum und empfohlen bei Beschwerden der Atemwege, des Verdauungsbereiches und des Kreislaufs. Er hat einen guten Ruf zur Behandlung von Husten, Erkältungen, Grippe, Keuchhusten, Bronchialproblemen und Asthma. Ist ausgezeichnet bei schwacher Verdauung, Völlegefühl, Blähungen und Unwohlsein. Er lindert Migräne, Depressionen, Nervosität und gilt als Mittel gegen Menstruationsstörungen.

Regelmäßig in den Speisen eingenommen oder als Tee getrunken, hilft er, die Gesundheit zu erhalten. Für einen Aufguß nimmt man 30 g frischen oder getrockneten Quendel in 1½ l kochendes Wasser, läßt 5 Min. ziehen, gießt ab und trinkt 3 bis 4 Tassen am Tage jeweils nach den Mahlzeiten. Für äußere Anwendung ver-

doppelt man die Thymianmenge zum Gurgeln, als Lotion für das Bad und zur Erleichterung bei Schmerzen oder für Kompressen zur Linderung bei Schnitten, Entzündungen und Wunden.

Thymian läßt sich aus dem Kräutersortiment im Garten an sonniger, trockener, heißer Stelle anpflanzen. Frische Blätter zum Direktverbrauch oder Pflanzentriebe trocknen für Winterverwendung und dann dunkel und luftdicht lagern zum Aromaerhalt.

Thymus serpyllum ›Coccineus Majus‹, eine kräftig rote Sorte mit dunkelgrünen Blättern.

Thymus herba-barona mit rosa Blüten und kräftigem Zitronenduft der Blätter.

Garten-Thymian, echter Thymian, *Thymus vulgaris* ist ein niedriger, flach wachsender immergrüner kleiner Strauch der nördlichen warmen Mittelmeerländer und bei uns in Kultur meist nur ein- bis dreijährig, da unsere Winter zu hart und zu naß sind. Garten-Thymian ist eine aromatische Pflanze mit kräftigen Wurzeln und holzigen verzweigten, flachliegenden Stämmen, die bis 30 cm hoch werden können. Die sehr kleinen schmalen bis elliptischen Blätter sind leicht behaart und die vielen blaßlilafarbenen Blüten wachsen in endständigen Köpfchen und blühen von Mai bis Oktober.

Thymus × *citriodorus*
›Nyewoods‹

Thymus × *citriodorus*
›Aureus‹

Thymus
× *citriodorus*
›Silver Queen‹

Thymus doerfleri

Thymus ›Porlock‹

Thymus praecox
subsp. *arcticus* ›Albus‹

Thymus × *citriodorus*
›Variegatus‹

Thymus comosus

Thymus
vulgaris

Thymus
pallasianus
synonym *odoratissimus*

Thymus richardii ›Peter Davis‹

Thymus doerfleri
›Bressingham Pink‹

Thymus
herba-barona

Thymus × *citriodorus* ›Silver Queen‹

Gartenthymian *Thymus vulgaris*

Zitronenthymian *Thymus* × *citriodorus*

Thymus × *citriodorus* ›Variegatus‹

Garten-Thymian und Quendel sind sehr ähnlich in ihrer Anwendung in Medizin und Küche. Wenn auch der Garten-Thymian meist etwas kräftiger und aktiver ist als Quendel. Vorausgesetzt, er steht im Garten sonnig und heiß – und trocken genug.

Viele verwandte Thymianarten und Gartensorten werden als Zierpflanze angebaut und manche davon eignen sich auch zur Aromatisierung unserer Speisen. Beispiele dafür sind:
Thymus pseudolanuginosus hat lila Blüten und grauwollene Blätter (s. Seite 38)
Thymus praecox subsp. *arcticus* hat weiße Blüten und kleine grüne Blätter.
Thymus cilicicus synonym *Thymus azoriens* hat rosa Blüten und glänzend grüne Blätter (s. Seite 38)
Thymus ›Porlock‹ hat lila Blüten und dunkelgrüne Blätter und wächst robust und eignet sich für die Küche.
Thymus doerfleri hat rosa Blüten und lange grauwollige Blätter.
Thymus doerfleri ›Bressingham Pink‹ hat rosa Blüten und lange graugrüne Blätter.
Thymus ›Doone Valley‹ hat Purpurblüten, goldgelb panaschierte Blätter und Zitronenduft.
Thymus × *citriodorus* ›Vanegatus‹ hat weißbunte und die Sorten ›Aureus‹ und ›Golden Dwarf‹ gelbbunte Blätter.
Zitronenthymian Thymus citriodorus hat rosa Blüten und einen kräftigen Zitronenduft, ist aber wie die oben genannten Sorten als grünblättrige Stammart ebensowenig ausdauernd winterhart. Sicherheitshalber einige bewurzelte Triebe frostfrei und hell überwintern.
Thymus ›Bertram Anderson‹ bildet kleine Polster goldgrüner Blätter (s. Seite 39).

Thymus serpyllum ›Snow Drift‹

Thymus praecox subsp. *arcticus* ›Albus‹

Thymus ›Doone Valley‹

Thymus pulegioides

Origanum
vulgare
›Golden Tip‹

Origanum
vulgare
›Curly Gold‹

Origanum onites

Aufgenommen am 10. August

Purpurbasilikum
Ocimum basilicum
var. *purpureum*

Ocimum
sanctum

Zitronenbasilikum
Ocimum citriodorum

**Anis-
basilikum**

Basilikum *Ocimum basilicum*

Aufgenommen am 20. August

Wilder Dost, wilder Majoran *Origanum vulgare* ist eine aromatische Staude Europas und Nord- und Westasiens, aber auch in Nordamerika angebaut. Er wächst auf trockenen Hängen, an Gebüschen, Wald- und Wegrändern, Feldrainen und in lichten Wäldern auf trockenen, warmen, meist kalkreichen Böden. Wilder Majoran hat einen kriechenden Wurzelstock, von dem aufrechte quadratische, rötliche feinbehaarte Stengel 30 bis 80 cm hoch wachsen. Ihre aromatischen dunkelgrünen Blätter sind oval, kurz gestielt und zerstreut behaart. Die rosalila Blüten stehen kopfig an kurzen Trieben in den Blattachsen und öffnen sich von Juli bis September. Alle Majoranarten haben ähnliche Eigenschaften und ähnliche Wirkung, wenn sich auch unterschiedliche Anwendungen und Nutzungen im Laufe der Geschichte entwickelten. Wichtig sind auch der Gartenmajoran, *Origanum majorana* und der Topfmajoran *Origanum onites* neben manchen Arten und Sorten im Zierstaudenbereich. Der Gattungsname kommt von den griechischen Wörtern *oros* ›Berg‹ und *ganos* ›Schmuck‹, wahrscheinlich in Anlehnung an das prachtvolle Farbkleid von Berghängen durch Majoran. Majoran wird seit langer Zeit medizinisch und auch in der Küche genutzt. Die Griechen glaubten, er mache den Toten Freude und pflanzten ihn auf Gräber. Auch hielten sie ihn wie die Römer für ein Symbol des Glücks und bekränzten damit ihre Paare. Wegen seines streng aromatischen Geruchs und seiner aseptischen Eigenschaften des Thymols, das der wilde Majoran, nicht aber der kultivierte enthält, wurde es im Mittelalter als Streukraut zum Aromatisieren von Wasser und Puder und für Duftbeutelchen benutzt, wie man sie auch von Lavendel anfertigt. Der Gar-

tenmajoran und auch der wilde, der Oregano, werden in der Küche benutzt, wobei der bei uns im Garten wachsende milder in der Würzkraft ist, während Anbau in südlichen Ländern die Würzkraft verstärkt. Topfmajoran ist leicht bitter, nicht so fein im Geschmack, auch wenn sein Geschmack länger in gekochten Speisen wirksam bleibt. Nach den Italienern wird bei uns am meisten Majoran in der Küche verwendet. Er verträgt sich gut mit Thymian und Basilikum und gibt Würsten, Salamis, Pizzas, Spaghetti, Füllungen, Tomatengerichten Geschmack. Die Essenz vom Gartenmajoran wird bei der Herstellung von Likör und Parfüm verwendet, während man die des wilden Majorans für Zahnpasten benutzt.

Medizinisch gesehen hat Majoran starke beruhigende Eigenschaften, und man sollte nicht zuviel davon nehmen. Schwache Tees haben eine beruhigende Wirkung auf die Nerven und helfen, Schlaf zu finden. Neben dem beruhigenden Effekt auf das Verdauungssystem wirkt er als Tonikum, als harntreibend und lindert Kolliken und Verdauungsstörungen und wird auch als nützlich bei Menstruationsstörungen betrachtet. Seine aseptischen Eigenschaften machen ihn zur guten Medizin bei Husten, Erkältung, Mandelentzündung und Atemwegsbeschwerden bei der Anwendung als Inhalation, während er zum Gurgeln bei der Heilung von Soor und Mundinfektionen benutzt wird. Kompressen und Lotionen lindern Wunden und Schwellungen und Wattebäusche, mit Majoranaufguß getränkt, lindern Heuschnupfen. Inhalationen mit frischem Saft sollen Kopfschmerzen kurieren. Majoran ist besonders gut für Kräuterbäder und Kräuterpastillen.

Für einen Aufguß nimmt man 15 bis 30 g des

getrockneten Krautes in 1 l kochendes Wasser und läßt 5 bis 10 Min. ziehen. Jean Palaiseul empfiehlt eine Salbe aus 100 g frischem Majoran, der in ein ¹/₂ l Olivenöl oder 500 g Butter oder Schweinefett im Wasserbad 1 Stunde gekocht wird und nach dem Abgießen verschlossen kühl aufbewahrt wird. Damit reibt man Bereiche von rheumatischen Muskelschmerzen ein und nutzt sie für Kompressen zur Linderung bei Kopfschmerzen und im Nasenbereich bei Erkältungen.

Die Majoranarten können leicht im Garten gezogen werden. Vermehrung durch Aussaat oder aus Kräutersortiment gute Typen kaufen. Sie gehören an die heißeste, trockenste, sonnigste Stelle im Garten. Die oberirdischen Teile werden im August/September geschnitten und in kleinen Bündeln getrocknet für den Winter.

Zwergmajoran *Origanum vulgare Compactum* ist eine langsam wachsende niedrigbleibende Sorte, die wie Oregano verwendet wird.

Goldtopfmajoran *Origanum onites Aureum* ist eine goldblättrige Sorte des Topfmajorans, die in praller Sonne leicht Blattverbrennungen erleidet.

Topfmajoran *Origanum onites* ist wie die vorgenannte Sorte ein niedriger kleiner Mittelmeerstrauch, der bei uns nicht winterhart ist und im Topf gezogen und frostfrei überwintert werden muß. Die rötlichen behaarten Stämme werden 40 bis 60 cm hoch, die weichen grünen, ovalen bis rundlichen Blätter haben erhabene Adern auf der Oberfläche, und die weißen Blüten wachsen in dichten Köpfchen an den Zweigenden und erblühen im August.

Basilikum *Ocimum basilicum* ist ein niedrigbleibendes aromatisches einjähriges Kraut, das wahrscheinlich aus dem Iran und Indien stammt, aber heute in der ganzen Welt angebaut wird. Basilikum hat eine dünne Pfahlwurzel, einen quadratischen Stengel, der sich an der Spitze verzweigt und etwa 50 cm hoch wird. Die duftenden wechselständigen Blätter sind oval- bis lanzettartig und leuchtend glänzend grün mit deutlicher Aderung. Die kleinen cremefarbenen Blüten sitzen in Quirlen in den Blattachsen und öffnen sich von Juni bis September. Die Bezeichnung Basilikum kommt vom griechischen Wort *basileus* ›König‹ und zeigt die Wertschätzung dieser Pflanze seit alters her. Basilikum ist seit Jahrhunderten bei uns benutzt und soll von Indien über den Mittleren Osten nach Europa gekommen sein. In Persien, Malaysia und Ägypten pflanzt man es auf Gräber, in Kreta gilt es als Zeichen trauriger Liebe, während es in Teilen Italiens als Liebeszeichen benutzt wurde. Im Mittelalter hielten es manche für giftig, weil es nicht neben Raute wuchs, andere hielten es für gut, da es den Geist beglücke und das Gehirn reinige. Basilikum ist ein verbreitetes Küchenkraut, besonders in den südlichen Ländern Europas. In Frankreich ist es Grundgewürz der berühmten provencalischen soupe au pistou und in Italien der wunderbaren Pesto-Sauce aus Genua und wird auch zum Würzen von Pasta benutzt. Frisches Basilikum ist eine köstliche Ergänzung von Salaten und besonders gut, wenn auf Tomaten gestreut. Es wird zu allen Arten von Suppen, Eintöpfen, Gemüsegerichten und auch zusammen mit Eiern, Geflügel und Pilzen verwendet. Vorsicht beim Würzen, da Hitze den Geschmack verstärkt. Basilikumöl wird in der Parfüm- und Likörindustrie verwendet. Neben seiner berühmten Küchengeschichte hat Basilikum auch weit zurückgehende Bedeutung in der Medizin. Es hat sedative, und krampflösende Eigenschaften, die es zur ausgezeichneten Verdauungshilfe und wirksam bei Nervenbeschwerden, Kopfweh, Migräne, Schwindelanfällen und Koliken bei Kindern macht. Im Fernen Osten wird es als Hustenmedizin angewandt und in Teilen Afrikas als Wurmkur. Frischer Saft der Blätter in die Ohren getropft soll Entzündungen lindern, und nach Mességué fördert es die Milch stillender Mütter. Bei Gurgelanwendung heilt es Soor. Für einen Aufguß nimmt man 30 bis 45 g getrockneter Blätter in 1 l kochendem Wasser und läßt 5 Min. ziehen, davon trinkt man zwei bis drei Tassen am Tag, bei schlechten Nerven, Verdauungsstörungen und Kopfweh. 30 g frische Blätter in 1 l Wasser ergeben einen Absud zur Förderung der Milch für stillende Mütter – zweimal am Tag getrunken. Basilikum wächst leicht aus Saat im Kräutergarten, im Balkonkasten oder Topf. Benötigt aber viel Licht und Sonne und Wärme. Aussaat erst nach den Eisheiligen und reiche Frischblatternte für Anwendung fördert die Verzweigung und Neuaustriebe.

Purpurbasilikum *Ocimum basilicum* var. *pupureum* hat einen kräftig aromatischen Duft und ist mit seinen purpurfarbenen Blättern und blaßrosa Blüten sehr dekorativ.

Zitronenbasilikum *Ocimum citriodorum* ist eine zierlichere, kompakter wachsende Art mit wunderbarem Zitronenduft.

Zwergbasilikum *Ocimum minimum* wird nur 15 bis 20 cm hoch. Seine getrockneten Blätter werden als Niespulver benutzt und die frischen Blätter zur Erleichterung bei Blähungen. Sie sind leicht sedativ. Die Blätter können auch in Salaten und Saucen verwendet werden.

Wilder Majoran, Dost *Origanum vulgare*

Goldmajoran *Origanum onites* ›Aureum‹

Zwergmajoran *Origanum vulgare* ›Compactum‹

Basilikum *Ocimum basilicum*

Feines Basilikum *Ocimum basilicum* ›Minimum‹

Ocimum sanctum hat einen würzigen Duft und wird in Thailand in der Umgebung von Buddha-Tempeln angepflanzt und auch in Pfannengerichten benutzt.

Wirbeldost *Clinopodium vulgare* (synonym *Calamintha clinopodium)* ist eine Staude Europas, Zentral- und Westasiens, Sibiriens, Nordafrikas und Nordamerikas. Er wächst an Waldsäumen, Gebüschen, Wegrändern, an warmen, trockenen Stellen. Wirbeldost hat einen kurzen kriechenden Wurzelstock und einfache oder wenig verzweigte 30 bis 80 cm hohe Stengel. Die ovalen bis runden pelzigen Blätter haben einen Thymiangeruch. Die rosapurpurnen oder rosafarbenen Blüten stehen in achselständigen Köpfchen und erblühen im Juli.

Die Blätter wurden als Aufguß bei schwacher Verdauung angewandt.

Manchmal im Heilkräuter- oder Wildstaudensortiment angeboten.

Steinquendel *Acinos arvensis* ist als einjährige Pflanze oder kurzlebige Staude in vielen Teilen Europas (ausgenommen der äußerste Norden und Teile Südeuropas), Kleinasiens und dem Kaukasus verbreitet. Er wächst an trockenen sonnigen Stellen, in Trockenrasenbereichen und hat einen liegenden bis aufrechten behaarten, an der Basis verzweigten Stengel, der 10 bis 20 cm hoch wird. Die ovalen bis lanzettartigen Blätter mit deutlicher Nervatur auf der Blattunterseite. Die violetten Blüten bilden lockere endständige Köpfchen und öffnen sich von Juni bis August.

Steinquendel kann man einjährig im Staudengarten als Bodendecker ziehen. Die Blütenköpfchen werden wegen ihres Geschmacks und als Dekoration für Salate verwendet.

Safran *Crocus sativus* ist eine Staude mit einer Knolle, die aus Kleinasien stammt, aber aus früheren Zeiten verbreitet in Europa kultiviert wurde und im Mittelalter auch in Deutschland, z. B. im Landauer Gebiet, verbreiteten Anbau fand. Heute ist sie im Anbau oder verwildert bis Indien und China verbreitet. Aus der flachen Knolle entsteht durch die Blattscheiden ein kurzer Stamm. Die schmalen Blätter mit tiefer weißer Mittelrippe sind grasartig. Die einzelstehenden blaßlila dunkler geaderten Blüten besitzen eine dreiteilige orangerote Narbe, die getrocknet Safran ergibt. Die Blüten blühen im September vor dem Austrieb der Blätter.

Der Gattungsname kommt vom Griechischen *crocus* ›Schnur‹ und bezieht sich auf die farnförmigen Narben. Im Hebräischen *Karkom* genannt, wird es in den Liedern Salomos erwähnt. Griechische Mythen und Dichtungen erwähnen oft die Schönheit des Safrans. Farbe und Duft wurden sehr bewundert und auch als Farbe hoch geschätzt. Auch schon in der Vergangenheit wurde die medizinische Wirkung festgestellt. Krampflösend, abführend und menstruationsfördernd. Safrantee wurde zur Erfrischung des Geistes getrunken und galt als nützlich bei der Behandlung von Hysterie.

Für einen Aufguß gibt man 4 g Safran in ½ l kochendes Wasser und läßt 3 Min. ziehen, warm trinken und süßen, falls erforderlich.

Heute wird Safran kaum in der Medizin benutzt, aber im Küchenbereich hoch geschätzt. Leider ist er sehr teuer, da mindestens 60.000 Blüten gesammelt werden müssen, deren getrocknete Narben dann 450 g Safran ergeben. Glücklicherweise braucht man nur winzige Mengen, um Farbe und Geschmack bei Gerichten wie Paella, Bouillabaisse, Risotto milanese und viele indische Gerichte mit dem typischen Safranaroma zu versehen.

Wirbeldost *Clinopodium vulgare*

Kölme, Steinquendel *Acinos arvensis*

Safran *Crocus sativus*

Satureja spicigera

Winterbohnenkraut *Satureja montana*

Der Safrananbau bei uns ist erloschen. Jeder aber kann Safran-Crocus-Knollen kaufen und im Juli, August legen und im Herbst seinen eigenen Safran ernten und trocknen. Safrananbau gibt es noch in Südostspanien und umfangreich z. B. noch im Iran. Der europäische Safran ist aber kräftiger gefärbt. Früher wurde Safran oft durch die Blüten von Färbedistel oder Ringelblumen verfälscht und dies wie z. B. im Mittelalter in Nürnberg durch Verbrennen des Fälschers mit seinem gefälschten Safran bestraft.

Die Safran-Narben erntet man im September früh am Tag und trocknet sie in der Sonne oder besser im Ofen bei 40° C und lagert sie dann luftdicht und dunkel.

Winterbohnenkraut *Satureja montana* ist ein aromatischer kleiner Strauch Südosteuropas, wo er auf Südhängen und felsigen gebirgigen Lagen wächst, bei uns an trockener sonniger Stelle im Garten oder im Topf gezogen wird. Die liegend- bis aufrecht wachsenden Stämmchen sind steif verzweigt und werden 40 – 50 cm hoch. Die schmalen rechteckigen Blättchen haben eine Spitze und die blaß bis bläulich purpurnen Blüten öffnen sich im Juni. Winterbohnenkraut hat einen schärferen würzigeren Geschmack als das Sommerbohnenkraut und wird für medizinische und Würzzwecke in gleicher Weise verwendet.

Winterbohnenkraut ist ausdauernd, aber ebenso leicht aus Samen zu ziehen, kann aber auch durch Teilung vermehrt werden. Ein Gewürzkraut, geeignet für den Steingarten.

Satureja spicigera ist eine flachwachsende Art mit weißen Blüten und eignet sich gut für Steingärten bei gleichen Nutzungsmöglichkeiten in der Küche und gutem kräftigem Geschmack.

Bohnenkraut *Satureja hortensis* ist ein aromatisches einjähriges Kraut aus dem Mittelmeergebiet und heute in der ganzen Welt kultiviert. Das Bohnenkraut hat eine faserige Pfahlwurzel und einen verzweigten gestreiften Stengel, der 10 bis 50 cm hoch werden kann. Die schmalen spitzauslaufenden Blätter verfärben sich rötlich und sind glänzend mit großen Drüsenschuppen an den Seiten und sitzen paarweise gegenständig. Die kleinen weißen, rosa oder lila Blüten stehen meist zu fünf in den Blattachseln und bilden im Juli blühende Scheinähren am Triebende.

Der Gattungsname kommt vom lateinischen *satyrus* ›satyr‹ und bezieht sich auf den alten Ruf als Aphrodisiakum. Mességué behauptet, daß es ein wesentlicher Bestandteil des Liebestrankes sei, den er für frigide oder impotente Paare braue und daß ihm sein Vater schon als Junge erzählte, daß Bohnenkraut das Kraut des Glückes sei. Bohnenkraut wird, wie der Name schon sagt, allen Bohnengerichten beigefügt und verstärkt ihren Geschmack, ohne ihn zu dominieren. Es fördert auch die Verdauung, da Bohnen bei manchen Menschen Blähungen hervorrufen.

Seit Jahrtausenden ist der aromatische, leicht pfeffrige Geschmack des Bohnenkrautes gerne in der Küche verwendet worden. In Römerzeiten machte man spezielle Saucen davon und fügte es Füllungen für Geflügel hinzu und verwendete es zum Aromatisieren von Pasteten, Saucen, Eiern, Fleisch und Fisch. Das kräftige ätherische Öl, das es enthält, fördert die Verdauung und ist deshalb besonders zu empfehlen für Nahrung, die den Magen schwer belastet wie Schweinefleisch und Gurken.

Obwohl hauptsächlich in der Küche geschätzt, war Bohnenkraut im Mittelalter auch wegen seiner stimulierenden und lindernden Eigenschaften in Gebrauch. Es war besonders geschätzt wegen seiner Fähigkeit, das Verdauungssystem in Ordnung zu bringen, Magenkrämpfe zu beruhigen, Blähungen zu lindern und wegen seines aseptischen Effekts auf die Darmflora und seiner wassertreibenden und leicht abführenden Wirkung. Man hielt es auch für ein nützliches Expektorans. Geeignet auch bei Asthma und als Gurgelmittel und bei Mundgeschwüren.

Heute wird es verbreitet in der Parfümindustrie, aber auch bei der Destillation von Weinbrand und Schnäpsen benutzt.

Bohnenkraut bei Bienenstöcken wird stark besucht und liefert ausgezeichneten Honig. Weshalb interessant ist, daß zerquetschte Bohnenkrautblätter schnelle Hilfe bei Biene- oder Wespenstichen bringen.

Für einen Aufguß nimmt man 45 bis 60 g Blätter auf 1 l kochendes Wasser und läßt 5 bis 10 Min. ziehen. Davon 3 Tassen pro Tag nach den Mahlzeiten fördern die Verdauung.

Bohnenkraut ist im Garten leicht aus Samen zu ziehen. Es braucht nährstoffreichen, leichten Boden ohne Staunässe an sehr sonniger warmer Stelle. Aussaat im April, Benutzung von Juni an, wobei das blühende Kraut gezogen und in Bündeln für Wintergebrauch getrocknet wird.

Bohnenkraut *Satureja hortensis*

Bohnenkraut *Satureja hortensis*

Behaartes Schaumkraut *Cardamine hirsuta*

Wasserkresse *Nasturtium officinale*

Behaartes Schaumkraut *Cardamine hirsuta* ist ein einjähriges Kraut Europas und der meisten Gebiete der nördlichen Halbkugel. Es wächst in Hackunkrautgesellschaften auf frischen nährstoffreichen kalkfreien Böden und hat sich in den letzten Jahren zu einem der verbreitetsten Unkräuter in den Gärten entwickelt. Eine dünne Pfahlwurzel und glatte aufrechte 8 bis 30 cm hohe Stengel entwachsen einer Rosette aus paarig gefiederten Blättern. Die rundlichen Einzelblättchen sind manchmal auf der Oberfläche oder am Rand behaart. Die kleinen weißen Blüten erscheinen während des ganzen Jahres an den Zweigenden des Blütenstengels. Die reiche Verbreitung in unseren Gärten liefert uns im Winter und ins Frühjahr hinein mit den leichtbrennend kresseartig scharfen Blättern eine würzige Ergänzung bei einem Sandwich, zu Käse und Quark oder Suppen und Salaten. Auch manche der im Sommer nachwachsenden Pflanzen, besonders wenn der Sommer kühl und naß ist, sind willkommene Würzergänzungen.

Wasserkresse *Nasturtium officinale* ist eine Staude Europas, Nordafrikas und Asiens und heute in vielen Teilen der Welt eingeführt. Wild wächst sie in flachem, frischem, langsam fließendem Wasser, in Flüssen und Gräben und wird auch in entsprechenden Wasserbecken kultiviert. Die Wasserkressentriebe treiben reichlich weiße Wurzeln, sind glatt, hohl und verzweigen sich bis 70 cm Länge. Die glänzenden hellgrünen Blätter sind am Boden gestielt und am Triebende sitzend. Jedes mit 5 bis 10 Blättchen und das endständige ist herzförmiger als die ovalen Seitenblättchen. Die kleinen cremeweißen Blüten wachsen in schmalen doldenähnlichen Blütenständen an den Triebenden und erblühen vom April bis Oktober.

Der Gattungsname kommt nach Plinius vom lateinischen *nasus tortus* ›verdrehte Nase‹ und bezieht sich auf den stechend scharfen Geruch der Pflanze. Das Lateinische *officinale* zeigt, daß es schon lange in den Listen der offiziellen Heilpflanzen stand und bereits Dioscorides erwähnt es in seiner *Materia medica* des Jahres 77 v. Chr. Reich an Vitamin C und vielen Mineralstoffen, ist Wasserkresse eine sehr empfehlenswerte Ergänzung der Nahrung und wurde seit Jahrtausenden nicht nur wegen ihres Geschmacks, sondern auch wegen der anregenden Eigen-

schaften gegessen. Heute wird Wasserkresse in Suppen und Salaten, zu Pfannengerichten und als Garnierung von Sandwiches, aber auch als Beilage zu Steaks gern verzehrt.

Seit der Römerzeit wurde Wasserkresse vielfältig genutzt. Dioscorides betrachtete sie als ein Aphrodisiakum. Hippokrates befürwortete sie als Expektorans und Stimulans. Wegen ihrer gegen Skorbut wirkenden Eigenschaften wurde sie zu Salaten, Suppen und als allgemeines Tonikum zur Förderung des Appetits, als Hilfe bei Anämie, zur Senkung des Blutzuckergehaltes bei Diabetes und als harntreibendes Mittel empfohlen.

Äußerlich angewandt, hat sie seit langem den Ruf als wirksames Haartonikum, das kräftiges Haar wachsen läßt. Der Saft, gepreßt aus den Blättern, wird von Culpeper zur Klärung des Teints von Makel, Flecken und Sommersprossen empfohlen. Wasserkresseumschläge sollen gut sein bei der Heilung von Drüsentumoren und Lymphgeschwülsten.

In manchen Gegenden ist Wasserkresse auch verwildert, könnte aber durch Eier von Eingeweidewürmern von in Wassernähe weidendem Vieh belastet sein. Da Wasserkresse zum Wachstum viel frisches Wasser benötigt, ist Trockenkultur sehr schwierig und Zukauf frischen Materials besser.

Vogelmiere *Stellaria media* ist ein einjähriges oder überwinterndes Kraut Europas und heute fast in der ganzen Welt verwildert. Sie ist eines der verbreitetsten Unkräuter und wächst in Unkrautgesellschaften, d. h. auf bearbeitetem Land, auf mehr oder weniger frischen nährstoffreichen, insbesondere stickstofffreien lehmigen Böden. Aus der dünnen Pfahlwurzel wachsen zahlreiche verzweigte, schwach aufsteigende, meist niederliegende Triebe, die bis 40 cm lang werden können. Die Triebe sind glatt und nur auf einer Seite durch eine Reihe Haare gekennzeichnet. Die fleischige ovalen Blätter stehen paarweise und zahlreich an den Trieben. Die weißen sternförmigen Blüten öffnen sich von März bis September und bei mildem Wetter auch im Winterhalbjahr.

Wenn auch als lästiges Gartenunkraut betrachtet, ist Vogelmiere doch seit dem Mittelalter auch eine Küchenpflanze. Sie kann in rohen Salaten oder gekocht als Gemüse wie Spinat gegessen werden und eignet sich auch

für eine köstliche Suppe. Obwohl von Wildgemüsefans hoch geschätzt, warnen doch manche vor zu häufigem Genuß wegen des hohen Saponin-Gehaltes. In der Medizin hat die Vogelmiere lindernde und kühlende Eigenschaften und wurde seit Jahrhunderten als Umschlag oder in Salben zur Linderung bei Wunden, Geschwüren, Frostbeulen, Röteln und anderen Hautreizungen verwendet. Der Saft wurde früher zu Augenspülungen benutzt und ein Aufguß des frischen Krautes zur Linderung bei Verstopfung getrunken. Man hielt es auch für gut anwendbar bei Nierenbeschwerden.

Culpeper beschreibt einige Eigenschaften so: »... Es wird auch benutzt bei heißen und bösartigen Geschwüren und Entzündungen an den geheimen Stellen der Männer und Frauen oder an den Beinen oder anderswo.«

Vogelmiere wächst meist in jedem Garten von selbst, so daß das Sammeln des frischen Krautes einfach ist.

Winterpostelein, Kubaspinat *Montia perfoliata* (synonym *Claytonia perfoliata*) ist ein einjähriges Kraut des westlichen Nordamerikas und heute in Westeuropa aus früherem Anbau als Wintergemüse verwildert. Es wächst wild auf trockenen, sandigen Böden, an Wegrändern und hügeligen Hängen. Die aufrechten oder aufsteigenden Triebe können bis 30 cm lang werden. Die fleischigen Blätter sind grundständigen Blätter sind rombisch-oval. Die Blütentriebe besitzen unter dem Blütenstand ein paar rundliche, am Grunde breitverwachsende, eine Schüssel bildende Blätter. Die weißen Blüten stehen einzeln in der Mitte der Blattschüssel und blühen von April bis Juli.

In England und Amerika heißt diese Pflanze Miner's Lettuce, d. h. Bergmannssalat. Sie trägt ihren Namen aus der Zeit, als dies das frische Gemüse zum Schutz vor Skorbut war. Ende des vorigen Jahrhunderts haben Expeditionen in Kalifornien nach Durchquerung von Wüstengebieten damit ihren ersten Bedarf an frischem Gemüse gestillt.

Blüten und Blätter sind eine interessante kresseähnliche Ergänzung von Salaten. Die Blätter können gekocht und wie Gemüse gegessen werden, wie es die Mendocina-Indianer in Kalifornien machten. Wenn auch klein und nur mit viel Arbeit zu sammeln, gelten doch auch die Wurzeln gekocht und geschält als Eßkasta-

Vogelmiere *Stellaria media*   **Winterpostelein, Kubaspinat** *Montia perfoliata*

nien ähnlich. Die Pflanze ist heute in manchen Baumschulen und Staudengärtnereien verbreitetes Unkraut geworden.

Hirtentäschel *Capsella bursa-pastoris* ist eine ein- oder zweijährige Pflanze Europas, aber heute in der ganzen Welt verbreitet. Sie wächst in Hack- und Schuttunkrautgesellschaften, d. h. in Gärten, auf Äckern, Brachland und Wegrändern, auf nährstoff-, besonders stickstoffreichen humosen Böden. Hirtentasche hat eine Pfahlwurzel und einen schlanken aufrechten, wenig verzweigten, bis 60 cm hohen Stengel. Die langen harten Grundblätter bilden eine Rosette und sind von ganz bis haarig gefiedert sehr vielgestaltig. Am Grunde aber alle stengelumfassend. Die zahlreichen kleinen weißen Blüten stehen locker an den Triebenden und blühen das ganze Jahr hindurch. Die dreieckigen Fruchtkapseln enthalten zahlreiche gelbe, ovale Samenkörner und ähneln einer Hirtentasche, daher der Name. Der Gattungsname kommt von dem lateinischen *capsella* ›Tasche oder Börse‹ wie auch das lateinische Wort *bursa-pastoris* ›Hirtentasche‹, das unserer Bezeichnung wie auch der französischen Bourse de pasteur und der englischen Shepherd's Purse gleicht und sich auf die Ähnlichkeit mit den seit alters her gebräuchlichen Gürteltaschen der Hirten bezieht. Die Pflanze wurde seit dem Mittelalter in der Heilkunde genutzt, besonders als blutstillendes Kraut bei offenen Wunden, Verletzungen, Nasenbluten, Blutspucken, zu starker Regelblutung oder Gebärmutterblutungen. Die Forschung hat versucht, die Wirkung und den Umfang der blutstillenden Eigenschaft der Pflanze zu klären, blieb aber ohne Ergebnis. Eine andere Theorie besagt, daß der weiße Pilzbelag, der oft aber nicht immer auf der Pflanze zu finden ist, diese blutstillende Wirkung besitzt. Es fehlen noch abschließende bestätigende Untersuchungen. Hirtentäschel wurde auch als Chininersatz zur Behandlung von Malaria benutzt, und Umschläge um die Handgelenke galten als fiebersenkendes Mittel bei Wechselfieber. Ein Aufguß kann als ausgezeichnetes Frühlingstonikum getrunken werden und Watte, mit frischem Saft oder Aufguß getränkt und in die Nasenlöcher gesteckt, stoppt Nasenbluten. In früheren Tagen wurde Hirtentäschel verbreitet als Gemüse genutzt und wegen seines kresseähnlichen Geschmacks schmeckt es gut auf Sandwiches oder als Salatbeigabe. Einige Kenner haben jedoch kürzlich die Meinung vertreten, daß es irgendwie giftig sei, so daß es nur in kleinen Mengen verzehrt werden sollte.

Hirtentäschel ist in Gärten als Unkraut verbreitet, so daß Sammeln keine Schwierigkeit bereitet.

Hirtentäschel *Capsella bursa-pastoris*

47

Löwenzahn *Taraxacum officinale*, aufgenommen am 12. April

Wegwarte *Cichorium intybus*

Winterkresse *Barbarea vulgaris*

Frühlingsbarbarakraut *Barbarea verna*

Löwenzahn *Taraxacum officinale* ist eine Staude der nördlichen Halbkugel, die auf Wiesen und Weiden, an Wegrändern und Dämmen, Ufern in Schuttunkrautgesellschaften auf mehr oder weniger trockenen bis frischen nährstoffreichen, tiefgründigen Böden vorkommt. Sie hat eine fleischige, innen weiße, außen braune, tiefgehende Pfahlwurzel. Die Blütenstengel sind hohl und können bis 30 cm hoch werden. Die Rosettenblätter sind sehr variabel, mehr oder weniger tief geteilt bis tiefgrob gesägt. Die leuchtend gelben Blüten stehen einzeln und öffnen sich von April bis Oktober und entwickeln sich zu den Pusteblumen, von denen die Samenkörner mit dem Pappus, einem schirmartigen weißen Haarkranz, verweht werden. Die ganze Pflanze enthält einen milchigen weißen Saft mit Kautschukanteil, der schon in Notzeiten zur Nutzung untersucht wurde. Der Gattungsname kommt entweder von den griechischen Worten *taraxis* ›Augenleiden‹ und *akeomai* ›heilen‹ wegen der traditionellen Anwendung zur Heilung von Augenleiden oder vom griechischen *taraxo* ›ich habe verursacht‹ und *achos* ›Schmerz‹ wegen der medizinischen Wirkungen der Pflanze. Der Name Löwenzahn erinnert an die Zacken der Blätter und ist im Französischen gleich als *dent de lion* und wandelt sich im Englischen zu *dandelion*. In Frankreich heißt die Pflanze auch *Pissenlit* und in England *pissabed or wetabed* in Anlehnung an ihre stark harntreibenden Eigenschaften. Auch heute werden die heilenden Eigenschaften des Löwenzahns, wie auch bereits bei den arabischen Ärzten des 11. und 12. Jahrhunderts genutzt. Reich an Protein, Zucker, Vitaminen, Mineralstoffen und Bitterstoffen, ist es eine wohltuende Nahrung, wie auch aktiv wirkende Heilpflanze. Die jungen Blätter sind köstlich in Suppen und Salaten, und die französische Art, sie mit einer Vinaigrette und einigen Stücken kroß geröstetem Schinken anzurichten, ist köstlich. Die Wurzeln, geröstet und gemahlen, wurden als Kaffee-Ersatz benutzt. Blätter und Blüten wurden traditionell für Löwenzahnwein genutzt, und die jungen eingelegten Knospen geben einen akzeptablen Kapernersatz. Löwenzahn ist harntreibend, leicht abführend, ein Tonikum, reinigt das Blut und fördert die Verdauung. Löwenzahn wird empfohlen bei Leberbeschwerden, Gelbsucht, Problemen mit Galle und Blase und Nieren, Appetitverlust, Ekzemen und Wassersucht und auch zur Erleichterung bei Rheumatismus und Arthritis. Weiss berichtet, daß neue Forschungen den Erfahrungswert belegen, Löwenzahn zur Behandlung von Krankheiten der Leber, des Gallenwegs und bei Gallensteinen zu empfehlen. Moderne Kräuterärzte empfehlen Löwenzahn als wirksam bei chronisch degenerativen Gelenkserkrankungen. Auch helfen Behandlungen mit Löwenzahntherapie die Beweglichkeit zu fördern, Steifheit zu mindern und die Neigung zu weiteren krankhaften Gewebeveränderungen zu mindern. Für eine Abkochung nehme man 30 g getrocknete Blätter und 30 g gehackte Wurzel in 1 l kaltem Wasser und lasse alles 2 Min. kochen und dann weitere 15 Min. ziehen, abgießen und 3 Tassen pro Tag vor den Mahlzeiten trinken. Für ein Gesichtswasser zum Bleichen der Haut nehme man eine Handvoll Blüten in 1 l Wasser, koche für 30 Min., gieße ab, kühle und befeuchte damit das Gesicht morgens und abends.

Löwenzahn siedelt sich in den meisten Gärten von selbst an. Läßt sich aber auch unproblematisch aussäen, um die jungen Blätter für Frühlingssalate und die älteren Blätter im Sommer für Tee und Wein und die Wurzeln im Herbst zu ernten.

Wegwarte *Cichorium intybus* ist eine Staude Europas und Asiens, die aber auch in viele Teile Nord- und Südamerikas, Südafrikas und Australiens, Neuseelands eingeführt wurde und dort verwilderte. Sie wächst auf Weiden, Ödland, an Wegrändern und in Kalksteingebieten. Die Wegwarte hat eine mehrköpfige lange Pfahlwurzel und aufrechte, gefurchte verzweigte und behaarte 30 bis 120 cm hohe Triebe. Die Grundblätter sind breit lanzettartig gezähnt und bilden eine Rosette, während die stengellosen Stammblätter mehr oder weniger lanzettartig sind. Die schönen blauen Blüten stehen zu mehreren in den oberen Blattachseln und erblühen bei Sonne von Mai bis September. Die Wegwarte wird seit alters her medizinisch und bei den Römern auch als köstliches Gemüse genutzt. Dioscorides empfahl sie zur Förderung der Verdauung, und Galen nutzte sie für entzündete Augen. Die alten Kräuterkundigen hielten Blätterumschläge als wirksam gegen Schwellungen und Entzündungen, in einer Fleischbrühe eingenommen als wirksam gegen Schüttelfrost und für all jene, die eines reinigenden Tonikums bedürfen. Mességué sieht den Hauptwert der Wegwarte in ihrer Wirkung als Gegengift für Leberbeschwerden und der Eignung zur Klärung des Verdauungs- und Harnsystems und in der Behandlung von Hautproblemen wie Furunkel und Ekzeme. Die gekochte Wurzel in der Form als Wegwartensirup ist ein mildes, aber wirkames Abführmittel für Kinder. Die Wegwarte ist aber wahrscheinlich mehr bekannt als Kaffee-Ersatz. Die gerösteten Wurzeln geben dem Kaffee eine dunkle Farbe, und der bittere Geschmack wurde früher bei uns besonders geschätzt. Man glaubte, daß die Bitterstoffe der Zichorienwurzel dem anre- genden Coffein entgegenwirken. Zichorien wird in manchen Gegenden nicht nur als Tierfutter, sondern auch als Gemüse und Salat gebaut. So z. B. der »Zuckerhut« genannte Zichoriensalat. *Cichorium intybus* var. *sativum* ist der Zichorienkaffee, während *Cichorium intybus* var. *foliosum* der heute verbreitet im Winter als Salat oder auch zum Dünsten als Gemüse angebotene Chicoree ist. Die Wurzeln werden im Herbst geerntet und im Winter im Dunkeln getrieben, um die gelbweißen Chicoreeköpfe zu erzielen. In einigen Ländern werden die Wurzeln gekocht als Gemüse gegessen und als besonders geeignet für Diabetiker gehalten. Aussaat im Garten im Frühjahr und Beseitigung evtl. Blütentriebe zur Stärkung des Wurzelwachstums.

Winterkresse Barbarakraut *Barbarea vulgaris* ist zweijährig und eine kurzlebige Staude Europas und Nordafrikas und heute weit verbreitet in Nordamerika, Australien und Neuseeland. Sie wächst in Ufersaum und Schuttunkrautgesellschaften, an Feldrändern und Ufern auf frischen bis feuchten nährstoffreichen Böden. Sie hat eine kräftige gelbliche Pfahlwurzel und einen glatten verzweigten 30 bis 90 cm hohen Stengel. Die glatten glänzenden dunkelgrünen Blätter sind zwei- bis vierpaarig gefiedert, die oberen ungeteilt. Die Blättchen rauh gezähnt oder am Rande gewellt. Die dichten Köpfchen leuchtendgelber Blüten öffnen sich von Mai bis August. Der Gattungsname bezieht sich auf die Tatsache, daß man das Barbarakraut meist als einzige grüne Pflanze am Barbaratag, d. h. am 4. Dezember, sammeln und essen konnte. Seit frühester Zeit wurde die Winterkresse als Salat oder Gemüse gegessen. Leicht gedünstet mit Butter und Pfeffer serviert, schmeckt es köstlich. Um noch weiter Blätter ernten zu können, entfernt man möglichst frühzeitig den Blütentrieb und beerntet die Pflanzen regelmäßig.

Frühlingsbarbarakraut *Barbarea verna* ist eine zweijährige Pflanze des westlichen Mittelmeergebietes und heute im westlichen und mittleren Europa, wie auch in Nordamerika, Südafrika, Japan und Neuseeland weit verbreitet. Sie wächst auf Ödland und auf bearbeiteten Böden. Hat eine gelbe Pfahlwurzel und einen aufrechten, meist verzweigten 20 bis 70 cm hohen Stengel. Die gestielten Rosettenblätter sind 6- bis 10paarig gefiedert. Die oberen tieffiederteilig. Die Blüten sind leuchtend gelb und öffnen sich von März bis Mai. Das Frühlingsbarbarakraut hat einen wirklich brennenden würzigen Geschmack und ist eine köstliche Salatergänzung. Leicht aus Samen zu ziehen, wächst es in feuchten Böden und ist schnell erntereif.

Nachtviole *Hesperis matronalis* ist eine zweijährige Pflanze oder kurzlebige Staude, heimisch in Südosteuropa und Kleinasien, aber heute im ganzen Mittelmeerbereich, in Mitteleuropa und auch in Nordamerika verwildert. Seit alters her im Garten angebaut und manchmal auch als Gartenflüchtling anzutreffen. Eine Pfahlwurzel trägt einen meist schon an der Basis reich verzweigten Stengel, der dichtbeblättert 40 bis 90 cm hoch wird. Die lanzettartigen spitz zulaufenden gezähnten Blüten sind leicht rauhhaarig. Die violettrosa, seltener weißen oder roten oder mehrfarbigen Blüten öffnen sich von Juni bis August und duften. Die Nachtviole gilt als Zeichen für Betrug oder Täuschung, da sie nur nachts, aber nicht am Tage duftet. Die Blätter sind ziemlich bitter, werden jedoch von manchen Menschen als Geschmacksvariante im Salat ähnlich Kresse verwendet. Medizinisch wird die Nachtviole vor allen Dingen als Antiskorbutmittel zur Verhütung oder Heilung wegen ihres hohen Vitamin-C-Gehaltes genutzt. Im Garten liebt sie nährstoffreichen feuchten Boden und viel Sonne. Die Blätter für scharf pikante Salatbeigabe sollte man vor dem Öffnen der Pflanze schneiden. Für medizinische Zwecke sammelt man die blühende Pflanze.

Kapuzinerkresse *Tropaeolum majus* ist eine bei uns einjährig gezogene Staude aus Peru, die heute in vielen Teilen der Erde in Gärten kultiviert und manchmal auch verwildert anzutreffen ist. Sie hat eine dünne Pfahlwurzel und einen weit verzweigten bis 4 m hoch kletternden Stengel. Die wechselständigen schildförmigen Blätter sind leuchtend blaugrün mit deutlichen Adern, die nicht wie bei der sehr ähnlichen *Troaeolum minus* in dornigen Spitzen auslaufen. Die leuchtend roten, gelben oder orangen Blüten öffnen sich von Mai bis zum Frost. Die Kapuzinerkresse ist eine sehr dekorative Pflanze, die Ende des 16. Jahrhunderts nach Europa kam. Blütenblätter und Samen haben einen scharfen pfeffrigen Geschmack. Die Blüten sind eine schmückende, geschmacklich scharf pikante Ergänzung von Salaten. Blüten und Blätter kann man zu Tee verwenden. Die unreifen Samen 3 Tage in Salzlösung, danach in Essig eingelegt, lassen sich als Kapernersatz verwenden. Kapuzinerkresse hat einen hohen Vitamin- C-Gehalt und gilt als wirksam gegen Skorbut, Lungenprobleme und verschleimte Bronchien. Sie enthalten einen bitteren Wirkstoff, der antibiotische Wirkung bei Infektionen zeigt. Die gestoßenen Samen werden bei Harnwegsentzündungen und Grippe verschrieben. Kapuzinerkresse wird auch als allgemeines Tonikum für die Verdauung, zur Erleichterung bei Verstopfung und Depressionen empfohlen und zur Klärung von Haut und Augen. Mességué berichtet, daß ein Hüftbad mit Kapuzinerkresse Menstruationsstörungen beseitigt und eine Lotion vor Haarausfall schützt. Für diese Haarlotion nimmt man 2 Handvoll Kapuzinerblütenblätter und Samen und gibt 10 Brennesselblätter und 3 Eichenblätter hinzu und läßt 2 Tage in 1 l 90%igen Alkohol ziehen. Nach dem Abgießen zum Einreiben der Kopfhaut benutzen (aus Mességué, *Health Secrets of Plants and Herbs*). Kapuzinerkresse wird im Garten an Ort und Stelle, in Balkonkästen oder als Topfpflanze ausgesät und versamt sich in manchen Gärten zu regelmäßiger Wiederkehr. Knospen zum Einlegen nimmt man im Mai und Juni, Blüten und Blätter zu Salaten das ganze Jahr hindurch. Früchte für Kapernersatz immer, bevor sie reif sind.

Ringelblume *Calendula officinalis* ist eine einjährige, manchmal überwinternde Pflanze aus

Nachtviole *Hesperis matronalis,* aufgenommen am 20. Juli

Nachtviole *Hesperis matronalis*

Kapuzinerkresse Gartensorte ›Empress of India‹

Gefüllte Ringelblume *Calendula officinalis*

Kapuzinerkresse niedrigbleibende Sorte

Gefüllte Ringelblume *Calendula officinalis*

Mittel- und Südeuropa und Asien und heute als verbreitete Gartenpflanze in der ganzen Welt zu finden. Die in allen Teilen stark aromatisch riechende Pflanze ist behaart, hat eine spindelige Hauptwurzel und einen im oberen Teil verzweigten 40 bis 50 cm hohen Stengel. Die blaßgrünen ganzrandigen oder leicht gezähnten Blätter sind unten spatelig, lang gestielt und oben mehr lanzettartig. Die endständigen gelben und orangen bis orangerötlichen Blüten sind Margeriten ähnlich mit einem dichten Rand Zungenblüten oder auch mit dunklerer Scheibe oder ganz mit Zungenblüten gefüllt und blühen von Juni bis zum Frost. Bei überwinterten Pflanzen ab März.

Der Gattungsname kommt vom lateinischen *kalendae*, die ›Kalenden‹ oder ersten Tage der Monate im römischen Kalender, d. h. sie blüht das ganze Jahr hindurch. *Officinalis* erinnert an ihren alten Gebrauch als Heilpflanze.

Die Ringelblume ist nur bei Sonne tagsüber offen. Was Shakespeare im *Wintermärchen* aufnimmt: »die Ringelblume geht mit der Sonne zu Bett und erwacht mit ihr weinend«. Bei uns war sie früher ein Zeichen für Regenwetter, wenn sie ihre Blüten nach 7 Uhr am Morgen noch nicht geöffnet hatte. Die Ringelblumengeschichte, ihre Verwendung in der Medizin, in der Küche und der Kosmetik ist lang. Im Mittelalter wurden Ringelblumen bei Darmleiden, Leberbeschwerden, Gelbsucht, Fieber, Pocken, Masern, Insektenstichen und Schlangenbissen genutzt. Äußerlich wurde sie angewandt bei Bindehautentzündung, Augenentzündung, Wunden, Quetschungen, Verbrennungen, gegen Ekzeme, Furunkel, Hämorrhoiden, Warzen und Akne. Ringelblumen wuchsen im Küchengarten zur getrockneten Verwendung der Blütenblätter in Fleischbrühe und zur Färbung von Käse und Butter mit ihrem gelben Farbstoff Calendulin, oder auch frisch zur Salatergänzung. Die Zungenblüten waren getrocknet

Safranersatz und färben den Reis ganz ähnlich, wenn auch mit anderem Geschmack. Eingeweicht in Milch, geben sie süßen Brötchen und Kuchen eine appetitlich gelbe Farbe.

In der Kosmetik wird die Ringelblume manchmal in Hautlotionen oder in Shampoos zum Haaraufhellen verwendet. Für eine lindernde Salbe bei Schnittwunden, Geschwüren nimmt man 2 Eßl. Ringelblumensaft (im Mörser zerstoßen) auf 500 g Butter oder Schweinefett, mischt gut durch und bewahrt sie im Kühlschrank zum Gebrauch auf.

Ein Aufguß wird 2- oder 3mal am Tage vor der Regel getrunken, um Blutung und Schmerzen zu lindern (1 Blüte auf ein $^1/_4$ l kochendes Wasser und 10 Min. ziehen lassen).

Ringelblumen an Ort und Stelle im Frühjahr säen, vollgeöffnete Blüten am Vormittag schneiden und immer möglichst frisch benutzen. An gut durchlüftetem schattigem Ort trocknen und aufbewahren.

Ölrauke *Eruca vesicaria subsp. sativa* ist eine Einjahrspflanze, die auch manchmal als Jungpflanze überwintert. Beheimatet im Mittelmeergebiet und Ostasien, ist sie heute in vielen Teilen Europas und Nordamerikas verwildert. Sie wächst auf Schuttplätzen, an Wegrändern und wird in Kräutergärten angebaut. Es ist eine stark riechende Pflanze mit einer schlanken Pfahlwurzel und einem aufrecht behaarten bis 100 cm hohen Stengel. Die paarig gefiederten Blätter sind leierförmig und rauh gezähnt oder gelappt. Die hübschen gelblichen oder cremefarbenen Blüten sind dunkelviolett geädert und öffnen sich von Februar bis Oktober.

Der Gattungsname kommt vom lateinischen *eruca* ›behaarter Stengel‹ (wie bei einigen Bärenraupen). Die jungen Blätter sind eine delikate Ergänzung von Salaten und gelten als gutes Tonikum. Ölrauke wächst in jedem Garten an sonniger Stelle. Die Blätter werden das ganze Jahr hindurch frisch verwendet.

Mauerpfeffer *Sedum acre* ist eine kleine fleischige immergrüne Staude Europas, Nord- und Westasiens und Nordafrikas und heute auch in Nordamerika verwildert. Er wächst auf Mauern, an Felsen, sandigen Stellen, Wegrändern, Dünen und in Trockenrasengesellschaften, auf trockenen humusarmen, nährstoffhaltigen sandigen oder steinigen Böden. Die feinen Wurzeln finden die schmalsten Spalten. Die vielen kriechenden Stengel bilden Matten oder Polster von 10 bis 25 cm, ja flächendeckender Größe. Die Einzeltriebe werden etwa 5 cm hoch. Die wechselständigen, eiförmigen dickfleischigen sukkulenten Blätter stehen dicht am Stengel. Die kleinen gelben sternförmigen Blüten stehen zu mehreren in Scheindolden am Stengelende und öffnen sich von Juni bis August. Der Gattungsname kommt vom lateinischen *sedare* ›beruhigen‹, da einige der vielen Arten dieser Gattung lindernde Eigenschaften haben sollen. Das lateinische *acre* ›scharf, bitter‹ bezieht sich auf den stechend scharfen Geschmack der frischen Pflanze, wie ja auch unsere Bezeichnung Mauerpfeffer deutlich macht. Im Mittelalter wurde Mauerpfeffer als Wurmmittel und für schorfige und skrofulöse Geschwüre verwendet. In größeren Mengen bewirkt er Brechreiz und kann äußerlich angewandt Bläschen und Hautreizungen auslösen. Heute wird er hauptsächlich in der Medizin noch als wirksames Hühneraugenmittel angewandt. In den letzten Jahren erweckte er Interesse wegen seiner Eßbarkeit und deshalb Verwendbarkeit als Überlebens »Gemüse«, besonders in sehr harten Klimabereichen. Die in den Blättern gespeicherte Feuchtigkeit läßt die Pflanze auch trockenste Situationen überstehen und macht sie so zum Überleben interessant, ob Wüste oder Arktis. Frische Blätter sind sehr scharf, man sollte sie deshalb trocknen (dauert lange wegen des hohen Wassergehaltes), zu feinem Mehl zerstoßen und anderem Wildgemüse als pfeffrige Würze beifügen.

Weißer Mauerpfeffer *Sedum album* ist eine immergrüne Staude Südeuropas, Nord- und Westasiens und Nordafrikas, die bei uns auch an vielen Stellen heimisch geworden ist. Die Pflanze bildet große Matten mit vielen kriechenden faserwurzelnden Stengeln. Die glatten sukkulenten, länglich eiförmig leuchtendgrünen, oft rot überlaufenen Blätter wachsen dicht am Stengel verteilt. Die weißen sternartigen Blüten öffnen sich in flachen Köpfchen am Triebende von Juli bis August. Der Weiße Mauerpfeffer ist eine der wegen ihrer beruhigenden, lindernden Wirkung von den alten Kräuterärzten genutzten Sedumarten. Es wurden Blätter und Stengel als kühlender Umschlag bei allen Arten von Entzündungen einschließlich Hämorrhoiden

Ölrauke *Eruca vesicaria subsp. sativa*, aufgenommen am 20. April

Ölrauke *Eruca vesicaria subsp. sativa*

Mauerpfeffer *Sedum acre*

angewandt. Culpeper nennt diese Pflanze kleine Hauswurz und berichtet, daß sie damals wie Queller eingelegt wurde. Heute hat der Weiße Mauerpfeffer Verwendung als Wildgemüse, in Salaten oder gekocht.

Kleiner Wiesenknopf, Kleine Bibernelle *Sanguisorba minor* ist eine Staude Mittel- und Südeuropas bis hinauf nach Norwegen und ostwärts nach Asien und auch in Nordamerika verwildert. Er wächst in Trockenrasengesellschaften, auf kalkreichen und steinigen Lehm- und Lößböden. Der Kleine Wiesenknopf ist zierlich mit etwas holzigem Wurzelstock und aufrechten kaum verzweigten Blütenstengeln und 15 bis 40 cm Höhe. Die Blätter sind unpaarig gefiedert, die Blättchen oval mit tief gezähntem Rand, die Rosettenblätter sind gestielt und bis 5 cm lang. Die rötlichen Blütenköpfchen am Stengelende besitzen oben weibliche, in der Mitte zweigeschlechtliche und unten rein männliche Blüten und öffnen sich von Juni bis Ende August. Der Gattungsname kommt vom lateinischen *sanguis sorbere* ›Blutaufsaugen‹ und bezieht sich auf den traditionellen Gebrauch als Wundkraut zum Blutstillen. Auch war es als Salatwurzel in mittelalterlichen Klostergärten zu finden. Da es meistens den Winter hindurch grün blieb und so die Nahrung ergänzte, wenn kein anderes Gemüse oder Kraut verfügbar war. Das Kraut schmeckt gut nach Nüssen und Gurken und ist eine gute Ergänzung zu Suppen, Eintöpfen und Saucen, wie auch für eine kühle Geschmackskomponente zu Weinbechern und kalten Getränken. Ein Aufguß mit Wein oder Bier wird bei Gicht und Rheumatismus empfohlen. Als Tee getrunken ist die kleine Bibernelle leicht harntreibend, adstringierend, fördert das Schwitzen und hilft der Verdauung.

Sie wächst problemlos aus Saat gezogen im Küchengarten oder als Topfpflanze auf dem Fensterbrett oder im Balkonkasten und gedeiht in Sonne oder Schatten. Immer wieder schneiden, damit regelmäßig frische Blätter nachwachsen.

Gemüseportulak *Portulaca oleracea* ist ein flachwachsendes einjähriges Kraut, das in vielen Teilen Europas und Asiens verbreitet und heute aus Kultur in vielen Teilen der Welt verwildert ist. Es wächst auf Feldern, an Wegrändern, an der See, auf Weg- und Pflasterflächen und ist in vielen Gärten zum Dauerunkraut aus altem Anbau geworden. Aus der Pfahlwurzel wachsen die flach aufliegenden bis leicht aufsteigenden Stengel, die bis 30 cm lang werden können. Die glänzenden hellgrünen ovalen Blätter sind ungestielt und stehen am Triebgrund gegenständig, dann wechselständig und an den Triebenden fast quirlig. Die gelben Blüten öffnen sich an den aufrechten Stengelenden nur bei voller Sonne von Juli bis zum Jahresende.

Gemüseportulak wurde seit Jahrtausenden als Salat und Gemüse angebaut. Sein scharfer angenehmer Geschmack macht es zur ausgezeichneten Ergänzung von Salaten in Vinaigrettesauce oder auch gedünstet als Gemüse. Medizinisch heißt, es bringt es Erleichterung denen, die an trockenem Husten, Atemnot und unmäßigem Durst leiden. Gemischt mit Rosenöl wurde der Saft bei Halsentzündungen, geschwollenem Zahnfleisch und lockeren Zähnen empfohlen. Gemüseportulaktee wurde als Tonikum bei Blutkrankheiten verschrieben und Culpeper sagt, daß es Hitze lindere und entzündete Augen kühle. Loewenfeld und Back nennen in ihrem *Complete Book of Herbs and Spices* das folgende Rezept aus einem Kochbuch des 17. Jahrhunderts für einen Sommersalat: Man mische feingehackte Gemüseportulakblätter mit der doppelten Menge Salatblätter, füge Kerbel, Borretschblüten, Ringelblumen, Zungenblüten

Kleine Bibernelle, Pimpernell *Sanguisorba minor*

Portulak *Portulaca oleracea* subsp. *sativa*

Sellerie *Apium graveolens*

hinzu und serviere mit Öl und Zitronensaft angemacht. Gemüseportulak wächst problemlos im Kräutergarten und läßt sich durch Aussaat, Stecklinge oder Teilung ab Mitte April vermehren und sollte jeden Monat bis August frisch gepflanzt werden. Bevorzugt leichten, nährstoffreichen Boden an sonniger Stelle und sollte bei zu trockenem Wetter auch gegossen werden. Sechs Wochen nach Aussaat kann die Ernte beginnen. Für Wintergebrauch trocknet man ihn gut und bewahrt in luftdichten Gefäßen zum Teekochen auf.

Sellerie *Apium graveolens* ist eine aufrechte, streng riechende zweijährige Pflanze Nordeuropas, Asiens und Afrikas mit verbreitetem Anbau in Nordamerika. Er wächst wild an feuchten Stellen, in Seenähe, im Gezeitenbereich und auf Marschland. Der wilde Sellerie hat eine Pfahlwurzel und einen rinnigen glänzenden verzweigten Stengel. Die feinen hellgrünen Blätter sind gelappt und gezähnt, im ersten Jahr langgestielt grundständig und im zweiten Jahr auch am Stengel wachsend. Die grünweißen Blüten wachsen in endständigen Dolden und öffnen sich von Juni bis September.

Bleichsellerie *Apium graveolens* var. *dulce* hat einen weniger scharfen Geschmack als der wilde Sellerie. Er wird seiner dickfleischigen Stengel wegen angebaut, die als krosse Gemüsebeigabe roh oder gedünstet, grün oder durch Lichtentzug gebleicht, wohlschmeckend sind.

Knollensellerie *Apium graveolens* var. *rapaceum* hat eine stark verdickte Knollenwurzel und wird bei uns verbreitet zu Salat und Würzzwecken angebaut. Der Gattungsname kommt vom lateinischen *apium* ›Biene‹, da sie die Doldenblüten sehr lieben. Der wilde Sellerie wurde in alten Zeiten als harntreibendes Mittel, als Stimulanstonikum für den Magen und gegen Rheumatismus, Bronchitis, Wechselfieber und Hysterie genutzt. Hippokrates sagte, »bei zerrütteten Nerven laßt Sellerie eure Nahrung und Medizin« sein. Der Knollensellerie entwickelte sich im 17. Jahrhundert in Italien, enthält viele Vitamine und Mineralstoffe und ist ein ausgezeichnetes Gemüse bei Unwohlsein. Nach Mességué ist Sellerie ein ausgezeichnetes Aphrodisiakum und steigert die Potenz. Er berichtet auch, daß seine Großmutter Sophie das Kochwasser des Sellerie zum Haarewaschen benutzte, da es besonders gut gegen Schuppen sei. Sellerie hat einen kräftigen Geschmack und kann auch in Scheiben paniert gebraten werden. Er wird durch Aussaat vermehrt, sollte aber besser mit gekauften Pflanzen angebaut werden, da Spätfröste oft die Pflanzen zum Blühen bringen und sich dann keine Knollen oder Bleichsellerieblattstiele entwickeln. Anbau in tiefgelockertem, gut gedüngtem Boden. Die Blätter als Würze sind jederzeit in Salaten nutzbar. Die Knollen müssen im Herbst vor dem Frost geerntet werden.

Adzuki-Bohnen *Phaseolus angularis*

Luzerne *Medicago sativa*

Linsen *Lens culinaris*

Kresse *Lepidium sativum*

Kohlsaat *Brassica napus*

Bockshornklee *Trigonella foenum-graecum*

Weißer Senf *Sinapis alba*

Mungbohnen *Phaseolus aureus*

Bisai, Rettich *Raphanus sativus*

Fuchsschwanz *Amaranthus hypochondriacus*

Gartenfuchsschwanz *Amaranthus paniculatus*

Ackerfuchsschwanz *Amaranthus retroflexus*

Ackerfuchsschwanz *Amaranthus retroflexus* ist ein behaartes einjähriges Kraut Nordamerikas, das nach Europa gebracht wurde und heute auf Äckern, aber auch an Wegrändern, an Plätzen und Ödland verbreitetes Unkraut ist. Es ist eine kräftige Pflanze mit rauhhaarigem aufrechtem, flachwachsend aufsteigendem Stengel, der 30 bis 120 cm lang werden kann. Die großen ovalen bis lanzettartigen Blätter haben lange behaarte Stengel, und die winzigen grünen Einzelblüten der achselständigen Blütenstände öffnen sich von August bis Oktober.

Die jungen Blätter des Ackerfuchsschwanzes wurden mit den jungen Trieben von den Indianern Nordamerikas als Gemüse genutzt und auch die ersten Siedler aßen diesen für sie neuen Spinat. Die Indianer bauten Fuchsschwänze, insbesondere *Amaranthus candatus* und *Amaranthus hypochondriacus*, wegen ihrer reichen Erträge kleiner Samen an, die sie getrocknet als nährstoffreiches Mehl ihrer Nahrung beimischten. Sie nannten diese Pflanzen eine Speise der Götter und schätzten die jungen Triebe als Salat.

Gartenfuchsschwanz *Amaranthus candatus* und *Amaranthus hypochondriacus* mit im Gegensatz dazu hängenden Blütenständen und dunkelrot überlaufenen Blättern und Stengeln sind unproblematische Garten- und Zierpflanzen, während *Amaranthus tricolor* mit gelbgrünrot gefleckten Blättern mehr Wärme fordert.

Luzerne *Medicago sativa* ist eine tiefwurzelnde Staude, die wahrscheinlich aus dem Mittelmeergebiet und Westasien stammt, aber heute in allen Teilen Europas, Nord- und Südamerikas und anderen klimatisch geeigneten Bereichen eingeführt ist und angebaut wird. Der aufrechte Stengel kann 30 bis 90 cm hoch werden. Die Blättchen sind schmal eiförmig und die hübschen purpurnen oder blaß bis dunkelschwarz violetten, sich von Juni bis Oktober öffnenden Blüten stehen in länglichen Trauben in den Blattachseln.

Luzerne wurde bei den Indianern Nordamerikas zum Hauptnahrungsmittel. So benutzten die Utah-Indianer Mehl aus den Luzernesamen zur Herstellung von Brei oder Brot, und die Blätter, die eine hervorragende Versorgung mit Vitamin A und D darstellen, zur Herstellung von Pablum, einem verbreiteten Kindergetreidegericht. Die jungen Blätter können im Frühjahr oder Frühsommer frisch in Salaten genutzt werden oder eignen sich zu Tee. Gemischt mit frischen Minzenblättern ergeben sie einen besonders nährstoffreichen Tee. Die jungen Triebe eignen sich auch für Salate und zu Pfannengerichten. Luzerne ist ebenso eine hervorragende Stickstoffgründüngung durch seine Knöllchenbakterien, wie auch nährstoffreiches Viehfutter frisch oder als Heu getrocknet.

Medizinisch galt sie als wertvolles natürliches Heilmittel bei Gelbsucht.

Keimsprossen, gekeimte Samen sind sehr nahrhaft, da sie viele Vitamine und Mineralstoffe enthalten. Sie sind eine ausgezeichnete Ergänzung frischer Salate das ganze Jahr hindurch und besonders wirksam in den Wintermonaten, wenn grüne Salate seltener werden. Keimsprossen lassen sich bis 4 Tage im Kühlschrank lagern und sind einfach herzustellen. Es gibt besondere Keimgefäße, jedoch läßt es sich auch einfach mit einem Schraubglas durchführen, in dessen Deckel kleine Löcher geschlagen wurden. Die keimenden Samen sollten warm stehen und zweimal am Tag durchgespült werden.

Luzerne *Medicago sativa* liefert nährstoffreiche süßschmeckende Sprossen, die nach 4 bis 6 Tagen eßfertig sind.

Bockshornklee *Trigonella foenum-graecum.* Diese Sprosse haben einen milden Currygeschmack und sind köstliche Ergänzung zu Salaten oder in Currygerichten. Sie benötigen 5 Tage zum Wachsen.

Kleine und große grüne Linsen *Lens culinaris.* Diese knackigen, frisch schmeckenden Sprossen benötigen 5 Tage.

Bisai oder **Japanischer Rettich** *Raphanus sativus.* Diese Sprossen haben einen scharfen Rettichgeschmack und eignen sich besonders gut als Salatgeschmacksakzent. Sie benötigen 6 Tage.

Gartenfuchsschwanz *Amaranthus hypochondriacus.* Diese Sprossen brauchen 11 Tage, die die Mexikaner jedoch gern abwarteten, da sie sie als Götternahrung schätzten.

Mungbohnen *Phaseolus aureus.* Diese Sprossen werden in chinesischen Gerichten benutzt und benötigen 4 bis 5 Tage.

Adzuki-Bohnen *Phaseolus angularis.* Diese Sprossen schmecken am besten nach 5 Tagen. Nach 9 Tagen wachsen die Blätter und dann sind sie zu groß und faserig.

Kresse *Lepidium sativum.* Die Kresse wird am meisten gezogen, benötigt 7 Tage und wird dann mit den zwei kleinen Keimblättchen geschnitten.

Weißer Senf *Sinapis alba.* Er wächst schneller als Kresse und ist in 3 Tagen fertig, worauf man achten sollte, wenn man ihn mit Keimsprossen anderer Art mischen möchte.

Rüsen *Brassica rapus* benötigt 4 bis 5 Tage bis zum Verzehr.

Sonnenblumen *Helianthus annuus,* aufgenommen am 11. August in Südfrankreich

Sonnenblume *Helianthus annuus* ist ein großes hochwachsendes einjähriges Kraut aus Nord- und Mittelamerika, das heute in vielen Teilen Europas weit verbreitet angebaut wird. Die Sonnenblume ist Zierpflanze, Futterpflanze und Körnerpflanze und wird manchmal auch von Meisen aus der Winterfütterung verbreitet. Sie hat eine Pfahlwurzel mit vielen tiefgehenden Seitenwurzeln und einen kräftigen aufrechten fleischigen Stengel, der bis über 3 m hoch werden kann. Die großen gestielten Blätter sind breit oval bis herzförmig, sichtbar geadert, gezähnt und rauhhaarig. Die großen leuchtendgelben Blütenköpfe tragen am Rand der Scheibe viele große Zungenblüten und öffnen sich am Tage, der Sonne folgend, in den Monaten Juli und August. Der Gattungsname kommt vom griechischen *helios* ›Sonne‹ und *anthos* ›Blüte‹, was sich auch in unserer Sonnenblume zeigt und sowohl die sonnenähnliche Blüte wie auch ihre Ausrichtung auf den Lauf der Sonne während des Tages widerspiegelt. Die die Sonne verehrenden Azteken schmückten ihre Tempel mit wunderschönen Sonnenblumen aus Gold und krönten ihre Priester mit Sonnenblumen. Seit die Spanier die Sonnenblume im 16. Jahrhundert nach Europa brachten, wird sie weit verbreitet angebaut. Die Samen liefern ein Öl hoher Qualität, das wenig Cholesterol enthält und ausgezeichnet zum Kochen und zu Salaten geeignet ist. Die Samen können roh oder geröstet gegessen werden oder als Mehl verarbeitet zu Brot wie z. B. in Portugal und Rußland. Sie eignen sich auch als Kaffee-Ersatz. Das Öl der zweiten Pressung wird zur Herstellung von Seifen und Kerzen benutzt und die Preßkuchen sind gutes Vieh- und Geflügelfutter. Es ist bekannt, daß Geflügel bei solchem Futter seine Legeleistung steigert. Sonnenblumenstengel enthalten Fasern, die im Textilbereich und zur Papierherstellung verwendet werden und verbrannte Stengel liefern gute Pottasche. Die Blät-

ter sind in Kräutertabaken enthalten. Die Blüten ergeben eine gelbe Farbe. Junge Sonnenblumenknospen lassen sich gekocht wie Spargel servieren und gelten als schmackhaftes Gemüse. Medizinisch gelten die Samen als harntreibend und Expektorans und wurden zur Behandlung von Husten, Erkältungen, Keuchhusten, Bronchitis benutzt. Eine Tinktur der Samen wird in der Türkei und im Iran anstelle von Chinin zur Linderung bei Fieber und Schüttelfrost benutzt. Sonnenblumen wachsen problemlos im Garten und können an Ort und Stelle ausgesät oder vom Saatbeet aus verpflanzt werden. Sie brauchen viel Licht und Sonne und nährstoffreichen, nicht zu trockenen Boden. Die Samen sind reif, wenn die Blütenköpfe sich nach unten neigen. Bei einzelstehenden Sonnenblumen muß zur Körnerernte rechtzeitig mit einem Netz ein Schutz vor »Raub durch Meisen« gegeben werden. Die Samen lassen sich gut getrocknet am kühlen Ort den Winter hindurch lagern.

Meerrettich *Armoracia rusticana* ist eine kräftige Staude. Wahrscheinlich aus Südosteuropa und Westasien stammend, aber heute als Flüchtling aus Kultur in ganz Europa, in Nordamerika und Neuseeland verwildert. Er wächst in Feldern, an Ufern und Wegrändern. Meerrettich hat eine lange fleischige zylindrische Hauptwurzel und aufrechte beblätterte Blütenstengel, die bis 125 cm hoch werden können. Die großen 30 bis 50 cm langen dunkelgrünen ovalen Blätter sind gezähnt und bis 30 cm lang gestielt grundständig. Die weißen duftenden Blüten öffnen sich von Juni bis August. Der Meerrettich ist eine alte Kulturpflanze, die schon im 12. Jahrhundert bei uns angebaut wurde. Er wird bei uns fein geschnitten oder geraspelt mit Essig oder Sahne gemischt zu Fisch und Fleisch gegessen. Die Franzosen übernahmen dies und nannten es *moutarde des Allemands* ›deutscher Mostrich‹. Der Geschmack von Meerrettich ist

scharf beißend und sticht in der Nase, Eigenschaften, die beim Kochen verlorengehen. Eine Meerrettichsauce aus feingeschnittenem oder geraspeltem Meerrettich mit Sahne, etwas Weißweinessig, und Zucker ergibt eine köstliche Sauce, die evtl. noch durch feingeraspelten Apfel variiert werden kann. Meerrettich schmeckt zu Fleisch und Fisch. Blätter und Wurzeln des Meerrettichs wurden im Mittelalter medizinisch genutzt. Als Verdauungshilfe, der er seine Zugabe zu fetten schweren Speisen verdankt. Er ist auch stark harntreibend und wurde zur Behandlung von Harnwegsinfektionen benutzt. Neuere Forschung hat gezeigt, daß die Pflanze antibiotische Eigenschaften besitzt, die ihre Verwendung bei Blasenentzündung, Problemen der Atemwege und zur Wundbehandlung erklärt. Auf Frostbeulen aufgetragen, lindert Meerrettich die Schmerzen. Meerrettichsaft, verdünnt mit Wasser, hilft Sommersprossen zu entfernen und Meerrettichsirup lindert chronischen Husten. Haustieren bekommt er nicht und hat in einigen Fällen bei Tieren zum Tod geführt. In Mengen bewirkten dabei wahrscheinlich die ätherischen Öle akute Entzündungen im Magen. Meerrettich ist in tiefgründigem, nicht zu trockenem Boden an sonniger Stelle im Garten problemlos zu kultivieren. Meerrettich ist immer frisch zu verwenden und sollte deshalb mit einigen Wurzeln im Herbst frostfrei in feuchtem Sand eingeschlagen zum Gebrauch eingekellert werden, damit man bei gefrorenem Boden nicht auf ihn verzichten muß.

Hafer *Avena sativa* ist ein einjähriges Gras, dessen Stammpflanze unbekannt ist und das als Getreide seit der Bronzezeit angebaut wird. Heute ist in allen gemäßigten Klimagebieten Haferanbau verbreitet. Der hohe Grashalm wird von den Scheiden der lanzettartig längsadrigen Blätter umschlossen. Die Blüten bilden

Meerrettich *Armoracia rusticana*

eine verzweigte endständige Ähre und jedes Ährchen enthält zwei Blüten, umhüllt von zwei Spelzen. Der Gattungsname kommt vom lateinischen *avena* ›ernährend‹, während das lateinische *sativa* ›gesät oder angebaut‹ heißt, da man den Hafer in dieser Form nur aus Anbau kennt. Hafer enthält Stärke, Zellulose, Mineralsalze, Vitamine und ein Alkaloid genannt Gramin. Der Porridge genannte Haferbrei des englischen Frühstücks erinnert an den Haferbrei unserer Vorfahren seit Jahrtausenden, der sich als Haferbrei in den Märchen noch bis heute erhalten hat. Wir sind zu Haferflocken und zu Haferschleim bei Krankheiten und Rekonvaleszenz übergegangen. Hafer gilt bei vielen Diäten als Tonikum und mineralstoffliefernde Nahrung, die besonders für Kinder und in der Rekonvaleszenz geeignet ist. Ein Absud von Hafer wird als mild harntreibend und als Abführmittel für Rekonvaleszenten und zur Behandlung von Schlaflosigkeit bei Kindern empfohlen. Früher wurden die Strohsäcke mit Haferstroh gestopft und galten als besonders heilsam für Rheumakranke. Eine Handvoll Haferkörner im Bad gibt zarte Haut wegen der pflegenden Eigenschaften der Haferkörner. Aus Hafer wird auch Whisky gebrannt. Bei uns ist er Pferde-, Geflügel- und Schweinefutter – Haferflocken für uns zum Essen nicht zu vergessen.

Buchweizen *Fagopyrum exculentum* (synonym *Polygonum fagopyrum*) ist eine krautige einjährige Pflanze aus ›Zentralasien‹, verbreitet kultiviert in China, Nordamerika und Teilen Europas und bei uns aus Kultur hier und da verwildert. Der aufrechte, an den Internodien knotige, meist rötlich überlaufene Stengel wird 60 cm hoch und ist wechselständig von langgestielten mehr oder weniger herz- bis pfeilförmigen Blättern besetzt. Die rosafarbenen oder weißen Blüten öffnen sich von Juli bis September. Der

Hafer *Avena sativa*

Samen ist ein dreikantiges Nüßchen ähnlich einer Buchecker. Buchweizen wird in vielen Teilen der Welt großflächig angebaut und ergibt ein hervorragendes Mehl, das sich besonders gut für Kuchen, Pfannkuchen und Brot eignet. In Japan wird Buchweizen dort *soba* genannt, auf viele Arten zur Herstellung von Teig, Nudeln und Klößen benutzt. Buchweizen eignet sich auch ausgezeichnet zum Bierbrauen. Heute ist Buchweizen oft Wildfutter, war bei uns aber früher auf nährstoffarmen Böden die einzige Möglichkeit, eine Körnerfrucht anzubauen. Wenn auch weniger nährstoffreich als Weizen, so übertrifft Buchweizen doch Reis

Buchweizen *Fagopyrum exculentum*

und hat den Vorteil, schnell und problemlos auf armen, schlechten Böden zu wachsen. Bei Aussaat im April lassen sich zwei Grünfutterernten auf der gleichen Fläche erzielen. Medizinisch wurde eine Aufguß der Blätter gegen Wundrose (Hautkrankheit mit Fieber und Unwohlsein und purpurner Fleckung der Haut) und als Umschlag vermischt mit Buttermilch zur Behandlung der Brust bei stillenden Müttern verwendet. Wegen seiner klebrigen Eigenschaften kann er Verstopfung verursachen, ist aber deshalb auch wirksam bei Durchfall. Lange Zeit eingenommen heißt es, lindere er die Krampfaderbeschwerden.

Guter Heinrich *Chenopodium bonus-henricus*

Guter Heinrich *Chenopodium bonus-henricus*

Wurmsamen Mexikanisches Teekraut
Chenopodium ambrosioides

Schwarznessel *Perilla frutescens*

Rote Gartenmelde *Atriplex hortensis rubra*

Gartenmelde *Atriplex hortensis* ist ein aufrechtes einjähriges Kraut ungeklärter Herkunft. Heute aber in Europa, besonders in mittleren- und südlichen Regionen weit verbreitet. Hier und da angebaut und neuerdings wieder als Wildgemüse mit steigender Beliebtheit. Die Gartenmelde ist eine robuste, bis 250 cm hohe Pflanze mit großen herzförmigen oder dreieckigen Sukkulenten, etwa 10 m, langen, jung leicht bemehlten glatten Blättern. Die grünlichen Blüten öffnen sich von Juni bis Oktober.

Rote Gartenmelde *Atriplex hortensis rubra* hat dunkelrotpurpurne Blätter, die jung in Salat geschnitten oder wie Spinat zubereitet werden können. Früher wurden Gartenmeldeblätter, mit Wein, Honig und Salz erhitzt, als heilsame Packung bei Gichtanfällen verwendet.

Gartenmelde wird im Mai in Reihen mit 60 cm Abstand gesät und gut gewässert, damit die Pflanze im Trieb bleibt.

Guter Heinrich *Chenopodium bonus-henricus* ist eine Staude Europas, Westasiens und in

Spornblume *Centranthus ruber* mit roten, weißen und rosa blühenden Typen

Nordamerika eingebürgert. Er wächst in Unkrautgesellschaften, auf frischen nährstoffreichen, insbesondere stickstoffreichen humosen, meist lehmigen Böden, im Hügelland bis 2200 m aufsteigend und gehörte früher verbreitet zur dörflichen Ruderalflora. Dem verholzten Wurzelstock entwachsen gerippte bis 50 cm hohe Stengel. Die großen dreieckigen spießförmigen Blätter sind wechselständig langgestielt und am Rand gewellt. Die vielen winzigen gelbgrünen Blüten bilden dichtgedrängte achselständige bzw. endständige Scheinähren und blühen von Mai bis August. Die ganze Pflanze ist leicht gelblich bemehlt. Der Gattungsname kommt vom griechischen *chen* ›Gans‹ und *podus* ›Fuß‹ und bezieht sich auf die Blattform. Das lateinische *bonus-henricus* soll zu König Heinrich IV. in Beziehung stehen, was aber konstruiert erscheint. Wahrscheinlicher ist die Beziehung zu den Heinrichen, den guten Geistern, Elfen und Kobolden, die gerne Heinz oder Heinrich hießen und da man ihnen Gänsefüße zuschrieb, könnte der überall in den Dörfern verbreitete »gute Geist« als geschätzte Spinatpflanze und Heilpflanze zu diesem Namen gekommen sein. Guter Heinrich war viele Jahrhunderte die Spinatgemüsepflanze. Er schmeckt ähnlich, ist aber milder und wegen seines hohen Eisengehaltes besonders geeignet bei Anämie. Die jungen Triebe sind bleistiftstark und 10 bis 15 cm lang und können wie Spargel zubereitet werden. Umschläge aus den Blättern wurden zur Reinigung und Heilung chronischer Entzündungen, Furunkel und Abszesse benutzt. Die Samen sind leicht abführend und geeignet zur Behandlung leichter Verstopfung bei Kindern.

Guter Heinrich läßt sich problemlos im Garten aussäen, fordert aber frischen, sehr stickstoffreichen, nicht austrocknenden hellen Standort. Ernte ab dem 2. Jahr möglich.

Wurmsamen *Chenopodium ambrosioides* var. antelmedicum ist bei uns einjährig, in der Heimat manchmal auch kurzlebige Staude aus Mexiko und Südamerika und heute in Nordamerika und Mittel- und Südeuropa manchmal aus Kultur verwildert und dann auf Brachland und an Wegrändern zu finden. Wurmsamen ist stark aromatisch und hat einen vielverzweigten bis 100 cm hohen Stengel. Die länglich lanzettartigen Blätter werden nach oben kleiner. Die zahlreichen kleinen gelbgrünen Blüten stehen in kleinen Köpfchen in den Blattachseln der dichtbeblätterten Triebe und blühen von Juni bis September. Die kleinen grünen Früchte enthalten kleine schwarze Samen, die im Oktober gesammelt werden können. Die nordamerikanischen Indianer lernten die Anwendung von Wurmsamen von den mexikanischen Indianern kennen, als diese vor den Konquistadoren bei der Eroberung ihres Landes nach Norden flohen. Man nimmt an, daß die Mayas Wurmsamen als Wurmmittel benutzten. Eine Varietät dieser Pflanze *Chenopodium ambrosioides* var. *ambrosioides* heißt auch Mexikanisches Teekraut. *Chenopodium-Öl* aus den Samen dieser Pflanze wurde lange als wirksames Mittel gegen Rundwürmer, Hakenwürmer und andere Eingeweideparasiten benutzt, jedoch ist die Anwendung durch unterschiedliche Qualität, d. h. unterschiedlichen Wirkstoffgehalt des Öles entsprechend den Zubereitungen und Samenherkünften problematisch und hat auch zu Vergiftungen geführt. Also keine Selbstmedikation.

Wurmsamen ist problemlos im Garten aus Saatgut zu ziehen.

Schwarznessel *Perilla frutescens* ist eine aromatische einjährige Pflanze aus Indien und China, die zur Zierde und wegen ihres aromatischen Öls auch bei uns in Europa gezogen wird. Sie ist leicht behaart und wird bis zu 100 cm hoch. Besonders prächtig sind die kräftig duftenden purpurroten, breitovalen tiefgesägten Blätter der Sorte ›Nankingensis‹, die eine alte Kulturpflanze Japans ist. Die weißen Blüten öffnen sich von August bis September. Das aromatische Öl der Schwarznessel wird in Japan zur Aromatisierung von Fisch, Tempura, Bohnenquark und beim Einlegen verwendet. Die Pflanze färbt auch eingelegten Ingwer scharlachrot. Leicht aus Samen zu ziehen, aber bei uns frostempfindlich und bei der Sommerfreilandkultur sehr wärme- und wasserbedürftig.

Spornblume *Centranthus ruber* ist eine aufrechte Staude Mittel- und Südeuropas, Nordafrikas und Kleinasiens, die sich an trocknen, warmen Stellen Mittel- und Südeuropas auch als Gartenflüchtling ansiedelt. Die Spornblume ist eine sommerlang blühende, auch als Schnittblume gut haltbare dankbare Gartenstaude für sonnig heiße brandige Stellen, deren hohle glatte Stengel bis 75 cm hoch werden. Die länglichen, spitz zulaufenden, glatten fleischigen Blätter stehen paarweise. Von Juni bis September öffnen sich die blutroten, rosafarben, lilarosa oder manchmal auch weißen Blüten, die dichtgedrängt an den Stengelenden stehen.

Der Gattungsname kommt vom griechischen *kentron* ›Sporn‹ und *anthos* ›Blume‹ und bezieht sich auf den Sporn der Blüte und spiegelt sich auch in unserer Bezeichnung Spornblume wider. Die Spornblume hat keine der medizinischen Eigenschaften des echten Baldrians, mit dem sie in England mit der Bezeichnung *Red Valerian* ›Roter Baldrian‹ in Verbindung gebracht wird. In manchen Teilen Europas werden die Blätter als Gemüse gekocht oder roh zu Salaten verwendet. In Frankreich werden die dickfleischigen Wurzeln zur Verwendung in Suppen verkauft.

Die Spornblume ist eine unserer harten Dauerblüher im Gartenstaudensortiment.

Pferdeeppich *Smyrnium olusatrum*

Pferdeeppich *Smyrnium olusatrum*

Gelbdolde *Smyrnium perfoliatum*

Zuckerwurzel, Süßwurzel *Sium sisarum*

Pferdeeppich *Smyrnium olusatrum* ist eine kräftige zweijährige Pflanze aus Südwesteuropa und in wintermilden Gegenden, z. B. auch in Großbritannien oder Frankreich, an klimatisch günstigen Stellen aus Kultur verwildert. Der feste, gefurchte, im Alter hohle Stengel kann 50 bis 150 cm hoch werden. Die großen dunkelgrünen Blätter sind ungleich dreiteilig und im oberen Teil gezähnt oder gelappt. Die runden endständigen Dolden öffnen ihre gelbgrünen Blüten von April bis Juni, die sich dann zu schwarzen Früchten entwickeln. Der Gattungsname kommt vom griechischen *smyrrh* ›Myrrhe‹ und bezieht sich auf den myrrhenähnlichen Duft und Geschmack der Pflanze. Das griechische *olusatrum* ›schwarze Gewürzpflanze‹ bezieht sich auf die Früchte. Pferdeeppich wurde bereits 322 v. Chr. vom antiken griechischen Botaniker

Theophrastus als offizinelle Pflanze erwähnt und Jahrtausende hindurch als Würzkraut und wegen seiner eßbaren Wurzeln geschätzt. Vor Einführung des Selleries brachten es die Römer mit nach Nordeuropa als Würze für Suppen, Eintöpfe und Salate, und die Kultur setzte sich auch in den Klostergärten des Mittelalters fort. Im 17. Jahrhundert noch galt es als verbreitetes weithin angebautes Küchenkraut und wurde dann erst durch den geschmacklich angenehmeren Sellerie verdrängt. Triebe und Blattstengel können im Spätfrühling vor der Blüte gesammelt werden. Sie können geschält wie Rhabarber in Stücke geschnitten, nach 6 bis 8 Minuten weich gekocht mit viel Butter und schwarzem Pfeffer serviert werden. Der Geschmack ähnelt Sellerie, ist aber schärfer. Kalt schmecken solche gekochten Stückchen gut in Salat. Wenn auch als Küchenkraut angebaut, ist Pferdeeppich medizinisch gesehen leicht harntreibend und fördert die Verdauung. In wintermilden Gegenden im Herbst durch Aussaat für nächstjährige Blüte.

Gelbdolde *Smyrnium perfoliatum* aus Südeuropa hat hellgrüne stengelumfassende Blätter und wird manchmal als Gartenzierpflanze angebaut und ist sehr selten in schattigen Unkrautgesellschaften wie im Schloßgarten in Schwetzingen eingebürgert.

Holunder *Sambucus nigra* ist ein Strauch oder kleiner Baum Europas, Westasiens und Nordafrikas und in Nordamerika als Gartenpflanze verbreitet. Er wächst in Gebüschen, feuchten Wäldern, auf Schuttplätzen, insbesondere auf frischen nährstoffreichen, humosen tonigen oder lehmigen Böden und ist als »Hauspflanze« auf dem Lande in der Dorfflur und zumindest früher auf jedem Hof zu finden gewesen. Die reich verzweigten Sträucher mit rissiger Rinde können auch stammbildend bis 10 m hoch werden. Die hellbraunen Zweige besitzen weißes Mark und hängen oft leicht über. Die großen lanzettartig ovalen, deutlich geäderten, am Rande gesägten Einzelblättchen stehen an gefiederten, paarig am Zweig sitzenden Blättern. Die cremeweißen duftenden Blüten wachsen in großen endständigen Dolden und entwickeln sich nach der Blüte Juni/Juli zu purpurschwarzen, im September reifenden Beeren. Die Abwandlung der althochdeutschen Pflanzenbezeichnung *holunta*, die sich bis zu *holla* = Hollerstaude in manchen Gegenden abwandelte. Im Mittelalter verband man Holunder mit Zauberei und Hexerei. Die Dänen glaubten, daß eine Dryade in seinen Zweigen lebe und jeden durch Spuk erschrecke, der Möbel aus Holunderholz besitze. Ebenso glaubte man, daß sich Judas an einem Holunderstrauch erhängt habe oder auch, daß das Kreuz Christi daraus gemacht wurde. So wurde Holunder zu einem Zeichen von Sorge und Tod, und in manchen Gegenden wurden Holunderzweige mit den Toten begraben, um sie vor bösen Geistern zu schützen, und die Kutscher der Leichenwagen benutzten wahrscheinlich aus gleichen Gründen eine Peitsche aus Holunderholz. Aber trotz dieser abergläubischen Belastung hat Holunder eine lange Geschichte medizinischer, kosmetischer und kulinarischer Verwendung, die in die Vorzeit zurückreicht, und seine zahlreichen guten Eigenschaften wurden von alten Kräuterheilkundigen gepriesen. Rinde und Wurzel enthalten eine schwarze Farbe, die Beeren eine purpurviolette, mit der schon die Römer ihre Haare färbten und die auch zur Färbung und Aromatisierung von Wein und Likören – z. B. auch Portwein – verwendet wird. Ein Blattaufguß auf das Gesicht getupft soll Insekten abwehren, und eine Abkochung wird manch-

Holunder *Sambucus nigra* in Sorten von links nach rechts: ›Purpurea‹, ›Albovariegata‹, ›Laciniata‹, ›Aurea‹

mal von Gärtnern bei empfindlichen Pflanzen mit geringem Schädlingsbefall benutzt. In der Küche werden insbesondere die Beeren, aber auch die Blüten benutzt zur Herstellung köstlicher Marmeladen, Gelees, von Wein und anderen Getränken wie auch zur Aromatisierung von Puddings, Süßigkeiten und Kuchen. Holunderwasser wird in der Kosmetik als lindernde, leicht adstringierende Lotion für Haut und Augen genutzt und empfohlen zum Aufhellen der Haut, Vertreiben von Hautflecken und für ein erfrischendes Bad. In der Medizin wurde Holunder in vielfacher Weise als heilsam betrachtet. Die zerstoßenen Blätter mit Öl oder Schweinefett gemischt, lindern den Schmerz bei Hämorrhoiden und Entzündungen. Als Abkochung wirken sie abführend, harntreibend und blutreinigend. Die Blätter sind oft ein Bestandteil lindernder kühlender Salben. Die Blüten sind ebenfalls leicht abführend, harntreibend und antirheumatisch und lösen Schweiß aus, weshalb ein Aufguß bei Katarrhen, Bronchitis, rheumatischer Gicht und fiebrigen Erkrankungen wie Masern empfohlen wird. Für einen Aufguß, der täglich als Frühlingstonikum getrunken werden kann, nimmt man 30 g Blüten auf 1 l kochendes Wasser und läßt 10 Min. ziehen, abgießen und 3 Tassen pro Tag. Die Beeren haben abführende und antirheumatische Eigenschaften. Das ist auch der Grund, warum manche früher den billigen Portwein als gut gegen rheumatische Leiden gepriesen haben. Er war nämlich meist in erheblichem Umfang mit Holunderbeerwein versetzt und deshalb in dieser Weise wirksam. Holunderwein gilt auch als gut bei Asthma. Holunder wächst praktisch in jedem nährstoffreichen, feuchten Boden. Man sollte großfrüchtige Gartensorten erwerben und

pflanzen. Man kann Holunder auch über Wurzelaustriebe, Hartholzstecklinge oder sogar aus Samen ziehen. Blätter sammelt man, solange sie grün sind. Die Blüten nur voll erblüht, sollten schnell getrocknet werden und alle, die dabei schwarz werden, wirft man weg. Die Beeren erntet man vollreif im September/Oktober und streift sie vor der Verwendung vom Fruchtstand ab. Der Saft muß abgepreßt werden, da die Samenkerne wenig bekömmlich sind und Unwohlsein auslösen können.

Zuckerwurzel, Süßwurzel *Sium sisarum* ist eine Staude Mittel- und Südeuropas bis Rußland und China, die aber heute aus Anbau in vielen Teilen Mitteleuropas und Italiens verwildert ist. Heute selten angebaut, wurde die Varietät *sisarum* wegen ihrer gegenüber der Wildpflanze

Fruchtender Holunder *Sambucus nigra*

wesentlich größeren, weißen aromatischen süßschmeckenden, knolligen Wurzeln sehr geschätzt. Die Stengel sind gestreift und werden 45 cm hoch. Die unteren Blätter sind einfach gefiedert, deren Blättchen länglich gesägt, die oberen Blätter dreizählig. Die kleinen weißen Blüten stehen in endständigen Dolden und öffnen sich im August.

Der Gattungsname kommt vom keltischen *siu* ›Wasser‹. Culpeper sagt in seinem Kräuterbuch: »Zuckerwurzel steht unter dem Zeichen der Venus. Die Wurzel öffnet, treibt Harn und reinigt. Die jungen Triebe sind angenehme Speise, von reinigender Natur und helfen der Verdauung, den Harn vermehrend.« Heute als Wildgemüse wieder zu Ehren gekommen, lienwurzeln serviert. Problemlos im Garten in Sonne oder Schatten an nicht trockener Stelle zu ziehen.

Wacholder *Juniperus communis* ist ein immergrüner Strauch oder Baum Nordeuropas, Nordasiens und Nordamerikas, wo er auf Kalkböden, in Heiden, Mooren und Kiefernwäldern wächst und in vielen Sorten auch als Gartenpflanze kultiviert wird. Es gibt flachwachsende oder aufrechtwachsende Typen, die eine Baumhöhe von 10 m erreichen können. Die dünnen schmalen stechend spitzen blaugrünen Nadeln sind lederig und wie die ganze Pflanze nach Wacholder duftend. Männliche und weibliche Blüten sind auf getrennten Pflanzen und erblühen im Mai und Juni. Die sich entwickelnden grünen Beeren benötigen drei Jahre, bis sie blau und dann schwarz werden. Sie enthalten 6 Samenkörner und duften und schmecken wie die ganze Pflanze kiefernartig nach Wacholder. Wacholder hat eine Jahrtausende alte Geschichte in Küche und Medizin. Plinius sagt, daß auf Befehl von Hannibal die Balken des Tempels der Diana von Ephesus aus Wacholder gemacht wurden, da er als sehr fest und dauerhaft galt. Wacholderzweige wurden bei Epidemien verbrannt im Glauben, daß dies die Luft reinige. Wacholderbeeren und das aus ihnen gewonnene Öl werden weit verbreitet in der Brennereiindustrie zur Aromatisierung von Gin und Wacholderschnaps und anderen alkoholischen Getränken benutzt. Die zerstoßenen Beeren wurden in der Küche auch zum Würzen von gebratenem Fleisch, besonders Wild und zu Saucen oder eingelegten Gemüsen genutzt, die man zu kaltem Fleisch ißt. Wacholderbeeren in Sauerkraut nicht zu vergessen. Medizinisch gesehen hat die Wacholderbeere verdauungsfördernde, harntreibende und aseptische Eigenschaften. Sie werden verschrieben bei Harnwegsbeschwerden, Bronchialkatarrh, Fieber, Appetitverlust und Verdauungsstörugen durch Blähungen und bei Hautproblemen. Ebenso aber auch bei Arthritis und Rheumatismus und es heißt, daß das Kauen von Wacholderbeeren denen empfohlen wird, die mit Kranken in Berührung kommen oder feuchtheiße Sumpfgegenden besuchen. Ein alter Doktor empfahl, Wacholderrauch durch die Nase einzuziehen, um eine Kopferkältung zu heilen, wie auch zur Raumdesinfektion eine Handvoll Beeren oder einen Wacholderzweig auf das Feuer zu werfen – wohl dem, der heute ein offenes Feuer im Zimmer hat. – Einige Wacholderarten haben abortive Wirkung, wie es bei *Juniperus sabina* der Fall ist. Äußerlich kann eine Abkochung der Beeren als Kompresse Rheumatismus, Neuralgien und Muskelschmerzen lindern und die Heilung von Wunden und offenen Stellen fördern. Für einen Wacholderbeerentee nimmt man 15 gestoßene Beeren in ¼ l Wasser, bringt es zum Kochen und läßt es 15 Min. ziehen. Abgießen und 3 Tassen davon pro Tag trinken. Für Wacholderwein nimmt man 60 g gestoßene Beeren in 1 l Weißwein und läßt etwa 14 Tage ziehen. Alle 3 bis 4 Tage durchschütteln, abgießen und evtl. leicht süßen und davon pro Tag 1 Glas voll trinken. Wacholder ist eine problemlose Gartenpflanze, muß aber voll sonnig und frei stehen, um sich gut zu entwickeln. Männliche und weibliche Pflanzen nötig, da Einhäusigkeit selten ist. Da die Samenaufzucht sehr langsam verläuft, ist der Kauf geeigneter Pflanzen besser. Schwarzreife Beeren ernten und auf Metall regengeschützt im Freien trocknen, dabei öfters wenden. Gut durchgetrocknet luftdicht aufbewahren.

Himbeere *Rubus idaeus* ist ein stachelhaariger Halbstrauch Europas, Asiens und eingebürgert in Nordamerika. Er wächst in Wäldern, auf Kahlschlägen, Steinschutthalden, an Gräben und Wegrändern, auf frischen bis feuchten

Lampionpflanze *Physalis alkekengi*

Wacholder *Juniperus communis*

Himbeere *Rubus idaeus*

nährstoffreichen lehmigen Bögen. Die Himbeere hat einen kriechenden ausdauernden Wurzelstock und aufrecht wachsende dichtstachelhaarige zweijährige Triebe, die bis 2 m hoch werden können. Die Blätter sind drei- oder fünf- selten siebenzählig, die oberen dreizählig bis einzählig und sitzen wechselständig an den Trieben. Die Einzelblättchen sind deutlich geadert und am Rand scharf gesägt. Sie sind hellgrün, auf der Oberseite leicht behaart und auf der Unterseite von dichtem weißem Flaum bedeckt. Die hübschen duftenden weißen Blüten öffnen sich im Mai und Juni und entwickeln sich Ende Juli zu Sammelfrüchten der Himbeere. Der Gattungsname kommt vom lateinischen *rubus* ›Brombeere‹ und das *idaeus* bezieht sich auf den Berg Ida in Griechenland, wo sie scheinbar im Altertum üppig wuchs. Die Himbeere wurde in den vergangenen Jahrhunderten nicht nur wegen ihrer köstlichen eßbaren Früchte, sondern auch wegen ihrer medizinischen Eigenschaften der Früchte, der Blätter und der Blüten geschätzt. Die Blätter sind adstringierend, wirken abschwellend und eine Abkochung davon wird empfohlen zur Abklärung von Wunden, Geschwüren und bei Verbrennungen und auch zum Gurgeln bei Entzündungen von Hals und Mund. Als Kompresse lindern sie Augenentzündungen. Himbeerblättertee ist gut bei Erkältungen, Grippe, Mandelentzündung, Fieber und Magenbeschwerden bei Kindern. Auch die Anwendung zum Ende der Schwangerschaft ist alt. Er hilft die Geburt erleichtern durch Anregen und Kräftigen der dabei beteiligten Muskeln, und längere Anwendung nach der Geburt hilft die gedehnten Muskeln von Gebärmutter und Scheide wieder zu festigen. Für eine Abkochung nimmt man 45 bis 60 g Himbeerblätter

in 1 l kochendes Wasser, läßt einige Minuten ziehen, gießt ab und süßt mit etwas Honig. Marmeladen, Gelees, Sirups und Himbeeressig sind nicht nur köstlich, sondern wirken auch kühlend und durstlöschend in Getränken und tun denen besonders gut, die an Erkältungen, Halsentzündungen oder Fiebern leiden. Jean Palaiseul gibt in *Grandmother's Secrets* das altbewährte Apothekersrezept für Himbeersirup: »Man nehme 500 g sehr reife Himbeeren, 500 g Weinessig, 500 g Zucker und bringe unter ständigem Umrühren langsam zum Kochen. Durch ein feines Tuch ausdrücken und gut verschlossen aufbewahren.« Ein Eßlöffel von diesem Sirup auf ein Glas Wasser ergibt ein köstlich erfrischendes anregendes Getränk für Fieberpatienten – aber auch für Gesunde. Himbeeren gibt es wild in den Wäldern. Es ist aber einfach, sie im Garten in frischem Boden an sonniger Stelle zu ziehen. Es ist förderlich, den Wurzelbereich durch Mulchen zu beschatten und feucht zu halten. Himbeeren sollte man so pflanzen, daß die Ausläufer nicht stören. Blätter und Blüten sammelt man vor dem Öffnen der Blüten, trocknet sie im Schatten gut durch und bewahrt sie luftdicht verschlossen auf. Zur Ausdehnung der Himbeersaison gibt es heute auch herbstfruchtende Sorten.

Schwarze Johannisbeere *Ribes nigrum* ist ein sommergrüner, würzig aromatisch duftender Strauch Europas und Nord- und Mittelasiens, den man in Erlenbruchgesellschaften auf feuchten bis nassen nährstoffreichen Böden findet und der hier und da auch aus Gartenkultur verwildert. Die schwarze Johannisbeere kann ein großer, bis 2 m hoher Strauch werden. Die großen gelappten Blätter sind am Rand gezähnt und tragen braune Duftdrüsen auf der Unter-

Brombeere *Rubus fruticosus* mit Herbstfärbung

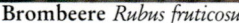

Brombeere *Rubus fruticosus*

Goldjohannisbeere *Ribes odoratum*

seite. Die hübschen blaßrosa fünfteiligen Blüten öffnen sich im April und Mai, und die runden schwarzen Beeren reifen im Juli und August. Das lateinische *nigrum* bedeutet schwarz und bezieht sich auf die Früchte, die sehr reich an Vitamin C sind. Die Pflanze ist wahrscheinlich schon vor dem Mittelalter in der Kräuterheilkunde genutzt worden. Sie wurde erfolgreich verschrieben als wassertreibend für Nieren- und Leberprobleme, bei Harnwegsinfektionen, chronischem Durchfall, Magenschmerzen und Koliken, bei Arthritis, Rheumatismus, Migräne, Fieber, Mund- und Halsinfektionen, Erkältungen, Grippe und allgemeiner Erschöpfung. Die Beeren können sehr reif frisch gegessen oder zu köstlichen Marmeladen, Gelees, Sirups oder Likören verarbeitet werden. Blätter und Blüten kann man für eine Abkochung oder in Bädern verwenden. Zur Abkochung nimmt man 46 bis 60 g frische oder getrocknete Blätter und Blüten auf 1 l kaltes Wasser, das man zum Kochen bringt und während des Auskühlens 10 Min. ziehen läßt. Davon trinkt man 3 bis 4 Tassen am Tag. Trockene Blätter und Blüten läßt man vor dem Kochen im kalten Wasser mindestens 1 Stunde weichen. Schwarze Johannisbeere gehört zum problemlosen Beerenobst. Blätter und Blüten sollten im Frühjahr vor dem Aufblühen gesammelt, getrocknet und dann luftdicht aufbewahrt werden.

Goldjohannisbeere *Ribes odoratum* (synonym *Ribes aureum*) ist ein sommergrüner stacheloser Strauch Nordamerikas, der nach Europa eingeführt wurde und manchenorts verwilderte. Er ist ein stark verzweigter bis 2½ m hoher Strauch. Die meist dreilappigen Blätter sind blaßgrün und rauh gezähnt. Die gewürzartig duftenden Blüten sind leuchtend gelb und öff-

nen sich im April und entwickeln sich dann zu großen runden purpurschwarzen Beeren. Die Goldjohannisbeere wird bei uns benutzt, um Stachelbeer- und Johannisbeerhochstämmchen darauf zu veredeln. Sie ist aber auch ein sehr schöner frühlingsblühender Strauch.

Brombeere *Rubus fruticosus* ist ein breitwuchernder Strauch Europas und heute in der ganzen Welt verbreitet, wo man ihn in Wäldern, Strauchgruppen, auf Ödland, in Hecken an Feldrainen und Ufern findet. Er hat eine holzige Wurzel mit vielen Austrieben und rotbraune verholzte zweijährige ausdauernde stachelige Triebe, die meist erst aufwärts und dann durch ihr Gewicht niedergebogen in die Breite wachsen und mehrere Meter lang werden können. Die wechselständigen gestielten Blätter sind drei- bis fünfteilig mit gezähntem Rand und unterseitiger dichter, feiner filziger Behaarung. Die weißen oder rosa Blüten sitzen in endständigen Gruppen und öffnen sich von Mai bis September. Die Sammelfrüchte reifen von grün über rot zu schwarz. Die Brombeere wird seit alter Zeit nicht nur wegen ihrer köstlichen Beeren geschätzt, die roh gegessen oder zu Marmeladen, Gelees oder Saucen verarbeitet werden können, sie wurde auch geschätzt wegen ihrer adstringierenden und anregenden Eigenschaften. Die Griechen empfahlen Brombeeren bei Gicht, die Römer bei Entzündungen im Mund und Verdauungstrakt. Mit ihrem hohen Gerbstoff und Vitamin-C-Gehalt eignet sich die Brombeere auch zur wirksamen Behandlung von Durchfall, Ruhr, und man empfahl sie auch bei Hämorrhoiden, Blasenentzündung und Blutstau in der Gebärmutter. Brombeeren wurden zum Gurgeln und als Mundwasser bei Geschwüren, entzündetem

Zahnfleisch (es hieß, daß sich dabei lockere Zähne wieder festigen), Halsentzündungen und Heiserkeit genommen. Die jungen weichen Triebe können in Salat und die Wurzeln gekocht als Gemüse gegessen werden. Die Blätter ergeben besonders gemischt mit Himbeerblättern einen köstlich duftenden Tee. Für eine Abkochung nimmt man 30 bis 45 g getrockneter Blätter auf 1 l Wasser, kocht etwa 5 Min. und läßt weitere 10 Min. ziehen, gießt ab und trinkt 3 bis 4 Tassen pro Tag bei den genannten Beschwerden oder kann auch damit gurgeln. Brombeersirup (gleiche Gewichtsteile Saft noch nicht vollreifer Früchte und Zucker werden zu Sirupkonsistenz eingekocht) kann man bei Bronchialkatarrh oder Halsentzündung (2 bis 3 Eßl. pro Tag) einnehmen oder mit Wasser zu einem erfrischenden Getränk für Kranke verdünnen. Brombeeren wachsen wild, lassen sich aber problemlos im Garten ziehen, vor allen Dingen auch die stachellosen Sorten, die das Ausschneiden alter Triebe nach dem Fruchten im zweiten Jahr und das Pflücken der Früchte sehr vereinfachen.

Lampionpflanze *Physalis alkekengi* ist eine Staude Süd- und Mitteleuropas und östlich bis China und Japan. Heute aber auch als Gartenflüchtling in Nordamerika zu finden. Die flach, weitläufig wachsenden Wurzeln treiben 25 bis 75 cm hohe Stengel. Die Blätter sind breitoval dunkelgrün und die Blüten schmutzigweiß, entwickeln sich nach der Blüte im Mai und Juni zu rotorangenfarbigen lampionähnlichen Früchten, die die flache nierenförmige samenenthaltende Beerenfrucht locker umhüllen. Der Gattungsname kommt vom griechischen *phusa* ›Blase‹ und bezieht sich auf den ballonartig die Beere umhüllenden Kelch. Keine Selbstmedikation.

Sanddorn, Fruchtende weibliche Pflanze *Hippophae rhamnoides*

Sanddorn *Hippophae rhamnoides* ist ein dorniger Strauch West- und Mitteleuropas und des gemäßigten Asiens. Er bildet Dickichte auf Kalkklippen und auf Sanddünen, die er mit seinen langen Ausläufern bindet und damit küstenschützende Wirkung entfaltet. Sanddorn wurzelt tief, verbreitet sich durch viele Ausläufer und ist ein reichverzweigter 1 bis über 4 m hoher Strauch, der auch flußbegleitend bei uns in manchen Urstromtälern an den Ufern und auf Sandbänken zu finden ist. Die spitzen wechselständigen lanzettartigen Blätter sind oben silbergrün und unten hellbraun und deutlich geädert. Die kleinen grünen Blüten öffnen sich vor den Blättern im April/Mai und entwickeln sich zu orangeroten einsamigen Beeren. Die viel Vitamin C enthaltende Frucht kann man zu kräftiger, aber angenehm schmeckender Marmelade oder Gelee oder Sirup, zu Frucht- und Milchmixgetränken verarbeiten oder wie in Schweden und Finnland zu besonderen Fischsaucen. Die gestoßenen Beeren auf Wunden sollen Blutungen stillen. Bei Anpflanzung darauf achten, daß man männliche und weibliche Pflanzen setzt, sonst gibt es keine Beeren.

Berberitze, Sauerdorn *Berberis vulgaris* ist ein Strauch der meisten Gebiete Europas, Nordafrikas und des gemäßigten Asiens und verwildert in Nordamerika. Bei uns ist wild kaum zu finden, da er früher durch Verordnung als Zwischenwirt des Getreiderostes ausgerottet werden mußte. Der Sauerdorn ist ein sehr verzweigter graurindiger, bis 2½ m hoher Strauch. Die dünnen bestachelten rinnigen Zweige sind innen gelb und mit kleinen Stacheln am Stielansatz der elliptischen ledrigen, glänzenden, am Rande feingezähnten Blätter. Die kleinen gelben Blüten hängen in Trauben in den Blattachseln und öffnen sich von Mai bis Juni. Die weinroten Beeren enthalten zwei bis drei Samenkörnchen und sind reif angenehm, aber kräftig säuerlich.

Der Gattungsname leitet sich von dem *armabaris* her, das Avicenna für ein Heilmittel, wahrscheinlich aus einer *Berberis*-Art, verwendete und die daraus abgeleitete verstümmelte

Bezeichnung *Berberis* gebrauchte zuerst im 13. Jahrhundert der Italiener Petrus de Crescentis, der ein berühmtes Acker- und Gartenbaubuch schrieb, während *Berberis* bei uns erstmals im Kräuterbuch des Otto Brunfels Anfang des 16. Jahrhunderts erschien. In Italien nennt man die Pflanze auch Heiliger Dorn, weil der Legende nach Christi Dornenkrone daraus bestand.

Das wunderbare Gelb der Wurzeln dient zum Färben von Wolle, Leinen, Baumwolle und Holz und gibt Leder beim Polieren einen goldfarbenen Schimmer.

Die Sauerdornbeeren lassen sich besonders gut zu Marmelade, Gelee, Sirup verarbeiten, da die Früchte Zitronen-, Apfel- und Weinsäure enthalten und adstringierende und Antiskorbuteigenschaften besitzen. Das Gelee ist sehr erfrischend für entzündeten Hals, und aus dem Sirup kann man ein ausgezeichnetes Gurgelwasser machen. Die Beeren dienen auch zur Kühlung bei Fieber von Entzündungen und gegen Durchfall, Ruhr und Skorbut. Eine Abkochung der Rinde wurde bei Beschwerden von Leber, Gallenblase, Milz und Bauchspeicheldrüse, wie auch bei Wassersucht und Rheumatismus empfohlen, ist aber heute außer Gebrauch. In der Homöopathie wird Sauerdorn als wertvolles Heilmittel bei Leber- und Niereninsuffizienz verwendet, und die Forschung hat gezeigt, daß die Pflanze ein Alkaloid Berberin enthält, das bei der Behandlung von überempfindlichen Augen, entzündeten Augenlidern und chronischer Bindehautentzündung nützlich ist.

Die Vermehrung der Pflanze ist durch Steckholz oder bewurzelte Austriebe möglich. Eine unserer im Wuchs ähnliche Gartenberberitze *Berberis × ottawensis* hat unseren heimischen Sauerdorn als einen Elternteil und kann ebenfalls Früchte für köstliches Sauerdorngelee liefern. Rindenstücke von Stengeln und Wurzeln werden an luftiger Stelle gründlich getrocknet und luftdicht verschlossen aufbewahrt.

Beerentraube *Arctostaphylos uva-ursi* ist ein flachwachsender immergrüner Strauch Nordeuropas bis zum Mittelmeergebiet, Nordasiens,

Nordjapans und von Nordamerika hinunter bis Kaliforniens, d. h. in allen arktischen und gemäßigten Zonen der nördlichen Halbkugel. Sie wächst in lichten Kiefernwäldern, Zwergstrauchheiden, Krummholzgebüsch, mageren Weiden, auf Schutthalden und trockenen sommerwarmen humosen, meist sauren Böden. Der halbkriechende, reich verzweigte glatte Trieb ist mit niedrigen ovalen dunkelgrünen, oberseits glänzenden und unterseits blassen schwach geäderten Blättern besetzt. Die dicht hängenden Trauben der weißen Blütenglöckchen mit rötlichem Schlund erscheinen im Mai und Juni vor dem neuen Blatttrieb. Die glänzenden dickhäutigen, leuchtend roten Beeren reifen im Herbst.

Der Gattungsname ist eine Veränderung der griechischen Worte *arktos* ›Bär‹ und *staphyle* ›Trauben‹, wobei das lateinische *uva-ursi* das gleiche bedeutet wie unsere deutsche Bezeichnung Beerentraube.

Die medizinische Wirkung der Beerentraube wurde schon im 13. Jahrhundert von dem wallisischen Arzt Myddfai entdeckt. Sie wurde wegen ihrer adstringierenden und wassertreibenden Eigenschaften angewandt. Aufgüsse benutzte man zur Behandlung der Krankheiten von Blase, Nieren und Entzündungen der Harnwege. Die Indianer in British Columbien in Nordamerika verwendeten Beerentraube bei den gleichen Leiden und mischten die getrockneten Blätter mit Tabak. Eine Mischung, die die westlichen Indianerstämme *kinikinik* nannten. Die Beerentraube liefert eine aschgraue Farbe. Die Blätter enthalten solche Mengen an Gerbstoff, daß sie in Schweden und Rußland zum Ledergerben benutzt werden. Der hohe Gerbstoffgehalt verbietet eine Selbstmedikation, da längerer Gebrauch Leberschäden oder Verstopfung und Übelkeit bei Kindern auslösen kann.

Weiss berichtet, daß entgegen der herkömmlichen Annahme Beerentraubenblätter keine wassertreibende Wirkung besitzen, sondern sich als wirkungsvoll in der Behandlung von Blasenentzündung bei doppelseitiger Lähmung erwiesen. Die moderne Phytotherapie hat Beerentraubenanwendung auf Harnwegserkrankung

Berberitze, Sauerdorn *Berberis vulgaris*

Heidelbeere, Blaubeere *Vaccinium myrthillus*

Beerentraube *Arctostaphylos uva-ursi*

beschränkt, da sie Gebärmuttermuskelkontraktion auslösen kann. Beerentraube wird als Bodendeckerpflanze angeboten und sollte auf diese Weise im Garten verwendet werden.

Heidelbeere, Blaubeere, *Vaccinium myrthillus* ist ein sommergrüner kleiner Strauch Europas, Nordasiens und Nordamerikas, der in Fichten- und Laubwäldern, in Krummholz und Zwergstrauchgebüsch auf mehr oder weniger frischen sauren, nährstoffarmen, kalkfreien, humosen, sandigen, steinigen und lehmigen Böden wächst und an manchen Stellen dichte Bestände bilden kann. Aus dem kriechenden Wurzelstock wachsen viele aufrechte verzweigte Stengel, die 40 bis 60 cm hoch werden. Sie sind kantig und grün und von ovalen hellgrünen, oberseits glänzenden, am Rand gezähnten und auf der Unterseite stark geäderten, sich im Herbst rot verfärbenden Blättern besetzt. Die weißen rosaüberlaufenen nickenden Blütenblättchen sind einzeln achselständig, öffnen sich im Mai und entwikkeln sich zu blauschwarzen, leicht graubereiften Beeren, die im Juli/August reifen. Unsere Namen Blaubeere und Heidelbeere beziehen sich einmal auf die den Mund, die Zunge und Zähne blaufärbenden Beeren und andererseits auf das Vorkommen der Pflanze in Heidebereichen. Die kulinarischen und medizinischen Eigenschaften der Blaubeeren sind schon Jahrtausende bekannt. Dioscorides empfahl sie bei Ruhr, und ihr althergebrachter Gebrauch als Naturheilmittel bei Durchfall und Infektionen des Magen-Darm-Traktes wurde von neuerer Forschung bestätigt und zeigte, daß die desinfizierenden und adstringierenden Eigenschaften der Beeren Typhus- und Kolibakterien abtöten können. Neuere Forschung hat auch den jahrhunderte alten Glauben bestätigt, daß die Beeren das Nachtsehvermögen verbessern. Eine Lotion der Blätter lindert bei entzündeten Augen. Eine Abkochung der Blätter senkt den Blutzuckerspiegel und wird bei Diabetes, Harngrieß und Skorbut verschrieben. Eine Abkochung der Beeren oder der Rinde ist ein wirksames Mundwasser oder Gurgelmittel und kann auch als Lotion zur Linderung bei Ekzemen und Hämorrhoiden angewandt werden. Frische reife Blaubeeren haben in großen Mengen eine abführende Wirkung und nützen denen, die unter chronischer Verstopfung leiden.

Für eine Abkochung nimmt man 30 g Blätter in 1 l Wasser und kocht 10 Min., abgießen, süßen und davon 3 Tassen pro Tag. Für eine Abkochung der Beeren nimmt man 60 g Früchte auf 1 l Wasser.

Reife Blaubeeren sind köstlich zum Frischverzehr, aber auch gut geeignet für Marmela-

Walderdbeere *Fragaria vesca*

den, Gelees, Sirup, Obsttorten und benötigen bei baldigem Verzehr nicht so viel Zucker wie viele andere Wildfrüchte. Gesammelt wird in der Regel von Wildbeständen, wobei es aber für den Küchengebrauch heute amerikanische Strauchblaubeeren gibt, die größere Früchte tragen, leichter zu ernten sind und auch Mund, Zunge und Zähne nicht mehr färben.

Walderdbeere *Fragaria vesca* ist eine Staude Europas und des östlichen Nordamerikas und heute auch in vielen anderen Teilen der Erde eingeführt. Sie wächst in Kahlschlaggesellschaften, an Waldrändern, auf nährstoffreichen, stickstoffhaltigen Mullböden und läßt sich auch leicht im Garten ansiedeln. Walderdbeeren haben einen dicken holzigen Wurzelstock, der lange an den Nodien wurzelnde Ausläufer treibt und so neue Pflanzenhorste schnell flächig ausbreitet (es gibt für dichte Bodendecke geeignete Walderdbeerauslesetypen). Die langgestielten Blätter besitzen drei behaarte tiefgeäderte rauhgezähnte Blättchen. Die weißen fünfteiligen Blüten sitzen einzeln langgestielt zu mehreren in den langgestielten Blütenständen und blühen von April bis Juni (und bei der Monatserdbeere *Fragaris vesca var. semperfloren* bis in den Oktober hinein). Die roten ovalen Früchte sind dicht mit kleinen Nüßchen, dem Samen oder Achänen besetzt und reifen ab Mai.

Der Gattungsname kommt vom lateinischen *fragrans* ›duftend‹ und bezieht sich auf den angenehmen Duft der ganzen Pflanze. Während des Mittelalters hielt man sie für eine Zauberpflanze, und im 16. Jahrhundert für hilfreich bei Leber-, Nieren-, Milz- und Blasenleiden, wie auch zur Heilung von Wunden, Geschwüren, Mundinfektionen, Koliken und Ruhr. Die Forschung hat diese alte Anwendung bestätigt. Mit ihrem hohen Eisen-, Kali- und Mineralgehalt sind Walderdbeeren ausgezeichnet für Anämiekranke und ihr Salycilgehalt macht sie tatsächlich auch heilsam für Nieren- und Leberbeschwerden, wie auch Rheumatismus und Gicht. Der schwedische Botaniker Linnaeus schwor, daß seine Gicht dadurch kuriert wurde, daß er sich eine Zeitlang einer Walderdbeerendiät unterzog. Eine Abkochung der frischen Blätter oder Wurzeln wird bei chronischer Ruhr empfohlen oder äußerlich als Lotion bei Frostbeulen oder als Gurgelmittel (dafür eine Handvoll Blätter und Wurzeln 5 Min. in 1 l Wasser gekocht). Die Blätter (frisch oder getrocknet) geben einen köstlichen Kräutertee, der ideal für Kinder ist. Es gibt Menschen, die durch Hautrötungen auf Erdbeergenuß allergisch reagieren, was aber bei Walderdbeeren seltener der Fall ist. Die manchmal auftretende Rosaverfärbung des Urins nach dem Genuß von Erdbeertee ist absolut harmlos. Walderdbeeren gibt es im Wildstaudensortiment und Monatserdbeeren als Saat oder Pflanzen.

Monarda ›Cambridge Scarlet‹ *(oben), M. didyma (links) M. fistolosa (rechts)*

Winterlinde *Tilia cordata*

Oswego-Tee *Monarda didyma*

Monarda fistolosa

Indianernessel, Oswego-Tee *Monarda didyma* ist eine hocharomatisch duftende Staude Nordamerikas, die dort in nährstoffreichen Wäldern, an Wegrändern und Flußufern wächst und bei uns in vielen Sorten zu den schönsten Sommerblumenstauden gehört. Der vierkantige, rinnige feste Stengel kann 60 bis 150 cm hoch werden. Die gegenständigen Blätter sind oval bis lanzettartig, grob gezähnt, dunkelgrün und rauh. Die wunderbaren leuchtendroten Röhrenblüten bilden dichte endständige Blütenköpfe und erblühen je nach Sorte von Juni bis September.

Der Gattungsname erinnert an den spanischen Arzt *Nicholas Monardes,* der die Eigenschaften der Pflanzen im 16. Jahrhundert bei Indianern kennenlernte. Indianernessel heißt sie, weil die Einzelblüten wie die Federn am Indianerkopfschmuck hochstehen, und Oswego-Tee heißen sie, weil die Oswego-Indianer sie als Tee nutzten und die Siedler es ihnen bald nachmachten. Der Duft der Pflanze erinnert an die Bergamott-Orange, die im Mittelmeergebiet zur Duftölgewinnung angebaut wird. Einige Indianerstämme gewannen aus der ebenfalls in Nordamerika vorkommenden verwandten Art *Monarda fistulosa* Öl und nutzten es zu Inhalation für die Linderung bei Bronchialbeschwerden und Erkältungen. Das Thymol, das die Pflanzen enthalten, wird als Stimulans und zur Erleichterung bei verdauungsstörenden Blähungen und Übelkeit verschrieben. Blätter und Blüten kann man in geringen Mengen Salaten beigeben. Für Oswego-Tee nimmt man 30 g getrocknete Blätter in 1 l kochendes Wasser und läßt 5 Min. ziehen, abgießen und nach Wunsch süßen. Monarden sind problemlos im Garten in nährstoffreichen, frischen Böden zu ziehen, sollten aber alle 2 Jahre verpflanzt werden, da sie Nährstofffresser sind und sich schnell ausbreiten. Die Zitronenmonarda *Monarda citriodora* ist kleiner mit rosa oder purpurnen Blüten. Sie hat stark zitronenduftende Blätter, die sich ebenfalls gut für Tees oder zur Aromatisierung von Salaten oder Wildgerichten eignen.

Winterlinde *Tilia cordata* ist ein großer dekorativer Baum Europas, der breitwüchsig bis 25 m hoch werden kann, wenn er nicht geschnitten wird. Er wächst seltener wild, ist aber weit verbreitet als Park- und Straßenbaum und verschönt Plätze und Alleen. Die Äste sind feindicht verzweigt und wachsen breit ausladend. Die schief rundlich, herzförmig zugespitzten Blätter sind beiderseits kahl und auf der Unterseite in den Aderachseln rostbraun behaart (im Gegensatz dazu die Sommerlinde *Tilia platiphyllos* mit weißen Bärten in den Aderachseln auf der Blattunterseite und nur wenigen Einzelblüten im Blütenstand). Die weißgelben Blüten duften köstlich und stehen meist zu 5 bis 11 zusammen und erblühen Juni/Juli (meist 1 bis 2 Wochen später als die Sommerlinde).

Die Lindennutzung in der Heilkunde geht Jahrtausende zurück. Plinius empfiehlt einen Essig aus Lindenrinde gegen Hautfehler. Nach Jean Palaiseul und der heiligen Hildegard wird die Pest abgewehrt, wenn man ein Stück Lindenholz in Spinnweben packt und im Kreis unter einen grünen Nephritstein legt.

Culpeper wie auch andere Kräuterkundler sagen, daß die Linde ausgezeichnet sei gegen Schlaganfall, Epilepsie, Schwächeanfälle und Herzklopfen. Holzschnitzer schätzen Lindenholz zur Herstellung kleiner zierlicher Teile, da das Holz weich, weiß, dicht und nachgiebig ist. Es wird auch zur Herstellung von Pianos,

Orgeln, Möbelfurnieren und Zeichenkohle benutzt. Lindenhonig ist nicht nur köstlich auf dem Frühstückstisch, sondern auch zur Likörherstellung. Der lieblich duftende Lindenblütentee ist wohl bekannt und wird besonders nach dem Abendessen als Verdauungshilfe und zur Schlafförderung getrunken. Man kann ihn auch gegen Bronchialprobleme und zur Lösung des Hustens in der Lunge, zum Auslösen von Schwitzen benutzen und auf diese Weise Erkältungen und Grippe vertreiben. Ein Aufguß wird bei nervösen Beschwerden, Migräne, Schlaflosigkeit und Asthma verschrieben. Er hat auch den Ruf, das Blut zu verdünnen und wird bei Arteriosklerose und schwachem Kreislauf verschrieben. Eine Abkochung bekämpft Sommersprossen und Falten, heilt Wundgeschwüre und Verbrennungen, fördert den Haarwuchs, und dem Bade beigegeben, hilft er zu entspannen und rheumatische Schmerzen lindern.

Für Lindenblütentee nimmt man 30 bis 45 g Blüten auf 1 l kochendes Wasser und läßt 5 bis 10 Min. ziehen, abgießen und falls gewünscht mit etwas Honig süßen. Lindenblütentee ist besonders gut für Kinder mit Erkältungen und Grippe. Mességué sagt, Lindenblütentee regelmäßig getrunken, verlängert das Leben und erhält besonders gesund.

Die Lindenblüten (einschl. des Hochblattes) werden von möglichst unbelasteten Bäumen geerntet und, ohne sie zu zerdrücken, im Schatten so schnell wie möglich getrocknet. Dann luftdicht verschlossen aufbewahrt.

Kamille. Es gibt zwei Pflanzen, die als Kamille bekannt sind und sich im Habitus, im Vorkommen und in den medizinischen Eigenschaften ähneln. Bei uns auf den Äckern kommt neben der echten Kamille noch die Ackerhundskamille vor, die der echten Kamille sehr ähnlich sieht, aber ebenso wie die römische Kamille (S. 80/81) unter dem Blütenboden keinen hohlen Stengel hat. Echte Kamille *Camomilla recutita* (synonym *Matricaria recutita, Matricaria camomilla*) ist ein aromatisches einjähriges Kraut Europas, Westasiens und Indiens und auch in Nordamerika und Australien eingeführt. Sie wächst in Getreideunkrautgesellschaften auf Brachland, an Wegrändern, auf frischen nährstoffreichen, stickstoffhaltigen, meist kalkarmen, sandigen oder tonigen Lehmböden. Die verzweigten Stengel werden 15 bis 50 cm hoch, die Blätter sind zwei- bis dreifach feinfiederteilig und die Margariten ähnlichen Blüten mit gelber hochgewölbter Scheibe und weißen nach unten gerichteten Randzungenblüten erblühen von Mai bis August. Es gibt sehr unterschiedliche Meinungen in bekannten Kräuterbüchern, welche Kamille medizinisch die beste ist. Claire Loewenfeld und Philippa Back sagen in *The Complete Book of Herbs and Spices,* daß die römische Kamille nur zum Duftrasen tauge und die echte Kamille die große medizinische Bedeutung habe, während Jean Palaiseul in *Grandmother's Secrets* sie beide für gleich wirksam hält. Der zeitgenössische Kräuterkenner Weiss sagt, daß beide medizinisch wirksam sind und einige der althergebrachten Kamille zugesagten Eigenschaften heute wissenschaftlich erklärt werden können.

Über Jahrhunderte wurde die Kamille gegen zahlreiche Krankheiten angewandt. Gegen Verdauungsprobleme, Blähungen und Schlaflosigkeit, Fieber und Grippe, Migräne vor der Regelzeit und Regelschmerzen, Bindehautentzündung, Entzündungen des Augenlids und Hautinfektionen, wie z. B. Ekzeme, ist ein Aufguß von 60 g getrocknete Blüten in 1 l kochendem Wasser sehr hilfreich. Grive sagt, daß es wichtig ist, den Tee in einem bedeckten Gefäß

Echte Kamille *Camomilla recutita*

ziehen zu lassen, da die ätherischen Öle sonst mit dem Dampf entweichen, denn er muß mindestens 10 Min. ziehen.

Kamillentee ist wunderbar lindernd und beruhigend und kann Kindern zur Linderung von Magenstörung und Durchfall gegeben werden, wie auch zur Beruhigung der Nerven und zur Heilung bei Alpträumen. So war es auch im Märchen, in dem Mutter Kaninchen ihn ihrem Sohn Peter Kaninchen nach dessen schrecklichen Erlebnissen in Mr. MacGregor's Garten gab: »Seine Mutter steckte ihn ins Bett und machte ihm Kamillentee, sie gab Peter davon, einen Eßlöffel beim Schlafengehen.«

Äußerlich kann Kamillenöl zur Erleichterung bei Krämpfen, rheumatischen Schmerzen und Gicht verwandt werden oder als heiße Kompresse auf Wunden, Verbrennungen, Schwellungen oder um den Hals bei Stimmverlust. Zur Herstellung von Kamillenöl nimmt man 60 g Blüten und $1/2$ l gutes Olivenöl in ein Glasgefäß, verschließt es und stellt es mehrere Tage in die Sonne. Dann läßt man es im Wasserbad 2 Stunden ziehen, gießt ab und wendet es heiß an. Dieses Öl kann man auch für eine Kopfhautmassage verwenden, Haarspülung mit einem Absud von Kamille ist besonders gut, um blondes Haar mit leuchtend goldenem Schein zu versehen. Echte Kamille sät man im Garten. Sie benötigt nährstoffreichen, lockeren Boden und wird am besten in Reihen gesät, das macht das Sammeln der Blüten leichter. Die Blüten werden im Sommer kurz vor der Vollblüte gesammelt, schnell an gut durchlüfteter Stelle bei etwa 35° C getrocknet und in Zellophantüten oder Glasgefäßen dunkel aufbewahrt.

Apothekerrose *Rosa gallica* ›Officinalis‹

Heckenrose, Hundsrose *Rosa canina*

Rosa gallica ›Versicolor‹

Heckenrose *Rosa canina*

Apothekerrose *Rosa gallica* ›Officinalis‹ ist eine alte Gartenrose, deren Stammart, die Essigrose *Rosa gallica*, in Süd- und Mitteleuropa bis hinauf nach Belgien auch wild vorkommt. Ihre breitwachsenden bestachelten Triebe können bis 100 cm hoch werden. Die Blättchen der drei- bis fünfzähligen Blätter sind lederig oval bis elliptisch glatt und dunkelgrün. Auf der Unterseite bleich und etwas behaart. Die stark duftenden halbgefüllten Blüten stehen einzeln oder zu zwei bis vier an den Triebenden und erblühen von Mai bis Juli, um sich dann zu leuchtendroten Hagebutten zu entwickeln.

Der Gattungsname kommt vom griechischen *roden* ›Rot‹ und bezieht sich auf die Blütenfarbe. Das lateinische *gallica* erinnert daran, daß diese Rose von Damaskus nach Gallien durch Thibaut le Chansonnier im 13. Jahrhundert gebracht worden sein soll und bei uns auch manchmal französische Rose heißt. Es ist sicherlich eine der ältesten Gartenrosen.

Seit alter Zeit wird die Rose in Küche, Kosmetik und Medizin genutzt. Von der griechischen Dichterin Sappho 600 v. Chr. Königin der Blumen genannt, ließ die scharlachrote Farbe der Blüten die Menschen im Altertum glauben, daß die Blume aus dem Blut von Adonis entstanden sei. Seit alters her mit Liebe und Leben verbunden, nahm man Rosengirlanden zum Schmuck für Statuen von Cupido, Venus, Flora und Hymen. Rosensträuße wurden in Tutenchamuns Grab gefunden, wo sie wahrscheinlich dessen junge Frau als Liebeszeichen diesem mit auf die Totenreise gab. Rosenblütenblätter verwendeten die Römer in großen Mengen. Sie streuten sie auf die Böden ihrer Bankettsäle, schmückten damit Tische und ließen sie in ihrem Wein schwimmen und schmückten damit aber auch den Bug ihrer Kriegsschiffe. Rosen waren auch das politische Zeichen der Rosen im 15. Jahrhundert in England. Rosen sind auch das Zeichen der Verschwiegenheit. Von Cupido heißt es, daß er Harpocrates, den Gott des Schweigens, mit einer Rose bestochen habe, damit er nicht die Amouren der Venus verrate. Aus diesem Grunde wurde in Festsälen eine Rose in die Deckentäfelung geschnitzt, um die Gäste daran zu erinnern, daß das, was *sub vino* gesprochen wurde, nicht *sub dive* weitergegeben werden solle, daher kommt das Wort *sub rosa*, ›unter der Rose‹ gesagt, das heißt, streng vertraulich.

Mit Rosenblütenblättern gewürzte Kuchen, Marmelade, Weine und Süßigkeiten waren sehr beliebt, wie auch Rosenpuder, Rosenöl und Rosenblütenblätter um Körper und Atem Duft zu verleihen. In der Medizin scheinen arabische Ärzte Rosen bei Tuberkulose und Lungenbeschwerden empfohlen zu haben und Kräuterärzte schätzen sie wegen ihrer adstringierenden und bindenden Eigenschaften, die sie geeignet bei Husten, Brustbeschwerden, Mund- und Halsgeschwüren, Kopfweh, Augenschmerzen und Augenentzündungen machten.

Die Verwendung der Rose in der Küche und in der Kosmetik hat nie nachgelassen, und Mességué ist voll des Lobes über ihre anregenden Eigenschaften. Er empfiehlt einen Aufguß von Rosenblütenblättern bei entzündetem Hals und laufender Nase, ebenso wie bei Durchfall und behauptet, daß sie auch ausgezeichnet seien, die Darmflora wieder in Ordnung zu bringen, wenn sie durch Antibiotika geschädigt sei. Er sagt, daß er auch Arthritis, Rheumatismus und Leberbeschwerden mit Rosenmitteln geheilt habe. Für einen konzentrierten Absud als allgemeines Tonikum für genesende alte Menschen und Kinder nimmt man eine Hand getrocknete Rosenblütenblätter in 1 l kochendes Wasser und

Rosa ›Complicata‹ im ummauerten Kräutergarten in Hollingtons Gärtnerei

läßt 10 Min. ziehen, davon trinkt man zwei Tassen pro Tag. Ein schwächerer Aufguß kann auch als Lotion oder als Kompresse bei Bindehautentzündung genutzt werden.

Für Rosenhonig zur Linderung bei Halsentzündung oder zum Gurgeln oder als Klistier nimmt man 20 g Blütenblätter der Knospen in 100 g Honig, kocht 10 Min. und seihe dann durch ein Musselintuch ab. Für Rosenessig, der besonders gut gegen Kopfschmerzen sein soll, die durch Sonne verursacht wurden, füllt man ein Glas mit am Morgen gesammelten Rosenblütenblättern, bedeckt mit bestem Essig, und läßt das Ganze drei Wochen in der Sonne stehen. Zur Behandlung nimmt man eine Kompresse davon auf die Stirn. Rosenessig kann auch als Hautlotion, zum Gurgeln oder Augenbaden benutzt werden.

Die Apothekerrose wächst leicht im Garten an sonniger Stelle auf tiefgründigem, nährstoffreichem Boden. Die Blütenblätter an trockenen Tagen sammeln, wenn die Blüten noch nicht ganz offen sind, schnell trocknen, damit sie Farbe und Duft behalten. Aufbewahrung trocken und in lichtundurchlässigem Gefäß. Verbrauch innerhalb 4 Monaten, weil sie danach ihre medizinischen Eigenschaften verlieren.

Rosa gallica ›Versicolor‹ ist eine seit dem 16. Jahrhundert bekannte Sorte mit panaschierten Blüten, bei der oft Zweige wieder die roten Blüten der Stammsorte der Apothekerrose tragen.

Rosa ›Complicata‹ hat *Rosa gallica* als ein Elternteil und entwickelt sich zu großen Sträuchern mit einfachen, bis zu 13 cm großen Blüten.

Heckenrose, Hundsrose, *Rosa canina* ist ein sommergrüner Strauch Europas, Nordafrikas und Südwestasiens und heute auch in Nordamerika eingebürgert. Sie wächst in Hecken, Wäldern, auf Ödland. Die Heckenrose hat lange Faserwurzeln und überhängende Triebe, die bis 3 m und höher werden können. Die Stengel sind mit gebogenen oder hakenförmigen Stacheln besetzt und reich verzweigt. Die Blättchen der fünf- bis siebenteiligen Blätter sind oval bis elliptisch, beidseits glatt und gezähnt. Die rosa oder weißen fünfteiligen Blüten stehen einzeln oder zu drei bis vier an den Zweigenden und öffnen sich im Juni und Juli, dann entwickeln sich die rotglatten Hagebutten, die behaarten Nüßchen (Achänen) enthalten.

Die Bezeichnung Heckenrose ist einleuchtend. Hundsrose dagegen kann möglicherweise von der Annahme herrühren, daß die Pflanze auch gegen den Biß tollwütiger Hunde helfe. In der Blumensprache bedeutet die Rose ›Liebe‹, aber auch Freude gemischt mit Schmerz.

Hagebutten werden schon seit Jahrtausenden gegessen. Die Samen fand man im Grab einer Steinzeitfrau, die vor 20 000 Jahren in England begraben wurde. Wenn man auch schon früh Gartenrosen hatte, wurden doch die Wildarten intensiv genutzt. Die Blütenblätter als Duftzugabe für Wasser, Duftmischungen und Nahrung. Die Hagebutte als Notnahrung, wenn andere Früchte fehlten oder zur Herstellung von Wein, Sirup, Marmeladen und Konserven. Hagebutten sind eine wichtige Vitamin-C-Quelle, da sie davon mehr enthalten als Citrusfrüchte. Bei der Heckenrose ist der Gehalt von allen Arten am höchsten und er steigert sich, je

weiter die Rosen im Norden wachsen. Vitamin C mit hohem Gehalt an Kalzium, Phosphor und Eisen macht die Hagebutten mit ihrer adstringierenden und anregenden Wirkung geeignet, die Körperabwehrkräfte gegen Infektionen wie Erkältungen, Grippe und Ruhr zu stärken. So sind sie auch hilfreich zur Bekämpfung von Husten, Halsentzündungen und Bronchialbeschwerden, wie auch bei blutendem Zahnfleisch und Durchfall. Hagebutten roh 6 bis 8 Stück pro Tag oder als Tee einnehmen. 30 g Hagebuttenrinde in ½ l Wasser, 5 Min. kochen, weitere 5 Min. ziehen lassen, abgießen und falls erforderlich süßen und zwei Tassen pro Tag nach den Mahlzeiten. Doppelt so stark zeigt sie leicht harntreibende Wirkung – empfohlen bei Nierenbeschwerden. Eine winzige Menge der Samenhaare mit Honig galten früher als gutes Mittel gegen Eingeweidewürmer bei Kindern. In Nordamerika tranken die Mescalero-Apachen Hagebuttentee gegen Gonorrhöe. Von Hagebutten kann man Sirup, Mark, Marmelade und Wein machen, die alle die gleiche anregende wunderbare Wirkung besitzen. Heckenrosen wachsen problemlos im Garten, brauchen aber sehr viel Platz. Man sammelt leuchtend rote vollreife Hagebutten nach dem ersten Frost, wenn sie sich beim Berühren weich anfühlen, vorsichtig behandeln, damit das Vitamin C nicht verlorengeht. Längs aufschneiden und schnell an gut durchlüftetem Platz trocknen und dann in einem Sieb gut durchschütteln und von den feinen Härchen reinigen. Um den Vitamin-C-Gehalt zu erhalten, sollte man nicht länger als ein Jahr lagern und nichtrostende Gefäße verwenden, da sonst das Vitamin C leidet.

Großblütiger Steinquendel *Calamintha gran-diflora* (synonym *Satureja grandiflora*) ist eine flachwachsende aromatische Staude des südlichen Mitteleuropas, des Mittelmeergebietes, Kleinasiens bis nach Persien und auch Nordafrikas. Sie wächst an Heckenrändern, Wegrändern, trockenen Flußufern, in Wäldern und auf Ödland. Wird aber auch der schönen Blüten wegen als Zierpflanze gezogen. Die aufrechte buschige Pflanze treibt aus dem kriechenden Wurzelstock vierkantige, leicht behaarte Stengel, die 20 bis 60 cm hoch werden können. Die breit oval gestielten behaarten Blätter sind gezähnt und leicht nach unten gebogen. Die purpurroten Blüten öffnen sich im Juli und August. Nahe verwandt mit Thymian und Gundelrebe, wurde er in der Medizin als schweißtreibendes Mittel, Expektorans und Würzkraut geschätzt. Gerard sagt, er helfe die Melancholie und Traurigkeit kurieren, und Culpeper empfiehlt ihn bei Gelbsucht, Zittern, Krämpfen und allen »Gebrechen des Gehirns«. Durch angenehm aromatischen Geschmack gut für köstlichen Tee geeignet. Die ganze Pflanze kommt für 20 Min. in kochendes Wasser, dann abgießen, falls nötig süßen und als Tonikum trinken. Ein Umschlag mit durch ein Bügeleisen leicht angewärmten Blätter hilft Quetschungen heilen und rheumatische Schmerzen lindern. Vermehrung durch Aussaat oder Stecklinge oder als Pflanze des Wildstaudensortiments. Blätter im Juli sammeln, gut trocknen und luftdicht aufbewahren für winterlichen Teegenuß.

Bergminze *Calamintha sylvatica ssp. ascendens* (synonym *Calamintha officinalis, Calamintha ascendens*) hat einen kurzen kriechenden Wurzelstock und aufrechte, etwas verzweigte Stengel. Die Blüten sind lila oder blaßrötlich purpur mit dunkleren Flecken. Der Gattungsname kommt vom griechischen *kale* ›gut‹ und *minte* ›Minze‹ und das lateinische *sylvatica* bezieht sich auf den Standort und *ascendens* darauf, daß die Stengel aufsteigend wachsen.

Kleinblütige Bergminze *Calamintha nepeta* hat einen langen kriechenden Wurzelstock und aufrechte Stengel, die kleine lila Blüten tragen. Die Stengel sind reich verzweigt und grau mit langen weichen Haaren besetzt.

Die **Waldbergminze** *Calamintha sylvatica* hat aufrechte, wenig verzweigte Stengel, und die lila blaßrosa Blüten haben auf der unteren Lippe einen dunkelpurpurnen Fleck.

Nepeta camphorata ist eine Staude Griechenlands, die bei uns nicht winterhart ist. Ihre Blüten sind weiß mit purpurnen Tupfen.

Echte Katzenminze *Nepeta cataria* ist eine stark duftende Staude Europas, aber auch in Nordamerika und Südafrika verwildert. Sie wächst an Hecken, Säumen, Wegrändern, Flußufern und in gebirgigen Bereichen. Der aufrechte, wollig behaarte Stengel kann bis 100 cm hoch werden. Die herzförmigen Blätter sind grob gezähnt und dicht behaart. Auf der Unterseite fast weiß. Die kleinen weißen oder rosafarbenen Blüten haben rote Punkte und wachsen in dichten Scheinquirlen in den Blattachseln am Stengelende. Sie blühen von Juli bis September. Katzenminze heißt sie, weil ihr Geruch wohl auf Katzen wie ein Aphrodisiakum wirkt und sie unwiderstehlich anzieht, da der Duft der Katzenminze ihrem Geschlechtsduft ähnlich zu sein scheint. Daß der Pflanzengeruch auch eine Minzenkomponente hat, schlägt sich im Namen ebenfalls nieder.

In Frankreich wird die echte Katzenminze in

Großblütiger Steinquendel *Calamintha grandiflora*

Waldbergminze *Calamintha sylvatica*

Gartenkatzenminze *Nepeta x faassenii*

Kleinblütige Bergminze *Calamintha nepeta*

Echte Katzenminze *Nepeta cataria*

Salatsaucen genutzt wurde und vor der Einführung des schwarzen Tees verbreitet als Tee getrunken. In der Medizin wird die echte Katzenminze seit Jahrhunderten benutzt. Sie hilft bei Fieber, Erkältungen, Nervosität und fördert den Schlaf und macht sie besonders geeignet, wenn Kinder sich unpäßlich fühlen. Angewandt wird sie ebenfalls zur Linderung bei Koliken, Rastlosigkeit, Schmerz und Blähungen. Sie gilt als gut bei nervösen Kopfschmerzen und Menstruationsstörungen. Das Rauchen der Blätter soll Schluckauf beenden und das Kauen der Pflanze Kopfweh lindern.

Für einen Aufguß nimmt man 30 g getrocknete Blätter oder blühende Spitzen in ¹/₂ l kochendes Wasser und läßt ihn 5 bis 10 Min. ziehen. Kinder bekommen davon 2 bis 3 Eßl. mehrmals am Tage, Erwachsene nehmen eine größere Menge zur Linderung bei Schmerzen und Blähungen.

Die echte Katzeminze, beliebt bei Bienen wie auch bei Katzen, wächst problemlos im Garten. Vermehrung durch Saat oder Pflanzen aus dem Wildstaudensortiment und kommt auch mit sehr trockenen Stellen gut zurecht. Möglicherweise ist Schutz vor Katzen nötig. Blätter und blühende Triebspitzen werden in Vollblüte geerntet und für Wintergebrauch getrocknet.

Blauminze *Nepeta x faassenii* ist eine Staude mit blauen Blüten und aromatischen grauen Blättern. Sie wächst leicht aus Samen, sollte aber in den Gartensorten aus dem Staudensortiment gewählt werden, um schöne blühende Pflanzen zu erhalten. Gut als Einfassungspflanze geeignet.

Waldbergminze *Calamintha sylvatica a.*

Nepeta camphorata

71

Lavendel *Lavandula angustifolia*

Lavandula ›Loddon Pink‹

Echter Lavendel *Lavandula angustifolia* (synonym *Lavandula officinalis, Lavandula spica*) ist ein winterharter aromatischer kleiner Strauch der gebirgigen Bereiche des westlichen Mittelmeerraumes, aber heute in allen geeigneten Klimagegenden der Welt verbreitet. Er wird in großem Umfang für die Parfümindustrie angebaut und ist noch öfters in Gärten als Zierpflanze zu finden. Lavendel hat einen kurzen, reich verzweigten Stamm, aus dem viele gerade, verholzende, vierkantige seidigbehaarte graue Triebe bis 100 cm wachsen. Die gegenständigen, stengellosen, langen schmalen Blätter sind blaßgraugrün, die schönen blauvioletten Blüten stehen in dichten Quirlen als Blütenstand am Triebende und öffnen sich von Juni bis August.

Der Gattungsname soll von dem lateinischen *lavare* ›waschen‹ kommen, da Römer und Karthager wegen des Duftes und der Heilwirkung Lavendel dem Badewasser zufügten. Die antiseptischen und desinfizierenden Eigenschaften des Lavendels sind seit frühen Zeiten bekannt, weshalb die Pflanze auch als Streukraut benutzt und zwischen Kleider und Wäsche gelegt wurde um Motten abzuwehren, und in Räumen aufgehängt zur Abwehr von Fliegen und Mücken benutzt wurde. Einige wenige feingehackte Blätter geben Salaten einen aromatisch scharfen Geschmacksakzent, und der Lavendelhonig ist eine gesuchte Delikatesse.

Die moderne Forschung hat gezeigt, daß die dem Lavendel zugeschriebenen medizinischen Wirkungen wohl begründet sind. Das ätherische Öl der Pflanze ist kräftig aseptisch und tötet viele Bakterien wie z.B. von Typhus, Diphtherie oder Streptokokken und Pneumokokken und ist auch ein kräftiges Gegenmittel gegen Schlangengift. Lavendel hat eine beruhigende krampflösende Eigenschaft bei Anwendung als milder Aufguß und wird in dieser Form bei Kopfschmerzen, Schlaflosigkeit, nervösen Verdauungsbeschwerden, Ohnmachtsanfällen, Krämpfen, Übelkeit, Blähungen und Koliken verschrieben. Als stärkerer Aufguß ist es auch Tonikum und Stimulans für Atemwegsbeschwerden, Mandelentzündung, Erkältungen, Grippe und Fieber. Eine Lotion oder Kompresse ist gut bei Verbrennungen, Wundinfektionen, Ekzemen und Akne. Eine Lavendeltinktur stärkt die Haare und verhindert Haarausfall und lindert ebenso bei Rheuma und schmerzenden Gelenken. In der Tiermedizin wird Lavendel verbreitet als keimtötendes Mittel verwendet, zunehmend auch bei der Einbalsamierung. Die getrockneten Blüten kommen in Lavendelduftbeutel oder Duftmischungen, und Lavendelöl wird weitverbreitet bei der Herstellung von Seifen, Pudern und Parfüm eingesetzt.

Für einen milden Aufguß nimmt man 5 bis 10 g getrocknete Triebspitzen in 1 l kochendes Wasser, läßt 5 Min. ziehen, gießt ab und trinkt davon 3 Tassen pro Tag. Für einen stärkeren Aufguß erhöht man die Menge auf 30 g. Zur Herstellung von Lavendelöl nimmt man 30 g frische Blüten in 1 l Olivenöl, läßt alles 3 Tage in der Sonne stehen und gießt dann durch ein Musselintuch ab, fügt dann erneut 30 g frische Blüten zu und wiederholt das Ganze mehrere Male, bis das Öl intensiv nach Lavendel duftet. Man benutzt es innerlich bei Migräne, nervösen Verdauungsbeschwerden und äußerlich als Lotion oder Kompresse bei Verbrennungen, Ekzemen und Bronchitis (die Rezepte stammen aus *Grandmother's Secrets* von Jean Palaiseul.). Für Lavendelessig gibt man frisch gesammelte Blüten für eine Woche in Weißweinessig und schüttelt die verschlossene Flasche täglich. Dann wird durch Löschpapier abgegossen.

Schopflavendel *Lavandula stoechas*

Lavandula ›Hidcote‹

Lavandula stoechas subsp. *pedunculata*

Lavendel wächst problemlos im Garten an sonniger, heißer, trockener Stelle. Vermehrung durch Saat möglich, aber besser durch Kauf interessanter Gartensorten. Nach der Blüte wird zurückgeschnitten, um verzweigten Neuaustrieb für die Blüte des Folgejahres zu erzielen.

Bei Blühbeginn wird geschnitten, gebündelt und getrocknet.

Lavandula ›Hidcote‹ ist eine niedrig wachsende Sorte mit tief violettblauen Blüten.

Lavandula ›Loddon Pink‹ ist hochwüchsig rosablühend.

Schopflavendel *Lavandula stoechas* wächst in trockenen, sandigen Bereichen an den Küsten in Europas Mittelmeerländern und ist bei uns nur als Kübelpflanze zu ziehen, da die Winterhärte nicht ausreicht. Der kleine Strauch hat samtige, weißliche Blätter und sehr hübsche dunkelpurpurne Blüten. Wahrscheinlich verwendeten die Römer Schopflavendel für ihre Bäder. Er duftet leicht nach Rosmarin und wird nicht in der Parfümindustrie benutzt.

Lavandula stoechas subsp. *pedunculata* ist eine weitere Gartensorte des Schopflavendels.

Italienische Strohblume *Helichrysum italicum* (synonym *H. angustifolium*) ist ein silbergraublättriger kleiner Strauch, dessen Blütenstände bis 60 cm hoch werden können. Er blüht gelb von Juli bis September, und die curryduftenden Blätter können zur Aromatisierung von Salaten und Fleischgerichten benutzt werden. Als Felssteppenpflanze trockener heißer Standorte ist diese Strohblume bei uns im Freien nur bedingt winterhart. Angeboten wird von ihr *Helichrysum italicum sup. serotinum.*

Helichrysum italicum

Heiligenkraut *Santolina chamaecyparissus*

Heiligenkraut *Santolina chamaecyparissus*

Heiligenkraut *Santolina chamaecyparissus* ist ein niedriger, bei uns winterharter, aromatischer kleiner Strauch aus dem westlichen und mittleren Mittelmeergebiet, aber heute weltweit angebaut, bevorzugt Kalkböden. Die verholzte Wurzel treibt aufrechte bis niederliegende dichtverzweigte Triebe, die zur Blütezeit 50 cm hoch werden können. Die schmalen, kammartig gefiederten silbergrauen Blätter sind dichtwollig und die gelben Blütenköpfchen stehen einzeln langgestielt zu vielen am Triebende und öffnen sich von Juli bis August. Wenn auch heute nicht mehr verwendet, war das Heiligenkraut doch früher wegen seiner stimulierenden und aseptischen Eigenschaften geschätzt. Man benutzte es zum Austreiben von Eingeweidewürmer und legte getrocknete Zweige zwischen die Wäsche, um Motten fernzuhalten. Blüten und Blätter können getrocknet und gepudert bei Insektenstichen zur Schmerzlinderung angewandt und Kräutersäckchen zum Schutz vor Insekten beigefügt werden. Die Araber sollen eine Lotion zur Linderung entzündeter Augen verwendet haben, und ein heutiges Kräuterbuch empfiehlt Kompressen auf oberflächliche Wunden zur Förderung der Schorfbildung.

Es ist eine schöne silbergraue, reich gelbblühende Pflanze, für heiße trockene Stellen im Kräutergarten.

Santolina chamaecyparissus ›Nana‹ ist eine niedrigbleibende, kompaktwachsende Sorte.

Santolina neapolitana ›Edward Bowles‹ hat feine graugrüne Blätter und cremefarbene Blüten. Bei uns aber nicht winterhart.

Santolina neapolitana ›Edward Bowles‹

Santolina chamaecyparissus ›Nana‹

Santolina serratifolia

Santolina serratifolia hat feine graue Blätter und zitronengelbe knopfartige Blütenköpfchen. Ist aber auch nicht winterhart.

Frauenminze, Marienblatt *Chrysanthemum major* (syn. *Ch. balsamita, Balsamita major)* hat weiße, margaritenähnliche Blüten und leicht silbergrau behaarte Blätter und kampferähnlich würzigen Duft. Die getrockneten Blätter können als Mottenschutz verwendet werden, gelten aber seit alters her auch als gallensekretionsfördernd, krampfstillend, magenstärkend und blähungstreibend und werden als Teeaufguß, zwei Teelöffel getrocknete Blätter auf eine Tasse Wasser, bei Gallenleiden und Magen- und Darmbeschwerden getrunken.

Frauenminze, Marienblatt *Chrysanthemum major*

75

Pfingstnelke *Dianthus gratianopolitanus*

Gartennelke *Dianthus caryophyllus*

Heidenelke *Dianthus deltoides*, dunkelrote Sorte

Heidenelke *Dianthus deltoides* ›Wisley variety‹

Brandkraut *Phlomis fruticosa*

Gartennelke *Dianthus caryophyllus* ist eine kurzlebige Staude Südeuropas und Nordafrikas, die in unseren Gärten seit alters her gezogen wird. Der verholzende Wurzelstock trägt zahlreiche blaugrün beblätterte Triebe, die mit der Blüte 20 bis 50 cm hoch werden können und intensiv würzig nach Nelken duften. Die Blütenfarben reichen von weiß über rosarot bis dunkelpurpur, braunrotschwarz und blühen von Juli, bei überwinterten Pflanzen von Juni bis in den Herbst. Sie ist mit vielen Gartensorten bei uns verbreitet, ohne daß wir die Wildart als Stammpflanze dieser Nelke kennen. Nelken wurden schon früher für Küche und Heilkunde gezogen. Ihr würziger Nelkenduft wurde für Essige in Bier, Wein, Saucen und Salaten verwendet, auch wenn dies unserem heutigen Geschmack nicht mehr entspricht. Die Blütenblätter wurden kandiert und schmückten Kuchen und waren getrocknet Bestandteil der Duftmischungen. Wenn auch heute nicht mehr angewandt, hatten Nelken doch früher einen guten Ruf bei Fiebern, da es hieß, sie würden das Schwitzen fördern und den Durst mindern. Nach Jean Palaiseul in *Grandmother's Secrets* ist ratafia, ein Schnapsgläschen pro Tag eingenommen, ein exzellentes Mittel bei Magenverstimmung und Blähungen. Zur Herstellung von ratafia nimmt man 300 g frische Blütenblätter in 1 l Weingeist und gießt nach 10 Tagen durch ein Tuch ab und süßt zur Geschmacksverbesserung nach.

Phlomis samia

Pfingstnelke *Dianthus gratianopolitanus* (synonym *Dianthus caesisus*) ist eine dichtrasig wachsende, Ausläufer treibende und im Mai/Juni blühende Nelke mit vielen Sorten.

Heidenelke *Dianthus deltoides* ist eine Staude trockener sandiger Böden Europas und des gemäßigten Asiens und auch in Nordamerika eingeführt. Die schmalen grünen Blätter und einfache, je nach Sorte, rosa oder rote Blüten blühen den ganzen Sommer hindurch.

Brandkraut *Phlomis fruticosa* ist ein kleiner Strauch des Mittelmeergebietes, aber in vielen klimatisch günstigen Gegenden heute verwildert. Bei uns aber wegen zu geringer Winterhärte nur als Kübelpflanze möglich. Er wird bis 1,5 m hoch und besitzt weißhaarige Zweige. Die aromatischen ovalen Blätter sind weißwollig behaart. Die achselständigen Quirle orangegelber Blüten öffnen sich von Juli bis August. Eine attraktive Kübelpflanze, die beim Berühren kräftig aromatisch duftet.

Brandkraut *Phlomis samia* ist eine prachtvolle winterharte Blütenstaude, deren nichtblühenden Triebe eine dichte Bodendecke bilden.

Koreanische Minze *Agastache rugosa*

Aniskraut *Agastache anethiodora*

Orangenblüte *Choisya ternata*

Gnadenkraut *Gratiola officinalis*

Agastache anethiodora ist eine Staude der Prärie Nordamerikas. Der schlanke beblätterte, meist reich verzweigte Trieb wird 60 bis 120 cm hoch. Die nach Anis duftenden Blätter sind kurz gestielt, oval bis dreieckig mit Spitze und scharfgesägtem Rand. Die langen Kerzen lilafarbener Blüten schmücken von Juli bis September. Als Bienenpflanze geeignet und mit den nach Anis duftenden Blättern gut für Kräutertees und Geschmacksvarianten in Salaten.

Agastache rugosa ist eine Staude Nordostasiens mit mehr minzenartigem Geruch und Geschmack. Eine gute Bienenpflanze, die zu erfrischenden Tees und zur Aromatisierung von Minzengerichten geeignet ist.

Gemeines Gnadenkraut *Gratiola officinalis* ist eine Staude Mittel- und Südeuropas, in feuchten Wiesen, Sümpfen, Gräben, an Ufern, auf meist mehr oder weniger staunassen, kalkhaltigen schweren Ton- und Schlammböden, wärmeliebend und etwas Salz verträglich. Aus dem kriechenden Wurzelstock erwachsen aufrechte hohle vierkantige Stengel bis 50 cm hoch. Die cremefarbigen gelblichen Blüten sind rot gestreift und stehen einzeln in den oberen Blattachseln von Juni bis August. Die Bezeichnung Gnadenkraut in den Kräuterbüchern seinerzeit als *Gratia Dei* zeigt, welche Wertschätzung die Pflanze wegen ihrer kräftigen abführenden, brechreizerregenden und harntreibenden Eigenschaften besaß. Sie wurde bei Wassersucht, Skrofulose, Leberinfektion, Gelbsucht empfohlen und auch für ein nützliches Wurmmittel gehalten. In der Therapie als menstruationsfördernd erkannt, darf es nicht von schwangeren Frauen verwendet werden, da es zu Abort führen kann. Wegen der heftigen Wirkungen ist Selbstmedikation ausgeschlossen. Die Pflanze ist jedoch als Sumpfpflanze im Gartenbereich sehr wohl eines Platzes wert.

Tagetes minuta ist eine aromatische einjährige Pflanze Südamerikas, die in manchen Teilen Europas verwildert ist. Der aufrechte glatte Stengel kann 100 bis 180 cm hoch werden. Die Blätter sind drei- bis siebenfach gefiedert und die gelben Blüten öffnen sich von August bis Oktober.

Tagetes-Arten und -Sorten werden in Parks und Gärten flächendeckend gesät oder gepflanzt zur Unkrautunterdrückung. Insbesondere aber wegen ihrer Wurzelausscheidungen zur Älchenbekämpfung.

Samtblume, Studentenblume, Kokartenblume *Tagetes-Patula-Hybriden* sind in vielen Sorten als Beet- und Gruppenpflanzen bei uns in den Gärten zu finden. Sie haben einen strengen Geruch und werden etwa 20 cm hoch. Ihre Blüten sind gelb bis rot und braun, rot, ein- oder mehrfarbig. Sie können als Zwischenpflanzung benutzt werden, um über die Wurzeln Älchen zu bekämpfen und wie man sagt, um durch den Geruch Weiße Fliegen abzuwehren.

Orangenblüte *Choisya ternata* ist ein immergrüner Strauch Mexikos, wo er auf Kalkböden in Seenähe wächst und bis 3 m hoch werden kann. Er ist breitwachsend und hat glänzende Blätter. Die Blütenstände ähneln im Aussehen und Duft denen von Orangen. Bei uns nur in günstigsten Lagen mit Schutz winterhart. Aber gut als Kübelpflanze zu kultivieren und dann Blütezeit Mai bis Juli. Auch die Blätter duften beim Verletzen sehr angenehm aromatisch.

Samtblume *Tagetes-Patula-Hybride*

Tagetes minuta

Wermut, Absinth, *Artemisia absinthium* ist eine bitteraromatische Staude Europas, des Mittelmeergebiets bis Sibirien und Kaschmir und in Nord- und Südamerika und Neuseeland heute eingebürgert. Wermut wächst in Schuttunkrautgesellschaften, auf Dämmen, an Wegrändern, Zäunen und trockenen Felshängen, in mehr oder minder trockenen nährstoffreichen stickstoffhaltigen, oft kalkhaltigen lockeren Gesteinsböden. Der feste holzige silberhaarige geriffelte Stengel wird 1 m hoch. Die Grundblätter sind langgestielt, gelackt und ebenso wie die zweifach gefiederten Stengelblätter weiß silberhaarig. Die gelben Blüten sitzen endständig gehäuft und öffnen sich von Juni bis Oktober.

Der Gattungsname kommt von *Artemis* (Diana), der griechischen Göttin, von der es heißt, daß sie diese Pflanzen Chiron, dem Kentauren, gegeben habe. Das lateinische *absinthum* ›ohne Süße‹ erinnert an den bitteren Geschmack der Pflanze. Es wurde früher häufig als Wurmmittel, Streukraut und zur Abwehr von Motten und anderen Insekten von der Kleidung benutzt. Schon die Ägypter schätzten Wermut wegen seiner kräftigen medizinischen Wirkung. Galen empfahl ihn als Tonikum. Die Salerner Schule befürwortete seine Anwendung gegen Seekrankheit. Überall war er berühmt wegen seiner stimulierenden Wirkung auf den gesamten Körper. Trotz seiner guten medizinischen Wirkungen kann Wermut, im Übermaß angewandt, ein schädigendes, süchtig machendes Gift sein. *Absinth,* der Bitterstoff aus der Wurzel, war der Würzstoff des französischen Absinthlikörs, der so süchtig machte, daß viele an ihm starben, so auch Verlaine und Toulouse Lautrec. Absinth wurde 1915 verboten. Wermut wurde einst auch anstelle von Hopfen beim Bierbrauen benutzt, heute jedoch nur noch zum Aromatisieren von Likören, Wermutwein, Tonicwater und Aperitifs. Sollte jedoch nicht längere Zeit eingenommen werden, da er chronische Vergiftung, epileptische Krämpfe und Degeneration des gesamten Nervensystems bewirkt. Mességué hält Wermut für ein exzellentes Tonikum und geeignet, den Appetit anzuregen. Er verordnete ihn einem jungen Mädchen, das an Magersucht litt, und sah, daß sie wieder Geschmack am Leben fand. Er empfiehlt ihn auch bei Leberfunktionsstörungen, Gelbsucht, viröser Hepatitis, bei später und unregelmäßiger Regel. Es ist jedoch wichtig, mit einer solchen starken Droge sehr vorsichtig umzugehen, auch sollte sie nie von schwangeren oder stillenden Frauen oder Personen mit ernsten Magen- oder Darmbeschwerden genommen werden. Für einen Aufguß nimmt man 7 g getrocknete Blätter in $^1/_4$ l kochendes Wasser, läßt 4 Min. ziehen, gießt ab, süßt und trinkt 1 bis 2 Tassen pro Tag für die Verdauung, bei Sodbrennen, zur Regulierung der Periode, Linderung von Fieber und Rheumatismus und als Tonikum für Leber- und Gallenblase. In Brandy ist er ein Mittel gegen Gicht. Wermut ist im Garten an trockener heißer, sonniger Stelle leicht zu ziehen. Aussaat oder Anpflanzung aus dem Heilkräutersortiment. Blüten und Blätter werden an sonnigen Tagen während der Blütezeit von Juli bis September gesammelt, getrocknet und luftdicht verschlossen aufbewahrt.

Beifuß *Artemisia vulgaris* ist eine aromatische Staude Europas und der temperierten Klimagebiete der Nordhalbkugel. Er wächst auf Ödland, an Hecken, Wegrändern und vermehrt sich schnell mit seinem holzigen Wurzelstock, aus dem aufrechte kantige, meist rötlich überlaufene, in der Spitze verzweigte Triebe erwachsen, die 60 bis 120 cm hoch werden. Die

Römische Kamille *Chamaemelum nobile*

unteren Stengelblätter sind doppelt, die mittleren und oberen einfach gefiedert. Oberseits grün und unterseits weißlich und samtig behaart. Die kleinen gelblichen oder rötlich überlaufenen Blütenköpfchen sind kurzgestielt, filzig behaart und sitzen in langen Rispen an den Stengelenden und blühen von Juli bis September. Der Gattungsname kommt von der griechischen Göttin *Artemis,* die wie die römische Göttin Diana nicht nur Schutzherrin der Jagd, sondern auch der Frauen war. Sie half den Frauen bei ihren Krankheiten, besonders jenen, die mit Menstruation, Empfängnis, Geburt und Wechseljahren zusammenhingen. Die Nutzung von Beifuß geht in alte Zeiten zurück. Man glaubte, er habe magische Kräfte und trug ihn als Talisman gegen Ermüdung, Krankheiten und böse Geister. Von Johannes dem Täufer heißt es, daß er mit einem Gürtel aus Beifuß in die Wüste gezogen sei. Wenn auch heute nicht mehr zum Aromatisieren von Bier benutzt, dient Beifuß doch noch in der Likörindustrie zur Aromatisierung wegen seines bitteren, aber doch aromatischen Geschmacks und Geruchs. Beifuß ist ein gutes Gegenmittel bei Völlegefühl nach reichlichem Essen und hilft fettiges Fleisch und öligen Fisch verdauen. Deshalb wird er bei uns auch zu Gans, Ente, Aal, auch Schweinebraten gern benutzt. Ein klein wenig feingehackt, gibt er Salaten einen besonderen Geschmacksakzent. Seine Hauptanwendung lag bei schwieriger oder unregelmäßiger Menstruation und in der Anwendung als Hilfe für Frauen während der Wechseljahre. Schwangere Frauen sollten Beifuß wegen seiner Wirkung auf die Gebärmutter nicht als Heilpflanze anwenden. Culpeper sagt: »Er wird mit anderen Kräutern gekocht, um der Frauen Zeit zu bringen, wenn

man darüber sitzt und die Geburt zu fördern und die Nachgeburt auszustoßen.«

Er sagt auch, daß der Saft des frischen Krautes ein gutes Mittel sei für die, die darunter leiden, daß sie »zu viel Opium genommen haben«. Ein milder Beifußtee wurde bei schlechter Verdauung und Magenstörungen verschrieben und auch zur Linderung von Hysterie, Nervosität, Fieber und Rheumatismus. Für einen milden Beifußtee nimmt man 10 g getrocknetes Kraut auf 1 l kochendes Wasser und läßt 5 Min. ziehen, abgießen und 2 Tassen pro Tag davon trinken. Beifuß wächst überall wild, sollte aber seine Stelle im Garten als Würzpflanze haben. Die Blütenteile werden, wenn noch nicht voll aufgeblüht, gesammelt und für die Winterwürze getrocknet.

Eberraute *Artemisia abrotanum* ist ein stark aromatischer kleiner Strauch Südosteuropas, Kleinasiens und des ganzen Mittelmeergebietes und heute in Nordamerika eingebürgert. Eberraute wird in den Gärten als Würzpflanze und Zierde gezogen, braucht aber bei uns leichten Winterschutz. Der kriechende verholzende Wurzelstock treibt aufrechte, seidig behaarte, unregelmäßig verzweigte Äste, die 100 cm hoch werden. Die feingeschnittenen graugrünen Blätter sind oberseitig glatt und unterseits behaart, und die gelben kleinen Blüten stehen in Köpfen und blühen von Juli bis Oktober. Die Blätter haben einen bitteren Zitronengeschmack und werden in Frankreich und Italien zur Aromatisierung von Kuchen benutzt. Sie werden auch Salaten und Kräuteressigen beigemischt, und die Essenz gibt Parfüms zarten Duft. Auch die Eberraute hielt man für geeignet, Müdigkeit und Infektionen abzuwehren und man gab sie

Wermut *Artemisia absinthium ›Lambrook Silver‹*

Beifuß *Artemisia vulgaris*

Wermut *Artemisia absinthium*

Eberraute *Artemisia abrotanum*

Römischer Wermut *Artemisia pontica*

auch Kindern zum Austreiben von Würmern. Sie ist auch ein Motten- und Insektenmittel.

Ihre medizinischen Hauptanwendungen waren Abort auszulösen, Menstruation zu fördern, als Stimulans und Tonikum und Adstringens zu wirken. Wegen ihrer Eigenschaft, die Menstruation wieder herzustellen, sollte sie unter keinen Umständen von schwangeren Frauen genommen werden. Wegen der Wirkungen verbietet sich eine Selbstmedikation. Eberraute wächst problemlos im Garten.

Römischer Wermut *Artemisia pontica* ist die delikateste der aromatischen Beifußarten, die in Mittel- und Osteuropa zu Hause sind. Er wird zur Aromatisierung von Wermut benutzt und empfohlen zur Stärkung des Magens und Förderung der Verdauung. Im 18. Jahrhundert meinte der englische Apotheker Dr. John Hill, daß die Deutschen nur deshalb so viel essen könnten, ohne krank zu werden und Verdauungsstörungen zu bekommen, weil sie nach jedem Mund voll Nahrung einen Mund voll Wermutwein trinken würden. Der römische Wermut muß im Garten im Zaum gehalten werden, da er schnell wuchernd größere Flächen bedeckt.

Feldbeifuß *Artemisia campestris subsp. borealis* ist ebenfalls aromatisch mit feingeschlitzten grauen Blättern und in Nordamerika wie in Nordasien und den Alpen beheimatet.

Römische Kamille *Chamaemelum nobile* (synonym *Anthemis nobilis*) ist in Westeuropa bis hinüber nach Nordirland heimisch und im mittleren und südlichen Europa wie auch in Nordwestafrika und den gemäßigten Klimazonen

Asiens eingebürgert. Sie ist bei uns Gartenheilpflanze seit alter Zeit und auch als Zierpflanze in einer gefüllt blühenden Form, d. h. Blütenköpfchen nur aus Zungenblüten bestehend, verbreitet. Sie ist flachwachsend und deshalb auch zu den in England beliebten Kamillenrasen geeignet. Hat feine Faserwurzeln und aufrechte, meistens aufliegende, verzweigte behaarte Stengel, die 10 bis 40 cm lang werden. Die wechselständigen bis 5 cm langen Blätter sind feinfiederteilig und die weißen Margaritenblüten sind einzeln endständig und blühen von Mai bis September. Die römische Kamille war nicht nur wegen ihrer Heilkraft ein bevorzugtes Gartenkraut, sondern auch wegen ihres angenehmen, an Äpfel erinnernden Geruchs. Daran erinnert auch der Gattungsname, der vom griechischen *kamai* ›auf dem Grund‹ und *melon* ›Apfel‹ kommt. Ebenso bedeutet der spanische Name *manzanilla* ›kleiner Apfel‹ und ein leichter Sherrywein wurde so genannt, da er mit römischer Kamille aromatisiert war. Die römische Kamille hat, wenn auch möglicherweise bereits vor der Römerzeit bei uns angebaut, seitdem ihre Bedeutung als Heilpflanze nicht mehr verloren. Im Mittelalter wurde sie auch als Streukraut benutzt, wenn auch die englische Sitte, mit ihr Kamillenrasen zu pflanzen, der beim Begehen aromatisch duftet, wegen der bei uns nicht sicheren Winterhärte wegfällt. Die römische Kamille galt auch als Pflanzenarzt, d. h. wenn man sie neben eine kranke Pflanze setzte, diese alsbald wieder gesunden würde.

Die römische Kamille hat einen bitteren Geschmack und wird deshalb meist nicht für Tee verwendet.

Es gab beträchtliche Kontroversen, ob die römische Kamille oder die echte Kamille (s. S. 67)

medizinisch die wirksamste sei. Weiss vermutet, daß beide die gleichen wirksamen Eigenschaften besitzen und zur Erreichung guter Wirkungen auch kombiniert werden können. Medizinisch hat sich die Meinung über die Wirkung der römischen Kamille in den letzten 50 Jahren beträchtlich geändert. Früher hielt man sie für ein verbreitetes Heilkraut, das aber nicht sehr wirksam sei. Heute aber ist durch die Wissenschaft bestätigt, daß sie zumindest eine der aus langer Erfahrung ihre nachgesagten heilenden Eigenschaften besitzt. Der wirksamste Inhaltsstoff des Kamillenöls ist Azulen, und dieses hat in Verbindung mit den gesamten anderen Wirkstoffen drei medizinische Wirkungen: Entzündungen und Fieber werden vermindert, Krämpfe gelindert und wirkt Blähungen und Magenkrämpfen entgegen. Kamille hat sich wissenschaftlich belegt als sehr günstig zur Behandlung von Geschwüren erwiesen, da sie antitoxische und antibiotische Eigenschaften besitzt. Zusammen mit Milchzucker oder Milchsäure gegeben, baut sie das Gleichgewicht der Darmflora wieder auf. Jedoch bei allen Behandlungen wie akute Gastritis, Geschwüre, Krankheiten der oberen Atemwege, verstopften Stirnhöhlen wird sich die Situation nur verbessern, wenn Kamillentee mehrmals täglich über längere Zeit, möglicherweise bis zu drei Monaten getrunken wird.

Römische Kamille kann man an geschützter Stelle in unkrautfreien, nährstoffreichen lehmigen Böden aussäen und muß die Stelle bis zur Keimung feucht halten und vor Vögeln schützen. Einfacher ist es, sich aus dem Kräutersortiment geeignete Pflanzen zu beschaffen und im Kräutergarten trocken und warm genug auszupflanzen. Echte Kamille S. 66 und 67.

Mädesüß *Filipendula ulmaria*

Buntblättriges Mädesüß

Mädesüß *Filipendula ulmaria* (synonym *Spiraea ulmaria*) ist eine aromatische Staude Europas und des gemäßigten Asiens bis China und heute auch im östlichen Amerika verbreitet. Mädesüß wächst in Feuchtwiesen und uferbegleitenden Hochstaudengesellschaften, auf nassen, nährstoffreichen humosen Böden. Es hat einen aufrechten gefurchten, kantigen rotgefleckten Stengel und wird 60 bis 120 cm hoch. Die unterbrochen gefiederten Blätter tragen oberseits dunkelgrüne und unterseits weißfilzige, am Rande ungleich gesägte Blätter. Die stark honigduftenden Blütenstände blühen cremeweiß von Juni bis August. Mädesüß war eines der verbreitetsten Streukräuter in alten Zeiten, da sein ange-

nehmer Duft schnell den ganzen Raum erfüllt. Es heißt, daß es eine der heiligen Pflanzen der Druiden war. Das Beigeben der Blüten zu Bier und Wein hielt man für berauschend. Gerard behauptet, daß die Blüten, in Wein gekocht, gut gegen Schüttelfrost wären und das Herz fröhlicher machen. Man hielt das destillierte Wasser von Mädesüßblüten als gut gegen Jucken und entzündete Augen. Seine medizinische Hauptanwendung war als harntreibendes Mittel. Aber Jean Palaiseul in *Grandmother's Secrets* behauptet, daß es auch auf viele andere Weisen wirksam sei, da es Salicylsäuremethylester als Glycosid und Salicylaldehydglycosid enthalte. Beides Verbindungen, die sich chemisch unschwer zu Acetylsalicylsäure, d. h. zu Aspirin verändern lassen. Er sagt, daß beim Trocknen von Mädesüß die Salicylsäuremethylverbindung in Salicylsäure und ihre Verbindungen mit Natrium, Kalium, Magnesium usw. umgewandelt werden. Diese Salze seien Hauptgegenmittel besonders gegen Harnsäure, die bei Ablagerung in den Gelenken verantwortlich sei für Gicht und ebenso gegen Oxalsäure, die zusammen mit Harnsäure oft zur Bildung von Nieren- und Harngrieß führt. Deshalb meint er, daß Mädesüß bei vielen Krankheiten helfe, bei denen man heute Aspirin verschreibt. Erkältungen, Grippe, Gliederreißen, Gicht, wie auch Nieren- und Blasenbeschwerden, Blasensteine, Arteriosklerose und Schlaflosigkeit.

Ein Aufguß macht man von den in Vollblüte gesammelten und ohne Stengel getrockneten Blüten. Man nimmt 30 bis 60 g auf 1 l fast kochendes Wasser (da beim Kochen die Salicylsäure mit dem Dampf entweicht), bedeckt 10 Min. ziehen lassen, abgießen und 3 bis 4 Tassen pro Tag zwischen den Mahlzeiten trinken. Der Aufguß ist auch ausgezeichnet zur Behandlung von Durchfall geeignet. Ein starker Absud der gekochten Wurzeln soll gut sein zum Baden von Entzündungen und Geschwüren.

An feuchter Stelle gut im Garten zu ziehen, sollte aber nicht mit der Trockenrasenpflanze *Filipendula vulgaris* auf S. 150 verwechselt werden.

Filipendula ulmaria ›Variegata‹ ist eine Sorte mit gelbpanaschierten Blättern und als Gartenzierpflanze gut für Kontraste geeignet.

Waldmeister *Galium odoratum* (synonym *Asperula odorata*) ist eine Staude Europas, Nordafrikas und Sibiriens, die in Buchen- und anderen Laubmischwäldern auf frischen nährstoffreichen, humosen, sandigen oder steinigen Lehmböden vorkommt. Die dünnen kriechenden Wurzelstöcke tragen aufrechte vierkantige 15 bis 45 cm hohe Stengel. Die schmalen Blätter stehen zu sechs bis neun in Quirlen an den Knoten und die kleinen weißen Blüten sitzen zu vielen doldenähnlich am Stengelende und blühen von Mai bis Juni.

Waldmeister ist leicht angewelkt – da dann der Kumaringeruch besonders stark wird – das Würzkraut für die Waldmeisterbowle.

Die welkende oder getrocknete Pflanze duftet nach Kumarin, die manche als Mischung aus Heu- und Honigduft mit Vanille beschreiben. Im Mittelalter wurde Waldmeister als Streukraut benutzt und in Kirchen gehängt. Zwischen die Wäsche gelegt, gab er ihr seinen Duft und hielt Motten und Insekten fern. Wegen seines hohen duftenden Kumaringehaltes wurde er in Duftmischungen genutzt, ausgefallenen Schnupftabaken zugesetzt und in der Parfümerie benutzt und dies nicht nur wegen seines eigenen Duftes, sondern auch wegen der Eigenschaft, andere Düfte zu fixieren und zu überdecken. Man glaubte auch, daß er viele medizinische Eigenschaften besitze. So wurde er früher gegen Regelschmerzen, während der Wechseljahre, bei Gebärmutterkrämpfen und Frauenbeschwerden empfohlen. Man war auch für die

Waldmeister *Galium odoratum*

Anwendung bei Leber- und Nierenbeschwerden, Wassersucht, schlechter Verdauung und Krampfadern. Aber nach Jean Palaiseul ist er hauptsächlich ein ausgezeichnetes Beruhigungsmittel für die Nerven. Waldmeistertee lindert, beruhigt und entspannt, und manche sagen, er sei wirksamer als moderne Beruhigungsmittel – und das auch noch ohne beunruhigende Nebenwirkung. Man nimmt 30 g getrocknete Blätter in 1/2 l kochendes Wasser und läßt 5 Min. ziehen, abgießen und 1 bis 2 Tassen pro Tag, eine davon abends zur Schlafförderung und Spannungslösung. Clare Loewenfeld und Philippa Back in *The Complete Book of Herbs and Spices* liefern das folgende Maibowlenrezept: »Man nehme eine kleine Handvoll frischen Waldmeister und lasse ihn an warmer Stelle 3 Stunden trocknen, entfernt die Stengel und gibt die Blätter in ein großes Bowlengefäß, dazu den Saft einer Zitrone, 1/2 Flasche leichten Weißwein, damit die Blätter bedeckt sind, und läßt das Ganze an einem warmen Platz 3 bis 4 Stunden stehen. Dann kommen je nach Geschmack 4 bis 6 Eßl. Zucker dazu und 11/2 Flaschen Weißwein. Im Kühlschrank kühlen und kurz vor dem Servieren 1 Flasche Sekt daruntermischen. Wenn man ihn stärker möchte, kann man etwas klaren Schnaps vor dem Servieren hinzugeben. Ergänzen läßt sich das Ganze mit Erdbeeren, die man aufgeschnitten und mit Zitronensaft beträufelt und Zucker bestreut hat.«

Weiss berichtet, daß man Kumarin seit kurzem bei Anwendung in hohen Dosen als Leberschäden auslösend und krebserregend in Tieren feststellte, fügte aber hinzu, daß die Wirkstoffe vieler Heilpflanzen, in hohen Dosen angewandt, toxische Effekte haben können und man deshalb diese Erkenntnisse nicht auf die kleinen, in der Pflanzenheilkunde angewandten Wirkstoffmengen im Zusammenhang des Gesamtwirkstoffkomplexes der Pflanze beziehen dürfe.

Waldmeister ist ein attraktiver Bodendecker unter lichten Gehölzen im Garten, in deren Schatten andere Pflanzen sich nicht gut entwickeln. Obwohl aus Samen vermehrbar, pflanzt man besser, da sich der Waldmeister auf diese Weise problemloser ansiedeln läßt.

Echtes Labkraut *Galium verum* ist eine Staude Europas und Westasiens und heute auch in ganz Nordamerika verbreitet. Es wächst an Wegrändern, auf Ödland, in Dünen und in heckenreichen warmen Trockenrasengesellschaften auf humosen, lockeren Lehm-, Löß- oder auch Sandböden. Der runde kriechende verholzte Wurzelstock trägt aufrechte bis niederliegende, vierkantige verzweigte Stengel, die 25 bis 100 cm lang und beim Trocknen schwarz werden. Die schmalen Blätter mit erhabenen Adern auf der Unterseite stehen zu sechs bis acht in Quirlen. Die kleinen gelben Blüten stehen in dichten endständigen Trugdolden und öffnen sich honigduftend Ende Mai bis August. Der Gattungsname kommt vom griechischen *gala* ›Milch‹ und bezieht sich wahrscheinlich auf

Echtes Labkraut *Galium verum*

die Eigenschaft der Pflanze mit ihrem Saft, ebenso wie Lab, Milch zum Gerinnen zu bringen. Diese Eigenschaft benennt auch unsere Bezeichnung Labkraut. Das echte Labkraut wurde auch in der Toskana benutzt, um Ziegenkäse einen milderen Geschmack zu geben. Das echte Labkraut gehört auch zu den Färberpflanzen. Die Wurzeln färben rot und die Blüten gelb. Die Blütenstände in Wasser destilliert, ergeben ein erfrischendes Getränk. Medizinisch hielt man die Pflanze für wirksam bei Epilepsie und Hysterie und als verbreitetes Mittel gegen Gallensteine und Harnwegserkrankungen. Culpeper empfiehlt sie, um Nasenbluten und innere Blutungen zu stillen, und ein Aufguß der Blätter gilt als abführend, und nach Gerard wirkt eine Salbe bei müden Reisenden lindernd. Für einen Aufguß nimmt man eine Handvoll Blätter in 1/2 l kochendes Wasser und läßt 10 Min. ziehen, gießt ab und trinkt wie erforderlich. Die blühenden Triebenden werden im Sommer gesammelt und in der Sonne getrocknet.

Färberwaid *Isatis tinctoria*

Färberwaid *Isatis tinctoria* ist bei uns eine zwei-jährige Pflanze, von Europa bis Westasien und Nordafrika und heute seit alter Zeit in vielen Gegenden aus Kultur verwildert. Er wächst bei uns an heißen steinigen Stellen, in Weinbergen und an den Hängen der westlichen und südlichen Flußtäler. Färberwaid hat eine kräftige Pfahlwurzel, die im ersten Jahr eine Blattrosette trägt und aus der im zweiten Jahr verzweigte Blütenstengel 50 bis 120 cm hoch wachsen. Die Fülle der kleinen lockeren gelben Blüten öffnet sich von April bis Juli und entwickelt sich zu großen schwarzen zungenförmigen einsamigen Früchten. Der Färberwaid wurde seit römischen Zeiten in klimatisch günstigen Gegenden, bei uns im großem Umfang angebaut, da seine fermentierten Blätter eine blaue Stofffarbe lieferten. Als dann aus den britischen Kolonien das Indigo importiert wurde, eine lichtechtere und stabilere blaue Farbe, war der Färberwaidanbau zu Ende. Aber auch der Indigo beherrschte nicht lange den Markt. Er wurde durch die noch stabileren Anilinfarben verdrängt. Kleine Mengen Färberwaid werden noch privat zur Stoff- und Wollefärbung im Hobbyverfahren angebaut. Waid war auch die Grundlage für eine schwarze Farbe. Das stark adstringierende Kraut wird nur äußerlich als Pflaster bei Milzschmerzen und als Salbe für Geschwüre und Entzündungen und zum Blutstillen angewandt. Culpeper sagt: »Ein Pflaster aus Färberwaid auf die Stelle der Milz gebracht, die an der linken Seite liegt, nimmt deren Härte und Schmerzen weg. Die Salbe ist sehr gut für solche Geschwüre, die stark nässen, und nimmt die bösen Körpersäfte weg, die zerstören und Sorgen machen.« Waid läßt sich leicht aus Samen ziehen, benötigt aber trockene, sonnige, sommerheiße Stellen ohne Staunässe. Die ersten

Blätter können geerntet werden, wenn sie ausgewachsen sind, und meist sind zwei bis drei Folgeernten nach einigen Wochen möglich.

Färberreseda *Wau Reseda luteola* ist eine zweijährige Pflanze Mittel- und Südeuropas, Westasiens und Nordafrikas und heute auch in Nordamerika eingeführt. Sie wächst in Schuttunkrautgesellschaften, auf Ackerland, an Mauern und warmen Südhängen, auf nährstoffreichen, meist kalkhaltigen, auch verdichteten, aber auch schotterigen Böden. Sie hat eine tiefgehende Pfahlwurzel, die im ersten Jahr eine Blattrosette bildet und dann im zweiten Jahr den aufrecht gerippten hohlen, etwas verzweigten Blütenstengel treibt, der 50 bis 150 cm hoch werden kann. Die Grundblätter sind speerförmig und stengellos. Die Stammblätter schmal mit stielähnlichem Grund und ungestielt. Der Blattrand ist leicht gewellt. Die gelbgrünen Blüten stehen dicht in der langen endständigen Traube und öffnen sich von Juni bis September.

Der Wau, die Färberreseda, wurde früher wegen ihrer gelben Farbe zum Stofffärben und Malen angebaut und ist bei uns wahrscheinlich überall aus diesem frühen Anbau verwildert.

Klebkraut *Galium aparine* ist ein einjähriges Kraut Europas, Nord- und Westasiens und heute in viele Teile der Welt verschleppt. Es wächst in Unkrautfluren, Getreidefeldern, Flußufern, Hochwäldern, Hecken, auf Schutt, besonders auf frischen nährstoffreichen, stickstoffreichen, lehmigen oder tonigen Böden. Der kriechende Wurzelstock treibt einen vielverzweigten kantigen hakenborstigen Stengel, an dem die schmalen speerförmigen, stachelspitzigen Blätter zu sechs bis neun in Quirlen stehen. Trieblänge je nach Standort von 15 bis 150 cm und mehr. Die grünweißen kleinen Sternblüten

stehen auf Stielen in den Blattachseln und blühen von Mai bis September und entwickeln sich dann zu zwei runden mit Hakenhaaren dicht versehenen Früchten, die wie Blätter und Stengel sich überall festhaken können.

Der Gattungsname kommt vom griechischen *gala* ›Milch‹ und bezieht sich auf die labartige Wirkung des Saftes, Milch zum Stocken zu bringen. Das griechische *aparo* ›erfassen‹ meint die Fähigkeit der Pflanze, sich als Spreizklimmer überall festzuhaken und so nach oben zu gelangen und besonders auch seine Früchte überall anzuheften. Das Klebkraut, manchmal auch Klettenlabkraut genannt, kann bei starkem Vorkommen ein Problemunkraut in Getreidefeldern sein. Gänse lieben diese Pflanze, weswegen sie in England auch *goosegrass* ›Gänsegras‹ heißt. Klebkraut hat eine lange Anwendungsgeschichte in der Volksmedizin und bei Kräuterkundigen. Die Wurzeln liefern eine rote Farbe und die Samen sind ein schmackhafter Kaffee-Ersatz. Die Blätter wurden als Gemüse gepriesen, aber andere finden sie bitter und ungenießbar. Sie sind eine brauchbare Ergänzung zu einer Gemüsesuppe und Culpeper sagt: »Klebkraut wird meist in Brühe gegessen, um die dünn und hager zu halten, die schnell dick werden.« Der frische Saft galt als blutstillendes Mittel, und gut für Wunden und Geschwüre. Ein Aufguß des getrockneten Krautes hielt man für ein gutes Mittel, ruhigen Schlaf zu fördern, oder nutzte ihn als Hautlotion gegen Sommersprossen und Sonnenbrand. Klebkraut war als gutes allgemeines Tonikum Bestandteil vieler berühmter ländlicher Frühjahrskuren und galt auch als gut gegen Skorbut und Hautkrankheiten, wie auch Harnwegsinfektionen und Blasensteine. Als Salbe wurde Klebkraut bei Verbrühungen und Verbrennungen angewandt und als

Färberwaid, *Isatis tinctoria*

Gelber Wau *Reseda luteola*

Klebkraut *Galium aparine*

Wiesenlabkraut *Galium mollugo*

Umschlag bei Entzündungen und Pusteln. Es wurde als wirksam bei Krebs erklärt, doch konnten diese Behauptungen durch die Forschung weder positiv noch negativ geklärt werden. Für einen Aufguß nimmt man 30 g getrocknetes Kraut in ½ l kochendes Wasser, läßt 5 Min. ziehen, gießt ab und trinkt mehrere Gläser davon pro Tag. Klebkraut ist verbreitet zu finden und sollte gesammelt werden, bevor es Samen ansetzt.

Wiesenlabkraut *Galium mollugo* ist eine Staude Europas und Nordasiens, die in Fettwiesen, an Waldrändern und Auengebüschen und Auwäldern und auf Halbtrockenrasen und Steinschuttgesellschaften, auf meist frischen nährstoffreichen Lehm- und Tonböden wächst. Das Wiesenlabkraut ähnelt dem echten Labkraut (S. 83), wächst aber kräftiger und blüht weiß. Es hat die gleichen Eigenschaften und kann ebenso verwendet werden.

Färbermeier, Färbermeister *Asperula tinctoria* ist eine Staude Nord- und Mitteleuropas, die in Wiesen und auf felsigen Stellen wächst und im Juni/Juli blüht und deren Wurzeln eine rote Farbe liefern.

Färbermeister *Asperula tinctoria*

Indigo *Indigofera tinctoria*

Asarum canadense

Färberhülse *Baptisia australis*

Färberginster *Genista tinctoria*

Indigo *Indigofera tinctoria* ist ein Halbstrauch, dessen Heimat nicht genau bekannt ist und in Indien in großem Maße angebaut wurde. Seine blaue Farbe ließ den Anbau des Färberwaids verschwinden, wurde aber selbst wiederum durch die späteren Anilinfarben verdrängt. Die Farbe entsteht aus den Blättern nach der Fermentierung und Oxydation des Inhaltsstoffes in die Indican. Es wurde früher auch in der Heilkunde verwendet, jedoch heute nicht mehr, da es Erbrechen bewirkt.

Unkompliziert aus Samen zu ziehen, benötigt jedoch Warmhauskultur.

Indigolupine Färberhülse *Baptisia tinctoria* ist eine buschige Staude aus dem Südosten Nordamerikas, die dort auf trockenem sonnenverbranntem Land wächst. Sie hat einen schwarzen verholzten dichtbewurzelten Wurzelstock. Die kleinen wechselständigen Blätter sind dreiteilig und haben keilförmige Blättchen. Die leuchtendgelben Blüten öffnen sich von August bis September in endständigen Trauben.

Der Gattungsname kommt vom griechischen *bapto* ›färben‹, da die schwarze Wurzel eine, wenn auch schlechtere, oft als Ersatz für Indigo benutzte Farbe liefert. Die Indianer Nordamerikas benutzten einen Wasserabsud der Wurzel äußerlich für aseptische Waschungen, und die ersten Siedler entdeckten die adstringierenden und aseptischen Eigenschaften zur Anwendung bei Entzündungen, Geschwüren und Ekzemen. Die Pflanze hat auch abführende Eigenschaften und wurde gegen Scharlach und Typhus angewandt. *Baptisia tinctoria* und auch die violett blaublühende *Baptisia australis* sind prächtige,

langlebige Gartenblütenstauden für trockene heiße Stellen.

Haselwurz *Asarum europaeum* ist eine immergrüne Staude Europas bis Westsibiriens und bis zum Altaigebirge. Sie wächst in Laubwäldern und Gebüschen, auf frischen bis feuchten nährstoffreichen, meist kalkhaltigen Mullböden. Haselwurz hat einen dicken kriechenden Wurzelstock mit behaarten Kurztrieben, die zwei langgestielte dunkelgrüne nierenförmige Blätter und im Mai eine einzelne hängende schmutzig braunrote dreizipfelige Blüte tragen.

Haselwurz hat einen starken pfeffrigen Geschmack und Duft und wurde in der Vergangenheit als Abführmittel und Brechmittel benutzt und bei Kopferkältungen zur Förderung des Niesens. Es ergaben sich aber Beden-

Besenginster *Cytisus scoparius*

ken wegen ihrer Giftigkeit, so daß sie heute nicht mehr in der Medizin angewandt wird. Eine leuchtend apfelgrüne Farbe wurde früher von der Pflanze zum Wollefärben gewonnen. Haselwurz und verwandte Arten Amerikas und Asiens sind gute immergrüne Bodendecker unter Bäumen.

Kanadischer Haselwurz *Asarum canadense* wächst in Nordamerika ähnlich unserer Art. Sie wurde bei Brustbeschwerden, Wassersucht, Krämpfen im Magen- und Darmbereich angewandt. Ein Indianerstamm kochte die Wurzel langsam in wenig Wasser über längere Zeit und trank den Absud in der Annahme, daß er empfängnisverhütende Eigenschaften habe.

Färberginster *Genista tinctoria* ist ein kleiner Strauch Europas, des Mittelmeergebietes und mit Verbreitung über Kleinasien bis zum Kaukasus und zum Ural, der heute auch in Nordamerika verwildert ist. Er wächst in Zweigstrauchheiden, Halbtrockenrasengesellschaften, auf nährstoffreichen, meist kalkarmen, sandiglehmigen oder steinigen Böden. Der Färberginster ist eine aufsteigend wachsende Pflanze mit schlanken verzweigten Stämmen, die 30 bis 75 cm hoch werden. Die aufrechten steifen Zweige tragen speerförmige wechselständige glatte, am Rande behaarte Blätter. Die leuchtendgelben Blütenstände öffnen sich im Juli und entwickeln sich zu zusammengedrückten Hülsen mit 5 bis 10 Samen. Färberginster wurde seit römischer Zeit wegen seiner wunderbaren gelben Farbe, die in der ganzen Pflanze, aber besonders in den blühenden Trieben enthalten ist, gesammelt und genutzt. Gemischt mit Färberwaid, entsteht eine ausgezeichnete grüne Wollfarbe. Färberginster war nie eine offizielle Droge. Ein Absud der Pflanze wurde aber zur Behandlung von Gicht, Wassersucht und Rheumatismus genutzt, d. h., daß die pulverisierten Samen ein mildes Abführmittel waren und auch

einmal in Pflastern für gebrochene Gliedmaßen verwendet wurden. Färberginster läßt sich auf kalkarmem Boden an sonniger Stelle im Garten gut kultivieren.

Besenginster, Eifelgold *Cytisus scoparius* (synonym *Sarothamnus scoparius*) ist ein aufrecht wachsender Strauch Europas und Nordasiens und heute in Teilen Nordamerikas verwildert. Er wächst auf Sandböden in Heiden, auf Ödland, in Wäldern, Weiden und an der See und wird bis über 2 m hoch. Die Stämmchen sind dicht aufrecht mit grünen kantigen zähen Seitenzweigen besetzt und haben unten dreiteilige gestielte wechselständige Blätter, während die oberen meist stengellos und kleiner auf Blättchen reduziert sind. Die leuchtendgelben duftenden Blüten sind achselständig und öffnen sich von April bis Juli und entwickeln sich dann zu flachen Hülsen, die mit deutlichem Geräusch platzen, wenn sie die reifen Samen ausschleudern. Das lateinische Wort *Scopa* bedeutet Besen. Im lateinischen Pflanzennamen steckt also das gleiche wie bei uns im Besenginster, die alte Verwendung als Besen zum Kehren. Früher auch *Genista scoparius* genannt, hat der Besenginster eine lange Geschichte in der Medizin und auch in der Heraldik bis zurück ins Mittelalter. Georg von Anjou trug einen Zweig des Besenginsters an seinem Helm, als er in die Schlacht ritt, von da an war es das Symbol Großbritanniens. Heinrich II., der diese Provinz beanspruchte, übernahm ihren mittelalterlichen Namen *Planta genista*, der dann zu seinem Familiennamen Plantagenet wurde. Eine alte Legende sagt, daß der Besenginster steif und aufrecht stehenblieb, als andere Sträucher ihre Zweige breitmachten, um Maria und Josef und das Jesuskind auf der Flucht vor Herodes zu verdecken. So wurde der Besenginster dazu verdammt, steif und trocken bis zum Ende dieser Tage zu stehen. Diese böse Geschichte

brachte dem Besenginster einen schlechten Ruf ein und verband ihn mit den Hexen, die ja bekanntlich auf einem Besenstiel ritten, der im englischen ›broomstick‹ heißt, und *broom* ist auch der Name des Besenginsters. Besenginster gehörte auch zu den Zaubertränken, mit denen man Hexen in die Enge treiben konnte. Befestigt als Erstbesiedler den Boden, gibt er dem Wild und den nach ihm kommenden Sträuchern und Bäumen Schutz. Aus den Zweigen und Ästen machte man Besen und Körbe, man benutzte sie für Bauhütten, zum Abdecken und zum Heizen der Backöfen. Die Rinde liefert eine ausgezeichnete Faser, aus der man Seile und Garne machen kann, und die faserigen Schosse dienen zur Herstellung von Papier und Kleidung. Die Rinde enthält auch viel Gerbstoff und wurde früher zum Färben benutzt. Bevor der Hopfen in England eingeführt wurde, gaben die zarten Zweigspitzen dem Bier einen bitteren Geschmack und steigerten seine Wirkung, auch waren eingelegte Besenginsterknospen zu Zeiten der Königin Elisabeth eine große Delikatesse. Der Besenginster ist die Jahrhunderte hindurch zur Heilung vieler Krankheiten benutzt worden und hat zweifellos beträchtliche therapeutische Eigenschaften. Er ist kräftig harntreibend und kann gut sein bei Blasen-, Leber- und Niereninfektion. Weiss berichtet, daß Besenginster immer wegen seiner herzwirksamen Eigenschaften bekannt war, und die Forschung hat bestätigt, daß er das Alkaloid Spartein enthält, das ähnlich wie Chinin wirkt und sehr nützlich zur Behandlung von Herzrhythmusstörungen ist. Es stimuliert auch das Zusammenziehen der Gebärmutter und wird bei der Geburtshilfe benutzt. Der große Vorteil der Pflanze ist, daß sie nicht giftig ist und über längere Zeiten angewandt werden kann und tatsächlich auch bei Langzeitanwendung wirksamer wird. Wegen der schwierigen Dosierung der selbstgesammelten Droge in keinem Fall Selbstmedikation.

Saflor *Carthamus tinctorius*, aufgenommen am 16. August

Saflor *Carthamus tinctorius* ist eine bei uns einjährig gezogene Pflanze, die wahrscheinlich aus Kleinasien bis Indien stammt, heute aber in Südeuropa, Indien, China, Nordamerika sowie Afrika und in den meisten trockenen Gegenden der Welt verbreitet ist. Sie ist Nutz- und Zierpflanze. Saflor ist reich bewurzelt und hat einen aufrechten, gerieften, der Spitze zu verzweigten Stengel, der 60 bis 100 cm hoch wird. Die Blätter sind oval bis lanzettartig stachelig, deutlich geädert und meist stengellos. Die gelben oder orangerötlichen Blütenköpfchen öffnen sich von August bis Oktober, und die weißen glänzenden Früchte sehen aus wie kleine Muscheln. Saflor galt auch als Arme-Leute-Safran, da er ebenso zum Färben der Nahrung anstelle des viel teureren Safrans benutzt werden kann. Saflor wurde mehrfach genutzt, zum einen enthalten die Blüten zwei Farben, Gelb und Rot. Das Gelb wurde als Safranersatz zum Färben der Nahrung benutzt, und die Hopi-Indianer färbten damit ihr Fladenbrot gelb. Das Rot wurde zum Seidefärben von rosa bis scharlach genutzt oder mit Talkumpuder gemischt als Rouge in der Kosmetik zum Röten der Wangen, zum anderen wird aus den Saflorsamen das Distelöl gewonnen, das mit vielen ungesättigten Fettsäuren gut für den Gebrauch in der Küche ist, und besonders bei fettleibigen oder Menschen mit Herzproblemen empfohlen wird. Für einen Aufguß der Blüten nimmt man 15 g davon in ½ l kochendes Wasser, gießt ab, süßt und nützt dieses als mildes Abführmittel und zum Schweißauslösen. In der Vergangenheit wurde es bei Kindern angewandt, die Masern oder Fieber hatten. Saflor ist im zeitigen Frühjahr an Ort und Stelle auszusäen. Er ist auch eine gute Schnittblume oder Trockenblume.

Färberkamille *Anthemis tinctoria* ist eine kurzlebige Staude Süd- und Mitteleuropas, bis hinauf nach Skandinavien und Südwestasien und im nordöstlichen Nordamerika eingebürgert. Der aufrechte, wollig behaarte verzweigte Stengel wird 20 bis 60 cm hoch, die vier bis acht Zentimeter langen Blätter sind oberseits glatt und unterseits wollig. Die Margeriten ähnlichen, ganz kräftig gelben, einzeln endständigen Blüten werden von vielen Insekten besucht und blühen von Juli bis Oktober. Gute Schnittblume und Blütenstaude trocken, an brandigheißer Stelle. Die Blüten ergeben eine kräftige gelbe Farbe, wie auch der Name sagt.

Färbermädchenauge *Coreopsis tinctoria* ist eine einjährige Pflanze Nordamerikas, die manchmal auf Schuttplätzen und an Wegrändern verwildert und wegen ihrer hübschen Blüten gezogen wird. Die Pflanze hat mehrere glatte, etwas verzweigte Triebe, wird 60 bis 120 cm hoch und trägt gegenständige, fein zerteilte Blätter und einzeln endständige, margeritenähnliche Blüten, deren Mitte rotbraun und die gelben Zungenblüten am Grunde einen rotbraunen Fleck haben. Die Blüten öffnen sich von Juni bis Oktober. Aus den Blüten gewinnt man eine leuchtend gelborangene Stoffarbe.

Färberscharte *Serratula tinctoria* ist eine Staude Europas und Nordafrikas, die an Waldrändern auf Kahlschlägen, feuchten Wiesen und offenem Grasland wächst.

Sie hat eine kurze, kräftige Wurzel und einen dünnen, aufrechten, drahtigen, gerillten 30 bis 90 cm hohen Stengel. Die großen, tief eingeschnittenen Blätter sind dunkelgrün mit feinen haarspitzigen Zähnen am Rand. Die leuchtend purpurfarbenen, kornblumenähnlichen Blüten öffnen sich von Juni bis Oktober. Die Färberscharte liefert eine gelbe Farbe.

Färberkamille *Anthemis tinctoria*

Färbermädchenauge *Coreopsis tinctoria*

Färberscharte *Serratula tinctoria*

Rosette, und die Blüten zeigen eine gelbe Mitte und einen dichten Kranz weißer Zungenblüten und öffnen sich von April bis Juni. Der Gattungsname kommt vom lateinischen *Bellus* ›schön‹ und *perennis* ›ausdauernd‹, also eine ausdauernde Schönheit, unser Gänseblümchen. Mit den Blütenkränzen der Kinder beim Spielen, unter Verwendung der Frühjahrsblattrosetten mit einer Vinaigrette und hart gekochten Eiern zu einem Frühlingssalat, der ähnlich wassertreibend ist wie Löwenzahn, und der schon in alten Kräuterbüchern für Frühjahrsreinigungskuren empfohlen wurde, hat das Gänseblümchen die Geschichte eng mit dem Menschen zusammen erlebt. In England gibt es ein Sprichwort: »Wenn man den Fuß gleichzeitig auf sieben Gänseblümchen setzen kann, dann ist der Sommer da.« In der Vergangenheit schrieb man dem Gänseblümchen viele Heileigenschaften zu, während es heute nur noch in der Homöopathie genutzt wird. Es galt in erster Linie als Wundkraut und wurde bei steifem Nacken, Hexenschuß, anhaltenden Schmerzen, Quetschungen und zur Behandlung von frischen Wunden benutzt. Innerlich hielt man es für erleichternd bei Entzündungen der Leber. Eine starke Abkochung der Wurzeln wurde bei skorbutischen Beschwerden und Ekzemen empfohlen, obwohl man über eine längere Zeit anwenden mußte, um Erfolg zu haben. Eine milde Abkochung soll auch Beschwerden der Atemwege, rheumatische Schmerzen und schmerzhafte Regelbeschwerden erleichtern. Das Kauen frischer Blätter soll Mundgeschwüre heilen helfen. Schon in alten Kräuterbüchern liest man von Gänseblümchenblättern in Frühlingssalaten zur Reinigung des Blutes bei Winterausgang. Ein Stück Wiese mit Gänseblümchen im Garten ist die beste Erntequelle.

Dreiblatt *Trillium erectum* ist eine unangenehm riechende Staude des östlichen Nordamerikas, wo sie in nährstoffreichen feuchten schattigen Wäldern wächst und heute bei uns als Gartenpflanze kultiviert wird. Der unangenehme Geruch führte in ihrer Heimat zu der Bezeichnung »nasser Hund«, was den Geruch sehr gut kennzeichnet. Aus dem kompakten, knotigen Wurzelstock wächst ein schlanker, aufrechter, 20 bis 40 cm hoher Stengel, der am oberen Ende drei dunkelgrüne, spitz zulaufende ovale, leicht geäderte Blätter trägt. In ihrer Mitte steht die braunrote dreiteilige Blüte. Blütezeit: April bis Juni, und dann Entwicklung zu dunkelroten Beerenfrüchten. Der Gattungsname kommt vom lateinischen ›trillium‹ und bezieht sich auf die Dreiteilung bei Blatt und Blüten, *erectum* ›aufrecht‹. Im englischsprachigen Bereich hieß die Pflanze früher ›beth root‹ ›Geburtswurzel‹, da die ersten Siedler die Anwendung bei den Indianern zur Stillung der Blutung nach der Geburt übernahmen. Die Anwendung erstreckte sich auf unterstützende Behandlung bei Gebärmutterproblemen, zum Stillen von Blutungen und zu starker Regel. Die Wurzel hat adstringierende, aseptische Eigenschaften, weswegen sie äußerlich zur Behandlung von Entzündungen, Geschwüren, Gangränen angewandt wurde und als Lotion zum Waschen wunder Brustwarzen. Die in Milch gekochten Wurzeln hielt man für gut bei Durchfall und es hieß, daß das Riechen an einer frischen Wurzel Nasenbluten stille. Heute erfolgt keine Anwendung mehr. *Trillium erectum* und andere Arten sind schöne Gartenpflanzen.

Kuhschelle, Küchenschelle *Pulsatilla vulgaris* (synonym *Anemone pulsatilla*) ist eine Staude Nord- und Mitteleuropas und Westasiens, die in Trockenrasen auf Kalk vorkommt, bei uns aber nur sehr verstreut zu finden ist. Der

Christrose *Helleborus niger*

Christrose *Helleborus niger* ist eine Staude Mittel- und Südeuropas und mancherorts auch verwildert. Sie wächst in Wäldern, Busch- und Strauchbereichen, bergigen Gegenden, insbesondere auf Kalkboden und wird verbreitet in den Gärten kultiviert. Einem kurzen kräftigen Wurzelstock entspringen die langgestielten Blütenstände, die bis 30 cm hoch werden können. Die langgestielten Blätter sind dunkelgrün glänzend, fußförmig sieben- bis neunteilig, die Einzelblättchen mit gesägtem Rand. Die weißen oder leicht rötlichen Blüten öffnen sich von Dezember bis März. Das lateinische *niger* ›schwarz‹ bezieht sich auf den Wurzelstock und *Helleborus* auf die griechischen Worte *Helain* ›sterben‹ und *Bora* ›Nahrung‹, wegen der Giftigkeit der Pflanze. Unsere Bezeichnung Christrose kennzeichnet die erfreuliche Blüte zur Weihnachtszeit. Nach Plinius war die Christrose bereits Jahrhunderte vor Christi Geburt ein Reinigungsmittel zur Behandlung von Wahnsinn, später wurde die getrocknete und pulverisierte Wurzel bei Hysterie und Nervenerkrankungen verschrieben. Die Pflanze ist jedoch ein heftiges Abführmittel und hochgiftig,

so daß sich Selbstmedikation grundsätzlich verbietet. Die frische Wurzel kann auch bei empfindlicher Haut heftige Reizungen auslösen. Wahrscheinlich ist die Christrose wegen ihrer starken narkotischen Eigenschaften früher mit Hexenzauber und Magie in Verbindung gebracht worden. Es wird berichtet, daß die Wurzel nur unter geheimnisvollen Beschwörungen gegraben werden durfte und dann über Vieh geschwenkt wurde, um es vor dem Bösen zu schützen. Auch wird berichtet, daß Hexenmeister die pulverisierte Wurzel benutzten, um sich unsichtbar zu machen. An warmer, nicht zu trockener Stelle eine wunderbare Gartenpflanze mit vielen Sorten.

Gänseblümchen *Bellis perennis* ist eine Staude Europas und Westasiens und heute in den Rasenflächen der ganzen Welt verbreitet.

Man findet das Gänseblümchen von der Küste bis hoch ins Gebirge. Das Gänseblümchen hat eine kräftige Pfahlwurzel mit vielen Seitenwurzeln. Die Blüten sind einzeln endständig und bis 10 cm hoch. Die eiförmigen, leicht gezähnten Grundblätter bilden eine flache

Gänseblümchen *Bellis perennis*, oben Gartenform, unten wild

Dreiblatt *Trillium erectum*

dicke, ziemlich holzige Wurzelstock trägt Blütenstengel, die, sich nach der Befruchtung verlängernd, bis 30 cm hoch werden können. Die feingeteilten Grundblätter sind dicht seidenhaarig und bilden eine Rosette, sie wachsen erst nach der Blüte. Die violett-purpurnen glockenförmigen, aufrechten Blüten sind einzeln endständig und blühen im März und April. Der Gattungsname *Pulsatilla* ist ein lateinischer Pflanzenname und bedeutet ›Kuhglocke‹, da die nickende Blüte mancher Arten genauso aussieht, und das lateinische *vulgaris* ›häufig‹, erinnert daran, daß sie in manchen Gegenden früher häufiger vorkam. Frische Blätter und Blüten der Küchenschelle sind giftig und können bei manchen Menschen deutliche Hautreizungen auslösen. In der Homöopathie wird Küchenschelle als nützliche Heilpflanze bei Atemwegs- und Verdauungsproblemen, zur Bekämpfung von krampfartigem Husten bei Asthma, Keuchhusten und Bronchitis angewandt. Weiss berichtet, daß man sie für heilsam hielt gegen Krämpfe im Bereich der Geschlechtsorgane und zur Wiederherstellung der Regel, zur Linderung von Kopfweh und Neuralgien, und als Heilmittel von nervlicher Erschöpfung bei Frauen. In der Homöopathie ist es auch ein Mittel gegen Masern, Nesselfieber, Zahnweh, Ohrenschmerzen und gallenbedingten Verdauungsstörungen. In der modernen Kräutermedizin wird die Küchenschelle auch äußerlich zur Behandlung der Erkrankung der Netzhaut, wie auch bei grauem und grünem Star genutzt. Küchenschellen wachsen in jedem Garten an sonniger Stelle und sind mit allen gartengeeigneten Arten und Sorten herzerfreuende Frühlingsblumen. Eine Selbstmedikation sollte wegen der Giftigkeit und der Dosierungsprobleme nicht erfolgen.

Dreiblatt *Trillium erectum*

Gartenform der Küchenschelle *Pulsatilla vulgaris*

Große Brennessel *Urtica dioica*, aufgenommen am 20. März

Große Brennessel *Urtica dioica* ist eine Staude, die in allen gemäßigten Regionen der Welt vorkommt und in Heckenbereichen, auf Abfallplätzen, auf Ödland, an Feldrändern, Grasflächen und allen stickstoffreichen Böden verbreitet ist.

Die große Brennessel hat zäh gelbe, flach wachsende Wurzeln und Ausläufer und behaarte Stengel, die 30 bis 150 cm hoch werden. Die ovalen gezähnten Blätter sind hellgrün und wie die ganze Pflanze mit Brennhaaren besetzt. Unsere Bezeichnung Brennessel besagt das deutlich. Die winzigen grünen Blüten wachsen in achselständigen, hängenden Rispen und jeweils in einer Pflanze sind nur männliche oder weibliche Blüten. Die Nesselfaser ist sehr ähnlich der von Hanf und Flachs und wurde für feine Gewebe, wie auch für Segeltuch und Seile verwendet. Da Flachsfaser aber billiger zu produzieren war, wurde dadurch die Nutzung der Nesselfaser verdrängt und erfolgte nur bei Flachsmangel oder in Notzeiten, wie z. B. die Nesselnutzung in Deutschland während der Zeit des 1. Weltkrieges für Militärstoffe. Unsere Stoffbezeichnung Nessel stammt noch von der früheren Nutzung. Manche Hersteller glauben, daß Nesselfaser der von Baumwolle bei der Herstellung von Samt und Plüsch überlegen sei. Nesseln eignen sich auch für die Papierherstellung.

Brennesseln haben einen hohen Vitamin- und Mineralstoffgehalt und sind eine sinnvolle Ergänzung zu menschlicher Nahrung und Viehfutter. Kühe geben bei Nesselfutter mehr Milch und Hühner legen mehr Eier. Mit Nesselsaft kann man Milch gerinnen lassen, eine gute Alternative also für Vegetarier. Eine gelbe Farbe aus den Wurzeln, wie auch ein haltbares Grün der Blätter wurden von russischen Bauern zum Färben von Wolle genutzt. Die Küchennutzung der Brennessel ist alt, man verwendet sie in Salaten und Suppen und als spinatähnliches Gemüse. Nesselbier war früher einmal auf dem Lande beliebt. Nesseln sind leicht verdaulich und ein ausgezeichnetes Tonikum und Reinigungsmittel des gesamten Körpers zu Frühlingsbeginn.

Die Brennessel hat mehrere medizinische Eigenschaften. Sie ist adstringierend, ein Tonikum anti-asthmatisch wirkend und harntreibend. Sie fördert Harnausscheidung und wird deshalb bei Wassersucht, Diabetes, Übergewicht, Rheumatismus und Gicht verschrieben. Ein Aufguß, so heißt es, verbessert die Funktionen von Leber, Galle und Verdauungsorganen und stoppt Durchfall. Nessel stoppt Nasenbluten und eignet sich ausgezeichnet zum Gurgeln bei Halsentzündungen und Geschwüren. Sie hat den Ruf, bei Menstruationsstörungen zu helfen und die Milch stillender Mütter zu mehren. In manchen Teilen der Welt wird das Schlagen des Körpers mit Nesseln als heilsam gegen Rheumatismus gehalten und Mességué behauptet, ein alter Franzose habe ihm gesagt, daß eine solche Behandlung auch die Potenz stärke. Nesselkompressen oder Lotionen sind gut zur Hautreinigung, zur Minderung von Akne und Ekzemen und fördern den Haarwuchs.

Für einen Aufguß und ein generell aufbauendes Tonikum nimmt man 45 g frische Blätter in 1 l kochendes Wasser und läßt 10 Minuten ziehen und gießt ab. Davon drei Tassen pro Tag. Ebenso geeignet sind 30 bis 45 g getrocknete Wurzel in 1 l Wasser, das man zum Kochen bringt und fünf Minuten am Kochen hält und dann zehn Minuten ziehen läßt. Ein Absud von 100 g getrockneter Wurzel auf 1 l Wasser ergibt ein gutes Haartonikum. Zur schnellen Hilfe kann man bei Nasenbluten etwas Baumwollstoff mit frischem Nesselsaft tränken und in das Nasenloch stecken.

Brennesseln kann man vielerorts sammeln, sie sollten aber besser im eigenen Garten bei regelmäßigem Bedarf selbst angepflanzt werden. Blätter zu frischem oder getrocknetem Gebrauch sammelt man im Frühjahr, die Wurzeln im Herbst. Trocknen und Kochen beseitigen die Wirkung der Brennhaare.

Kleine Brennessel *Urtica urens* ist ein einjähriges Kraut der nördlichen gemäßigten Regionen, das auf Schuttplätzen, Ödland und bearbeiteten Böden vorkommt. Sie ist kleiner und trägt männliche und weibliche Blüten auf der gleichen Pflanze und kann in gleicher Weise wie die große Brennessel benutzt werden.

Pillennessel *Urtica pilulifera* stammt aus Südeuropa, und wurde in alten Kräuterbüchern bei uns auch römische oder welsche Nessel genannt und ist bei uns hier und da unbeständig verwildert.

Huflattich *Tussilago farfara* ist eine Staude Europas, Nord- und Westasiens und Nordafrikas, die auch in Nordamerika eingeführt wurde. Sie wächst an Heckenrändern, auf bearbeiteten Böden, an Wegrändern, Ufern, Ödland und steinigen, lehmigen Bereichen. Der kriechende Wurzelstock hat kräftige weiße Ausläufer und trägt die einzeln endständigen, löwenzahnähnlichen gelben Blüten auf 5 bis 10 cm hohen, sich bei der Samenreife auf über 20 cm verlängernden Blütenstielen, die mit rotbraunen wolligen Schuppen besetzt sind. Die Blätter erscheinen

Kleine Brennessel *Urtica urens*

Pillennessel *Urtica pilulifera*

Weiße Taubnessel *Lamium album*

Huflattich *Tussilago farfara*

nach der Blüte, sind herzförmig mit gezähntem gelapptem Rand und bilden eine Rosette. Blütezeit: Februar bis April.

Der Gattungsname kommt vom lateinischen *tussis agere* ›nimmt den Husten weg‹ und benennt die alte Nutzung zur Behandlung aller Arten von Bronchialproblemen. Im Mittelalter hieß die Pflanze auch *Filius ante patrem,* das heißt ›Sohn vor dem Vater‹, da erst die Blüten und dann die Blätter kamen.

Auch wenn Huflattich wenig in der Küche verwendet wird, kann man die Blätter doch unter Nutzung ihres Vitamin-C-Gehaltes Salaten beifügen oder zu Tee verwenden.

Wurzeln, Blätter und Blüten werden medizinisch genutzt und haben einen hohen Schleimstoffgehalt, der sie zu linderndem Expektorans macht und entzündungshemmend wirken läßt. Angewandt als Tee, Abkochung oder Sirup. Plinius empfahl das Kochen der Blätter zur Linderung bei Husten und andere Kräuterkundige kombinierten Huflattich mit Heilziest, Augentrost, Rosmarin, Thymian, Lavendel und Kamille zu Kräutertabak, der bei Asthma, Katarrhen und anderen Lungenbeschwerden empfohlen wurde. Wegen seiner lindernden Wirkung auf die Schleimhäute kann Huflattich auch bei Gastritis helfen. Weiss berichtet, daß Huflattich auch heute noch sehr verbreitet zur Behandlung von Husten dient, weil er viele Schleimstoffe und Gerbstoffe enthält und auch ein gutes, anregendes Mittel sei. Besonders empfohlen wird er bei chronischem Emphysem und Staublunge, da er den chronischen Husten, der mit diesen Krankheiten verbunden ist, lindert.

Neuere Berichte behaupten, daß Huflattich auch karzinogene Bestandteile besitze. Grundlage für diese Aussage waren jedoch sehr große Mengen über eine sehr lange Zeit bei Tieren, die völlig im Gegensatz zu den winzigen Mengen über kurze Zeit bei der Anwendung beim Menschen stehen und deshalb nach Weiss unbeachtet bleiben können. Frische zerstoßene Blätter mit Honig werden äußerlich bei Krampfadern, Geschwüren, Wunden und Entzündungen empfohlen.

Für einen Aufguß zum Trinken oder zur Anwendung bei Krampfadern nimmt man 30 g getrocknete Blätter oder Blüten in 1/2 l kochen-

des Wasser und läßt 10 Minuten ziehen, nach dem Abgießen mit Honig süßen und mehrere Tassen davon am Tag trinken. Huflattich läßt sich im Freien sammeln, ist aber auch eine reich blühende, stark nach Honig duftende und von Bienen sehr beflogene Frühlingsblütenstaude an sonniger Stelle im Garten. Man sammelt die Blüten im Februar bis März und die Blätter im Mai, Juli. Nur unbeschädigte Blätter in der Sonne oder in einem warmen, gut durchlüfteten Raum trocknen und luftdicht verschlossen aufbewahren.

Weiße Taubnessel *Lamium album* ist eine behaarte Staude Europas, des Himalajas und Japans und in Nordamerika verwildert. Sie wächst an Wegrändern, in Gehölzen und auf Ödland. Der kriechende Wurzelstock trägt mehrere aufrecht- bis niederliegende hohle Stengel, die 20 bis 60 cm lang werden können. Die glänzend grün, oval bis herzförmigen Blätter sind rauh, spitz zulaufend, deutlich geädert und am Rande gezähnt. Sie sind paarweise

gegenständig und tragen in den oberen Blattachseln dichte Quirle weißer Blüten von Mai bis November. Die Taubnesselblätter ähneln sehr denen der Brennessel, tragen aber keine Brennhaare, das heißt, sie sind taub. Brennessel und Taubnessel wachsen oft gemeinsam an der gleichen Stelle, haben jedoch botanisch nichts miteinander zu tun und unterscheiden sich auch deutlich in ihren Blüten.

Die jungen Blätter und Triebspitzen können wie Spinat gekocht oder roh Salaten beigemischt werden. In der Medizin nimmt man die Blüten und blühenden Triebenden für einen Aufguß, der bei Atemwegs- und Harnwegserkrankungen, bei Durchfall, Leberstörungen, Menstruationsproblemen und besonders bei Weißfluß empfohlen wird. Eine Kompresse eignet sich zur Behandlung von Hämorrhoiden, das gebrannte weiße Taubnesselwasser soll eine wirksame Augenlotion sein. Wild häufig vorkommend, aber für intensivere Nutzung besser im Garten als Gehölzrandpflanze auch zur Hummelnahrung anzupflanzen.

Symphytum grandiflorum ›Hidcote Blue‹

Symphytum orientale

Kaukasischer Beinwell *Symphytum caucasicum*

Beinwell *Symphytum officinale*, aufgenommen am 15. April

Knollenbeinwell *Symphytum bulbosum*

Lungenkraut *Pulmonaria saccharata*, rosa Sorte

Lungenkraut *Pulmonaria saccharata*

Lungenkraut *Pulmonaria officinalis* ist eine Staude Mitteleuropas und heute auch in anderen Gegenden verwildert. Sie wächst in feuchten Wiesen, am Waldrand, in Gehölzen und Heckenbereichen und gehört mit zum Aspekt der Frühlingsgeophytenflora. Diese und andere Lungenkrautarten sind wertvolle Gartenpflanzen und Bodendecker. Das Lungenkraut hat eine fleischige zylindrische Wurzel und einen schlanken, behaarten, aufrechten Stengel, der bis 10 bis 30 cm hoch wird. Die Grundblätter sind oval behaart, mit blaß silbrigen Flecken, ähnlich, aber fast ungestielt sind die wechselständigen Stengelblätter. Die Blüten stehen dicht in Wickeln und erblühen rosa und verblühen blauviolett von März bis Mai. Der Gattungsname kommt vom lateinischen *pulmones* ›Lunge‹ und bezieht sich auf die silbrigen Flecken des Blattes, ähnlich der Lunge mit den Lungenbläschen, weshalb die Signaturlehre das Lungenkraut zum Lungenheilmittel erklärte, denn Gleiches helfe Gleichem. Es ist sehr zweifelhaft, ob es jemals Schwindsucht kuriert hat, wie man behauptete, aber es ist wahrscheinlich nützlich bei der Linderung von Husten, entzündetem Hals, Bronchitis und ähnlichen Beschwerden. Destilliertes Lungenkrautwasser betrachtete man als wirksame Augenspülung für ermüdete Augen. Für einen Aufguß nimmt man gute 30 bis 40 g getrocknete Pflanze auf 1 l kaltes Wasser, bringt zum Kochen, läßt zwei Minuten aufwallen und dann 10 Minuten ziehen. Abgießen, mit Honig süßen und drei bis vier Tassen pro Tag zur Linderung bei Husten und Bronchialkatarrh. Lungenkraut wird auch bei der Likörherstellung, z. B. bei Wermut, benutzt, und die zarten jungen Blätter sind gekocht ein schmackhaftes Gemüse. Lungenkraut läßt sich problemlos im Garten unter sommergrünen Gehölzen und am Gehölzrand ansiedeln. Man sammelt die ganze Pflanze im Mai/Juni und trocknet sie im Schatten.
Pulmonaria longifolia ist eine ähnliche Art Europas und an ihren viel längeren, schmalen, weiß gefleckten Blättern und den lebhaft blauen Blüten zu erkennen.

Schmalblättriges Lungenkraut *Pulmonaria angustifolia* (synonym *Pulmonaria azurea*) stammt aus Mitteleuropa und hat ungefleckte dunkelgrüne Blätter. Die Blüten öffnen sich rosa und erblühen zu Azurblau.
Pulmonaria saccharata aus dem südlichen Mitteleuropa. Hat große, weiß gefleckte Blätter, deren Flecken oft ineinanderlaufen, und violette Blüten.

Beinwell *Symphytum officinale* ist eine aufrechte behaarte Staude Europas, des gemäßigten Asiens und auch in Nordamerika und in manchen anderen Ländern verwildert. Beinwell wächst in feuchten, schattigen Bereichen, in feuchten Wiesen und in Flußnähe. Die dicke verzweigte Wurzel kann bis 30 cm lang sein, innen weiß und mit schwarzer Rinde. Der behaarte verzweigte Stengel wird 30 bis 120 cm lang. Die langen, spitz zulaufenden lanzettartigen Blätter sind dunkelgrün, fein behaart und deutlich geädert. Die glockigen Blüten wachsen in hängenden dicken Wickeln und können blau, purpurfarben, rosa, cremefarben oder weiß sein und erblühen von Mai bis Oktober. Der Gattungsname kommt vom griechischen *Symphyo* ›verbinden‹, wegen der der Pflanze nachgesagten Eigenschaft, gebrochene Glieder zu heilen. Das lateinische *officinale* zeigt die lange Nutzung als Heilpflanze. Unser Beinwell – Beinwohl – erinnert auch an die Annahme, damit gebrochene Glieder heilen zu können. Seit Jahrtausenden wird Beinwell wegen seiner medizinischen Eigenschaften geschätzt, besonders wegen seiner Fähigkeit, gebrochene Knochen wieder zusammenfügen zu helfen, aber auch Wunden, Schnitte, Schwellungen, Geschwüre, Verstauchungen und Quetschungen zu heilen. Die Forschung hat ergeben, daß Beinwell zwei Substanzen, nämlich Allantoin und Cholin, enthält, die die Vermehrung der roten Blutkörperchen fördern. Beinwell wurde als Arznei genommen, aber auch als gute Speisepflanze bewertet. Weiss berichtet, daß neuere Forschungen vermuten lassen, daß Beinwell karzinogene Eigenschaften besitzt. Er enthält Pyrozolidin, Alkaloide, die als krebserregend bekannt sind. Dies gilt dann natürlich nur für die innere Anwendung von Wurzeln und Kraut, nicht für die äußere. Für eine Kompresse nimmt man entweder frische gehackte Wurzeln oder trockene gepuderte Wurzeln, mischt mit Wasser und wendet sie auf der befallenen Stelle an. Zur Linderung bei entzündeten Knöcheln, Verstauchungen, Verrenkungen, Quetschungen, Verbrennungen, Verbrühungen. Beinwell kann man aussäen, besser ist aber aus dem Wildstaudensortiment blühende Pflanzen zu erwerben, um durch die Blütenfarbe eine interessante Gartenergänzung zu erhalten. Vermehrung auch durch Teilung möglich, Blätterernte im Juni oder Juli für getrockneten Wintervorrat. Die Wurzeln können von Oktober bis März geerntet werden.
Symphytum orientale stammt aus Südwestasien und wird bei uns als harter Bodendecker benutzt. Er bleibt niedriger, hat blaßgrüne Blätter, weiße Blüten und blüht von April bis Mai.

Knolliger Beinwell *Symphytum bulbosum* stammt aus dem südlichen Europa und eignet sich bei uns als bodendeckende, flächig wachsende Staude, die auch Trockenheit aushält dank ihrer Wasserspeicherung in den Wurzelknollen. Stengel und Blätter sind dicht mit kleinen hakigen Haaren bedeckt.

Kaukasischer Beinwell *Symphytum caucasicum* hat leuchtend blaue Blüten, kann aber schnell lästig werden.
Symphytum tuberosum hat einen fleischigen, knotigen Wurzelstock und weißlich gelbe Blüten.

Wiesenschlüsselblume *Primula veris* (oben links), **Hohe Schlüsselblume** *Primula elatior* (oben rechts), **Kissenprimel** *Primula vulgaris* (unten)

Wiesenschlüsselblume, echte Schlüsselblume *Primula veris*

Kissenprimel, stengellose Primel *Primula vulgaris* (synonym *Primula acaulis*) ist eine Staude Westeuropas, Kleinasiens, Nordafrikas und in Nordamerika verwildert. Sie wächst in lichten Wäldern, in Gebüschen, an Wiesenhängen und Weiden, auf frischen, meist kalkarmen, mild humosen, sandigen oder steinigen Lehmböden und ist bei uns sehr selten zu finden. Das knotige Rhizom ist nach allen Seiten dicht bewurzelt, die eiförmigen Blätter mit am Stengel herablaufender Spreite sind behaart, deutlich geädert und am Rand nach unten gebogen. Die gelben Blüten stehen einzeln auf kurzen Stielen und öffnen sich im April und Mai bei zeitigem Frühjahr bereits ab Februar. Bei gleichen Eigenschaften wie die Wiesenschlüsselblume ist das Kissenprimel adstringierend, krampflösend und Brechreiz erregend. Aus dem Altertum wissen wir von Plinius, daß sie gewöhnlich bei Muskelrheumatismus, Lähmung und Gicht verschrieben wurde. Heute wird manchmal ein Aufguß der Wurzel bei nervösen Kopfschmerzen benutzt oder ein Teelöffel getrockneter und pulverisierter Wurzel als Brechmittel gegeben. Die Pflanze hat sedative und auswurffördernde Eigenschaften. In Amerika wird eine Tinktur bei Rastlosigkeit und Schlaflosigkeit angewandt und früher auch eine Salbe für wunde Haut. Wenn man die Pflanze sammeln will, sollte man sie nur angepflanzt aus dem eigenen Garten ernten.

Hohe Schlüsselblume *Primula elatior* ist eine Staude Mittel- und Westeuropas, wo sie in lichten und feuchten Wäldern auf frisch-feuchten nährstoffreichen Wiesen wächst. Der kurze Wurzelstock trägt schlanke, bis 20 cm hohe Blütenstengel mit endständiger vielblütiger Dolde. Die gelben Blüten öffnen sich von März bis Mai, die eiförmigen, mit der Spreite am Stengel heraufflaufenden faltigen, deutlich geäderten, auf der Unterseite weich behaarten Blätter bilden eine Rosette. Die hohe Schlüsselblume hat die gleichen Eigenschaften und Anwendungsmöglichkeiten wie die anderen Schlüsselblumen und ist als Elternteil an vielen alten Primelsorten der Bauerngärten beteiligt.

Wiesenschlüsselblume, echte Schlüsselblume *Primula veris* (synonym *Primula officinalis*) ist eine weich behaarte Staude Europas und des gemäßigten Asiens, die jedoch im hohen Norden und im Mittelmeergebiet selten ist. Sie wächst auf Wiesen und Weiden, Feldern, in lichten Wäldern und bevorzugt kalkreichen Boden und wird in vielen Sorten in den Gärten gezogen. Das kurze kräftige Rhizom ist dicht bewurzelt und trägt behaarte Blütenstengel, die 10 bis 30 cm hoch werden können. Die oberflächenrauhen Blätter der Rosette sind länglich oval, mit leicht gezähntem, nach unten gebogenem Rand und auf der Unterseite dicht weichhaarig. Die intensiv gelben Blüten sind am Grunde orange gefleckt und zu vielen endständig. Blütezeit: April bis Mai. Schlüsselblume und Himmelschlüssel erinnern an die Ähnlichkeit mit dem Schlüsselbund des Petrus für die Himmelstür, weshalb sie in manchen Gegenden auch Himmelschlüssel heißen. Die Bezeichnung *Primula veris* ist das lateinische *primus veris* ›Die erste Blüte des Frühlings‹. Die echte Schlüsselblume besaß manche kulinarische und medizinische Verwendung, obwohl man sie nicht länger für das Allheilmittel hält, als das sie einmal galt. Die Blätter können frisch oder gekocht als Gemüse gegessen werden. Die Blüten dienen zur Zierde des Salates, können frisch mit Sahne gegessen werden oder kandiert zur Verzierung von Kuchen, ergeben einen erfrischenden Tee oder sind für Schlüsselblumenwein geeignet. In Speisen oder Getränken nutzt man die krampflösenden und beruhigenden Eigenschaften der Pflanze. So wurde der Wein der echten Schlüsselblume bei Kräuterkundigen auf dem Lande als ausgezeichnetes Beruhigungsmittel empfohlen, und die Blüten, so sagte man, stärken Nerven und Gehirn, beheben Rastlosigkeit und Schlaflosigkeit sowie auch Lähmungserscheinungen. Schlüsselblumentee wird bei Kopfweh, nervösen Magenkrämpfen, Schlaflosigkeit und Verstopfung empfohlen. Kompressen auf dem Kopf lindern Migräne und Primellotion oder Salbe helfen Pickel, Flecken, Falten und andere Makel der Haut zu entfernen. Primelöl wird

Kissenprimel, stengellose Primel
Primula vulgaris

wie Arnika zur Schmerzlinderung bei Schwellungen und Blutergüssen verwandt. Kräuterkundige benutzen die echte Schlüsselblume auch heute zur Behandlung von chronischer Bronchitis, da sie gut schleimlösend ist. Für einen Schlüsselblumenaufguß nimmt man 30 g frische oder getrocknete Blüten auf 1 l kochendes Wasser, gießt nach fünfzehn Minuten ab und trinkt davon dreimal täglich eine Tasse nach den Mahlzeiten. Für Himmelschlüsselöl läßt man eine Handvoll frischer Blüten und eine Handvoll frischer kleingeschnittener Wurzeln in ein Liter Öl in einem verschlossenen Glas sechs Wochen in Sonne und Wärme stehen, danach gießt man ab und bewahrt dieses in einem verschlossenen Glase auf (aus *Grandmother's Secrets* von Jean Palaiseul). Da auch die Primel wie andere Pflanzen durch Sammeln und Lebensraumverlust in ihren Beständen bedroht ist, sollte man die Pflanze aus dem Wildstaudensortiment im Garten ansiedeln und davon nutzen. Es ist eine so schöne, reichblühende Gartenpflanze, daß die Art und die dazugehörigen Sorten dieser alten Bauerngartenpflanze eigentlich in keiner Frühlingspflanzung fehlen dürften.

Fieberklee *Menyanthes trifoliata*

Fieberklee, Bitterklee *Menyanthes trifoliata*

Silberweide *Salix alba*

Schöllkraut *Chelidonium majus*

Fieberklee, Bitterklee *Menyanthes trifoliata* ist eine Staude des Sumpf- und Flachwasserbereichs, die in Europa und allen gemäßigten und arktischen Gebieten der nördlichen Halbkugel vorkommt. Verbreitet in Flachwasser, Sumpf- und Feuchtwiesen und zeitweise überschwemmten Bereichen, auf kalkarmen, torfigen, schlammigen humosen Böden. In den Tälern bis hinauf in Berghöhen. Aus dem dicht bewurzelten Rhizom erwachsen fleischige, lange, ausläuferartige beblätterte und Blütenstände tragende Triebe. Die langgestielten Blätter bestehen aus drei eiförmigen bis elliptischen Einzelblättchen, die dick und sukkulent erscheinen. Fünf bärtige weiße Blütenblätter bilden die sternförmige Blüte, die aus rötlichen Knospen erblüht und zu vielen eine endständige Traube bildet und sich vom Mai bis Juli öffnet. Der Gattungsname kommt vom griechischen *men* ›Monat‹ und *anthos* ›Blume, Monatsblume‹ und erinnert an den früheren Gebrauch, die Monatsregel der Frau zu fördern. In Europa und Amerika hat der Fieberklee wegen seiner bitteren Geschmacksstoffe auch Bitterklee genannt, seit jeher seinen anerkannten Wert wegen seiner

anregenden, reinigenden und fiebersenkenden Eigenschaften. Als Aufguß oder als Puder wird er bei Leber- und Gallenblasenbeschwerden und bei Rheumatismus, Skorbut und Schüttelfrost angewandt. In großen Mengen benutzt, bewirkt er Brechreiz, deshalb Vorsicht!, das heißt, besser keine Selbstmedikation. Fieberklee war auch Bestandteil von Kräutertees und Kräutertabak und wird immer noch wegen seiner Bitterstoffe bei alkoholischen Getränken zum Aromatisieren benutzt. Fieberklee wächst problemlos im Garten an sumpfigen Stellen oder im Flachwasserbereich, und dies auch schon in einem mehr oder minder großen Wasserkübel. Die Blätter wurden frisch oder getrocknet genutzt und dafür im Mai/Juni gesammelt und getrocknet. Fieberklee ist normaler Bestandteil des angebotenen Sumpfpflanzensortiments.

Silberweide *Salix alba* ist ein Baum Europas, Nordafrikas und Westasiens bis Westsibirien, Himalaja und Tibet, heute aber auch in Nordamerika eingebürgert. Sie wächst an Flußufern und Gräben, in Mooren und feuchten Wäldern. Die aschgraue Rinde des Stammes ist tief aufge-

rissen und der mit aufrecht stehenden Ästen reich verzweigte Baum wird 10 bis 25 m hoch. Die jungen Zweige sind etwas silberhaarig, wechselständig mit langen, ovalen, spitz auslaufenden, oberseits glatten und unterseits samtig behaarten, am Rande gezähnten Blättern besetzt. Die Blüten stehen in männlichen und weiblichen Kätzchen in den Blattachseln und wachsen gleichzeitig mit den Blättern im April/Mai. Der Gattungsname kommt vom keltischen *sal* ›nahe‹ und *lis* ›Wasser‹, auf den Standort beziehend, und vielleicht auch vom lateinischen *salire* ›rasch wachsen‹, und das tun Weiden in der Regel wirklich. Das lateinische *alba* ›weiß‹ bezieht sich auf die weißliche, feine Behaarung der Blattunterseiten, die bei etwas Wind den ganzen Baum zur Silberweide macht. Die Silberweide wurde seit Jahrhunderten wegen ihrer schmerzstillenden und fieberreduzierenden Eigenschaften verwendet. Sie wurde bei Rheumatismus und Verdauungsstörungen verschrieben. Forschungsergebnisse zeigten, daß die Weidenrinde Salicin enthält, das sich wahrscheinlich innerhalb des menschlichen Körpers in Salicylsäure umwandelt. Aspirin ist das synthetische

Gewöhnliche Pestwurz *Petasites hybridus*

Gegenstück, das gewöhnlich bei Kopfschmerzen, Migräne, Erkältungen, Grippe und Rheumatismus verschrieben wird, und so überrascht es nicht, daß die Silberweide seit Jahrhunderten gegen gleiche Leiden verschrieben wurde.

Schöllkraut *Chelidonium majus* ist eine Staude Europas, Westasiens und Nordafrikas und verwildert in Nordamerika. Sie wächst an Ufern, in Gebüschen, an alten Mauern und auf Ödland in der Nähe von menschlichen Siedlungen. Es hat eine fleischige, reich verzweigte Wurzel, aus der ein aufrechter, viel verzweigter, beblätterter brüchiger Stengel 30 bis 90 cm hoch erwächst. Die gelbgrünen behaarten Blätter, die fiederspaltigen bis gefiederten weich behaarten Blätter sind gestielt, der verzweigte Blütenstand trägt endständige vierteilige goldgelbe Blüten, die sich von Mai bis August öffnen. Bei Verletzung scheidet die Pflanze eine orangefarbene Milch aus.

Der Gattungsname kommt vom griechischen *khelidon* ›Schwalbe‹ und bezieht sich darauf, daß die Pflanze bei Ankunft der Schwalben blüht und vergeht, wenn Schwalben wegfliegen. Schöllkraut hat eine lange Geschichte als Heilpflanze, die bis in die römische Zeit zurückreicht. Schöllkraut wurde im Mittelalter verbreitet angewandt bei Pest, Gelbsucht, Blutkrankheiten und Blindheit. Schöllkraut ist jedoch giftig und in größeren Mengen gefährlich, deshalb verbietet sich die Selbstmedikation und nur äußerliche oder homöopathische Anwendungen sind statthaft.

Äußerlich angewandt, ist die Pflanze sehr nützlich. Der orangefarbene Saft, der bei Pflanzenverletzung austritt, wurde lange zur Bekämpfung von Warzen, Ringelflechte und Hühneraugen benutzt, und sei, so heißt es, mit Wasser oder Milch vermischt, eine wirksame Augenlotion (die Augenumgebung muß sauber abgedeckt werden).

Culpeper sagt: »Dieses Kraut steht im Zeichen der Sonne und dem Sternzeichen des Löwen, und es ist eines der besten Mittel für die Augen, denn alle, die etwas von der Astrologie verstehen, wissen, daß die Augen zu den Gestirnen gehören.« Mességué empfiehlt zwei Eßlöffel frischen Saft, gemischt mit einem Glas Wasser oder Rosenwasser, als Augenbad. Er empfiehlt auch die Herstellung eines Absuds der Wurzeln (13 Wurzeln in 1 l süßem Weißwein für 12 Stunden) und dessen Anwendung mit Massage bei Schlaflosigkeit und Ängstlichkeit, Asthma und Nervenerkrankungen. Mességué sagt auch, daß der gleiche Absud als Scheidenwäsche zur Regulierung der Periode, zur Minderung von Frigidität, Sterilität und bei Entzündungen der Gebärmutter benutzt werden kann. Weiss berichtet, daß die heutige Meinung über die Wirksamkeit dieser Pflanze bei Gallenblasenbeschwerden sehr gemischt ist. Studien zeigten, daß das wirksame Alkaloid Chelidonin, das dem Papaverin ähnelt, krampflösende und sedative Wirkung auf den Gallengang und die Bronchien hat. Die Ergebnisse waren jedoch widersprüchlich, wenn die Zubereitungen nicht mit frischem Kraut gemacht wurden. Bei der Anwendung von frischem Saft schien es deutliche Erleichterung bis zu sechs Monaten zu geben, hörte danach aber auf, wirksam zu sein.

Zubereitungen aus alten Pflanzen scheinen wirkungslos zu sein. Weiss schließt daraus, daß es eine für die Medizin interessante Pflanze sei, jedoch schwierig zu bewerten, da es keine Methoden gäbe, die Zubereitungen in ihrer Wirksamkeit zu standardisieren. Die Pflanze wild oder aus dem Kräutergarten wird von Mai bis Juni gesammelt und sorgfältig im Schatten getrocknet. Von der frischen Pflanze nutzt man den Saft und muß sehr vorsichtig in der Dosierung damit umgehen. Für den Garten gibt es auch Sorten mit anderen Blattformen oder gefüllten Blüten.

Gewöhnliche Pestwurz *Petasites hybridus* ist eine Staude Europas, Nord- und Westasiens und heute auch in Nordamerika verwildert. Sie wächst in feuchten Wiesen und an sumpfigen Flußufern. Die Pestwurz hat ein kräftiges fleischiges Rhizom und Blütentriebe, die bei der Samenreife bis 150 cm hoch werden. Die Blätter erscheinen im April nach den Blüten, sind sehr groß und manchmal bis 90 cm hoch. Sie sind rund, mit herzförmigem Grund, fein behaart und am Rande ungleich gezähnt. Die Blüten erscheinen vor den Blättern im März in dichtblütigen Trauben, wobei die Blütenstände manchmal nur männlich oder nur weiblich sind. Die Blütenblätter sind fleischfarben oder blaßrot-purpurn und voller Nektar bei den männlichen Blüten, die weiblichen Blüten haben dünnfädige Blütenblätter und sind ohne Nektar. Sie entwickeln sich später zu den weißen, mit federigem Pappus besetzten Samenständen.

Der Gattungsname kommt vom griechischen *petatos* ›eines Schafhirten Filzhut‹, und bezieht sich auf die Blätter, die so groß sind, daß sie durchaus auch als Kopfbedeckung dienen können. Die Blätter wurden früher auf dem Lande benutzt, um Butter darin einzuschlagen und in Quellkammern kühl zu lagern, darauf bezieht sich auch der englische Name ›butterbur‹.

Im Mittelalter hielt man die Pestwurz – wie der Name schon sagt – für ein Allheilmittel gegen die Pest, und Gerard schrieb: »Das Pulver der Wurzel kuriert alle heimlichen schmutzigen Geschwüre, wenn es darein gestreut wird.« Pestwurz wurde als Herzstimulans und harntreibendes Mittel verwandt und ist zusammen mit Huflattich ein besonderes homöopathisches Mittel gegen Neuralgien im Rücken- und Lendenbereich, weithin als wirksame Hustenmedizin betrachtet, haben Versuche kürzlich gezeigt, daß die Pestwurz beträchtliche krampflösende und schmerzlindernde Eigenschaften besitzt. Sie wird heute auch zur Behandlung von Magen- und Darmbeschwerden und Gallenblasenleiden angewandt. Pestwurz läßt sich problemlos im Garten ziehen, muß aber an zusagenden Standorten im Zaum gehalten werden. Pestwurzflächen sind durch die großen Blätter nahezu unterwuchsfrei.

99

Virginisches Helmkraut *Scutellaria lateriflora*

Kap Aloe *Aloe ferox*

Mariendistel *Silybum marianum*

Mariendistel *Silybum marianum*

Schaumblüte *Tiarella cordifolia*

Kap Aloe *Aloe ferox* ist ein sukkulenter Strauch aus Südafrika, der heute in Nord- und Südamerika verwildert und in Mittelmeergärten als Zierpflanze kultiviert wird.

Kap Aloe ist eine große, fleischige sukkulente Pflanze, zwei bis vier Meter hoch und verzweigt im Stamm. Die graugrünen, dreieckigen, aufgebogenen, sukkulenten bis 50 cm langen und am Rande bestachelten Blätter bilden eine große abschließende Rosette. Daraus erwächst von April bis August blühend der bis ein Meter hohe Blütenstand, der in der oberen Hälfte viele zylindrische, rote oder orangene Blüten trägt.

Kap Aloe enthält Aloein, das hauptsächlich als Abführmittel bei phlegmatischen Typen oder Menschen mit sitzender Tätigkeit dient. Aloentinktur ist mild und langsam wirkend, obwohl zu häufiger Gebrauch Hämorrhoiden auslöst. In größeren Dosen wirkt es drastisch und kann auch zu Fehlgeburten führen, weshalb es schwangere Frauen nicht anwenden sollten. In einer Salbe wird es bei leichten Hautausschlägen angewandt und eine Abkochung des Aloe-Harzes dient als Anti-Mückenmittel. Aloe wird manchmal zusammen mit anderen Bitterstoffen zur Geschmackskomposition alkoholischer Getränke verwendet.

Der harzige Milchsaft tritt aus abgeschnittenen Blättern aus und kann das ganze Jahr über gesammelt und in der Sonne getrocknet werden. Kap Aloe ist bei uns eine Topfpflanze.

Mariendistel *Silybum marianum* ist eine zweijährige Pflanze aus Südwesteuropa, aber heute

Fritillaria pallidiflora, Anbau als Heilpflanze in China

in ganz Europa und Nordamerika verbreitet. Sie ist eine Gartenzierpflanze, aber auch verwildert entlang Wegen, Rändern, Schuttplätzen und Brachland.

Die Mariendistel wird anderthalb Meter hoch und hat am Rand gewellte, weißgeäderte Blätter mit scharfen gelblichen Stacheln. Die purpurnen Köpfe mit rosa oder weißen Einzelblüten erscheinen von Juni bis August.

Die Mariendistel wurde schon früher sowohl in der Küche wie auch in der Medizin, ähnlich dem Benediktenkraut genutzt. Die jungen Stengel wurden als Gemüse gekocht, die Blätter in Salaten verwendet und die Wurzeln wie Schwarzwurzeln zubereitet. Der Engländer John Evelyn schrieb im 17. Jahrhundert: »Befreit von den Stacheln und gekocht, ist sie geschätzt und soll die Milch der Ammen fördern.« Hildegard von Bingen schrieb im 12. Jahrhundert bereits über die Wirkung der Mariendistel bei Leberleiden.

Weiss berichtet, daß trotz der medizinischen Nutzung der Mariendistel im Mittelalter sie bis zu den Forschungsergebnissen in diesem Jahrhundert in Vergessenheit geraten war. Untersuchungen zeigten ihre Wirkung bei Leberleiden, wie chronischer Hepatitis, Fettleber oder sogar Leberzirrhose. Neuere Forschungsergebnisse zeigen, daß Silibin, der Wirkstoff aus dem Silberdistelsamen, auf die Wände der Leberzellen wirkt und sie vor dem Eindringen von Giften, z. B. Viren wie auch Knollenblätterpilzgift, schützt. Es ist deshalb auch das einzig wirksame Mittel gegen Vergiftung durch den Knollenblätterpilz *Amanita phalloides.*

Die Mariendistel wird aus Samen herangezogen und ist im Garten Heil- wie auch Zierpflanze.

Die **blaßblütige Schachbrettblume** *Fritillaria pallidiflora* ist ein Zwiebelgewächs Zentralasiens, im russisch-chinesischen Bergland, im Alatou und Tienshan, in alpinen Wiesen und Gehölzbereichen. Diese Schachbrettblume hat kleine weiße Zwiebeln und einen beblätterten, bis 30 cm hohen und verzweigten Stengel, der im April und Mai große hängende, glockenförmige gelbgrüne Blüten trägt, denen aufrechtstehende, breitgeflügelte Samenkapseln folgen. Schachbrettblumenarten werden unter den Namen Bei Mu in China und Japan in der Volksmedizin gegen chronischen Husten, pfeifenden Atem und Bronchitis angewandt, der wirksame Stoff ist Imperialin, der den Bereich der Brustmuskeln vor Krämpfen schützt. Die Droge wird sowohl aus wilden Zwiebeln wie aus Anbau gewonnen, die Zwiebeln werden getrocknet, gemahlen und in Tablettenform oder als Aufguß angewendet. Die Zwiebeln kann man für die Anpflanzung im Garten kaufen, für medizinische Anwendung sollte man die Bei-Mu-Droge erwerben.

Virginisches Helmkraut *Scutellaria lateriflora* ist eine Staude des östlichen Nordamerikas mit Verbreitung bis Neu-Mexiko, bevorzugt feuchte Stellen. Das Helmkraut verbreitet sich mit Stolonen, und die im oberen Teil verzweigten, dünnen beblätterten Stengel werden bis 75 cm hoch. Die ovalen bis linearen, spitz auslaufenden Blätter sind rauh gezähnt und im oberen Pflanzenbereich zierlicher. Die kleinen, blauen Blüten wachsen in einseitigen Trauben von Juni bis September. Das Helmkraut wurde bei den Cherokee-Indianern als Aufguß zur Beschleunigung verzögerter Menstruation angewandt und wurde später als Mittel gegen Tollwut verbreitet. Ab Mitte des 19. Jahrhunderts wurde es wegen seiner beruhigenden und krampflösenden Eigenschaften als wunderbares Nervenmittel betrachtet. In geringer Dosierung wird es für alle Arten von hysterischen und nervösen Beschwerden sowie Schüttelkrampf und Veitstanz, Neuralgien, nervöse Kopfschmerzen und Epilepsie empfohlen. In großen Dosen kann es Schwindelgefühl, Benommenheit und Krämpfe auslösen, so daß äußerste Vorsicht angeraten ist. Das Virginische Helmkraut ist bei uns winterhart und an sonnigen Stellen im Kräutergarten unproblematisch. Vermehrung durch Aussaat oder Teilung des Wurzelstocks im April.

Schaumblüte *Tiarella cordifolia* ist eine zierliche, bodendeckende Staude der pflanzenreichen Wälder des nordöstlichen Amerikas. Die Schaumblüte wird mit ihren Blütenständen bis 30 cm hoch und hat gelappte, scharf gezähnte, etwas behaarte Blätter, die sich im Herbst und auch bei Trockenheit orangerot verfärben. Die winzigen, weißen Blüten mit schaumartigen, duftenden Blütenstengeln blühen von April bis Juni. Die Blütenstände sind auch der Grund für ihren deutschen Namen, während der Gattungsname vom griechischen *tiara*, einem von den Persern getragenen Turban, herrührt und auf die Form der Narbe Bezug nimmt. Die Schaumblüte hat anregende und harntreibende Wirkung und wird als Aufguß bei Blasen- und Leberproblemen verschrieben, sie hilft Magensäure zu regulieren und Verdauungstörungen zu beheben. *Tiarella cordifolia* unterscheidet sich durch ihre Ausläuferbildung von der ähnlichen, auch als Bodendecker benutzten *Tiarella zeherryi*, die beide im Staudensortiment angeboten werden.

Sumpfdotterblume *Caltha palustris*

Spitzwegerich *Plantago lanceolata*

Mittlerer Wegerich *Plantago media*

Scharbockskraut *Ranunculus ficaria*

Sumpfdotterblume *Caltha palustris* ist eine weiche, krautige Staude der gemäßigten und kalten Bereiche von Nordeuropa, Nordasien bis Nordamerika, sie wächst meist flächendeckend in feuchten Wiesen, Quell-/Flurbereichen, Tümpeln und an den Rändern der Bäche und Flüsse im Gebirge.

Die Sumpfdotterblume hat ein fleischiges kurzes Rhizom mit vielen Büscheln und feinen Wurzeln. Die aufrechten Stengel können 30 und mehr Zentimeter erreichen, die Grundblätter sind groß, glänzend, gezähnt, nierenförmig und langgestielt, die Stengelblätter sitzend. Die großen, gelben Hahnenfußblüten zeigen sich von März bis Mitte Juni.

Der Gattungsname kommt vom griechischen *calathos,* was ›Becher‹ oder ›Kelch‹ bedeutet, während sich der zweite Teil des Namens aus dem lateinischen *palus* auf den Standort bezieht. Unser Name Sumpfdotterblume weist auf den Standort und die dottergelben Blüten hin.

In der Vergangenheit wurde eine Tinktur der ganzen Pflanze bei Anämie angewandt, und ein Aufguß der Blüten galt als wirksam bei epileptischen Anfällen, wegen der hohen Reizwirkung ist die Anwendung mit Vorsicht zu betreiben, und es gilt heute als nicht mehr ratsam, Sumpfdotterblumen innerlich anzuwenden, da die Vergiftungsgefahr zu groß ist. Sumpfdotterblumen gehören zum Staudensortiment und werden durch Teilung vermehrt.

Spitzwegerich *Plantago lanceolata* ist eine Staude Europas sowie Nord- und Zentralasiens, die nach Nordamerika und in viele andere gemäßigten Gegenden eingeführt wurde. Es ist eine Pflanze trockener Böden, Wiesen, Weiden und Wegrändern. Die seidig-behaarten Blütenstände dieser schlanken, dunkelgrünen Pflanze werden 50 bis 75 cm hoch. Die langen, lanzettartigen Blätter sind am Blattgrund schlanker, besitzen drei bis fünf hervortretende, längslaufende Blattrippen. Die Blüten stehen in einer gestauchten, kurzen, durch die Kelchblätter blau-schwarzen Ähre, auf denen die weißen Staubgefäße attraktiv wirken. Blütezeit Mai bis September.

Spitzwegerichblätter schmecken bitter und enthalten Wirkstoffe, einschließlich Schleimstoffe und Silicium. Sie gelten als hilfreich für Erkrankungen der oberen Atemwege. Als Tee allein oder in anderen Kräutermischungen gelten sie als gut für Bronchialkatarrh, der durch Erkältung verursacht wurde. Der frische Saft der ganzen Pflanze mit Honig aufgekocht und im Kühlschrank aufbewahrt gilt als gute Hustenmedizin. Ein Umschlag aus frischen Blättern auf Wunden lindert und beschleunigt den Heilungsprozeß.

Spitzwegerich gehört zum Kräutersortiment, kann jedoch durch Versamung lästig werden.

Breitwegerich *Plantago major* ist eine Staude Europas und Asiens, die als Unkraut in der ganzen Welt verbreitet ist, so nannten sie die Indianer Nordamerikas ›Fußstapfen des weißen Mannes‹. Breitwegerich ist ein typisches Wegeunkraut.

Breitwegerich wie Spitzwegerich kann als Wundkompresse und zur Linderung entzündeter Bereiche und Insektenstichen genutzt werden, scheint aber weniger wirksam als Hustenmedizin. Eine interessante, purpurblättrige Sorte und Sorten mit verbänderten Blütenständen sind als Zierpflanze geeignet.

Scharbockskraut *Ranunculus ficaria* ist eine Staude Europas und Westasiens, die auch in Nordamerika eingeführt wurde. Sie ist in feuchten Wäldern, Wiesen und an grasigen Ufern verbreitet.

Scharbockskraut hat feine Haarwurzeln und kleine, dahlienähnliche Wurzelknollen. Der aufsteigende, verzweigte Trieb kann 5 bis 25 cm lang werden. Die gestielten Blätter sind fleischig dunkelgrün, herzförmig und glänzend. Die Grundblätter umfassen den Stengel und bilden anfangs eine Rosette. Die leuchtend goldgelben Blüten blühen einzeln von Februar bis Mai an den Stengelenden.

Der Gattungsname leitet sich vom lateinischen *rana* ›Frosch‹ ab, der in dem gleichen feuchten Bereich vorkommt. Die Bezeichnung *ficaria* geht auf das lateinische *ficus* ›Feige‹ zurück, da die Knöllchen feigenähnliche Form haben.

Scharbockskraut war den mittelalterlichen Kräuterkundigen wohlbekannt, die seine adstringierende Wirkung schätzten und es besonders zur Heilung von Hämorrhoiden – wofür es auch heute noch benutzt wird – anwandten. Es kann täglich als Tee getrunken und äußerlich als Umschlag oder Salbe angewandt werden. Es soll erleichtern und evtl. auch heilen, obwohl Weiss aufgrund seiner Untersuchung den Erfolg innerer und äußerer Anwendung nicht bestätigen kann. Es wurde auch zur Behandlung von Krampfadern u. a. harten Geschwüren und Tumoren angewandt. Bei Menschen mit empfindlicher Haut ist Vorsicht geboten, da die Pflanze Reizungen und Entzündungen auslösen kann. Es wurde davon berichtet, daß Bettler die Pflanze auf ihre Haut rieben, um abstoßende Entzündungen und Geschwüre auszulösen und damit Mitleid zu erregen und die Reichen zu Almosen zu ermuntern, danach kurierten sich die Bettler selbst wieder durch frische Königskerzenblätter auf ihre Entzündungen. Für Tee nehme man 15 g getrocknete Wurzel oder Kraut in ½ l kochendes Wasser, nach fünf Minuten abgießen. Anwendung drei Gläser pro Tag.

Loewenfeld und Back geben in ihrem *The Complete Book of Herbs and Spices* folgende Empfehlung für eine äußerlich, bei Hämorrhoiden anzuwendende Salbe: 120 g Vaseline schmelzen und 30 g getrocknetes Kraut hinzugeben und gut verrühren, bedecken und fünfundvierzig bis sechzig Minuten kochen lassen, dann abgießen und bis zur Anwendung kühl aufbewahren.

Scharbockskraut gehört in den Garten, an frühlingsfeuchte Stellen und ist ein frischgrüner Bodendecker mit zierenden, goldgelben Blüten. Die Blätter können in Frühlingssalate geschnitten werden. Es breitet sich schnell aus und ist schwer wieder auszurotten. Die ganze Pflanze wird im März gesammelt, getrocknet und dann

Kriechender Günsel *Ajuga reptans*

Ajuga reptans ›multicolor‹

Purpurgünsel *Ajuga reptans* ›Atropurpurea‹

luftdicht aufbewahrt. Die Wurzelknollen können gegen Ende des Sommers ausgegraben werden.

Kriechender Günsel *Ajuga reptans* ist eine Staude Europas, Asien und Nordafrikas und ist in Nordamerika verwildert. Sie wächst in feuchten, dichten Wäldern, Grasfluren und Bergwiesen. Sie besitzt ein kurzes Rhizom, breitet sich flächig mit an den Internodien wurzelnden beblätterten Stolonen aus. Die aufrechten, vierkantigen Blütenstengel können bis 30 cm hoch werden und sind an zwei Seiten samtig behaart. Die ovalen, gestielten Grundblätter sind leicht gezähnt, während die oberen paarweise direkt am Stengel sitzen. Die lebhaft blauen Blüten sitzen in Quirlen in einer Scheinähre und blühen von Mai bis Juni. Die kleinen, schwärzlichen Samen reifen oft nicht aus, so daß die Vermehrung hauptsächlich durch die Ausläufer geschieht.

Jahrhundertelang war der kriechende Günsel als Wundkraut geschätzt. Er hat zusammenziehende Eigenschaften und diente dazu, Blutungen zum Stillstand zu bringen. In der Homöopathie wird er Zubereitungen zur Behandlung von Halsentzündungen und Wundgeschwüren hinzugefügt, seine Wirkung ähnelt dem von Digitalis, er verlangsamt den Puls. Von man-

chen wird er als nützlich gegen einen schweren ›Kater‹ angesehen.

Zur Behandlung von Reizhusten nehme man 30 g getrocknetes Kraut, mit ½ l fast kochendem Wasser aufgießen und zehn Minuten stehen lassen, davon 3 bis 4 Glas pro Tag.

Kriechenden Günsel kann man im Kräutergarten oder in Staudenbereichen anbauen und im Mai oder Anfang Juni zum Trocknen sammeln.

Purpurgünsel *Ajuga reptans* ›Atropurpurea‹ ist eine Gartensorte mit tief purpurbronzenen Blättern, bei ›Multicolor‹ sind die Blätter dreifarbig, rosa, purpur und cremefarben.

Vielblütiges Salomonssiegel *Polygonatum multiflorum*, aufgenommen im Garten von Rudyard Kiplings Landsitz

Vielblütiges Salomonssiegel *Polygonatum multiflorum* ist eine europäische Staude der Wälder und Strauchbereiche. Salomonssiegel hat ein gestauchtes, weißes kriechendes Rhizom, gedreht und knotig und mit runden Narben. Die Blütenstiele sind aufrecht und verzweigt, blaßgrün und können 30 bis 80 cm hoch werden. Die großen ovalen, wechselständigen Blätter umfassen den unverzweigten Stengel und haben deutliche, längslaufende Blattrippen. Die cremefarbenen Blüten hängen zu mehreren in den Blattachsen und entwickeln sich nach der Blütezeit Mai bis Juni zu kleinen schwarzblauen Beeren im Herbst. Namenserklärungen gibt es viele, so glauben die einen, er komme davon, daß die runden Narben auf dem Wurzelstock Siegelabdrücken gleichen, andere vermuten, da der Wurzelstock durchschnitten, hebräischen Schriftzeichen ähnelt, daß König Salomon, der die guten Wirkungen der Pflanze kannte, sein Siegel daraufsetzte, um den Menschen die Bedeutung als Heilpflanze zu zeigen. Gerard, in seinem Kräuterbuch, glaubt, daß der Name von dem »versiegeln« bei der Wundanwendung herrühre. Aus allen Erklärungen wird eines deutlich: die lange, in die Geschichte zurückgreifende Nutzung in Küche und Medizin von Salomonssiegelarten. Junge Triebe, wie Asparagus zubereitet, sind ein geschätztes Gemüse in der Türkei, und die eingeweichten Wurzeln, die viel Stärke enthalten, wurden sehr häufig bei den amerikanischen Ureinwohnern in das Brot gemischt und ebenso in Europa zu Zeiten der Hungersnot verwendet. Blüten und Wurzeln wurden pulverisiert als Schnupftabak verwendet, waren früher eine Zeitlang als Aphrodisiakum in Mode. Destilliertes Salomonssiegelwasser hatte einen Ruf als ausgezeichnetes Gesichtswasser und wurde verbreitet als Bestandteil teurer Kosmetika verwendet. Italienerinnen, so heißt es, würden es für ihren Teint besonders schätzen. Salomonssiegel hat zusammenziehende, reizmildernde und stärkende Eigenschaften. Wegen seiner Schleimstoffe besitzt es eine sehr mildernde Wirkung und wurde bei Lungenbeschwerden, Entzündungen von Magen und Darm, Hämorrhoiden, Ruhr und Menstruationskrämpfen verordnet. Pulverisierte Wurzeln und gequetschte Blätter sind gut für Umschläge und Salben (mit Schweinefett) geeignet zur Behandlung von Blutergüssen, Wunden und Hämorrhoiden. Gerard meint in seinem Kräuterbuch, daß ein Absud der Wurzel in Wein Knochen wundervoll wieder zusammenfüge – nicht nur beim Menschen, sondern auch beim Vieh. Salomonssiegel ist leicht im Garten an schattigen Stellen in leichtem Boden zu ziehen. Salomonssiegel gehört zum Staudensortiment und entwickelt sich erst nach mehreren Jahren zur vollen Schönheit.

Maiglöckchen *Convallaria majalis* ist eine Staude, die wir in Europa, Nordostasien und im östlichen Nordamerika finden. Sie wächst in lockeren, waldigen Bereichen, Kahlschlägen und auf Wiesen und wird auch als Gartenzierpflanze kultiviert. Maiglöckchen besitzen ein reinweißes Rhizom, aus dem zwei oder drei Blätter und der Blütenstiel emporwachsen. Die Pflanze wird bis zu dreißig Zentimeter hoch, und die breiten, ovalen, spitzzulaufenden Blätter sind bis zwanzig Zentimeter lang, besitzen eingesunkene Blattnerven und sind an der Spitze zurückgebogen. Der Blütenstand trägt kleine, nickende, duftende weiße Glockenblüten mit zurückgebogenen Blütenblattspitzen. Die Blüten, von April bis Mai, entwickeln sich von August bis September in rote Beeren. Der Gattungsname kommt vom lateinischen *convallium*, d.h. ›aus den Tälern‹ und das Wort *majalis* bezieht sich auf die Blüte im Monat Mai. Eine Legende behauptet, daß der Maiglöckenduft die Nachtigall ermutigt habe, die Hecken zu verlassen, um ihren Gespons im schattigen Wald zu finden. Apuleius behauptet in seinem Kräuterbuch des 4. Jahrhunderts, daß Apollo das Maiglöckchen gefunden habe und es dem geldgierigen Aesculap gab. Alle Teile der Pflanze enthalten starke herzwirksame und harntreibende Glykoside, vor allem Convallarintoxin und Convallamarintoxon. Schon unsere Vorväter wußten vor Jahrhunderten, daß die Pflanze bei schwachem Her-

zen hilfreich war. Matthiolus schrieb in seinem Kräuterbuch aus dem 16. Jahrhundert, daß sie das Herz stärke und Krämpfe und Herzklopfen bekämpfe. Die Wirkung der Droge ähnelt sehr der des *Digitalis purpurea*, schwache und rhythmusgestörte Herzschläge werden verlangsamt und gleichzeitig gestärkt. Da häufige und wirksame Anwendung mit standardisierten Maiglöckchenmitteln schwer möglich ist, ist die Anwendung nur mit Verschreibung erlaubt. Weiss berichtet, daß ein neues Mittel »Convacard« auf einer Methode beruht, die in großem Umfang die komplexen, aktiven Wirkstoffe der Pflanze enthält, weiter seien die Pastillen mit einem dünnen Film überzogen, so daß die innere Aufnahme ohne Reizwirkung auf die Schleimhaut erfolgt und dieses Mittel zu einer wertvollen Alternative für diejenigen macht, die an Herzschwäche leiden und die besonders empfindlich auf *Digitalis* reagieren. Abgesehen von seiner heilsamen Wirkung auf das Herz ist die Pflanze ein Niespulver, das heißt, die gepulverten Blüten oder Wurzeln lösen Niesreiz aus und können zur Besserung bei Kopferkältungen und Ohrenschmerzen angewendet werden. Maiglöckchen gehören zum Staudensortiment und können leicht im Garten kultiviert werden. Pflanzzeit ist September. Man sollte sich daran erfreuen und keine Selbstmedikation durchführen.

Maiapfel, Fußblatt *Podophyllum peltatum* ist eine giftige Staude aus Mittel- und Nordostamerika, die dort in feuchten Wäldern, auf Kahlschlägen und nassen Wiesen verbreitet ist.

Das lange, kriechende Rhizom besteht aus vielen Ausläufern mit langen Internoiden, und die verzweigten Stengel werden 30 bis 35 cm hoch. Die großen weichen, langgestielten Blätter wachsen paarweise und bestehen aus fünf bis sieben tiefgelappten Teilen, die sich im Herbst kupfern färben. Die weißen, hängenden, unangenehm riechenden Blüten stehen einzeln in den Blattachsen, blühen zwischen April bis Juni, und entwickeln sich dann zu fleischigen, zitronenähnlich duftenden Beeren. Der Gattungsname kommt vom griechischen *podos*,

Maiglöckchen *Convallaria majalis*

Grüner Germer *Veratrum viride*

Maiapfel *Podophyllum peltatum*

Podophyllum *Podophyllum hexandrum*

Grüner Germer Austrieb

d. h. ›Fuß‹, und *phyllon*, d. h. ›Blatt‹, das dem Blatt eines Wasserhuhns ähnelt und dabei auch den Bezug zum deutschen Namen Fußblatt herstellt. Die Bezeichnung Maiapfel kommt von den eßbaren Früchten.

Der Maiapfel ist eine giftige Pflanze, die die amerikanischen Ureinwohner sowohl wegen der Giftigkeit wie auch wegen der heilenden Eigenschaften schätzten. In größeren Mengen können Blätter, Wurzeln und Samen sogar den Tod verursachen. Weshalb manche Indianerstämme ihn zum Selbstmord benutzten. In sehr kleinen Dosen ist der Maiapfel aber ein sehr nützliches Abführ- und Wurmmittel. Sein Harz wird heute als gutes Mittel gegen Feigwarzen angesehen und ist allgemein ein gutes Stimulans für Gedärm und Leber. Anwendung nur nach ärztlicher Vorschrift. Die Beerenfrüchte sind leicht säuerlich, eßbar und für Gelees geeignet.

Der Maiapfel wird durch Aussaat oder Teilung vermehrt und wächst an warmen, geschützten Stellen im Garten ohne Schwierigkeiten. Er gehört zum Staudensortiment.

Podophyllum hexandrum (synonym *Podophyllum emodi*) kommt in Indien vor, wird bei uns aber auch im Staudensortiment angeboten. Es hat einen dicken Wurzelstock und wird in Indien als Heilpflanze benutzt, sollte aber nicht anstelle von *Podophyllum peltatum* genommen werden, da es wesentlich mehr Podophyllumtoxin mit drastischen, abführenden Wirkungen besitzt. Die Wirkstoffe beider Pflanzen werden zur Krebsbehandlung, das heißt zur Chemotherapie benutzt, lösen aber als Nebenwirkung Haarausfall aus.

Grüner Germer *Veratrum viride* ist eine giftige Staude in den Sümpfen und feuchten Wiesen des östlichen Nordamerikas. Aus dem zylindrischen, dichtbewurzelten Rhizom hebt sich ein runder Trieb bis eineinhalb Meter Höhe. Die großen elliptischen, stengelumfassenden Blätter sind parallel-nervig geädert und gefaltet. Die grünen sternförmigen Blüten sitzen von Mai bis Juni am Triebende, die Pflanze blüht aber nicht jedes Jahr.

Weißer Germer *Veratrum album* ist eine giftige Staude Europas mit ähnlichen Verbreitungsgebieten von Lappland bis Italien. Gestalt und Wirkstoffe sind ähnlich, mit dem Unterschied, daß die Blüten gelblich-weiß sind. Die Anwendung darf nur durch Verschreibung von Medikamenten erfolgen. Wegen der großen Giftigkeit verbietet sich eine innere Anwendung, früher verwendete man sie zur Vergiftung von Dolchen und Pfeilen, verschrieb sie aber auch bei Wahnsinn und Epilepsie.

Germer verlangsamt Puls und Atmung und wurde bei Lungenentzündung, Bauchfellentzündung und drohendem Schlaganfall verschrieben. Heute wird er hauptsächlich in der Tiermedizin verwendet, starke Dosen verursachen schwere Brechkrämpfe, Durchfall, Benommenheit und Krämpfe.

Diese beiden Germerarten sowie der kalifornische Germer und der schwarze Germer gehören zum Staudensortiment und sind stattliche Gartenstauden, die im Laufe der Jahre ihre volle Entfaltung erlangen.

Felsenstorchschnabel *Geranium macrorrhizum* ›Album‹

Ruprechtskraut *Geranium robertianum*

Ruprechtskraut *Geranium robertianum* ist eine ein- oder zweijährige Pflanze Europas, des südlichen, gemäßigten Asiens und Nordafrikas, aber auch inzwischen verbreitet in Nord- und Südamerika. Sie kommt an schattigen, feuchten Stellen als Unterwuchs in Gehölzen zwischen Felsen und auf alten Dächern und Mauern vor. Das Ruprechtskraut riecht unangenehm, ist behaart und blattreich und aus der kleinen Pfahlwurzel erwächst ein bis dreißig Zentimeter hoher verzweigter Trieb. Die palmenartig tief eingeschnittenen Blätter sind behaart und rot überlaufen. Die fünfteiligen rosaroten Blüten sitzen zu zwei bis vier in den Blattachsen und erblühen vom Mai bis in den Herbst. Der Gattungsname leitet sich vom griechischen Wort *gheranos* ›Kranich‹ ab, da die Frucht dem Schnabel dieses Vogels gleicht. *robertianium* geht zurück auf *ruberta* bzw. *ruber*, d. h. ›rot‹, da die Pflanze intensiv rot überlaufen ist. Nach der Signaturlehre des 17. Jahrhunderts zeigte die Farbe die medizinischen Eigenschaften, das heißt, das Kraut wurde als gut zur Regenerierung des Blutes gehalten und bei inneren Blutungen verschrieben und auch bei Diabetes angewandt. Neuere Untersuchungen haben gezeigt, daß es tatsächlich den Blutzuckerspiegel senkt. Ruprechtskraut wurde oft als Lotion oder Kompresse für Augenentzündungen und als Mundwasser für entzündeten Hals und Mund benutzt. Man hielt es auch für ein Wundkraut, das Brüche heilen kann, und als Mittel gegen das Milchverhalten in der Brust. Die frischen, gequetschten Blätter sollen Mükken vertreiben. Für einen Absud zur äußeren Anwendung weicht man 100 g getrocknete Pflanze in 1 Liter Wasser für einige Minuten ein und bringt dieses dann langsam zum Kochen, läßt es danach fünfzehn Minuten ziehen. Abgießen vor der Anwendung. Blühendes Kraut sammeln und im Schatten trocknen.

Geranium macrorrhizum ist eine Staude des südlichen Europas mit rosa Blüten ab Mai. Ein ausgezeichneter Bodendecker in Sonne oder lichtem Schatten. Die Blätter duften kräftig würzig, da sie Geraniumöl enthalten, das in der Parfümerie und zur Verstärkung von Duftmischungen benutzt wird. Viele staudige Geraniumarten sind ausgezeichnete Bodendecker und Blütenpflanzen des Gartens und seit Jahren bewährt im Staudensortiment.

Gewöhnliches Löffelkraut *Cochlearia officinalis* ist eine zweijährige Pflanze oder kurzlebige Staude mit weiter Verbreitung in West-, Mittel- und Südeuropa, Asien und Nordamerika. Es ist meist häufig in Seenähe, auf Klippen und Ufern, aber auch auf Salzböden und in Brackwassermarschen zu finden. Flachwachsend aus tiefgehender Pfahlwurzel, besitzt das Löffelkraut einen oder mehrere krautige Triebe, die 5 bis 50 cm hoch werden können. Die Grundblätter bilden eine lockere Rosette, sind breit, fleischig und langgestielt löffelförmig – daher Löffelkraut! Die oberen Blätter umfassen stengellos den Trieb, sind blaßgrün, oval, spitz auslaufend und stumpf gezähnt. Die kleinen weißen, duftenden Blüten haben vier Blütenblätter und stehen zu vielen am Triebende von April bis August. Die Blätter wurden von Seeleuten während langer Reisen gegessen und verhinderten durch ihren Vitamin-C-Gehalt den sonst entstehenden Skorbut (Vitamin-C-Mangelerkrankung). Die Pflanze wurde auch als Abführmittel, als harntreibend und Stimulans geschätzt und das Löffelkrautöl aus den Blättern galt als wirksam gegen Rheumatismus. Eine englische Biersorte »Löffelkrautale« war in früheren Zeiten ein verbreitetes Tonikum. Heute nimmt man 60 g Blätter auf 1 l kochendes Wasser, läßt fünf Minuten ziehen, gießt ab, süßt und nimmt

Gewöhnliches Löffelkraut *Cochlearia officinalis*

Giersch *Aegopodium podagraria*

Buntblättriger Giersch *Aegopodium podagraria* ›Variegata‹

davon mehrfach am Tag ein kleines Glas voll, als Abhilfe bei Vitamin-C-Mangel. Nach Barbara Griggs in ihrer *Green Pharmacy* hielt man Skorbut im 17. Jahrhundert für eine neue Krankheit. Die Seereisen waren länger geworden und die Seeleute begannen daran zu leiden, wenn frisches Obst und Gemüse verbraucht waren. Ähnlich erging es auch den Menschenmassen, die oft einseitig ernährt waren, in den Slums im Umfeld der großen Städte. Obwohl niemand wußte, wodurch Skorbut ausgelöst wurde, benutzte man dennoch jahrhundertelang Pflanzen als Medizin, so wie Gerard in seinem Kräuterbuch schrieb: »Eine einzige Medizin gegen die Geschwüre, die Mundfäule als perfekte Heilung gegen die Krankheit, Skorbut genannt.« Da die medizinische Wissenschaft damals die sehr einfache Heilmöglichkeit nicht akzeptieren wollte, wurden statt dessen unterschiedlichste Verfahren drastischer, aber unwirksamer medizinischer Behandlung empfohlen. Schröpfungen, Kühlbehandlungen, Abführmittel und Quecksilbermedizin. 1720 erkrankten bei der Belagerung Belgrads Tausende Soldaten der ungarischen Truppen an Skorbut und starben dann an der Behandlung durch Quecksilber. Später unternahm der Marinearzt James Lind (1716 bis 1794) an zwölf unter Skorbut leidenden Seeleuten einen praktischen Versuch; er behandelte zwei mit Abführwein, zwei mit Knoblauch und Myrrhe, zwei mit einem Vitriolelixier, zwei mit Essig, zwei mit Seewasser und zwei mit Orangen und Zitronen. Nach vierzehn Tagen waren die mit Orangen und Zitronen behandelten Seeleute wieder im Dienst, alle anderen zeigten nur geringe oder keine Besserung. Es dauerte noch weitere 50 Jahre, bis die britische Admiralität sich dieser Tatsache beugte und anordnete, daß jeder Seemann der britischen Marine ab sechs Wochen Seereise täglich eine Unze Zitronensaft erhielt. Ab 1879 gehörte Skorbut in der britischen Marine der Vergangenheit an.

Giersch/Geißfuß/Gichtkraut *Aegopodium podagraria* ist eine kräftige, aufrecht wachsende Staude in großen Teilen Europas, Kleinasiens, des Kaukasus, Sibiriens, und ist in Nordamerika verwildert. Es ist ein Problemunkraut im Garten und wächst im feuchten Gebüsch an Rasenrändern und auf Brachland. Giersch breitet sich mit Ausläufern schnell aus und kann andere Pflanzen ersticken. Der runde, hohle, geriefte Stengel kann 40 bis 100 cm hoch werden, die gestielten Grundblätter und die unteren Stengelblätter sind doppelt, die oberen einfach dreizählig. Die Blüten stehen zu vielen in flachen endständigen Dolden und erblühen von Juni bis August. Die kümmelähnlichen Samen werden durch den Wind verbreitet. Der Gattungsname hat seine Wurzeln in dem griechischen Wort *aigos* ›Ziege‹ und *podos* ›Fuß‹ (Ähnlichkeiten in der Blattform und dem Trittsiegel einer Ziege). Das Wort *podagraria* kommt vom lateinischen *podagra* ›Gicht‹ und bezieht sich auf seine medizinische Anwendung gegen diese Beschwerden,

deshalb also Gichtkraut. In Schweden und in der Schweiz werden junge Blätter im Frühjahr wie Spinat zubereitet und in Butter geschwenkt als delikates Gemüse serviert; man kann sie auch roh in Salat essen. Die Pflanze wurde innerlich und äußerlich bei Schmerzen in Gelenken, Gichtschmerzen und Ischias angewandt. Zur Anwendung gibt man 15 g getrocknete Blätter auf einen halben Liter kochendes Wasser, einige Male am Tag ein kleines Glas voll und ergänzend dazu einen heißen Umschlag auf die betroffene Stelle. In der modernen Kräutermedizin wird die Anwendung heute als veraltet betrachtet. Da es im Garten sehr wuchert, sollte man sich überlegen, ob man es anpflanzt. Die buntblättrige Form mit panaschierten Blättern wirkt unter lichten Gehölzen zusammen mit anderen Frühlingsgeophyten als gute Bodendecke. Gut geeignet als Ergänzung an Wildkräuter-Frühlingssalaten oder Gemüseergänzung in Kartoffelsuppen, ist der Giersch im Wildstaudensortiment zu finden.

Iris pallida

Florentiner Schwertlilie *Iris germanica* var. *florentina*

Florentinische Schwertlilie, Veilchenwurzel
Iris germanica var. *florentina* hat große weiße
Blüten und wird sowohl als Zierpflanze wie
auch wegen ihrer Wurzeln angebaut. Wahrscheinlich stammt sie aus dem östlichen Mittelmeergebiet, ist heute aber in den meisten wintermilden Gegenden Europas verbreitet.

Iris pallida ist ihr sehr ähnlich und besitzt angenehm duftende, blaue und lila Blüten, sie wird
in gleicher Weise benutzt.

Schwertlilien sind wunderbare Gartenstauden
und werden in allen dafür geeigneten Klimaten
der Erde angepflanzt. In Italien werden die beiden genannten Irisarten auf Hügeln ihrer Wurzeln wegen angebaut, da die Veilchenwurzel
seit alters her zur Herstellung von Parfüm, Salben und medizinisch als Abführmittel und
gegen gewisse Brustbeschwerden verwendet
wird; der Saft dient zum Bleichen von Sommersprossen, die gepuderte Wurzel diente im
Mittelalter als Appretur für Leinen und in Rußland verwendete man sie zur Geschmacksverbesserung eines Getränks aus Honig und Ingwer. Die Bitterkeit frischer Wurzeln verschwin-
det mit dem Trocknen, und nach zwei bis drei
Jahren beginnt die getrocknete Wurzel ihren
charakteristischen Veilchenduft zu entwickeln.
Veilchenwurzelöl wird in großem Umfang zur
Parfümierung von Düften, Seifen, Pudern,
Pasteten und Süßigkeiten verwendet. Große
Wurzeln wurden manchmal geschnitzt und als
Veilchenwurzeln den Kindern beim Zahnen
zum Beißen gegeben.

Beide Arten und die Vielzahl von Sorten der
Gartenschwertlilie *Iris germanica* wachsen
unproblematisch an sonnigen Gartenstellen und
werden durch Teilung im Sommer vermehrt.
Die Wurzeln brauchen drei Jahre, bis sie gegraben werden können, und weitere zwei bis drei
Jahre zum Trocknen, bis sie ihren Veilchenduft
entwickeln und verwendet werden können.

Kalmus *Acorus calamus* ist eine kräftige aromatische Sumpfstaude aus Südasien und heute
auch in Mittel-, West- und Nordamerika heimisch. Sie wurde von dem Botaniker Clusius
im Botanischen Garten in Wien kultiviert und
von dort aus nach Deutschland, Belgien und
Frankreich weiter verbreitet. Sie ist heute in
ganz Mitteleuropa zu finden und wächst im
Flachwasserbereich, an Teichrändern, in Gräben, in Marschen, an Flüssen und Kanälen. Kalmus hat ein großes, verzweigtes, kriechendes
rundes Rhizom, das oft von Schlamm bedeckt
und dicht bewurzelt ist. Die schwertförmigen,
schmalen, bis 1,50 Meter hohen Blätter umfassen mit ihren rosafarbenen Blattscheiden das
Rhizom, die hellgelb-grünen Blätter sind am
Rande oft gewellt bis gekräuselt und duften
würzig nach Mandarinen beim Verletzen, was
die Blätter der ähnlichen Sumpfschwertlilie
nicht tun. Die winzigen, gelbgrünen, süß duftenden Blüten sitzen in einer seitlich vom Blütentrieb abstehenden Ähre, die Blüte im Juni
und Juli ergibt bei uns keine reifen Samen, so
daß die Vermehrung ausschließlich vegetativ
durch Ausläufer erfolgt. Der Gattungsname leitet sich vom griechischen *coreon*, d. h. ›Pupille‹,
ab, da die Pflanze früher bei Augenbeschwerden
angewandt wurde. Das griechische Wort *cala-
mos* bedeutet ›Schilf‹ oder ›Rohr‹ und ist auch
die Wurzel unserer Bezeichnung Kalmus. In
Kirchen und Privaträumen die Fußböden mit
Kalmus wegen seines angenehmen Geruchs zu
bestreuen wurde ein Brauch, der sich auch bei
uns für die Wege der Fronleichnamsprozession
in manchen Gegenden bis heute erhalten hat.
In letzter Zeit ergaben sich bei Kalmus Krebs-
befürchtungen, da polyploide Formen Asaron
enthalten, das als karzinogen bekannt ist, aber
nicht in diploiden Formen gefunden wurde.

Nach Weiss hat diese Pflanze eine lange
Anwendungsgeschichte als Heilpflanze, ohne
daß es Berichte über krebsauslösende Wirkung

gibt. Auch wenn eine Langzeitanwendung vielleicht nicht sinnvoll ist, so ist doch eine Anwendung über eine begrenzte Zeit zweifellos
zuträglich.

Die Kalmus-Wirkstoffe finden wir in der
Wurzel: 1 bis 4 % aromatisches ätherisches Öl
sowie Acoring-Gerbstoff, Cholin und auch
Asaron, Eugenol und Pinen. Innerlich angewandt fördert Kalmus die Verdauung, ist leicht
harntreibend und mildert Blähungen. Weiss
sagt, Kalmus habe wundervoll stimulierende
Wirkung auf den Appetit, da es die Magense-
kretion aktiviert und ist deshalb bei Magersucht
empfohlen. Kinder und Erwachsene mit Appe-
titmangel sprechen oft gut auf regelmäßige
Gaben von einigen Tropfen Kalmustonikum
vor den Mahlzeiten an. Weiss behauptet auch,
er habe erfolgreiche Anwendungen bei Magen-
krebskranken zur symptomatischen Erleichterung gesehen. Kalmuswurzel wird auch von
Menschen benutzt, die das Rauchen aufgeben
wollen. Das Kauen der Wurzel stimuliert die
Speichelabsonderung und hat anregende Wirkung auf Mund und Rachen. In gleicher Weise
können auch einige Rhizomstückchen, in Lei-
nensäckchen eingebunden, zahnenden Kindern
als Nuckel hilfreich sein. Die kandierte Wurzel
wurde bei Husten oder als Aufguß zum Gurgeln genutzt. Als morgendliche Badzugabe ist
Kalmus wegen seiner stimulierenden Eigenschaften besonders bei Rekonvaleszenten, bei
Anämie oder Zuckerkrankheit empfohlen. Kalmus gibt auch Bier einen bitteren Geschmack
und Zahnpasta sowie Parfüm einen aromatischen Geruch. Das Pulver der Wurzel kann
Zimt, Muskat oder Ingwer ersetzen. Die Blätter
können anstelle von Vanilleschoten Sahne und
Pudding Geschmack geben.

In tropischen Ländern gehen bis zu 12 % der
Reisernte durch Insektenschäden verloren. Indische Wissenschaftler entdeckten kürzlich, daß
zerkleinerte Kalmuswurzeln, in den Reis gege-

ben, die Verluste dadurch reduzierte, daß die männlichen Reisrüsselkäfer davon sterilisiert wurden.

Für ein Tonikum kommen 30 g Wurzeln in $^1/_2$ l kochendes Wasser und werden tassenweise angewendet; ebenso kann man die Wurzel, nachdem sie mehrfach in jeweils frischem Wasser abgekocht wurde, diese in Zuckersirup kandieren und durch Kauen zur Erleichterung bei Husten, rauhem Hals oder Verdauungsstörungen nutzen.

Kalmus wächst in nährstoffreichen, feuchten oder Flachwasserbereichen und ist leicht durch Teilung zu vermehren. Zwei bis drei Jahre alte, kräftige Wurzeln werden im Herbst gesammelt, bevor sie hohl werden. Beim Trocknen verlieren sie bis zu 70 % an Gewicht, gewinnen aber an Duft und Geschmack. Kalmuswurzeln dürfen nicht zu lange gelagert werden. Kalmus wird im Heilpflanzen- und Sumpfpflanzensortiment angeboten.

Sumpfschwertlilie – Wasserschwertlilie *Iris pseudacorus* ist eine hochwachsende Staude in Europa, Westasien und Nordafrika, die in Marschen, sumpfigen Wäldern, Flachwasser, an Flußufern, Teichen und Gräben verbreitet ist. Die Sumpfschwertlilie hat ein dickes, flachwachsendes Rhizom mit 30 bis 100 cm hohen krautigen Stengeln, die schwertförmigen Blätter sind ebenfalls grundständig. Die wunderbaren gelben Blüten sind am Grund pupurn geädert und blühen von Mai bis Juni. Der Gattungsname erinnert an die Regenbogengöttin Iris in Erinnerung an die Farbvielfalt der ganzen Gattung. In *pseudocorus* sind das griechische Wort *pseudo* ›falsch‹ und *acorus* ›Kalmu‹, das heißt ›falscher Kalmus‹, da ihm diese Schwertlilie ähnelt und auch im gleichen Bereich vorkommt. Sie ist eine Heilpflanze seit alter Zeit. Sie wirkt kraftvoll abführend und wurde benutzt, Teufelsgedanken, Husten und Krämpfe zu kurieren. Die pulverisierte Wurzel wurde als Schnupftabak genutzt, und als Saft durch die Nasenlöcher eingezogen, löst sie heftiges Niesen aus, das gegen Stockschnupfen empfohlen wurde. Eine Wurzelscheibe gegen die Zähne gepreßt sollte Zahnschmerzen unmittelbar beseitigen. Wegen ihrer außerordentlichen Säure wird Wasserschwertlilie kaum noch genutzt, und sollte auch nur nach Rezeptvorschrift angewandt werden, da sie heftigen Brechreiz und Durchfall verursachen kann.

Die Blüten ergeben eine prächtige gelbe Farbe und die Wurzel mit Eisensulfat eine gute schwarze Farbe. Die Samen gelten geröstet als ausgezeichneter Kaffee-Ersatz.

Die Sumpfschwertlilie wächst an feuchten, sonnigen und schattigen Plätzen im Garten, wird durch Teilung vermehrt und in Sumpfpflanzensortiment angeboten.

Koralleniris *Iris foetidissima* var. *citrina* ist eine bei Verletzung unangenehm riechende Staude Westeuropas und Nordafrikas, wo sie in Hekkenbereichen, lichten Wäldern und Klippenbereichen an der See vorkommt und Kalkboden bevorzugt. Sie ähnelt der Wasserschwertlilie, bleibt aber niedriger und hat dunkelgrüne Blätter und dunkelpurpurne oder gelbe, mehr sternförmig wirkende Blüten von Juni bis August. Wie die Sumpfschwertlilie ist sie früher als Heilpflanze mit abführender wie auch menstruationsfördernder Wirkung oder als Tee für nervöse und hysterische Beschwerden angewandt worden; heute wird sie nicht mehr benutzt. Sie wächst problemlos im Garten, und die orangeroten Samen in den Fruchtkapseln in Herbst sind für Trockensträuße gut geeignet.

Wasserschwertlilie, Sumpfschwertlilie *Iris pseudacorus*

Kalmus *Acorus calamus*

Koralleniris *Iris foetidissima* var. *citrina*

Frauenmantel *Alchemilla mollis*

Frauenmantel *Alchemilla mollis* als wegbegleitender Bodendecker

Frauenmantel *Alchemilla vulgaris* ist eine krautige Staude Europas, Nord- und Westasiens, Grönlands und Nord-, Ost- und Mittelamerikas, die sich auch in Bergbereichen, wie im Himalaja und südlichen Breiten findet. Sie wächst in feuchten Wiesen, in Wäldern, an Waldrändern und an Felskanten im Gebirge.

Frauenmantel ist eine niedrig bleibende, samtig behaarte Pflanze, die 5 bis 45 cm hoch werden kann. Der Wurzelstock ist gestaucht und schwarz und die großen, runden, gefalteten, gelappten Grundblätter sind lang gestielt und stehen in einer Rosette; die oberen Blätter sitzen direkt am Stengel. Die kleinen grünlich gelben Blüten haben keine Blütenblätter und stehen zu vielen in lockeren Trugdolden von Juni bis August an den verzweigten Triebenden. Der Gattungsname kommt vom arabischen *alchimia* ›Alchemie‹ und führt zu den Alchimisten zurück, die der Pflanze viele wunderwirkende Kräfte zuschrieben. Frauenmantel heißt sie, weil die gefalteten Blätter an Mantelumhänge erinnern.

Seit alten Zeiten als Wundkraut zum Stoppen von Blutungen, zur Förderung von Heilungsprozessen angewandt, wird Frauenmantel als besonders hilfreich für Menstruationsprobleme empfohlen. Es mindert Weißfluß, zu starke Blutungen und heilt Verletzungen nach der Geburt. Kein Wunder, daß es manchmal der Frauen bester Freund genannt wurde. Es wurde auch als Herztonikum, harntreibendes Mittel und sanftes Sedativ benutzt. Der frisch gepreßte Saft hilft Hautprobleme, wie z. B. Akne, heilen, und ein schwacher Aufguß kann bei Bindehautentzündung genutzt werden. Nach Weiss ist wissenschaftlich wenig über die Frauenmantelwirkung bekannt, es seien aber wohl die Gerbstoffe für seine lange Anwendung bei Frauenleiden wichtig.

Für Frauenmanteltee gibt man 45 g getrocknetes Kraut in ½ l kochendes Wasser, läßt 10 Minuten ziehen, gießt ab, süßt und trinkt täglich davon 1 bis 2 Tassen.

Zur Wundheilung als Umschlag wird ein Päckchen Blätter mit dem Bügeleisen zwei Minuten erhitzt und auf die Stelle aufgelegt; der Umschlag wird nach zehn Minuten erneuert.

In der Schweiz werden Frauenmantelblätter manchmal dem Tee beigemischt und im Gebirge ißt man die jungen Blätter als Salat. An Kühe verfüttert, geben diese mehr Milch, und der daraus hergestellte Käse hat einen sehr eigenen Geschmack.

Frauenmantel gehört zum Staudensortiment und wächst problemlos im Garten, die Blätter werden im Sommer gesammelt, wenn die Pflanze noch blüht; nach dem Trocknen luftdicht aufbewahren. Frauenmantelblütenstände sind eine gute Ergänzung vieler Blumensträuße.

Alchemilla mollis ist eine als Zierpflanze verwendete Frauenmantelart aus Kleinasien, deren Blätter und Triebe etwas dichter behaart sind als bei unserem heimischen Frauenmantel.

Goldlack *Cheiranthus cheiri* ist eine kurzlebige, krautige Staude, die wahrscheinlich aus dem östlichen Mittelmeergebiet stammt, aber heute in ganz Europa als Kultur verwildert ist. Man findet sie an alten Mauern, in Steinbrüchen und auf Klippen an der See. Wurzeln und unterer Pflanzenbereich verholzen und die verzweigten, dicht beblätterten Triebe können 20 bis 60 cm hoch werden. Die Grundblätter bilden anfangs eine Rosette. Die duftenden, gelborangenen Blüten stehen gehäuft am Triebende und blühen von Mai bis August. Es gibt auch rotgelb bis braunrot blühende Sorten. Goldlack wurde in der Vergangenheit als wassertreibendes Mittel benutzt, neuerdings wurde entdeckt, daß der Wirkstoff Cheiranthin herzwirksamer ist als Digitalis. Die wechselnde Giftigkeit des Goldlackmaterials verbietet eine Selbstanwendung. Goldlacköl hat bei Verdünnung einen sehr angenehmen Duft.

Eisenhut *Aconitum napellus* ist mit verwandten Arten eine sehr giftige, winterharte Staude der nördlichen gemäßigten Zone. Er wächst in größeren Beständen an schattigen Flußufern, Gräben, Weiden, in Erlenbrüchen oder auf Hochgebirgswiesen. Eisenhut hat eine fleischige, rübenförmige Wurzel oder Knolle, die jedes Jahr eine oder mehrere Tochterknollen bildet, während die alte abstirbt. Der aufrechte grüne Stengel ist fein behaart und kann bis zu einem Meter hoch werden. Die glänzend dunkelgrünen Blätter sind zuunterst heller bis weißlich und tief palmartig eingeschnitten. Die dunkelblauen oder purpurnen Blüten stehen in lockeren Trauben am Stengelende und in den Blattachseln; sie blühen im Juni und sehen aus wie der Eisenhut, die Kopfbedeckung bei den Ritterrüstungen. Der Gattungsname kommt vom griechischen *akontion* ›Pfeil‹, weil wilde Völker Eisenhut früher als Pfeilgift anwandten, andere Ableitungen kämen von dem griechischen Wort *akone* ›Kliff, oder Felsen‹ und bezöge sich auf die Verbreitung der Pflanze. Plinius leitet den Namen von *akone,* dem vermuteten Ursprung der Pflanze, ab. Das Wort *napellus* bedeutet ›kleine Rübe‹ und bezieht sich auf die Form der Wurzelknollen. Die giftigen Eigenschaften des Eisenhutes waren schon früh bekannt, und es heißt, daß er Bestandteil des Tranks war, der auf der Insel Kos den Alten und Kranken gegeben wurde, um ihnen den Abschied von dieser Welt zu erleichtern, wenn sie nicht länger nützlich waren. Ebenso heißt es, daß Medea Eisenhutgift in den Becher für Theseus mischte.

Eisenhut gilt schon in alten Kräuterbüchern als hochgiftig und gefährlich. Er wurde vor allem als Gegengift für andere Gifte, insbesondere gegen Schlangengifte, betrachtet. Eisenhut enthält Akonitin, einen der giftigsten Naturstoffe, und dessen Nebenalkaloide. Eisenhutauszüge können in höheren Konzentrationen stark giftig sein, sie stimulieren erst und paralysieren dann das zentrale und später das periphere Nervensystem. Vergiftungen beginnen mit Brennen und Jucken der Haut, Taubheitsgefühlen an den Gliedern, Senkung der Temperatur und Herzrhythmusstörungen, später Übelkeit, Erbrechen, Durchfall und führen über Kreislauf- und Atemlähmung zum Tode.

Die Droge und ihre Zubereitung sowie äußerliche Anwendung (z. B. bei Neuralgien und Gelenkentzündungen) sind als obsolet, d. h. als nicht anzuwenden zu bezeichnen, da die äußerst giftigen Alkaloide durch die Haut resorbiert werden.

Eisenhut, das heißt *Aconitum napellus,* und verwandte Arten und Gartensorten sind wertvolle Gartenstauden und bei verantwortungsvollen Umgang unbedenklich gartenwürdig.

Goldlack *Cheiranthus cheiri*

Eisenhut *Aconitum napellus*

Gemeiner Natternkopf *Echium vulgare*

Gemeiner Natternkopf *Echium vulgare* ist eine stachelig behaarte zweijährige Pflanze Europas, die von Mittelskandinavien bis Zentralspanien und ostwärts bis Kleinasien verbreitet und in Nordamerika verwildert ist. Sie findet sich auf unbebauten Feldern, Wegrändern, auf Wiesen und trockenen Sanddünen und Klippen, besonders auf Kalkboden. Aus der spindligen Wurzel erwächst ein sehr stachelhaariger, rotgefleckter, bis 100 cm hoher Stengel. Die Blätter sind länglich lanzettartig, dicht behaart, mit auffälliger Mittelrippe. Die unteren Blätter sind gestielt, die oberen sitzend. Die vielen trichterförmigen Blüten sitzen in einseitigen Wickeltrauben und verfärben sich von Rosa, beim Verblühen nach Blau und manchmal auch auf Weiß; Blütezeit Juni/Juli.

Der Gattungsname kommt vom griechischen *ekios* ›Viper‹ und soll sich auf die schlangenähnlichen Samen oder auf die Rotfleckigkeit des Stengels beziehen. Normalerweise wurde Natternkopf als wirksames Mittel gegen Gift und Schlangenbisse betrachtet.

Culpeper schreibt in seinem Kräuterbuch: »Es ist ein Kraut der Sonne. Es ist ein Heilmittel sowohl gegen giftige Bisse wie giftige Kräuter. Die Samen in Wein getrunken erzeugen Milch im Überfluß in den Brüsten der Ammen. Man hielt es auch für hilfreich denen, die erfüllt waren von Ohnmacht, Traurigkeit und Melancholie.«

Heute wird der Saft zur Linderung bei empfindlicher Haut und in Umschlägen zur Behandlung von Furunkeln genutzt. Der Tee wirkt harntreibend, lindert Fieber und Kopfschmerzen. Die jungen Blätter werden wie Borretsch unter Salat gemischt.

An sonnigen, trockenen Stellen im Garten säen, die blühenden Triebspitzen im Juli und die jungen Blätter vorher, bevor sie stachelhaarig werden, sind als Salatergänzung geeignet.

Hundszunge *Cynoglossum officinale* ist eine zweijährige Pflanze Europas, Asiens und ist in Nordamerika verwildert. Sie kommt in trockenen Grasflächen, an Waldrändern und oft in sandigen oder Kalkbodenflächen in Seenähe vor. Hundszunge hat eine schwarze, spindelförmige Wurzel und einen verzweigten aufrechten, weißbehaarten Stengel, der 40 bis 100 cm hoch werden kann. Die länglichen, ovalen bis lanzettartigen weichbehaarten Blätter bilden am Grunde eine Rosette, während die oberen sitzend den Stengel umfassen. Die trichterförmigen Blüten zeigen sich von Mai bis August und sind rot und dunkelpurpurn.

Der Gattungsname kommt vom griechischen *cynoglossum* ›Hundszunge‹ in Anlehnung an Form und Oberfläche der Blätter. Die Bezeichnung *officinale* erinnert an die Nutzung als Heilpflanze in früheren Zeiten.

Lange wegen ihrer Wirksamkeit gegen Hämorrhoiden geschätzt, stand Hundszunge auch in dem Ruf, beruhigend auf den Verdauungstrakt zu wirken. In Culpepers Tagen verwendete man einen Wurzelabsud gegen Husten und Erkältung, die in Wein gekochten Blätter zur Erleichterung bei Ruhr und gequetschte Blätter oder Saft als Salbe gegen Kahlwerden und zur Behandlung von Kopfwunden, Verbrühungen und Verbrennungen. Die Kräuterheilkunde benutzt heute Hundszunge in Kompressen, Salben und Pasten zur Behandlung von Beingeschwüren, Verstauchungen und Blutergüssen.

Homöopathische Zubereitungen hält man für wirksam zur Behandlung von Schlaflosigkeit, wobei zu beachten ist, daß hohe Dosierungen narkotische Wirkungen besitzen.

Duftveilchen *Viola odorata* ist eine Staude Nordeuropas und Nordafrikas und verwildert in Ostasien und Nordamerika. Es wächst an Waldrändern, Gebüschen, Wegrainen, Zäunen, bevorzugt nährstoffreiche Böden und wird in vielen Arten und Sorten als Zierpflanze angebaut. Das Duftveilchen hat ein kurzes, dickes Rhizom mit langen wurzelnden Ausläufern, langstieligen herzförmigen, glänzenden, dunkelgrünen, deutlich geäderten Blättern. Die hübschen, duftenden, dunkelvioletten oder weißen Blüten sind langgestielt und erblühen von März bis Mai.

Die Abstammung des Gattungsnamens ist ungewiß, aber möglicherweise die latinisierte Form des griechischen *Ione*. Io, Geliebte des Jupiter, wurde von ihm in eine Färse verwandelt, um sie vor der Eifersucht seiner Gattin Juno zu schützen. Um sie herum wuchsen Veilchen ihr zur Nahrung. Die Bezeichnung Duftveilchen erinnert an seine Verwendung seit alters her zur Parfümierung von Konfekt, Wein, Kosmetika und Medizin. Bei den Griechen waren Veilchen das Symbol der Fruchtbarkeit und häufiger Bestandteil von Liebestränken. Griechen und Römer tranken Veilchenwein und Hippokrates und Plinius hielten ihn für gut gegen »Kater«. Plinius empfahl einen Veilchenkranz zum Vertreiben von Kopfschmerzen und Schwindelgefühl, besonders wenn sie durch Völlerei verursacht seien. Ein Kräuterbuch des 10. Jahrhunderts besagt, daß die alten Briten Veilchen und Ziegenmilch zu einer Hautlotion mischten. Veilchenessenz wird bei der Parfümherstellung und in der Kosmetik benutzt, wenn auch heute synthetisch hergestellt, da man über 100 kg Veilchenblüten für 60 g Essenz benötigt.

Schon früh haben Kräuterärzte die Heilwirkung des Duftveilchens erkannt und wurden in einigen Anwendungen von der heutigen Wissenschaft bestätigt. So wurde zum Beispiel Duftveilchen gegen Kopfschmerzen, Migräne und Schlaflosigkeit empfohlen, und jetzt weiß man, daß es Glykoside der Salizylsäure enthält, die in *Salix alba*, der Salweide, vorkommt und zur Synthese von Aspirin dienten. Die Wurzeln enthalten das Alkaloid Violin, das dem Emetin der Ipecacuanhawurzel ähnelt. Eine Abkochung der Wurzeln wurde oft als Abführmittel verschrieben und die Blüten sind auch leicht abführend; als Tee oder Sirup angewendet und bei Verstopfung bei Kindern, besonders in Verbindung mit Mandelöl empfohlen. Tee oder Sirup von Blättern wirkt auch gegen Keuchhusten, bei rauhem Hals, Tuberkulose, Bronchitis und ähn-

Gemeiner Natternkopf *Echium vulgare*

Hundszunge *Cynoglossum officinale*

Duftveilchen *Viola odorata*

Kleine Bibernelle *Pimpinella saxifraga*

lichen Beschwerden empfohlen. Behauptungen der Wirksamkeit bei Krebs konnten nicht bewiesen werden.

Veilchenaufguß kann Entzündungen von Augen, Hals und Mund erleichtern, und Kompressen aus frischen Blättern werden traditionell gegen Schwellungen verwendet. Culpeper sagt: »Die Blüten des weißblühenden Veilchens reifen und verteilen Schwellungen. Kraut und Blüten frisch, oder Blüten getrocknet sind wirksam bei Rippenfellentzündung und allen Krankheiten der Lunge, rauhem Hals, Hitze und Schärfe des Urins und allen Schmerzen des Rückens, der Adern und der Blase.«

Für Veilchentee werden 15 g Blüten in 1 l Wasser drei Minuten eingeweicht, dann aufgekocht und 10 Minuten ziehen lassen. Zwei Tassen pro Tag gegen Erkältung, Husten und Atem- oder Verdauungsprobleme.

Für Veilchensirup 25 bis 150 g frische Blüten in 1 l kochendes Wasser geben, zudecken und zwölf Stunden ziehen lassen, durch ein Tuch abgießen und 1 kg Zucker zugeben, eine Stunde kochen, bis Sirupkonsistenz entsteht; gut verschlossen aufbewahren und drei bis vier Teelöffel pro Tag als Expektorans, Beruhigungs- und Abführmittel einnehmen.

Veilchen wachsen problemlos im Garten und können durch Ausläufer vermehrt werden, Blätter und Blüten werden im Frühling gesammelt, sorgfältig im Schatten getrocknet, damit sie Farbe und Duft behalten und nicht verschimmeln. Gut verschlossen im Dunkeln aufbewahren.

Kleine Bibernelle *Pimpinella saxifraga* ist eine Staude Europas, des Mittleren Ostens und Westsibiriens, die in Nordamerika verwildert ist. Sie wächst auf trockenen, sonnigen Wiesen, an Waldrändern, Ufern und auf Ödland. Der Stengel ist rund und feingerillt und wird bis 50 cm hoch. Die gefiederten Blätter bilden eine grundständige Rosette. Die kleinen weißen Blüten stehen in flachen Dolden und blühen von Juli bis Oktober. Die kleine Bibernelle wird in Teilen Europas schon seit dem 16. Jahrhundert angebaut und von den Kräuterkundigen hoch geschätzt. Sie empfahlen sie als Wundkraut und hielten sie als wirksam gegen Gicht, Rheumatismus und die Pest. »Eßt Bibernelle und gesundet schnelle«, hieß es damals. Heute wird sie gewöhnlich innerlich zur Erleichterung der Verdauung und zur Linderung von Beschwerden der Atemwege, zur Behandlung von Nieren-

und Harnleitererkrankungen angewandt; äußerlich bei Heiserkeit und Halsinfektionen. Sie wurde verbreitet angebaut, um ihren Duft und würzigen Geschmack als Salatergänzung in Eintöpfen und Saucen zu nutzen, so z. B. in der ›Frankfurter Grünen Soße‹. Es kam beim Biertrinken auch in den ›Humpen‹, um einen kühlen aromatischen Geschmack zu bewahren. Im Kräutergarten kann man sie aussäen oder pflanzen und sie gedeiht jahrelang, wenn die Stelle sonnig und trocken genug ist und die Pflanze nicht durch andere überwachsen wird. Zarte Blätter frisch für Salatbeigabe ernten. Die Wurzeln werden im Herbst getrocknet und luftdicht aufbewahrt.

Scheinbeere *Gaultheria procumbens* ist ein kriechendes Gehölz im Nordosten Nordamerikas und Kanadas. Man findet es auf sandigen oder kargen Flächen und in kühlen feuchte Waldbereichen. Die immergrüne Scheinbeere wird bis 15 cm hoch, die glänzenden, wechselständigen Blätter sind dunkelgrün und an der Unterseite heller, dick und ledrig. Die hängenden weißen, wachsartigen Blüten erscheinen von Juni bis September einzeln in den Blattachseln und entwickeln sich dann zu roten Beeren, die vom Herbst bis in den Winter hinein an der Pflanze bleiben. Am bekanntesten ist das aus den Blättern destillierte Wintergrünöl, das in der amerikanischen Volksmedizin des 19. bis Anfang des 20. Jahrhunderts sehr verbreitet war und vorher schon bei den Indianern Nordamerikas benutzt wurde. Wintergrünöl enthält Methylsalizylverbindungen, die nah verwandt sind mit Acetylsalizylsäure bzw. Aspirin. Es ist weit verbreitet als wirksames Mittel gegen akute Rheumaschmerzen, man hält es auch für wirksam wassertreibend und fördernd für die Milch nährender Mütter.

Die Blätter sind als Tee verwendbar, die Beeren sind eßbar und bei Rebhühnern und Rotwild begehrt. Wintergrünöl wird manchmal auch gemischt mit Menthol und Eukalytusöl zur Geschmackverbesserung bei Zahnpasta und Drops verwendet.

Salal *Gaultheria shallon* ist im westlichen Nordamerika verbreitet, wächst auf Feldern und Kahlschlägen. Es wird als Unterholz angepflanzt und wächst aufrecht mit vielen Zweigen. Die Pflanze wird in gleicher Weise wie *Gaultheria procumbens* genutzt. Die purpurnen Früchte sind ebenfalls eßbar und vollreif köstlich. Beide Gaultheria-Arten sind als bodendeckende Ziergehölze, bzw. Unterholz in Gartenkultur.

Eingriffliger Weißdorn *Crataegus monogyna* ist ein immergrüner Strauch oder kleiner Baum Europas, Westasiens und Nordafrikas und wurde auch in Nordamerika eingeführt. Er wächst in Hecken, Gebüschen und wird oft als Hecke angepflanzt. Weißdorn ist stark verzweigt und dornig und kann bis 10 Meter hoch werden. Die weißen Pflanzen erscheinen im Mai in Massen und die roten Beerenfrüchte, die Mehlfäßchen, reifen im September.

Der Gattungsname kommt vom griechischen *kratos* ›hart‹ und bezieht sich auf das Holz, *monogyna* enthält die beiden griechischen Worte *mono* ›eins‹ und *gyna* ›weiblich‹ entsprechend der einzeln stehenden Narbe. Weißdorn wurde der Legende nach für die Dornenkrone Christi benutzt. In der Normandie glaubt man noch heute, daß ein von Weißdorn geschütztes Haus nicht vom Blitz als Teufelswerk getroffen wird, da der Weißdorn die Stirn Christi berührt habe.

In alten Zeiten wurde Weißdorn bei Gicht, Fieber, Rippenfellentzündung und Schlaflosigkeit angewandt. Die heutige Forschung zeigt, daß er entkrampfende und beruhigende Wirkstoffe besitzt, die als wirksam bei verschiedenen Herzproblemen – so auch Herzklappeninsuffienz – betrachtet werden; wenn auch die Behandlung über lange Zeit erfolgen muß, um wirksam zu sein. In den vergangenen Jahren wurde Weißdorn ein weit verbreitetes Herzmittel, obwohl seine genaue Wirkungsweise noch immer unbekannt ist. Er enthält keine Digitalisähnlichen Substanzen und wird gut vertragen, da keine Gefahr der Gewöhnung besteht. Weiss sagt, daß Weißdorn besonders nützlich für die Langzeitprophylaxe bei Patienten mittleren

Scheinbeere *Gaultheria procumbens*

Salal *Gaultheria shallon*

Eingriffliger Weißdorn *Crataegus monogyna*

Alters sei, die die ersten Zeichen von Herz-kranzgefäßschwierigkeiten zeigen, und auch bei älteren Patienten, die unter dem sehr vage defi-nierten »Altersherzen« leiden.

Für Tee werden 30 g getrocknete Beeren in 1 l kochendes Wasser gegeben und zur Behand-lung von Durchfall genutzt oder bei doppelter Stärke als ausgezeichnetes Gurgelwasser bei Halsentzündungen.

Die grünen Blattknospen sind eine krosse Ergänzung von Frühlingswildsalaten und die reifen Mehlfäßchen lassen sich zu Gelee und Marmelade verarbeiten.

Sanikel *Sanicula europaea* ist eine Staude Euro-pas, Afrikas und Süd-, Zentral- und Ostasiens, die in Wäldern, Hecken, in schattigen, feuchten Bereichen und bergigen Regionen wächst und kalkreiche Böden liebt. Sanikel besitzt ein krie-chendes, faseriges Rhizom, und die aufrechten verzweigten Blütenstände können 30 bis 40 Zentimeter hoch werden. Die drei- bis fünftei-ligen Blätter sind am Rande gezähnt, glänzend grün und langgestielt. Die rosa oder weißen Blütchen stehen gehäuft an den Enden der Triebspitzen und öffnen sich von Mai bis Juli.

Der Gattungsname kommt vom lateinischen *sano* ›ich heile oder kuriere‹ und zeigt, in welch hoher Wertschätzung Sanikel seit alters her steht. Unglücklicherweise haben übertriebene Fragen nach seiner Heilkraft den Sanikel in Mißkredit gebracht, und als sich die Vorwürfe als unbegründet erwiesen, war er in Verruf geraten und wird seither kaum angewandt. Mit den frischen Blättern läßt sich nach altem Kräu-terbuchrezept ein magenwirksamer Sanikel-schnaps herstellen.

Sanikel *Sanicula europaea*

Zitronenstrauch *Aloysia citriodora*

Eisenkraut *Verbena officinalis*

werden 15 bis 30 g getrocknete Blätter in ¹/₂ l kochendem Wasser aufgegossen und davon zwei- bis viermal am Tag eingenommen, um Erleichterung bei Magenverstimmung und Gelbsucht zu erreichen; ebenso bei schmerzhafter, unregelmäßiger Menstruation, Nervosität, Husten und Schlaflosigkeit. Ein stärkerer Absud wird zur Behandlung von Wunden, Schnitten und Verbrennungen, bei Verstauchungen und Neuralgien oder zum Gurgeln bei Mandelentzündungen und rauhem Hals benutzt. Ein noch stärkerer Absud von 250 g auf 1 l kochendes Wasser wirkt, dem Bade zugegeben, sehr erfrischend.

Eisenkraut wird als Heilkraut an sonnigen, trockenen Stellen gesät und als ganze Pflanze vor der Vollblüte ausgezogen, getrocknet und aufbewahrt.

Die Kreuzungen nicht winterharter, südamerikanischer Verbenaarten, wie zum Beispiel die Sorten »Silver Anne« und »Sissinghurst« – aber auch viele andere, sind bei uns den Sommer hindurch reichblühende Pflanzen für Beete, Balkone und Schalen.

Eisenkraut *Verbena officinalis* ist eine einjährige oder kurzlebige Staude in Europa, Nordafrika und Westasien und heute weltweit, einschließlich China, Japan und Nordamerika, verbreitet. Es wächst auf Weiden, Wiesen, an Wegrändern und auf Brachland. Die Wurzel ist spindelförmig und verästelt, mehrere aufrechte, feste, vierkantige, im unteren Teil verholzte Stengel werden 30 bis 70 cm hoch. Die tiefen, leicht gekerbten Blätter sitzen paarweise am, im oberen Teil verzweigten, die kleinen blaßlila bis weißen Blüten tragenden Stengel. Eisenkraut blüht von Juni bis September.

Der Gattungsname stammt vom keltischen *Ferfaen* ›einen Stein wegbringen‹ und bezieht sich auf seine Anwendung bei Blasenkrankheiten, insbesondere Blasensteine. In alten Kräuterbüchern war es auch als *Herba veneris* wegen seiner vermuteten Aphrodisiakumwirkungen und als *Herba sacra* wegen seiner Verwendung bei Opferhandlungen bekannt. Die Druiden schätzten es höher ein als die Mistel, und die mittelalterlichen Magier nutzten es, wenn sie jemanden mit Zauber belegten, und mischten es unter den Liebestrank. Es wurde benutzt, um

die Zukunft vorherzusagen und Häuser gegen den bösen Geist zu schützen und als Glückstalisman um den Hals gebunden. Eisenkraut galt als fähig, alle Leiden zu kurieren, es heilte Kriegsverletzungen, verlieh Unsterblichkeit und war ein Schutz gegen die Pest. Es kuriert den Biß giftiger Schlangen, Gelbsucht, Zahnweh, Kopfweh, Geschwüre und Herzkrankheiten. Culpeper sagte in seinem Kräuterbuch: »Dies ist das Kraut der Venus. Ausgezeichnet, den Schoß der Frau zu stärken, und Mittel gegen alle seine kalten Verstimmungen. Es hilft gegen die Gelbsucht, die Wassersucht und die Gicht, richtet die Krankheiten des Magens, der Leber und der Milz, hilft bei Husten, keuchendem Atem und Atemnot usw. usw.« Vielleicht rühren seine vielen, ihm nachgesagten Eigenschaften von der Legende her, daß es auf dem Kalvarienberg gefunden wurde und benutzt worden sei, das Blut der Wunden Christi zu stillen.

Es ist in letzter Zeit, ausgenommen in der Homöopathie, sehr vernachlässigt worden, doch haben neuere Versuche interessante, vielversprechende Ergebnisse bei der Behandlung gewisser Tumore gezeigt. Für Eisenkrauttee

Zitronenstrauch *Aloysia citriodora* hat viele Synonyme, so *Lippia triphylla*, *Lippia citriodora* und *Verbena triphylla*. Es ist ein stark zitronenduftender, aromatischer, sommergrüner Strauch, der aus Chile und Peru stammt und 1784 nach Europa eingeführt wurde. Er ist heute bei uns als Kübelpflanze und im Mittelmeerraum in den Gärten zur Nutzung und als Zierde verbreitet. Der Zitronenstrauch kann zwei Meter hoch werden, hat lanzettähnliche, gelbgrüne Blätter, mit glänzenden Oberseiten, die immer in Dreiergruppen an den Zweigen stehen. Beim Berühren oder Verletzen der Blätter entströmt ihnen ein starker Zitronenduft. Die kleinen, blaßlavendelblauen Blüten stehen in schlanken Ähren, von Juni bis August/September an den Sträuchern. Die aus den Blättern des Zitronenstrauches gewonnene Essenz wird sehr häufig bei der Herstellung von Likören und Parfüms benutzt. Ein in Spanien und Frankreich sehr populärer, erfrischender Tee wird aus 30 g getrockneten Blättern oder Blütentrieben in ¹/₂ l kochendem Wasser zubereitet. Er kann drei- bis viermal am Tag zur Linderung bei Übersäuerung, Magenverstimmung, Blähungen oder als Stimulans bei Lethargie

Orientalischer Rittersporn *Consolida orientalis*

oder Depressionen getrunken werden. Mességué sagt, der Zitronenstrauch sei auch hilfreich
bei Magenkrämpfen, Herzklopfen, Asthma,
Neuralgien, Migräne und Schwindelgefühl.

Der Zitronenstrauch ist anspruchslos,
braucht aber Wärme und Sonne und ist bei uns
als Kübelpflanze frostfrei zu kultivieren, er
gehört zum Kräuter- bzw. Kübelpflanzensorti-
ment. Blätter und Blüten werden vor dem
Erblühen gesammelt, an warmer schattiger
Stelle getrocknet und behalten ihren Zitronenduft jahrelang.

Feldrittersporn, Ackerrittersporn *Consolida*
ambigna (syn. *Delphinium ajacis*) ist ein einjähriges Kraut des europäischen Mittelmeerraumes,
Rußlands, Kleinasiens und Armeniens, ist heute
in vielen anderen Gegenden verwildert. Es
wächst wild in Getreidefeldern und hieß mancherorts deswegen auch »Hafergiftblume«.
Zusammen mit *Consolida orientalis* wird er als
einjähriger Sommerrittersporn als Zierpflanze
verwendet. Der Stengel ist meist breit verzweigt
und kann bis zwei Meter hoch werden, die
Blätter sind dreiteilig und laufen in lange,
schmale Zipfel aus. Die großen Blüten sind
gestielt und stehen in Trauben an den Zweigenden, Blütezeit von Mai bis September. Die
flachen, schwarzen Samen sind giftig.

Der alte Gattungsname bezieht sich auf die
delphinähnliche Gestalt der Blüten, und das
Wort *consolida* kommt vom lateinischen ›zu-
sammenschließen‹ und bezieht sich auf das
Zusammenschließen und Heilen der Wunden.
Der Saft der Blätter gilt als Medizin gegen
Hämorrhoiden, und ein Tee der Blüten und
Blätter wurde früher für an Cholera erkrankte
Kinder verschrieben.

Die Samen sind giftig und lösen eingenommen Brechreiz aus, und eine Tinktur aus den
Samen wird als Insektizid benutzt und gilt als
wirksam gegen Haarläuse.

Consolida orientalis ist eine verbreitete Gar-
tensommerblume aus dem Mittelmeergebiet
Europas, die oft in Getreidefeldern und Brachflächen verwildert wächst. Ihre Blüten sind
meist purpurblau oder rosa bzw. weiß; alle
Sommerritterspornarten sind attraktive, einjährige Sommerblumen, die auch gut für den
Schnitt und auch zum Trocknen für Trockenbinderei geeignet sind.

Gartenverbenen *Verbena-Hybriden* ›Silver Anne‹ (oben) ›Sissinghurst‹ (unten)

Verbena ›Sissinghurst‹

117

Ausdauernder Lein *Linum perenne*

Mittelmeergauchheil *Anagallis monelli*

Purgierlein *Linum catharticum*

Flachs, Lein *Linum usitatissimum* ist ein einjähriges Kraut mit Verbreitung in allen tropischen und gemäßigten Klimaten, das wegen seiner Fasern und des in den Samen enthaltenen Öls angebaut wird, und manchmal auch verwildert. Lein ist meist unverzweigt und etwa 60 cm hoch; die wenigen wechselständigen, schmalen, spitz zulaufenden Blätter sind auf der Unterseite kräftig geadert. Die schönen blauen Blüten stehen einzeln an den Stengelenden des verzweigten Blütenstandes und öffnen sich von Mai bis August, entwickeln sich dann zu runden Kapseln, die ungefähr zehn kleine, glänzende, braune flache Samen enthalten.

Die Geschichte des Flachses geht so weit zurück, daß die Anfänge unbekannt sind. Leinsamen und aus Flachsfasern gewobenes Leinen wurden in ägyptischen Gräbern gefunden und mehrfach in der Bibel erwähnt. Viel Brauchtum und Geschichte ist mit dem Flachs verbunden. In der germanischen Geschichte glaubte man, daß die Göttin *Hulda* Sterblichen die Kunst des Spinnens und Webens von Flachs gezeigt habe. In Böhmen glaubte man, wenn siebenjährige Kinder zwischen Flachsfeldern tanzten, würde ihnen Schönheit gewährt. Im Mittelalter meinte man, daß Flachsblüten ein Schutz gegen Hexenkraft seien. Flachsfaser wurde für Leinengewebe zur Kleidung, für Fischernetze, für Garn, Seile und Schnur benutzt; das Öl der Samen wird für Möbelpolitur und zu Mal- und Druckfarben verwendet. In der Medizin wird Leinöl vielseitig verwendet. Es hat lindernde und schmierende Eigenschaften und dient zur Erleichterung bei Mandelentzündung, rauhem Hals, Husten, Erkältungen, Verstopfung und bei Harngrieß und Harnstein. Leinöl, vermischt mit der gleichen Menge Kalkwasser, wird bei Verbrühungen und Verbrennungen empfohlen; unzerstoßene Leinsaat kann als Umschlag für Geschwüre, Wunden und entzündete Schwellungen empfohlen werden. Für Leinsamentee gibt man 30 g gestoßene Körner in ½ l kochendes Wasser und läßt 15 Minuten ziehen, abgießen, mit etwas Honig süßen und mehrere Glas voll pro Tag lindern Husten, Erkältungen, Bronchialkatarrah und Harnweginfektionen.

Flachs kann im Garten angebaut werden und benötigt tiefen, nährstoffreichen Lehmboden, Aussaat im März und Ernte im August. Die gedroschenen, getrockneten Samen werden für den Winter aufbewahrt.

Staudenflachs *Linum perenne* ist eine Staude Mittel- und Osteuropas, gedeiht meist auf Kalkrasen. Die niederliegenden oder aufsteigenden Triebe des Staudenleins können bis zu 60 cm hoch werden, die zahlreichen, wechselständigen Blätter sind schmal und spitz zulaufend. Die himmelblauen Blüten stehen in lockeren Blütenständen von Juni bis Juli in den Triebenden und entwickeln sich zu aufrechtstehenden Fruchtkapseln (gleiches Aussehen, aber hängende Fruchtkapseln hat *Linum austriacum,* der manchmal mit *Linum perenne* verwechselt wird). Auch der Staudenlein hat dasselbe Aussehen, wenn auch rauhere Fasern, und liefert Leinöl.

Purgierlein *Linum catharticum* ist eine schlanke, glatte Einjahrespflanze Europas und Westasiens und wächst auf Heideflächen, in Mooren, Berglandschaften, Dünen und auf Kalkboden. Sie wird von Gerard in seinem Kräuterbuch für ihre abführenden Eigenschaften gelobt (Purgierlein = abführender Lein!), und früher wegen seiner leicht abführenden Wirkung, wie auch bei Muskelrheumatismus und katarrhalischen Problemen benutzt, heute jedoch veraltet und nicht mehr angewendet.

Großblumiges Gartengauchheil *Anagallis monelli* ist ein ausdauerndes Kraut Südwesteuropas, das an trockenen offenen Plätzen, Feldrainen und Brachland gedeiht. Es ist eine Art mit intensiv dunkelblauen Blüten, bei uns als einjährige Sommerblume verwendet. In der Vergangenheit wurden Gauchheilarten, insbesondere *Anagallis arvensis,* das ist der Ackergauchheil, verbreitet in der Medizin verwendet, da man ihm Heilkraft gegen eine Vielzahl von Beschwerden, insbesondere des Gehirns, zuschrieb. Die heutige Forschung warnt vor unkontrollierter Anwendung, da es in höheren

Schlafmohn *Papaver somniferum*

Dosen übermäßigen Harnfluß verursachen kann. Als Sommerblume auch in Balkonkästen auf der Südseite sehr zu empfehlen.

Klatschmohn *Papaver rhoeas* ist eine einjährige, manchmal auch zweijährige Pflanze Europas, Nordafrikas und des gemäßigten Asiens, aber auch eingeführt in Nordamerika, Australien und Neuseeland. Sie wächst in Getreidefeldern und auf Brachland. Klatschmohn hat eine dünne Pfahlwurzel und aufrechte, oder aufsteigende, fein behaarte, gerielte Triebe, die 40 bis 75 Zentimeter hoch werden. Die Grundblätter sind fiederig geteilt und bilden eine Rosette, die oberen Blätter sind dreiteilig und fiederig eingeschnitten und, wie die Rosettenblätter, behaart. Die Blüten stehen einzeln an langen behaarten Stielen in den Blattachseln und sind leuchtend rot mit schwarzen Basalflecken. Sie blühen von Juni bis Oktober. Die Anwendung des Klatschmohns, eines Verwandten des Schlafmohns, aber nicht suchtauslösend, reicht bis in geschichtliche Zeiten zurück. Reste von Mohngirlanden fand man in ägyptischen Gräbern, Griechen und Römer nutzten die Samen als Gewürz und aßen junge Blätter in Salaten.

Heute werden die Blütenblätter und Samen als leicht berauschend und lindernd und leicht beruhigend eingestuft. Als Tee werden Klatschmohnblätter empfohlen bei Brustbeschwerden, Asthma, Brustfellentzündung, Lungenentzündung. Mességué hält sie für gut geeignet zur Behandlung von Schlaflosigkeit, Nervenerkrankung, Ängstlichkeit, Magenkrämpfen, obwohl die meisten Verfasser die Anwendung nur unter ärztlicher Aufsicht empfehlen, da die Wirkstoffe immer noch nicht ganz erforscht sind. Die Blätter sollten vorsichtig gesammelt und schnell getrocknet und dann luftdicht aufbewahrt werden.

Schlafmohn *Papaver somniferum* ist ein einjähriges Kraut aus dem östlichen Mittelmeergebiet sowie Kleinasien und Zentralasien, das heute in weitem Maße in Europa, Indien und Nordchina sowie Nordamerika angebaut wird und manchmal auch verwildert. Schlafmohn hat eine spindelige Pfahlwurzel und einen aufrechten hohen Stengel mit wenigen Verzweigungen, der bis 50 bis 150 cm hoch werden kann. Die großen, wechselständigen ovalen Blätter sind gezähnt und am Rand gewellt; die großen, einzeln stehenden Blüten sind weiß bis lila oder rosapurpurn, manchmal mit dunkleren Mittelflecken, und blühen von Juni bis August. Ihnen folgen eiförmige Kapseln mit vielen schwarzen Samen. Die Bezeichnung *somniferum* kommt aus dem lateinischen und bedeutet ›schlafbringend‹. Die betäubenden Eigenschaften des Schlafmohns sind seit vielen Jahrtausenden bekannt und in vielen Kulturen genutzt worden. Die alten Ägypter benutzten die beruhigende Wirkung des Schlafmohns, und kretische Frauen verehrten eine Mohngöttin um 1400 v. Chr. Schlafmohn kam vor allem auch durch die Araber nach Europa und wurde im Mittelalter verbreitet zur Behandlung von Cholera, Ruhr und auch als Gewürz genutzt, erst im 17. Jahrhundert breitete sich das Opiumrauchen in China in größerem Maße aus, und Opium wurde eine mißbrauchte Droge.

Opium wird durch Anritzen der Außenwand der reifenden Kapsel gewonnen, wo es als Milchsaft austritt und nach nächtlicher Härtung eingesammelt wird. Das Rohopium enthält eine Vielzahl bedeutender Alkaloide, die in vielen unterschiedlichen Medikamenten benutzt werden. Morphin, Narkotalin, Papaverin, Codein, Tebain und Noskapin.

Schlafmohn ist eine sehr giftige Pflanze, und die Opiumdroge macht hochgradig süchtig und

Klatschmohn *Papaver rhoeas*

ist deshalb äußerst gefährlich. Anbau von Mohn ist bei uns durch das Betäubungsmittelgesetz geregelt und bedarf der Genehmigung durch das Bundesgesundheitsamt in Berlin. Anwendung darf nur nach Verschreibung und unter Aufsicht des Arztes erfolgen. Mohnsamen sind für Nahrungs- und Backzwecke frei im Handel und werden mit ihrem angenehmen, nußähnlichen Geschmack in der Brot- und Feinbäckerei verwendet. Mohnöl kann als Ersatz für Olivenöl verwendet werden.

Rhabarber *Rheum rhaponticum*

Medizinal-Rhabarber *Rheum palmatum*

Rhabarber *Rheum rhaponticum*

Medizinal-Rhabarber *Rheum palmatum* ist eine Staude Nordwestchinas, die in der UdSSR und Deutschland angebaut wird und in der rotblättrigen Form als Gartenstaude und Zierpflanze zum Staudensortiment gehört. Der Medizinal-Rhabarber hat ein großes Rhizom mit vielen faserigen Wurzeln und in der Blütezeit einen aufrechten, hohlen, verzweigten

Trieb, der über zwei Meter hoch werden kann. Die großen Blätter sind herzförmig gelappt, die Grundblätter lang gestielt und die Stengelblätter kleiner und kurz gestielt. Die weißen Blüten stehen in lockeren, großen Ähren im Juni, Juli an den Enden des verzweigten Blütenstandes. Der Gattungsname kommt vom griechischen *rheo* ›fließen‹ und bezieht sich auf die abführende Wirkung der Pflanze, während *palmatum* Bezug zur Blattform hat. Seit vielen Jahrhunderten wird der Wurzelstock des Medizinal-Rhabarbers in China wegen seiner Heilwirkung hoch geschätzt; die moderne Forschung hat seinen Ruf bestätigt. Er enthält Anthrachione, die abführend wirken, sowie Gerbstoffe und Bitterstoffe, die dem entgegenwirken. In kleinen Mengen überwiegen die anregenden, abführenden Eigenschaften und sind deshalb hilfreich in Fällen von Appetitlosigkeit und akutem Durchfall. In größeren Mengen zeigen sie die von ihm bekannte abführende Wirkung. Rhabarber-Tinktur ist bei uns ein sehr wirksames Mittel gegen Zahnfleischentzündungen. Der in den Gärten gezogene Gemüserhabarber gehört zu den Arten *Rheum rhaponticum* und vor allem bei uns zu *Rheum rhabarbarum*. Sie besitzen nur wenige der Eigenschaften von Medizinal-Rhabarber und wirken nur ganz leicht abführend.

Faulbaum *Rhamnus frangula* synonym *Frangula alnus* ist ein sommergrüner Strauch oder kleiner Baum Nordeuropas, Zentral- und Nordasiens sowie Nordamerikas. Er wächst in Gebüschen, Hochmooren, feuchten Heiden, Waldbereichen, besonders auf torfigen Böden, und wird vier bis fünf Meter hoch. Die langen, schlanken, glatten

Zweige haben eine dunkelbraune oder graubraune, innen gelbe Rinde. Die glänzenden, grünen ovalen, geäderten Blätter werden im Herbst gelb oder rot, und die grünweißen Blüten sitzen in kurzen Trauben in den Blattachseln; sie blühen von April bis Juni und entwickeln sich zu großen grünen Beeren, die erst rot und im Herbst glänzend schwarz werden.

Seit dem Mittelalter kannte man seine leicht abführenden Eigenschaften. Sie sind sehr wirksam, aber trotzdem sanft, so daß Faulbaum bei Kindern, schwangeren Frauen und Genesenden nach Blinddarmoperationen verschrieben werden kann. Ein Absud kann auch äußerlich als Lotion oder Kompresse bei kleineren Hautirritationen angewendet werden. Als mildes Abführmittel werden 10 g getrocknete Rinde in 1 l Wasser 10 Minuten gekocht, müssen sechs Stunden ziehen und werden nach dem Abgießen mit Pfefferminze oder Orangenschale, je nach Wunsch, gewürzt, man nimmt eine Tasse voll vor dem Zubettgehen oder jeweils vor den Mahlzeiten dreimal am Tag. Achtung: Die frische Rinde darf nie verwendet werden, da sie toxisch irritierende Wirkungen besitzt. Nur ein bis zwei Jahre alte getrocknete Rinde darf verwendet werden. Die Rinde wird von drei- bis vierjährigen Sträuchern gesammelt und wird in Streifen abgelöst und im Schatten stark getrocknet, sie ist danach über Jahre haltbar.

Faulbaum ist auch sonst nützlich, seine geraden Zweige werden beim Korbflechten verwendet, der Saft der Beeren gibt eine besonders grüne Farbe für Textilien und Wasserfarben, das von der Rinde befreite Holz wurde früher von Schießpulverherstellern gesucht, weil es eine leicht entflammbare Holzkohle ergibt.

Kreuzdorn, Hirschdorn, Heckendorn *Rhamnus catharticus*

Gemeiner Erdrauch *Fumaria officinalis*

Cascara-Strauch *Rhamnus purshiana*

Kaskararinde *Rhamnus purshiana* ist ein Strauch oder kleiner Baum des westlichen Nordamerikas und wächst an den Rändern von Canyons, als Unterholz in großen Wäldern. Kaskararinde wird viereinhalb bis sechs Meter hoch, die Rinde ist grau mit weißen Punkten und die dunkelgrünen elliptischen Blätter besitzen erhabene Adern und einen gezähnten Rand. Die kleinen, grünweißen Blüten stehen in kurzen Trauben in den Blattachseln und blühen von Mai bis Juli. Die daraus entstehenden grünen Beeren werden bei Reife glänzend schwarz und sind giftig.

Im Spanischen heißt diese Droge *Caskara sagrada* ›heilige Rinde‹; eine Bezeichnung, die die ersten spanischen Missionare bildeten, nachdem sie sie von den Indianern in Mendocino, Kalifornien, kennenlernten. Die Indianerstämme im westlichen Nordamerika kannten und benutzten diese Pflanze wegen ihrer sanft abführenden Wirkung. Sie wurde in die offiziellen Arzneimittelverzeichnisse aufgenommen und steht auch heute noch im Deutschen Arzneimittelbuch; sie ist nach wie vor für die Anwendung im Darmtrakt gut, da sie nicht nur Erleichterung verschafft, sondern anscheinend auch die Spannung der erschlafften Darmmuskulatur wiederherstellt und so die wiederholte Anwendung unnötig macht.

Kaskararinde wurde von Amerika aus zum Anbau nach Europa exportiert, wo sie heute häufiger als Faulbaumrinde angewandt wird. Wegen ihrer milden Wirkung wird sie als nützlich für schwächliche und alte Menschen gehalten. Sie ist ebenso verbreitet in der tiermedizinischen Anwendung als mildes Abführmittel für Hunde.

Kreuzdorn, Hirschdorn, Heckendorn *Rhamnus catharticus* ist ein ziemlich dorniger sommergrüner Strauch Europas, Nordafrikas und Westasiens, der in Heckengehölzen, Eschen- und Eichenwäldern auf Kalkboden wächst.

Die Rinde und die Beeren des Kreuzdorns sind hochwirksame Abführmittel und seit Jahrhunderten dafür in Gebrauch. Die reifen Beeren enthalten einen sauren bis bitteren Saft, der mit Zucker und aromatischen Kräutern als Sirup bereitet von Kräuterheilkundigen und dem Landvolk hoch geschätzt wurde. Seine Wirkung auf den Darmtrakt ist jedoch so heftig, daß der Kreuzdorn nicht länger in dem offiziellen Arzneimittelverzeichnis steht oder in der Humanmedizin angewendet wird. Wenn er auch noch häufig in der Tiermedizin – besonders bei Hunden – angewandt wird.

Erdrauch *Fumaria officinalis* ist ein aufrechtes oder leicht kletterndes einjähriges Kraut Europas, südlich bis zu den Kanarischen Inseln und östlich bis nach Persien, aber ebenso verbreitet in Nordamerika, Australien und Südafrika. Es wächst auf Feldern, Brachland und alten Mauern. Erdrauch hat einen kräftigen, schlanken, leicht kletternden Stengel, der 25 bis 30 cm lang werden kann. Die silbergrauen, wechselständigen Blätter sind doppelt gefiedert mit mehrspaltigen Zipfeln. Die hellroten bis purpurroten zierlichen Blüten mit schwarzroter Spitze stehen in aufrechten Trauben in den Blattachseln oder am Triebende und blühen von April bis Oktober. Über die Herkunft des Namens Erdrauch gibt es seit Jahren Diskussionen. Die einen sagen, er habe seinen Namen von dem Glauben, daß er aus den Dämpfen der Erde entstehe, andere meinen, daß ein dicht mit Erdrauch bewachsenes Feld aussehe, als wenn es in Flammen stehe, und wieder andere sagen, er heiße so, da der Saft die Sicht kläre, weil er wie Rauch die Tränen in den Augen hervorrufe.

Seit römischer Zeit schätzen die Ärzte den Erdrauch wegen seiner reinigenden Eigenschaften und haben ihn als generelles Tonikum und zur Behandlung von Leberbeschwerden, insbesondere Gelbsucht, Arteriosklerose, Arthritis und Harnverhalten angewandt. Weiss berichtet, daß neuere Untersuchungen gezeigt haben, daß Erdrauch eine beträchtliche regulierende Wirkung auf die Gallensekretion besitze und besonders wirksam sei bei der Erleichterung von Gallenkolik, Gallenschmerzen und chronischen Schwierigkeiten der Bewegungsabläufe. Äußerlich wurde es als Hautlotion zum Bleichen von Sommersprossen, zur Behandlung von Ekzemen und Schorf sowie Milchschorf bei Babys angewandt. Wenn Erdrauch auch als wirksames Tonikum bekannt ist, so besitzt er doch bei mehr als acht Tagen Anwendung schlafmittelähnliche und sedative Wirkungen, so daß sich die Dosierung nach den zu erzielenden Wirkungen richten muß.

Für eine Hautlotion nimmt man 60 g getrocknete Pflanze in $^1/_2$ l Milch, kocht fünf Minuten, nimmt es vom Feuer, gießt ab und wendet es kalt auf den betroffenen Stellen an.

Erdrauch wird vom Frühling bis zum Herbst gesammelt, und zwar gut beblätterte, voll blühende Triebe, die aufgehängt trocknen und dann an einem dunklen, trockenen Platz gelagert werden. Erdrauch ist ein Garten- und Feldunkraut und läßt sich leicht ansäen.

Herzgespann *Leonurus cardiaca*

Herzgespann *Leonurus cardiaca*

Quecke *Agropyron repens*

Große Klette *Arctium lappa*

Herzgespann *Leonurus cardiaca* ist eine behaarte Staude Europas. Sie ist in vielen Ländern eingeführt. Sie wächst an Ufern, in Hekken und auf Brachland; bevorzugt kiesigen und kalkigen Boden und ist bei uns aus Kultur verwildert. Herzgespann hat ein gestauchtes Rhizom und einen viereckigen kräftigen, verzweigten Stengel, der bis 120 cm hoch wird. Die unteren Blätter sind rundlich und fünflappig, die oberen dreilappig speerförmig und ebenso gestielt wie behaart. Die rosaweißen Blüten stehen in vielblütigen Scheinquirlen am oberen Ende des Triebes und blühen im August.

Der Gattungsname kommt vom griechischen *leonurus* ›Löwenschwanz‹ und hat entfernt Bezug zum Aussehen der Pflanze. Die englische Bezeichnung ›Mutterkraut‹ bezieht sich auf die frühere Wertschätzung und Unentbehrlichkeit in der Behandlung von Frauenkrankheiten. Es hieß, daß sie Nervenreizungen beruhige, bei hysterischen Beschwerden wirke und das Herz stärke und erfreue. Als Tonikum wird sie bei Fieberdelirium und Herzkrankheiten genutzt. Weiss berichtet, daß seine Untersuchungen ihn in der Pflanzenwirkung für körperbedingte Herzrhythmusstörungen bestärkt haben. Es wird auch in der Schilddrüsenbehandlung genutzt. In beiden Fällen tritt die Wirkung nur nach einer Anwendung über mehrere Monate hinweg ein. Herzgespann hat einen stechenden Geruch und bitteren Geschmack und ist, obwohl auch als Tee anwendbar, schmackhafter eingelegt oder als Sirup anzuwenden.

Herzgespann ist eine harte Gartenstaude aus dem Heilkräutersortiment und wächst problemlos in jedem Boden, sie kann durch Aussaat oder Teilung vermehrt werden.

Quecke, Hundsgras *Agropyron repens (Elymus repens)* ist ein Staudengras Europas, Nordafrikas, Sibiriens, Nordasiens und Nordamerikas, das in Feldern und auf Brachland besonders auf Lehm- und Tonböden wächst. Es ist Unkraut und nährstoffreiches Futtergras, das sich mit unterirdischen Ausläufern schnell ausbreitet; Halmhöhe 25 bis 100 cm. Die flachen rauhen Blätter umfassen die runden hohlen Stengel, der die Blüten dicht gedrängt in einer endständigen Ähre trägt und bei der Blüte von Juni bis August Getreide ähnelt. Der Gattungsname kommt von den griechischen Worten *agros* ›Feld‹ und *puros* ›Weizen‹. Für Landwirte und Gärtner ist es ein schwer auszurottendes Unkraut. Der Name »Hundsgras« erinnert daran, daß Hunde, aber auch Katzen dieses Gras bei Magen- und Darmbeschwerden gerne fressen. Quecke kommt vom dem Althochdeutschen *quecka* ›wachsen‹ und steht auch so in Verbindung mit »quicklebendig«.

Neben der Nutzung als nährstoffreiches Viehfutter, wurden die getrockneten Wurzeln dem Brot beigemischt. Viele Jahrhunderte wurde die Pflanze auch als Heilpflanze geschätzt. Dioscorides hielt sie für wirksam bei denen, die Schwierigkeiten hatten, Harn zu lassen oder unter Blasensteinen litten. Plinius verschrieb sie bei Harnstein und Blasengeschwüren, und Culpeper lobte sie gegen Nierenkrankheiten. Unter anderem enthält Quecke Vitamin A und B, Kali, organische Säuren und Stärke, es wurde lange als Tonikum gegen Mangelkrankheiten benutzt, ebenso als harntreibendes Mittel bei Blasensteinen, Blasenkrankheiten, Gicht und Rheumatismus. Die jungen Blatttriebe können roh in Salat gegessen oder der Saft zur Frühlingsreinigungskur getrunken werden. In Frankreich ist ein Tee aus Queckenwurzeln verbreitet. Dafür nimmt man 30 g getrocknete, kleingeschnittene Wurzeln auf ¹/₂ l kochendes Wasser und läßt dieses 10 Minuten

Odermennig *Agrimonia eupatoria*

ziehen; bis zwei Tassen pro Tag trinken. Wurzeln im Frühjahr sammeln, alle Blattansätze und Nebenwurzeln entfernen, in Stücke schneiden und kräftig trocknen und dann luftdicht lagern.

Große Klette *Arctium lappa* ist eine 90 bis 200 cm hohe, zweijährige Pflanze Europas und Asiens, heute auch Nordamerikas. Verbreitet auf Ödland, an Wegrändern, insbesondere auf Kalkboden. Der Stamm ist verzweigt, gefurcht und etwas wollig. Die großen rauhen, oval- bis herzförmigen Grundblätter sind größer als die Stengelblätter. Die runden Blütenköpfchen mit purpurnen Einzelblüten öffnen sich von Juli bis September, besitzen Füllblätter mit kräftiger hakenförmiger Spitze, die an fast allem, was sie berührt, hängenbleiben und somit zeigen, was die Redensart ›sich wie eine Klette‹ bedeutet. Dieses Hängenbleiben trägt zur Verbreitung der Pflanze, das heißt der Samen bei.

Der Name kommt vom griechischen *arkos* ›Bär‹ und bezieht sich auf die rauhen Kletten/Blütenköpfe, und von *lappa* ›erfassen‹, da sie überall hängenbleiben. Mit Kletten werfen – ein beliebter Kinderzeitvertreib.

Die große Klette wird schon seit Jahrhunderten medizinisch genutzt, und Heinrich III. behauptete, dank der Klette von Syphilis geheilt worden zu sein. Sie ist zweifellos eine gute Medizin für viele Hauterkrankungen aufgrund ihrer mildernden Eigenschaften und ihrer Schleimstoffe. Sie wurde zur Behandlung von Ekzemen, Akne, Hautausschlägen, Herpes, Ringelflechte und anderen Hautbeschwerden, wie auch bei Masern, Furunkeln, Bissen, Quetschungen und entzündeter Haut genutzt. Des weiteren bei Rheumatismus, Verdauungsstörungen, Nierenbeschwerden, Wassersucht und zur Behandlung von frühem Kahlwerden und zur Anregung des Haarwuchses nach Haarausfall. Klettenhaarwuchsmittel sind heute noch im Handel.

Bei Hautproblemen nimmt man 30 bis 40 g frische Wurzeln auf ein Liter kochendes Wasser, nach Abgießen und Süßen vier- bis fünfmal pro Tag davon trinken. Damit oder mit einer Abkochung frischer Blätter oder einem Umschlag frischer, zerstoßener Wurzeln kann man äußerlich angegriffene Hautflächen behandeln. Die gleiche Abkochung soll den Ausbruch

der Masern beschleunigen und zur Heilung beitragen. Zur Behandlung von Haarausfall eignet sich eine Lotion, bei der man 100 g frische Klettenwurzeln und 50 g frische Brennesselwurzeln acht Tage in ¹/₂ l Rum einweicht, dann abgießt und die Kopfhaut damit täglich massiert. Junge frische Triebe können roh in Salat oder gedünstet mit zerlassener Butter als köstliches Gemüse serviert werden. Früher wurden die Stengel auch manchmal wie Engelwurz kandiert und hatten leicht abführende Wirkung.

Blätter sind frisch anzuwenden, da sie trocken bitter werden, Wurzeln werden im Herbst gesammelt und langsam getrocknet und danach luftdicht aufbewahrt.

Odermennig *Agrimonia eupatoria* ist eine Pflanze Nord-, Mittel- und Osteuropas bis zum Iran und Nordafrika und heute auch in Nordamerika verbreitet. Sie wächst an Wegrändern, Heckenrändern und Waldsäumen, in warmen Trockenrasen und gedeihen gern auf kalkhaltigen lehmigen Böden in Höhenlagen bis 800 m. Die schwach aromatisch duftende, dichtbehaarte Pflanze hat ein kurzes, dicht bewurzeltes Rhizom, und die Triebe werden 30 bis 60 cm hoch, die wechselständigen bis 20 cm langen, unpaarig gefiederten Blätter werden am Stengel nach oben hin kleiner, sind grün und auf der Unterseite weißlich; die kleinen gelben, fünfblättrigen Blüten sitzen kurzgestielt von Juni bis August in langen endständigen Trauben. Die urnenförmigen Früchte besitzen am oberen Rand klettenartige weiche Hakenstacheln, mit denen sie wie Kletten an Kleidern und Fellen hängenbleiben und für die Verbreitung ihrer Samen sorgen.

Der Name kommt wahrscheinlich vom griechischen *agremone*, das heißt eine Pflanze, die Augenkrankheiten heilen kann, während andere sie als Ableitung vom lateinischen *agrimonia*, das heißt ›Verteidiger des Feldes‹ ansehen, da Odermennig an Feldrändern wächst. *Eupatoria* führt auf König Mithridates IV. Eupator, König von Pontus, zurück, der Kräuterheilkunde als königliches Hobby betrieb.

Schon lange von allen berühmten Kräuterheilkundigen wegen seiner medizinischen Wirkungen gelobt, schätzte es Dioscorides als Abführmittel, Galen empfahl es für Gelbsucht und Beschwerden der Leber sowie des Darmtraktes, Culpeper pries es für viele Krankheiten, einschließlich der Heilung von Entzündungen, Wunden, Quetschungen, Koliken, Schüttelfrost und Husten. Odermennig ist heute nicht mehr offizinell, sondern nur in der Kräuterheilkunde angewandt, Odermennig wirkt adstringierend, das heißt »zusammenziehend«, als Tonikum harntreibend und als mildes Mittel gegen Diarrhöe. Er enthält 5 % Gerbstoffe, was seine Eigenschaften als Wundheilmittel und außerordentlich gutes Gurgelwasser erklärt. Mességué hält Odermennig für sehr wirksam zur Behandlung von Halsentzündung, Mandelentzündung, Geschwüren und bei Behandlung von Nierenbeschwerden.

Ein Tee von Blättern und Blüten (15 g getrocknete Blätter auf ¹/₄ l Wasser) kann innerlich als Tonikum und harntreibendes Mittel oder äußerlich auf Wunden oder für Bäder bei Hautproblemen angewandt werden. Für ein Gurgelwasser nehme man 100 g getrocknete Blätter auf ¹/₂ l Wasser und koche bis zur Verminderung um ein Drittel, süße mit Honig und wende es zwei- bis dreimal pro Tag an. Odermennig keimt schlecht und ist besser als Pflanze des Heilkräutersortiments zu erwerben. Blühende Triebe vor Samenreife sammeln und trocknen, wobei sie leider den würzigen Duft, aber nicht die Heilkraft verlieren.

Gewöhnlicher Wurmfarn *Dryopteris filix-mas*

Engelsüß *Polypodium vulgare*

Ackerschachtelhalm *Equisetum arvense*

Riesenschachtelhalm *Equisetum telmateia*

Gewöhnlicher Wurmfarn *Dryopteris filix-mas* ist in Europa, dem gemäßigten Asien, aber auch in Teilen Nord- und Südamerikas, Nordafrikas und in Indien verbreitet. Er wächst in feuchten Wäldern, Ufergehölzen bis in Hügel- und Bergbereiche. Das große, schuppige Rhizom ist außen rötlich und innen grünlich-weiß. Die großen zusammengesetzten Wedel werden zirka 60 bis 120 cm lang und sind breit lanzettartig. Sie sind gefiedert und dicht mit Spreuschuppen besetzt, die Fiederblättchen sind wiederum gefiedert, festsitzend lanzettartig mit abgerundetem Blattende und tragen ab Juni auf den Adern auf der Unterseite die sporenreichen Sori.

Seit alten Zeiten verbreitet im Gebrauch bei den großen Kräuterkundigen, wie Dioscorides, Galen und Avicenna erwähnt, ist das Rhizom ein bekanntes, kräftiges, wirksames Wurmmittel.

Gerard schreibt: »Die Wurzeln des Wurmfarns in der Menge einer halben Unze (15 g) in Met oder Honigwasser getrunken, treiben heraus die langen flachen Würmer, wie Dioscorides schreibt.« Wurmfarn ist auch heute noch ein wirksames Mittel gegen Bandwurmbefall und noch häufig in der Tiermedizin benutzt; dabei ist Vorsicht geboten, zu geringe Mengen wirken nicht, zu große Mengen wirken irritierend giftig bis zum Koma und Schädigungen der Augennerven bis zur Blindheit. Auch sind Wurmfarn enthaltende Zubereitungen bei schwangeren Frauen und Herzkranken schädlich.

Die alten Kräuterärzte hielten eine Salbe aus gestoßenem und gekochtem Rhizom mit Schweinefett zur Linderung bei Wunden und das gepulverte Rhizom gegen Rachitis bei Kindern für nützlich. Die getrockneten Wedel in Kissen und Matratzen hielt man für heilsam bei Rheumatismus. Wurmfarn ist für Selbstanwendung zu gefährlich, aber als sommergrüner Farn im Garten sehr geeignet. Bei vielen Völkern wurden früher Farne auch als Nahrung benutzt, vermutete krebserregende Eigenschaften verbieten dies heute bis zur Klärung des Problems, insbesondere beim Adlerfarn.

Engelsüß *Polypodium vulgare* ist ein Farn Europas, Tibets, Chinas, Japans und des östlichen Nordamerikas. Er wächst im hügeligen gebirgigen Bereich, an Abhängen, Mauern und auf alten Baumstämmen. Engelsüß hat ein kräftiges, kriechendes, dicht mit rotbraunen Schuppen besetztes Rhizom. Das blaßgelbliche Fleisch hat einen eigenen likörähnlichen Geschmack. Die ledrigen, wintergrünen gestielten Wedel sind lanzettartig, tief fiederspaltig mit lanzettähnlichen ganzrandigen oder nur schwach gesägten Fiedern. Die rostbraunen Sori sitzen auf der Unterseite an den Mitteladern. Der Name leitet sich vom griechischen *poly* ›Viele‹ und *podos* ›Fuß‹ ab und bezieht sich auf das vielköpfige Rhizom. Engelsüß wurde früher als Abführmittel benutzt. Er wächst häufig an Eichenwurzeln, weshalb man ihm magische Kräfte zuschrieb. In Nordamerika wurde *Polypodium californicum* bei den Indianerstämmen in Hungerzeiten als Notnahrung (Rhizom) und als Medizin benutzt. Den Saft des Rhizoms rieben sie auf rheumaschmerzende Stellen.

Die Pflanze wurde hauptsächlich als mildes Abführmittel, besonders bei Kindern verschrieben und mit Windenpulver und Honig vermischt. Es heißt auch, daß sie auswurffördernd sei, trockenen Husten lindere und bei Schwindsucht verschrieben wurde. Die Wurzel wurde auch als Süßholzersatz zum Süßen benutzt. Engelsüß ist ein durch seine wintergrünen Blätter/Wedel gut geeigneter Gartenfarn.

Ackerschachtelhalm *Equisetum arvense* ist eine Staude Europas, Zentralchinas und Nordamerikas. Ihre verzweigten tiefwachsenden Rhizome findet man in feuchten Lehm- und Sandböden, an strauchigen Flußufern, auf Ödland und in Dünen. Ackerschachtelhalm ist wie die Farne eine kryptogame Pflanze, das heißt, ohne sichtbare Blüten und Samen. Im Frühjahr tragen strohfarbene fruchtbare Triebe zapfenförmige Sporangien, ihnen folgen bis 50 cm hohe, tannenbaumähnliche grüne Sommertriebe.

Der Name kommt vom lateinischen *equus* ›Pferd‹ und *setrum* ›Schwanz‹ und *arvense* ›vom

Acker‹, und bezieht sich auf die Gestalt der grünen Sommertriebe und das Vorkommen. Diese außergewöhnlich große Pflanzengattung hat eine interessante geschichtliche Vergangenheit. Fossilien zeigen, daß die heutigen Schachtelhalme zwergige Nachkommen von Riesenschachtelhalmen der Steinkohlenzeit sind. Durch ihren hohen Gehalt an Silizium, an Säuren, Mineralien und Vitaminen sind sie ebenfalls außergewöhnlich. Das kristalline Siliziumoxid führte dazu, daß der Waldschachtelhalm als Zinnkraut zum Putzen und Polieren von Zinn verwendet wurde und manche Arten auch heute noch wie eine chinesische Art zum Polieren von Holz und Einlegearbeit dienen. Schachtelhalmkieselsäure ist auch ein wirksames, organisches Fungizid gegen Sternrußtau und Mehltau an Gartenpflanzen; junge Triebe wurden gedünstet mit Butter gegessen.

Heilkraft wurde dem Schachtelhalm seit römischer Zeit zugeschrieben. Als allgemeines Tonikum, als zusammenziehendes Mittel und zum Blutstillen bei Wunden und Nasenbluten. Schachtelhalmtee wurde bei Brustbeschwerden, Tuberkulose, Anämie, Blutverlust, Nieren- und Harnwegserkrankungen empfohlen. Der hohe Siliziumgehalt fördert die Blutbildung, die Bildung weißer Blutkörperchen und trägt zur Festigung des Bindegewebes bei. Der frische Saft lindert Wundgeschwüre, Drüsenschwellungen und entzündete Mandeln.

Als Tee 30 g Ackerschachtelhalm in ½ l kaltes Wasser für ein bis zwei Stunden einweichen, für 10 Minuten aufwallen und nach zehnminütigem Ziehenlassen abgießen und lauwarm ein bis zwei Tassen pro Tag davon trinken. Im Juni und Juli sammeln, aber ohne Wurzelteile und gut getrocknet im Dunkeln luftdicht verschlossen aufbewahren.

Riesenschachtelhalm *Equisetum telmateia* wächst an schattigen Ufern, in schwerem Boden; Triebe bis ein Meter hoch, gute Gartenstaude, feuchter Bereich.

Gefleckter Schierling *Conium maculatum* **Gefleckter Schierling** *Conium maculatum*

Schierling *Conium maculatum* ist eine aufrechte, verzweigte, unangenehm riechende zweijährige Pflanze Europas, Asiens und Nordafrikas, heute auch in Nord-, Südamerika und Neuseeland eingeführt. Verbreitet an Straßenrändern, auf Unland, feuchten Stellen nahe dem Wasser, den offenen Bruchwaldbereichen, an der Küste und im Gebirge.

Der Schierling hat eine lange Pfahlwurzel und weich behaarte, hohle purpurbefleckte Stengel, die bis zwei Meter hoch werden. Die großen, federig gezähnten Blätter sind langstielig und unten dreifach und weiter oben am Stengel kleiner und zweifach gefiedert. Die kleinen weißen Blüten sitzen in großen Dolden und öffnen sich von Juni bis August; Früchte, eirund, mit wellig gekerbten Rippen.

Der Gattungsname leitet sich vom griechischen *konas* ›herumwirbeln‹ ab, da der Verzehr der Pflanze Schwindelgefühle und Tod bewirkt. *maculatum* kommt vom lateinischen und heißt ›gefleckt‹, da die Pflanze dicht rotfleckig ist.

Schierling ist seit alter Zeit als giftig bekannt. Der Saft wurde Verbrechern verabreicht und Sokrates soll lieber diesen Schierlingsbecher getrunken haben, als seine philosophischen Lehren zu widerrufen; Platons Beschreibung vom Tode Sokrates ist eine hervorragende Wiedergabe der Pflanzenwirkung auf den menschlichen Körper. Schierling enthält ein flüchtiges, öliges Glykosid, Koniin, das bitter schmeckt und unangenehm Mäuseharn ähnlich riecht. Seine stark narkotische und paralysierende Wirkung auf die motorischen Funktionen läßt dennoch den Geist völlig klar. Eine Überdosis bewirkt völlige Lähmung und wird so schnell abgeschwächt, daß der Tod durch Ersticken einsetzt.

Im Mittelalter wurde Schierling mit Kräutern in einer Mischung als Anästhetikum, später auch als Gegenmittel bei Strychninvergiftung genutzt. Wegen seiner beruhigenden Wirkungen wurde Schierling in der Vergangenheit bei Nervenkrämpfen, Krämpfen, beim Zahnen von Kindern (!), Epilepsie, trockenem Husten und Krämpfen von Kehlkopf und Speiseröhre sowie

akutem Wahnsinn benutzt. Griechische und arabische Ärzte nutzten es gegen Tumore, Schwellungen und Schmerzen in den Gelenken. Baron Storch empfahl es als Umschlag bei Krebsgeschwüren und offenen Wunden. Eine homöopathische Zubereitung wird zur Behandlung von Arteriosklerose und Prostatabeschwerden benutzt. Heute ist Schierling jedoch nicht mehr zur Eigenanwendung statthaft.

Schierling gehört zur Doldenblütlerfamilie, zu der auch Petersilie, Fenchel, Pastinake und Möhre gehören. Schierling kann sich im Garten an geeigneten Stellen schnell invasiv ausbreiten und andere Anpflanzungen unterdrücken.

Echte Nelkwurz *Geum urbanum* ist eine Staude Europas, Asiens, Nordafrikas und heute auch Amerikas und Australiens. Sie wächst in Wäldern, Hecken, schattigen Plätzen und Gärten in meist frischen, stickstoffhaltigen, nährstoffreichen Böden. Das kurze, kräftige Rhizom riecht nach Nelken, die dünnen aufrechten, etwas verzweigten, rötlich behaarten Stengel können bis 60 cm erreichen. Die großen gestielten, unterbrochenen, leierförmig gefiederten Grundblätter sind am Rande gezähnt, die oberen Blätter kleiner und dreizählig. Die leuchtend gelben fünfteiligen Blüten öffnen sich von Juni bis Oktober, oft auch bis Dezember und entwickeln sich zu einer kugeligen Sammelfrucht, die von weichen hakigen Haaren (der frühere Griffel) bedeckt ist.

Der Gattungsname kommt vom griechischen *geno*, das heißt ›angenehm duftend‹ und bezieht sich auf den Nelkenduft der frisch gegrabenen Wurzel. Im Mittelalter hieß dieses Kraut auch *Herba benedicta*, das heißt ›Gesegnetes Kraut‹, und man trug es als Amulett gegen die Kräfte des bösen Geistes. Im Mittelalter waren die eleganten dreiteiligen Blätter und die fünfteiligen Blüten auch Symbole in der Architektur für die Heilige Dreieinigkeit und die fünf Wunden Christi.

Paracelsus empfahl Nelkwurz auch bei Magen- und Darmkatarrh, und Gerard hielt eine Abkochung als hilfreich gegen Magener-

krankungen und Bisse giftiger Tiere. Es war Bestandteil eines Herzschnapses gegen die Pest und das Kauen der Wurzel verdeckte faulenden Atem. Neben seinen Heilkräften wurde Nelkwurz auch zur Geschmacksverbesserung benutzt, und das englische Angsberry Ale soll seinen speziellen Geschmack von einem Bündel Nelkwurz in jedem Faß erhalten haben.

Nelkwurzwurzeln wurden zwischen die Wäsche gegen Motten gelegt und um ihr einen angenehmen Geruch zu verleihen.

In der heutigen Kräutermedizin wird ein Aufguß bei Erkältungen, Katarrhen sowie Durchfall, äußerlich eine Lotion gegen Sommersprossen und Pickel benutzt. Als Tinktur eingenommen, gilt es als ausgezeichnetes Tonikum und Frühlingsreinigungsmittel, insbesondere für die Leber, und es heißt, daß es auch milde beruhigende Wirkung besitze.

Die Wurzeln soll man im Frühjahr ernten – nach alter Kräuterregel am 25. März –, da sie dann am duftreichsten sein sollen. Sie müssen vorsichtig und schnell getrocknet werden, da sie leicht ihren Duft verlieren und werden dann zum besseren Dufterhalt geschnitten und gepulvert trocken aufbewahrt. Echte Nelkwurz gehört zum Kräutersortiment.

Wiesenknöterich, Schlangenwurz *Polygonum bistorta* ist eine Staude Nord- und Mitteleuropas und den Bergen Südeuropas, Kleinasiens und Zentralasiens und heute auch in Nordamerika verwildert, sie wächst in feuchten Wiesen, an Wasser- und grasigen Wegrändern und auf feuchten humusreichen Böden. Schlangenwurz hat einen kräftigen, gedrehten waagerecht wachsenden, rotbraunen Wurzelstock, aus dem sich knotige, bis ein Meter hohe Stengel erheben. Die lang gestielten Grundblätter sind speerförmig, die Stengelblätter schmaler, am Rande gewellt und umfassen mit dem Blattgrund den Stengel. Die kleinen rosa Blüten stehen in endständigen, weizenförmigen Scheinähren und blühen von Mai bis Juni und bei Rückschnitt oder nach Heumahd oftmals wiederum von September bis Oktober. Im Mittel-

Echte Nelkwurz *Geum urbanum*

Wiesenknöterich, Schlangenwurz *Polygonum bistorta*

Wasserpfeffer *Polygonum hydropiper*

alter wurde Schlangenwurz im Kräutergarten sowohl für Heil- als auch für Speisezwecke kultiviert. Die Blätter und jungen Triebe wurden im Frühling als Gemüse gegessen und waren ein wesentlicher Bestandteil in der Kräuterpastete, die noch vor dem Krieg als Hausmannskost in England gegessen wurde. Die Wurzeln waren Nahrung in Hungerzeiten in Rußland und Sibirien, da sie Stärke enthalten und in Wasser eingeweicht und geröstet ins Brot gebacken wurden.

Medizinisch gesehen ist Schlangenwurz eines der stärksten, pflanzlichen adstringierenden Mittel, das sehr reich an Wirkstoffen ist. Im 16. und 17. Jahrhundert wurde es bei Pocken, Fieber und Pest angewandt, heute jedoch mehr zur Verhinderung äußerer und innerer Blutungen oder des Weißflusses. Es kann wirksam sein in der Behandlung von Durchfall, Ruhr, Cholera und Blutungen von Lunge, Magen und Hämorrhoiden. Es nützt auch als Gurgelmittel bei Mundgeschwüren, lockerem Zahnfleisch und entzündetem Hals; es kann auch bei zu starker Monatsblutung helfen und Harnwegsprobleme mildern. Ein Umschlag aus Wurzeln oder zerkleinerten Blättern hilft Wunden heilen und Quetschungen lindern und galt auch bei Schlangenbissen als wirksam.

Schlangenwurz ist eine attraktive Gartenpflanze für feuchte Bereiche, die durch Teilung vermehrt wird, und sowohl in der Sonne wie auch im Halbschatten gut wächst.

Wasserpfeffer *Polygonum hydropiper* ist ein einjähriges Kraut Europas, Nordafrikas, des gemä-

ßigten Nordasiens und Nordamerikas, das im Flachwasser an Ufern und sumpfigen Bereichen wächst. Er hat einen verzweigten Stengel, der 25 bis 75 cm hoch werden kann, die lanzettähnlichen Blätter sind kurz gestielt, gewellt, unterseits drüsig und manchmal gewimpert. Die grünrosa Blüten sitzen in langen lockeren, leicht hängenden Ähren und zeigen sich von Juni bis Oktober. Wasserpfeffer schmeckt scharf pfefferig, und tatsächlich wurden die Samen früher als Pfefferersatz benutzt. Es war ein alter Brauch, Wasserpfeffer unter den Sattel zu legen, damit das Pferd weite Strecken ohne Hunger und Durstgefühl laufe. Die Skythen, hieß es, nutzten die Pflanze auf diese Weise. Für medizinische Zwecke wurden meist die Blüten-

stände, manchmal auch die frischen Wurzeln genutzt. Tatsächlich dient ein Aufguß zum Stoppen von Blutungen und zur Erleichterung bei Menstruationsschmerzen. Ein Kaltwasseraufguß hilft bei Harngrieß, Ruhr, Husten, Halsentzündungen, Erkältungen und Gicht. Ein Umschlag ist gut bei chronischen Geschwüren und blutenden Tumoren. Manche der alten Kräuterärzte hielten es für wirksam bei Nervenkrankheiten sowie Schwindelanfällen, Lethargie, Schlaganfällen und Lähmungen.

Kleinblütige Königskerze, *Verbascum thapsus*

Kleinblütige Königskerze, *Verbascum thapsus*

Jakobsleiter *Polemonium caeruleum*

Akelei, Gartenformen *Aquilegia vulgaris*

Kleinblütige Nachtkerze, Kerzenkraut *Verbascum thapsus* ist ein aufrecht wachsendes, zweijähriges Kraut Europas und Asiens, ostwärts bis Westchina und eingeschleppt weit verbreitet in Nordamerika. Sie wächst an sonnigen Ufern, auf Ödland, Wegrändern in Schuttunkrautgesellschaften, auf mehr oder weniger nährstoffreichen, meist lockeren oder steinigen, sandigen Böden. Die Pflanze ist dicht weiß behaart, hat eine weiße Pfahlwurzel und einen meist unverzweigten Stamm, der bis zwei Meter hoch werden kann. Die wechselständigen ovalen bis lanzettartigen Blätter umfassen den Stamm und laufen an ihm herab, so daß er geflügelt erscheint. Die gelben Blüten stehen dicht in einer endständigen, kaum verzweigten Ähre und erblühen von Juni bis September.

Der Gattungsname ist wahrscheinlich eine Verballhornung von *barbascum,* das heißt vom lateinischen *barba* und bezieht sich auf das wollige Aussehen der Pflanze. Die Bezeichnung »Wollkraut« weist auf ihre Nutzung als Docht hin, bevor die Baumwolle verbreitet verfügbar war. Die Stengel mit Talg oder Pech getränkt, dienten auch als Kerzen. Die Nutzung der Königskerze geht viele Jahrtausende zurück. Sie wurde für viele Arten von Brustbeschwerden, Entzündungen von Hals und Mandeln, Asthma, trockenem Husten bei Kindern und Heiserkeit empfohlen.

Die Pflanze ist durch ihre Schleimstoffe lindernd und antiseptisch wirksam. Salbe und Umschlag können hilfreich sein bei Hämorrhoiden, Verbrennungen, offenen Wunden, Geschwüren, Frostbeulen, Hautinfektionen, Neuralgien und rheumatisch schmerzenden Gelenken; Königskerze ist auch leicht beruhigend. Getrocknete Blätter werden auch oft Kräuterzigaretten zur Asthmalinderung beigemischt. Alte Texte berichten, daß ein Aufguß der Blüten als Farbe zum Aufhellen des Haares verwandt wurde.

Wichtig ist, vor innerer Anwendung einer Königskerzenzubereitung sie durch ein feines Tuch abzugießen, damit die Haare zurückgehalten werden, die beträchtliche Reizungen im Mund und auf der Haut auslösen können.

Bei Halsentzündungen und chronischem Husten gibt man 30 g Blätter und Blüten in einen Liter kochendes Wasser und läßt 10 Minuten ziehen, abgießen und damit gurgeln oder den Tee trinken. Als Lotion für Hämorrhoiden, Wunden usw. nimmt man 30 g frische Blüten und 60 ml Olivenöl und erhitzt es schwach in einem Gefäß, dann einkochen, bis keine Feuchtigkeit zurückbleibt, die Mischung durch ein Musselintuch drücken und luftdicht verschlossen aufbewahren. Königskerze ist an trockenen, sonnigen, windgeschützten Stellen leicht im Garten zu ziehen; Aussaat an Ort und Stelle und vereinzeln oder nach Vorkultur und Auspflanzen im Spätsommer für die Blüte im Folgejahr. Die Blüten werden frisch benutzt oder sorgfältig bei niedriger Temperatur an dunklem Ort getrocknet, damit sie ihre Farbe behalten und somit auch ihre Heilwirkung.

Filzige Königskerze *Verbascum phlomoides* sieht der kleinblütigen Königskerze sehr ähnlich, jedoch laufen ihre Blätter nicht den Stengel herab. Die Samen enthalten Spuren von Saponin und wurden bei Fischräubern zur Vergiftung von Fischen benutzt.

Viele Königskerzenarten sind hervorragende Gartenblütenstauden, meist zweijährig, manche aber auch ausdauernd als Stauden.

Akelei *Aquilegia vulgaris* ist eine aufrecht wachsende Staude Süd- und Mitteleuropas, Afrikas, des gemäßigten Asiens bis China und auch in Nordamerika verwildert. Sie wächst in Wäldern, an feuchten schattigen Stellen im bergigen Gebiet, bevorzugt auf Kalkboden und wird mit vielen Sorten seit alters her als Gartenpflanze

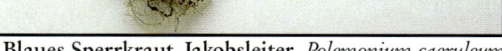

Blaues Sperrkraut, Jakobsleiter, *Polemonium caeruleum*

Arnika *Arnica spe.*

kultiviert. Der Stengel ist schwärzlich, verzweigt, weich behaart und etwas beblättert und kann 40 bis 100 cm hoch werden. Die doppelt dreizähligen Blätter sind langgestielt und die Einzelblättchen innen oft dreilappig gekerbt. Die Stammblätter sind kurzgestielt und kleiner; Die Blüten sind violettblau, fünfteilig mit gekrümmtem Sporn. Sie blühen von Mai bis Juli und haben im Laufe der Jahrhunderte alle Farbübergänge von Violettblau, Rosa und Weiß und unterschiedliche Blütenfüllungen und Spornausbildungen in Gartensorten entwickelt.

Der Gattungsname stammt wahrscheinlich vom lateinischen *aquila* ›Adler‹, da der Sporn einem Adlerschwanz ähnelt. Sie ist eine der älteste Gartenpflanzen, die heute auch als Topfpflanze und als Schnittblume zu haben ist und seit dem Mittelalter, z.B. auch in Shakespeares »Hamlet« in der Literatur Eingang fand.

Ursprünglich in Lotionen für Wund- und Halsentzündungen wegen ihrer adstringierenden Wirkung benutzt, diente sie nach Culpeper auch bei Leberstauungen und bei Gelbsucht, wird jedoch heute nicht mehr länger in der Medizin verwendet. Sie sollte keinesfalls zur Selbstmedikation benutzt werden, da sie geringe Menge Blausäureglykosid enthält, das ebenso giftig wie gefährlich ist.

Blaues Sperrkraut, Jakobsleiter *Polemonium caeruleum* ist eine krautige Staude Nord- und Mitteleuropas, des Kaukasus, Sibiriens, Nordafrikas und heute auch in Nordamerika verbreitet. Sie wächst auf grasigen Hängen, Strauchflächen, Flußufern, Feuchtwiesen, auf frischen, feuchten, meist kalkhaltigen Böden und kiesigen, tonigen Lehmböden und ist oft auch als Gartenflüchtling verwildert. Aus dem kurzen kriechenden Wurzelstock erwächst ein hohler, kantiger, beblätterter, drüsig flaumig behaarter Stengel von 30 bis 90 cm. Die Blätter sind wechselständig, unpaarig gefiedert und die Fie-

derblättchen elliptisch länglich spitz. Die Blüten stehen zu vielen in endständigen Rispen und erblühen von Juli bis August.

Der Gattungsname soll vom griechischen *polemus* = Krieg kommen, was aber unverständlich ist. Einleuchtender wäre die Erklärung, der Benennung zu Ehren des altgriechischen Philosophen Polemon. Unsere Bezeichnung Himmelsleiter bezieht sich auf die leiterförmige Blattform. Culpeper sagt, daß die Pflanze unter dem Zeichen Merkurs und hilfreich sei bei bösartigem Fieber, nervösen Beschwerden und sogar den Ruf hatte, in einigen Fällen Epilepsie zu kurieren. Im Nordwesten Nordamerikas kochen die Thompson-Indianer die ganze Pflanze und benutzen den Absud als Haarspülung. Wenn die Jakobs- oder Himmelsleiter auch nicht mehr medizinisch genutzt wird, so ist sie doch eine prächtige Gartenpflanze. Sie liebt nährstoffreichen Boden und einen sonnigen Platz.

Arnika Bergwohlverleih *Arnica montana* ist eine Staude sonniger Wald- und Gebirgswiesen, aber auch Moor- und Heideböden Mitteleuropas (auf sauren Böden). Sie hat einen braunkriechenden Wurzelstock, auf dem sich im oberen Teil verzweigte Bodentriebe 30 bis 60 cm hoch erheben. Die Blätter bilden anfangs eine flache Grundrosette und sitzen paarweise gegenständig am behaarten Stengel. Die orangegelben Margeritenblüten öffnen sich von Juni bis August. Die frischen zerkleinerten Blütenblätter erzeugen Niesreiz, und die Pflanze wurde auch als Bergtabak von Gebirgsbewohnern Mitteleuropas genutzt. Arnika ist seit Jahrhunderten eine geschätzte Heilpflanze. Bergwohlverleih macht deutlich, daß man ihr weit heilende Kräfte zuschrieb und sie zur Linderung bei Quetschungen, Verstauchungen und Wunden nutzte. In Nordamerika tranken die Cataulsa-Indianer Tee einer dortigen Arnikaart zum

Kurieren von Rückenschmerzen. Sie ist noch heute bevorzugte homöopathische Medizin zur Behandlung von Verstauchungen, wie auch seelischer Schocks, physischer Erschöpfung, Schwindelgefühl, Seekrankheit und Heiserkeit.

Arnika wurde auch innerlich als Stimulans und wassertreibendes Mittel angewandt. Es heißt, sie aktiviere das Nerven- und Kreislaufsystem, reduziere Fieber, beseitige Phlegma und sei nützlich in der Behandlung von Gicht, Hexenschuß und Ischias. Arnika wird auch bei akuter Herzschwäche angewandt, da es die Blutversorgung der Herzkranzgefäße steigern soll. Arnika sollte aber nur unter ärztlicher Anleitung angewandt werden, da es schwere Hautreizungen und bei innerer Anwendung Benommenheit, Zittern oder tödliche Vergiftungen hervorrufen kann. Arnika sollte deshalb außer in der Homöopathie nur äußerlich angewandt werden. In diesem Fall ist sie gut bei allen Arten rheumatischer und arthritischer Beschwerden und akuten Gelenkentzündungen.

Für eine Anwendung dieser Art mit einer Tinktur weicht man 100 g getrocknete Blüten, Wurzeln oder Blätter für zehn Tage im geschlossenen Gefäß in $1/2$ l 60%igen Alkohol ein, seiht dann durch ein feines Musselintuch ab und bewahrt in einem dunklen verschlossenen Glas zur Anwendung auf. Man nimmt einen Eßlöffel Tinktur auf ein Liter Wasser und reibt damit die Quetschung ein. Auf die Kopfhaut gerieben, soll es den Haarwuchs fördern, und dem Fußbad beigefügt, Schmerzen in den Füßen lindern. Arnika darf bei uns, da geschützt, nicht gesammelt werden und ist wegen der Bindung an sehr saure Böden im Garten kaum zu kultivieren. Einfacher ist dies mit *Arnica chamissonis subsp. foliosa*, einer amerikanischen Art, die heute auch in gleicher Weise als Heilpflanze die Arnikadroge für die Medizin liefert und im Heilpflanzen- bzw. Staudensortiment angeboten wird.

Goldhopfen *Humulus lupulus* ›Aurea‹

Hopfen *Humulus lupulus* ist eine kletternde Staude Europas, Asiens und Nordamerikas, die auch in den gemäßigten Regionen der ganzen nördlichen Hemisphäre, wie auch Südamerikas und Australiens angebaut wird. Verbreitet in Hecken, Erlenbruchwäldern und an Ufern auf nährstoffreichen Böden. Aus einem dicken fleischigen Wurzelstock wachsen im Uhrzeigersinn windende, drei bis sechs Meter lange Triebe. Die großen herzförmigen, tief drei- bis siebenlappigen Blätter sind grob gezähnt, dunkelgrün tiefadrig. Die kleinen gelbgrünen männlichen Blüten stehen in lockeren Trauben, die weiblichen in zapfenartigen Blütenständen zu vielen, ebenfalls in Trauben in den Blattachseln und blühen von Juni bis September. Nach der Blüte vergrößern sich die weiblichen Blütenstände zu den Hopfenzapfen, dem Hopfen der Bierbrauer. Ihre Harzdrüsen enthalten den Bitterstoff Lupulin, der dabei benutzt wird.

Der Name kommt vom lateinischen *humus* ›Erde‹ und bezieht sich auf die nährstoffreichen tiefgründigen Böden, in denen die Pflanze vorkommt, und *lupulus* ›Wolf‹, da der Hopfen beim Wachsen Pflanzen, die er umwindet, erwürgt wie der Wolf seine Beute. Das Wort »Hopfen« gehört zum altgermanischen Wortstamm *hoppan* ›klettern‹.

Hopfen wurde erstmals bei Plinius erwähnt, der vom Anbau als Gemüse in römischen Gärten berichtete. Die jungen Triebe werden auch heute noch wie Asparagus mit Butter zubereitet. Die Nutzung für das Bierbrauen geht bis ins frühe Mittelalter zurück und hat bei uns Tradition bis zur Jahrtausendwende zurück. Hopfen gibt nicht nur seine Bitterstoffe an das Bier ab, sondern macht es auch wesentlich haltbarer. Der Schwerpunkt des Hopfenanbaues in Deutschland liegt in der bayerischen Holledau. In der Medizin wurde der Hopfen lange Zeit wegen seiner beruhigenden Wirkung geschätzt. Hopfen in Bierform erfüllt soziologische Funktion – auf ein Gläschen in die Kneipe gehen – und regelt die Verdauung. In einigen Ländern werden Hopfenpillen bei Schlaflosigkeit, Nervenreizungen, Zahnweh und Ohrenschmerzen für hilfreich gehalten. Für Hopfentee nehme man 30 bis 60 g gebröselte Hopfendolden, in ein $^1/_2$ l kochendes Wasser gegeben, und als hilfreich bei Schlaflosigkeit, Verdauungsstörungen, Gelbsucht, Magen- und Leberbeschwerden und Regelkrämpfen gehalten. Der Wirkstoff Lupulin gilt als leicht sedativ, der Schlaf ohne Kopfweh hervorruft und manchmal auch in Tablettenform stillenden Müttern zur Förderung der Milchbildung verabreicht wird.

Hopfen wächst leicht im Garten, ist eine ausgezeichnete Kletterpflanze für Sichtschutz, und die Hopfenzapfen sind in ganzen Blütenständen für die Trockenbinderei gut geeignet. Hopfentriebe im Frühjahr als Gemüse wie Spargel sind eine Delikatesse. Er wächst an sonnigen Stellen leicht und sollte in nährstoffreichem Boden stehen und gut gedüngt und in trockenen Jahreszeiten auch reichlich gewässert werden.

Goldhopfen *Humulus lupulus* ›Aurea‹ ist eine Sorte mit goldgelb gefleckten Blättern, die kontrastreich in gleicher Weise zu verwenden ist. Ähnlich die auch bei uns, als einjähriger Sommerschlinger gezogene, in der Stammform grüne und in der Sorte ›Variegata‹ silberweiß gefleckte Blätter zeigende Sorte des japanischen Hopfens *Humulus scandens*. Letztere aber ohne medizinische Nutzung; durch Aussaat leicht jedes Frühjahr vermehrbar.

Gartenraute, Weinraute *Ruta graveolens* ist eine bei uns in milden Wintern immergrüne, im unteren Teil verholzende, staudig gezogene Pflanze Südeuropas, die wegen ihres Würzwertes in der ganzen Welt kultiviert wird. Sie stammt aus trockenen Kalkfelsenbereichen und verwildert manchmal in ihr zusagenden Situationen. Die Weinraute hat eine verholzte Wurzel, einen aufrechten verzweigten Stamm, der 60 bis 100 cm werden kann – abhängig von der Winterstrenge. Die wechselständigen, dreiteiligen gestielten Blätter sind fleischig blaugrün, zeigen kleine Öldrüsen. Die kleinen grüngelben Blüten stehen in großen Scheindolden an den Triebenden. Die vierteiligen Blüten öffnen sich von Juli bis August und bei Rückschnitt bis in den Herbst.

Der Gattungsname stammt vom griechischen *reuo* ›Frei machen‹, bezieht sich auf die Rautenwirkung der Befreiung von vielen Krankheiten und vom lateinischen *graveolens* ›duftend‹, da die Pflanze einen herbaromatischen Geruch besitzt. Der Gartenrautengebrauch geht Jahrtausende zurück. Die Griechen hielten sie als hilfreich gegen die Zauberkraft von Fremden, und im Mittelalter wurde sie bei Beschwörungen gegen Hexen benutzt. Sie war eine der Bestandteile des berühmten »Vierdiebeessigs«, den Leichenfledderer tranken, um durch ihre an der Pest umgekommenen Opfer nicht angesteckt zu werden. Die Raute kommt in Gedichten von Milton und Shakespeare vor und war sicherlich zur Römerzeit in südlichen Landesteilen wie auch heute noch eine verbreitete Garten-, Heil- und Zierpflanze. Auf dem Lande wurde krankes Vieh mit Raute behandelt, und sie wurde benutzt, um Infektionen, Krankheiten, Fliegen und Insekten abzuwehren.

Gartenraute, Weinraute *Ruta graveolens*

Gefleckte/Buntblättrige Weinraute *Ruta graveolens* ›Variegata‹

Raute hat einen streng aromatischen, bitteren Geschmack und Geruch und wird als Würze beim Grappa und anderen alkoholischen Getränken benutzt. Die Heilanwendung sollte nich in Selbstmedikation erfolgen, da größere Mengen auch giftige Wirkungen haben; auch äußerlich nur mit Vorsicht anwenden, da sie Hautentzündungen auslösen kann und bei warmem Wetter der Saft auch Verbrennungen auslöst. In kleinen Mengen ist sie als Tonikum anregend und hilft der Verdauung. Es heißt, sie sei hilfreich bei Menstruationsbeschwerden, sollte aber nicht von schwangeren Frauen eingenommen werden, da sie auch abtreibend wirkt. Frische Blätter sollen, am Kopf angewandt, Kopfschmerzen heilen, und frische Blätter kauen den Mund erfrischen, Kopfschmerzen und Benommenheit lindern. Für Weinrautentee nimmt man 15 g kleingeschnittene Blätter in $^1/_2$ l kochendes Wasser und gießt nach Erkalten ab, davon eine Tasse pro Tag – nicht mehr! Weinraute ist leicht aus Samen zu vermehren, sie braucht mageren, trockenen, heißen, sonnigen Pflanzbereich, der wegen ihrer bei uns bedingten Winterhärte geschützt sein sollte. Wenn die Pflanze zu groß und struppig wird, kann sie im Frühjahr kräftig zurückgeschnitten werden. Frischer Briekäse mit Weinrautenstückchen ist ein neues Geschmackserlebnis.

Gefleckte Weinraute *Ruta graveolens* ›Variegata‹ hat hübsch cremefarben gefleckte Blätter.

Kermesbeere *Phytolacca americana* ist eine giftige Staude Nordamerikas, die heute in Mittelmeerländern verwildert ist und auch in Teilen Europas angebaut wird. Bei uns ist sie gelegentlich in Weinbergen verwildert. Sie braucht warmen, tiefgründigen, nährstoffreichen Boden an halbschattigen bis sonnigen Stellen. Sie hat eine dicke Pfahlwurzel, einen krautigen hohlen Stamm, der sich im unteren Bereich bereits verzweigt und bis drei Meter hoch werden kann. Die wechselständigen Blätter sind oval lanzettähnlich, und die blütenblattlosen Kelche besitzenden Einzelblüten bilden hängende Trauben in den oberen Blattachseln. Nach der von Mai bis Juni dauernden Blüte entwickeln sich purpurschwarze Beeren. Die Indianer Nordamerikas haben sie bereits lange als Brechmittel und zur Behandlung von Rheumatismus benutzt, bevor sie auch bei uns zur Heilpflanze wurde.

In den USA wurde getrocknete Kermesbee-

renwurzel um die Jahrhundertwende zur Erleichterung bei Schmerzen und Entzündungen, chronischem Rheumatismus sowie zur Behandlung gegen Hautparasiten benutzt. In Europa war sie anerkannt für ihre leicht Brechreiz erregenden, abführenden und narkotischen Eigenschaften. Angewandt bei chronischem Rheumatismus und Bindehautentzündung (Gerstenkorn). Manche hielten sie auch für hilfreich – bis heute unbewiesen – für die Behandlung bei Brustkrebs. Die wunderbare Purpurfarbe der Beeren wurde früher zur Nachdunkelung des Rotweins benutzt (deshalb auch verwildert in manchen Weinbaugegenden) und ebenso bei Likören. Die ganz jungen blassen Triebe können wie Asparagus als Gemüse verzehrt werden. Ältere Pflanzenteile einschließlich der Beeren enthalten Phytolaccatoxin, ein langsam wirkendes, aber kräftig Brechreiz erregendes Agens, also keine Selbstmedikation mit Kermesbeeren; aber in großen Gärten durchaus wert der Anpflanzung. *Phytolacca clavigera* ähnelt der oberen Kermesbeerenart, unterscheidet sich aber von ihr durch die rosafarbenen Blütenhüllblätter und wird nur knapp zwei Meter hoch.

Phytolacca clavigera

Kermesbeere *Phytolacca americana*

Kreuzblättrige Wolfsmilch *Euphorbia lathyrus* ist eine zweijährige krautige Pflanze Südeuropas und seit alters her in unseren Gärten verbreitet, und manchmal auch in Schuttunkrautgesellschaften verwildert. Aus der Pfahlwurzel erwächst ein aufrechter hohler, im zweiten Jahr blühender, im oberen Teil verzweigter Stengel, der 20 bis 100 cm hoch werden kann. Die paarweise gegenständigen, lanzettartigen Blätter besitzen eine kräftige spitz auslaufende Mittelrippe und sind am äußeren Rand nach unten gebogen und wie die ganze Pflanze bläulich bereift. Die Cyathien, wie die Blütenstände der Wolfsmilchgewächse genannt werden, werden von Hochblättern umfaßt und stehen in der Mitte der sich gabelig verzweigenden Blütenstandsäste, von Mai bis Juni.

Der milchige Saft, der bei Verletzungen der Pflanze austritt, ist sehr bitter, trotz hautreizender Wirkung wurde er früher als Enthaarungsmittel benutzt. Die Blätter lösen Bläschen und Hautentzündungen aus und wurden früher von Bettlern zur Erzeugung von Geschwüren benutzt, um Mitleid zu erregen. Die Samen enthalten das klare feine Euphorbiaöl, das ein heftiges Abführmittel ist und schwere Vergiftungen auslösen kann und deshalb nicht länger angewandt wird. Heute besitzt es zunehmende Bedeutung als nachwachsender Rohstoff. Die Wurzel der Pflanze ist übelkeiterregend und abführend, ebenso die Samen, weswegen sie in Frankreich in kleinen Mengen als Abführmittel verwendet wurden. Der Saft gilt heute als Hautkrebs erregend, weswegen sich insgesamt eine Selbstmedikation mit der Pflanze verbietet.

Pfennigkraut *Lysimachia nummularia* ist eine flachwachsende Staude Europas, von Mittelschweden bis zum Kaukasus und heute auch verwildert in Nordamerika. Sie wächst in feuchten Gebüschen und Wiesen und an Ufern. Der weiche kantige Trieb kann über sechzig Zentimeter lang werden, die runden weichen Blätter sind drüsig punktiert. In den Blattachseln stehen einzeln die schalenförmigen, goldgelben Blüten von Juni bis Juli. Die Artbezeichnung kommt vom lateinischen *nummulus* ›Geld‹, da Blätter und Blüten wie Geldstücke aussehen, es entspricht auch unserem »Pfennigkraut«. Pfennigkraut steht seit alters her in dem Ruf, viele gute Eigenschaften zu besitzen. Die alten Kräuterkundigen hielten es für eines der besten Wundkräuter. Eine Salbe oder Kompresse frischer Blätter wurde bei Wunden und Entzündungen und eine Abkochung frischer Blätter für hilfreich zur Stillung innerer Blutungen gehalten. In Wein oder Honig gekocht, hielt man es für ein gutes Mittel gegen Keuchhusten. Der holländische Arzt Boerhaave, der Anti-Skorbut-Eigenschaften in den Blättern entdeckte, empfahl es getrocknet und pulverisiert zur Abwehr von Skorbut. Pfennigkraut bildet selten keimfähigen Samen aus und vermehrt sich meist durch Ausläufer. Es kann im Kräutergarten als Bodendecker verwendet werden und wird im Juni als ganzes Kraut gesammelt, zur frischen Anwendung oder zum Trocknen für den Winter.

Lysimachia nummularia ›Aurea‹ ist eine Sorte mit goldgelb-grünen Blättern. Diese und die grünblättrige Art können auch als Hängepflanzen an hellen Fenstern verwendet werden.

Wundklee *Anthyllis vulneraria* ist eine aufrechte, meist aber niederliegende Staude Europas und Nordafrikas und in Nordamerika verwildert; auf Kalkböden in Trockenrasengesellschaften vorkommend. Dem spindeligen Wurzelstock entwachsen seidig behaarte bis sechzig Zentimeter hohe Triebe. Die langgestielten

Kreuzblättrige Wolfsmilch *Euphorbia lathyrus*

Pfennigkraut *Lysimachia nummularia* ›Aurea‹

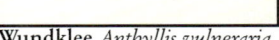

Wundklee *Anthyllis vulneraria*

Buntblättrige Zitronenmelisse *Melissa officinalis* ›Variegata‹

Goldblättrige Zitronenmelisse
Melissa officinalis ›Aurea‹

Grundblätter sind länglich eiförmig, einfach oder mit ein Paar Seitenblättchen, die Stengelblätter unpaarig gefiedert, mit meist längeren Endblättchen. Es sind vielfältige Formen mit gelben bis roten Blüten verbreitet, sie blühen von Mai bis September in endständigen, kugeligen Köpfchen. Die Saponine, Gerbstoffe und Schleimstoffe des Wundklees haben lindernde und zusammenziehende Eigenschaften und werden in der Medizin zur Heilung von Wunden, Erleichterung bei Husten und als Abführmittel benutzt. Da die Pflanze schnell und gut farberhaltend trocknet, wird sie auch für Trockenblumenarrangements genutzt. Sie wird manchmal im Kräuter-, überwiegend aber im Wildstaudensortiment angeboten.

Zitronenmelisse *Melissa officinalis* ist eine beim Berühren nach Zitronen duftende Staude Südeuropas, aber bereits seit der Römerzeit bei uns als Gartenpflanze verbreitet und manchmal auch verwildert. Die aus dem kurzen Wurzelstock aufwachsenden verzweigten, weichbehaarten kantigen Stengel können 40 bis 100 cm hoch werden. Die hellgrünen ovalen, herzförmigen Blätter sind tief geädert, weich behaart, mit gezähntem Rand und duften beim Verletzen intensiv nach Zitronen. Die weißlichen, gelblichen oder rosa Blüten stehen in kurzgestielten Blütenständen von Juni bis Oktober in den Blattachseln. Der Gattungsname kommt vom griechischen *melissa* ›Honigbiene‹, da die Pflanze Bienen anzieht und Nektarpflanze für vorzüglichen Honig ist. *Officinalis* zeigt sie als alte Heil- und Gewürzpflanze. Sie war schon den Griechen bekannt und wurde von den Römern bei uns eingeführt. Der arabische Arzt Avicenna und im Mittelalter Paracelsus empfah-

len sie wegen ihrer Eigenschaft, das Herz fröhlich zu machen und den Geist zu beleben. Zitronenmelisse hat entkrampfende, lindernde und beruhigende Eigenschaften und ist oft in Kräutertees zur Förderung der Entspannung und des Schlafes enthalten. Sie wird oft bei Koliken, Brechreiz, schlechter Verdauung, Herzklopfen, Regelkrämpfen, Schwindelgefühl und Fieberbeschwerden empfohlen. Weiss berichtet, daß Experimente mit Melissengeist zeigten, daß die Wirkung im limnischen System des Gehirns erfolgt, welches die automatischen Abläufe regelt und das Großhirn vor zu starken äußeren Einflüssen schützt und so den alten Glauben an die Wirksamkeit von Zitronenmelisse zur Behandlung von Beschwerden des Nervensystems, wie zum Beispiel den Verlust der Kontrolle der Blasenfunktion durch Krankheiten, wie Multiple Sklerose oder Erkrankungen des motorischen Nervensystems bestärkt. Melisse wird auch für die Herstellung von Parfüms, Eau de Toilette oder Likören verwendet. Beim Kochen verwendet man sie bei Fisch- und Geflügelgerichten, Kräutersaucen und Marinaden, sie dient zur Geschmacksverbesserung bei Marmeladen, Gelees, Pudding, Fruchtsalaten; die frischen Blätter können jedem Salat oder Gemüsegericht als erfrischender und belebender Zitronengeschmack beigefügt werden. Zitronenmelisse läßt sich besonders gut mit Pfefferminze kombinieren, ein Teelöffel voll von jedem in heißem, nicht kochendem Wasser, lindert die Beschwerden eines nervösen Magens und macht schläfrig. Für Melissentee nimmt man 30 g Blätter oder blühende Triebspitzen auf $^1/_2$ l kochendes Wasser, fünf Minuten ziehen lassen und trinkt es honiggesüßt. Es heißt, das führe zu langem Leben. Für einen Melissenlikör

gegen Verdauungsstörungen nimmt man je 15 g der folgenden Kräuter: Zitronenmelisse, Basilikum, Ysop, Pfefferminze, Salbei, Wermut, Angelikawurzeln und lasse das Ganze in $1^1/_2$ l von 45%igem Alkohol vierzehn Tage ziehen, gieße dann ab und bewahre es in einer gut verschlossenen Flasche auf. (Aus *Großmutters Geheimnisse* von Jean Palaiseul.) Zitronenmelisse läßt sich leicht aus Samen oder durch Stecklinge vermehren oder im Kräutersortiment erwerben. Die Blätter werden zwei- bis dreimal im Sommer geerntet.

Melissa officinalis ›Variegata‹ hat gelbgefleckte Blätter.

Melissa officinalis ›Aurea‹ treibt ein Teil goldgelb blättrige Triebe.

Glaskraut *Parietaria judaica*

Geißraute *Galega officinalis*

Glaskraut *Parietaria judaica* (syn. *Parietaria diffusa*) ist eine krautige Staude des südlichen und westlichen atlantischen Europas, bei uns seit geschichtlicher Zeit verwildert. Sie wächst an frischen bis feuchten Fels- und Mauerbereichen. Sie hat einen länglichen Wurzelstock, aus dem mehrere rötliche, zerbrechliche Triebe 30 bis 60 cm hoch erwachsen. Die ovalen bis lanzettähnlichen Blätter sind oberseits geädert und unterseits seidig behaart, und die winzigen grünen, ungestielten Blüten sitzen in dichten Quirlen in den Blattachseln und erblühen von Juli bis Oktober.

Der Name kommt vom lateinischen *paries* ›Mauer‹ und bezieht sich auf das Verbreitungsgebiet; unsere Bezeichnung Glaskraut erinnert an die Zerbrechlichkeit der Stengel.

Im Mittelalter wurde das Glaskraut verbreitet gegen eine Vielzahl von Krankheiten angewandt, aber heute wird es nur noch von wenigen Kräuterkundigen und auf dem Lande in Fortsetzung der Tradition angewandt. Verwandt mit unserer Brennessel und fast ebenso verbreitet, soll es wirksam sein bei der Behandlung der Harnwege, bei Harnsteinen, Blasen- und Nierensteinen, Wassersucht, Blasenentzündung, Nierenentzündung und Ödemen. Umschläge und Kompressen frischer Blätter haben lindernde Wirkung bei Verbrühungen und Verbrennungen.

Junge Triebe können in Salate gemischt werden, aber Heuschnupfen empfindliche Menschen sollten wissen, daß Pollen von Glaskraut als einer der ersten im Jahr fliegt und sehr aktiv allergisch ist. Das Sammeln also unempfindlichen Personen überlassen.

Einen Tee zur Behandlung von Harnwegsproblemen macht man aus 30 g Kraut auf ½ l kochendes Wasser, gießt nach fünfminütigem Ziehenlassen ab und trinkt ein Glas voll, jeweils zwischen den Mahlzeiten.

Wenn irgend möglich, frisch verwenden, da es beim Trocknen schnell seine Wirksamkeit verliert.

Geißraute *Galega officinalis* ist eine aufrecht wachsende Staude Südeuropas und Kleinasiens und bei uns stellenweise aus dem Anbau verwildert. Man findet sie an Wegrändern, in feuch-

tem Brachland, an Teichen und Ufern, oft auch im Garten als Zierpflanze kultiviert. Die kräftigen gestreiften Stengel können 60 bis 150 cm hoch werden, die gefiederten Blätter haben sechs bis acht Paare hellgrüne, lanzettartig geformte Seitenblättchen und ein anders geformtes, kurzstieliges Endblatt. Die weißen, rosa, purpurnen oder lila Blüten stehen in langgestielten großen Trauben in den Blattachseln und öffnen sich von Juni bis August.

Von den alten Kräuterkennern empfohlen gegen Fieber und Pest, da es Schwitzen fördert, hielt man es aber auch für eine gute Medizin gegen Würmer und Schlangenbisse. Im frühen 19. Jahrhundert zog es die Aufmerksamkeit auf sich, da es als Futter die Milchleistung der Kühe bis zu 50 % steigerte. Weiss empfiehlt es als milchförderndes Mittel, da es nicht nur die Menge, sondern auch in gleicher Weise dabei die Inhaltsstoffe mehrt.

Die Pflanze kann als stickstoffreicher Gründünger eingepflügt werden. Der Saft der Geißraute enthält Galegin, das den Blutzuckerspiegel senkt. Frisch verwendet läßt es die Milch gerinnen und wurde deshalb früher manchmal zur Käseherstellung genutzt.

Geißraute läßt sich leicht aus Samen ziehen und ist an sonnigen Stellen anspruchslos, benötigt aber ausreichende Wasserversorgung. Die ganze Pflanze im Spätsommer sammeln und für den Wintergebrauch trocknen, Rückschnitt der Pflanze im Oktober. Selten im Heilkräuter-, manchmal aber im Wildpflanzensortiment angeboten.

Arzneibaldrian, Baldrian *Valeriana officinalis* ist eine hochaufwachsende Staude Europas, Nordasiens und auch in Nordamerika verwildert und für medizinische Zwecke in Nord- und Osteuropa angebaut. Baldrian kommt in Hochstaudenufergesellschaften, Moorwiesen, Waldlichtungen, auf nassen bis feuchten nährstoffreichen Böden vor. Baldrian hat einen kurzen Wurzelstock mit vielen hohlen Seitenwurzeln und einen gerieften hohlen Stengel, der 50 bis 150 cm hoch wird. Die hellgrünen gegenständigen, paarig gefiederten Blätter besitzen zehn bis zwölf Paar lanzettartige, ganzrandige oder gezähnte Blättchen und ein gestieltes, meist dreiteiliges

Abschlußblatt. Am reichverzweigten Blütenstand erblühen blaßrosa Blüten von Juni bis August.

Der Name soll von Valerius, dem ersten Anwender der Pflanze, kommen oder wahrscheinlicher vom lateinischen *valere*, das heißt ›Gesund sein‹, und bezieht sich auf die Heilwirkung der Pflanze.

Baldrian wird schon seit Jahrtausenden medizinisch genutzt. Hippokrates empfahl ihn im 4. Jahrhundert v. Chr., und er war auch Bestandteil vieler Kräuterrezepte und Anwendungen vom Mittelalter bis zur heutigen Zeit.

Im Mittelalter wurde er verbreitet in Klostergärten angebaut und auch als Gewürz und Parfüm genutzt. Die Wurzeln wurden zur Parfümierung zwischen die Kleider gelegt. Auch wenn der Baldrianduft heute bei uns nicht mehr so beliebt ist, wird er doch noch in Asien gewonnen und für andere Arten von Düften und zur Salbenherstellung genutzt.

Baldrian ist eine kräftige Kräutermedizin; auch wenn man die genaue Wirkungsweise noch nicht exakt kennt, so ist er doch lange als Mittel mit kräftigen sedativen, antidepressiven und krampflösenden Eigenschaften bekannt. Sein Nutzen bei Epilepsie wurde im 16. Jahrhundert zum ersten Mal von Fabius Calumna entdeckt, der sich damit selbst kurierte, und er wurde seitdem bei allen Arten von Nervenerkrankungen, Hysterie, Veitstanz, Schwindelgefühl, Migräne, Herzklopfen, Magenkrämpfen usw. verordnet. Es vermindert Schmerzen, fördert den Schlaf und verringert das Gefühl von Streß und Überanstrengung. Größere Mengen sollten jedoch nicht öfters hintereinander angewandt werden, da sie Kopfweh und Benommenheit verursachen können. Baldrian hat eine außerordentliche Wirkung auf das Nervensystem mancher Tiere, besonders Katzen und Ratten. Es wurde vermutet, daß möglicherweise der »Rattenfänger von Hameln« Baldrianwurzeln in der Tasche gehabt habe, als ihm die Ratten unwiderstehlich folgen mußten und in der Weser ertranken. Im Mittelalter wurde es auch für manche anderen Leiden empfohlen. So schreibt Culpeper: »Die Abkochung des Krautes nimmt Seitenstechen weg, bewirkt der Frauen Zeit und ist in Gegengiften nützlich. Die

Wurzel, gekocht mit Süßholz, Trauben und
Anis, ist gut bei Atembeschwerden, Husten und
zum Auswurf von Schleim und reinigt die
Atemwege. Wenn in Wein gekocht und getrunken, so ist er gut gegen giftige Bisse und Stiche.
Es hilft den Wind aus dem Bauche treiben und
seine hervorragenden Eigenschaften heilen
innere Entzündungen und Wunden, wie auch
äußere Schnitte und Verwundungen und treiben Splitter und Dornen aus dem Fleische.«
Lange bevor die Europäer nach Nordamerika
kamen, haben Indianerstämme dortige Baldrianarten zum Heilen von Schnitten und Wunden
benutzt. Kalter Baldriantee beruhigt die Nerven, löst Spannungen, hilft bei Kopfweh, lindert
Aufstoßen, welches durch Gefühlsanspannung
entstand, er kann auch als Lotion zur Linderung bei Hautverletzungen, geschwollenen
Knöcheln und Venen dienen.

Man weiche 10 g Wurzel pro 100 ml kaltem
Wasser für zwölf Stunden ein, seihe ab und
trinke davon zwei bis drei Tassen pro Tag bei
allgemeinen nervösen Beschwerden, oder
nehme einen Becher voll pro Stunde vor dem
Zubettgehen, um den Schlaf zu fördern.

Andere Baldrianarten werden als Zierpflanzen im Garten gezogen, haben aber keine Heilwirkung wie bei *Valeriana officinalis*. Er ist
anspruchslos und kann leicht aus Samen oder
im Heilkräutersortiment erworben werden. Die
Blüte erfolgt meist erst im zweiten Jahr, und die
Wurzeln lassen sich erst ab dem zweiten Herbst
ernten. Die Blütenstände sollten im Frühjahr
und Sommer entfernt werden, um das Wurzel-
wachstum zu fördern. Beim Trocknen der
Wurzeln steigert sich der charakteristische bittere, etwas unangenehme Geruch, und dies
zusammen mit den weißlichen oder gelblichen
Farben im Wurzelstock läßt die echte Droge
von ähnlichen unterscheiden.

Baldriantropfen sind bei uns nach wie vor als
mildes, aber wirksames Beruhigungsmittel verbreitet.

Tollkraut *Scopolia carniolica* ist eine giftige
Staude des südlichen Mittel- und Südosteuropas, die aber auch nach Nordamerika eingeführt
wurde. Bei uns kommt sie fast nur kultiviert,
manchmal auch verwildert vor. Der Name erinnert an den italienischem Naturwissenschaftler
Scopoli und *carniolica* weist auf ihr Vorkommen im österreichischen Kärnten hin, wo sie an
feuchten, steinigen Abhängen wächst. *Scopolia*
hat ein fleischiges gedrehtes, flachwachsendes
Rhizom und weiche, einfache oder verzweigte
Stengel, die 30 cm hoch werden können. Der
Stengel ist am Ende mit schuppenartigen Fie-
derblättern besetzt, die anderen Blättern sind
gestielt, verkehrt eiförmig länglich und am
Grunde verschmälert und trüb grün. Die Blüten
erscheinen von April bis Mai und sind außen
dunkelbraun-violett und innen gelblich-braun-
grün. Tollkraut ist in den Inhaltsstoffen ähnlich
wie die Tollkirsche und enthält auch Hyoscyamin und wird in den Vereinigten Staaten in
großem Umfang zur Herstellung von Bella-
donna-Pflastern benutzt. Die medizinische Wirkung des Tollkrautes ist narkotisch und ähnelt
sehr der Tollkirsche, sie wurde bei Behandlung
von Wahnsinn, Hysterie und Drogensucht
benutzt.

Zu Beginn des 19. Jahrhunderts wurde sie in
der Anästhesie in Verbindung mit Morphium
unter der Bezeichnung »Dämmerschlaf« angewandt. Sie bewirkt Verlust von Gedächtnis und
Schmerzen, kam aber außer Gebrauch, da die
Wirkung nicht vorhersehbar und oft tödlich
war. Selbstmedikation verbietet sich wegen der
Giftigkeit von selbst.

Arzneibaldrian, Baldrian *Valeriana officinalis*

Tollkraut *Scopolia carniolica*

Braunelle *Prunella vulgaris*

Großblütige Braunelle *Prunella spec.*

Großblütige Braunelle *Prunella grandiflora*

Kleine Braunelle *Prunella vulgaris*, flachwachsende Staude Europas, des gemäßigten Nordasiens und Nordafrikas, in Nord- und Südamerika und Australien verwildert. Weit verbreitet auf Wiesen, Weiden, an Weg- und Waldrändern und auf frischen nährstoffreichen Lehm- und Tonböden. Braunelle hat einen kurzen gedrehten Wurzelstock mit vielen Faserwurzeln, die schlanken, fein behaarten aufrechten Blütentriebe werden 10 bis 30 cm hoch. Die gestielten Blätter sind länglich eiförmig, ganzrandig oder etwas gekerbt gezähnt, die Stengelbätter sitzend. Die purpurnen violetten Lippenblüten sitzen in köpfchenartigen, endständigen Scheinähren und blühen von Juni bis November.

Der Gattungsname leitet sich vom althochdeutschen *Braunelle* ab und hängt wohl mit der alten Bezeichnung von Halsbräune für Mandelentzündung oder Halsentzündung zusammen,

die diese Pflanze besonders gut heilen sollte. Nach Cole, einem Anhänger der Signaturlehre in der Kräuterheilkunde des 17. Jahrhunderts, zeigen die rachenförmigen Blüten der Braunelle, daß sie besonders gut für Rachenprobleme geeignet sei. Gerard und Culpeper empfahlen in ihren Kräuterbüchern die Braunelle als Wundkraut, wohl wegen ihrer adstringierenden Eigenschaften, wegen denen sie auch heute noch bei Halsentzündungen, Mundgeschwüren, Hämorrhoiden und inneren Blutungen angewandt wird. Ein Aufguß gilt auch als gut wirkendes, allgemeines Tonikum.

Große Braunelle *Prunella grandiflora* hat größere Blüten und ist eine lange und reich blühende Gartenpflanze als Bodendecker.

Weiße Braunelle *Prunella lacinata* hat cremefarbene Blüten, manchmal mit violettem Hauch

und ihren Namen von den oberen, meist fiederspaltigen, geschlitzten Blättern. Ebenfalls, wie die Große Braunelle, eine gute Gartenpflanze für trockene, rasenähnliche Situationen, zum Beispiel im trockenen sonnigen Bereich unter hochstämmigen Bäumen.

Sonnenröschen *Helianthemum nummularium* (synonym *Helianthemum chamaecistus*) ist ein Sträuchlein Europas und Westasiens, das in warmen Trockenrasengesellschaften vorkommt. Aus dem flach wachsenden Wurzelstock entwickeln sich niederliegende oder aufsteigende, 5 bis 30 cm hohe, im unteren Teil verholzende Triebe. Die länglichen Blätter sind oben grün und unten weißhaarig, die goldgelben Blüten stehen gehäuft von Mai bis September an den Triebenden. Der Gattungsname kommt vom griechischen *helios* ›Sonne‹ und *anthos* ›Blume‹

Sonnenröschen *Helianthemum nummularium*

und erinnert daran, daß sich die Blumen nur bei Sonnenschein öffnen. Das Sonnenröschen war eine von Dr. Bachs zwölf Heilkräutern – Pflanzen –, von denen er glaubte, sie würden die Körperkrankheiten heilen, die durch die Psyche des Menschen entstanden. Er empfahl, das Sonnenröschen bei Notfällen, plötzlicher Krankheit oder Unfällen, bei großer Furcht, panischer Angst, Panik, Hysterie, Verzweiflung, Schrekken und Angst vor Alpträumen und bei enger Berührung mit dem Bösen. Als Symptome seien dabei eingeschlossen Lähmung, Bewußtlosigkeit, plötzliche Taubheit, Stummheit, Eiseskälte, Zittern und Verlust der Kontrolle über die Glieder. Das Sonnenröschen ist für heiße, warme, geschützte und trockene Stellen ein hervorragender Sommerblüher.

Jungfer im Grünen *Nigella damascena* ist ein einjähriges Kraut des Mittelmeerraumes und Kleinasiens und seit vielen Jahrhunderten bei uns als Gartenpflanze, aber manchmal auch verwildert. Es wurde früher auch wegen seiner aromatischen Samen angebaut. Es kann 15 bis 50 cm hoch werden, und hat spiralig sitzende, zwei- bis dreifach fiederteilige Blätter. Sehr schöne blaue oder weiße Blüten, die von einem Blätterkranz filigran gestützt werden und von Juni bis Juli blühen. Aus diesen entwickeln sich grüne Kapseln, die von den auswachsenden Stempeln wie von Hörnern gekrönt werden.

Die Samen dieser Art und des ähnlichen Schwarzkümmels *Nigella sativa*, der aus Asien stammt, haben einen kräftigen aromatischen Geruch und einen würzigen Geschmack. Sie wachsen schnell aus Samen, sind attraktive Gartenpflanzen und auch für die Trockenbinderei gut geeignet. Gartensorten enthalten weiße, blaue, violette bis rosarot blühende Typen.

Jungfer im Grünen *Nigella damascena*

Rostfarbener Fingerhut *Digitalis ferruginea* im Botanischen Garten Kew, London

Kräutern, die bereits im Altertum genutzt wurden. Vom 16. Jahrhundert an wurde er zum Beispiel durch Gerard, Parkinson, Dodoens und Culpeper als Heilmittel für Entzündungen, Geschwüre und frische Wunden empfohlen. Erst 1785 veröffentlichte Dr. Withering *An Account of the Foxglove* und damit seine Erkenntnisse für die Anwendung zur Behandlung von Herzproblemen. Withering war wahrscheinlich um seine Meinung über ein Kräuterrezept gegen Wassersucht gefragt worden, das ein Geheimnis einer alten Kräuterfrau aus Shrophshire war und die damit außergewöhnliche Heilerfolge hatte.

Withering schrieb: »Diese Medizin besteht aus zwanzig oder mehr verschiedenen Kräutern, es war nicht schwer für jemanden, der in diesen Dingen erfahren ist, zu ermitteln, daß das aktive Kraut kein anderes als der *Rote Fingerhut* sein konnte.« Nach genauem Studium vieler Fälle war Withering von der Wirksamkeit des Fingerhutes zur Behandlung der Wassersucht überzeugt, besonders wenn diese mit Herzerkrankungen verbunden war. Er warnte vor großen Dosen, innerer Anwendung, eine Warnung, die nicht immer beachtet wurde, und zweifellos starben eine Anzahl von Patienten durch unsachgemäße Anwendung der Pflanze.

Die moderne Forschung hat Whitherings Behauptungen bestätigt, und genauere Kenntnis der chemischen Zusammensetzung der Pflanze hat die Wissenschaftler die Wirkung exakter erkennen lassen. Seine herzwirksamen Kräfte beruhen auf verschiedenen Glykosiden, die den Tonus des Herzmuskels stärken und bewirken, daß das Herz kräftiger geleert wird und der Herzschlag langsamer und kräftiger erfolgt. Er ist aber auch als eine hochgiftige Droge erkannt worden und anhaltender Gebrauch verursacht schwere Magenverstimmungen und senkt den Blutdruck gefährlich ab. Selbstmedikation mit Digitalis verbietet sich aus diesen Gründen. Roter Fingerhut wurde auch wirksam in Fällen von Lungenentzündung und Wassersucht angewandt. Roter Fingerhut wächst verbreitet wild, und Kinder sollten rechtzeitig auf die Giftigkeit der Pflanze hingewiesen werden, wenn auch glücklicherweise der unangenehme Geruch und Geschmack als natürliches Abschreckungsmittel vor dem Verzehr schützt. Fingerhut kann leicht aus Samen gezogen werden und blüht im zweiten Jahr, er benötigt humose Böden ohne Staunässe und einige Stunden Schatten am Tag. Er wird reich von Insekten, insbesondere Hummeln besucht.

Weißblühender Fingerhut
Digitalis purpurea ›Alba‹

Roter Fingerhut *Digitalis purpurea* ist eine aufrechte, zweijährige Pflanze West- und Mitteleuropas, die auch auf Sardinien vorkommt und nach Nordamerika und in viele andere Länder eingeschleppt wurde. Sie kommt in Kahlschlaggesellschaften, auf Waldlichtungen, buschigen Abhängen, auf frischen, lockeren, kalkigen Lehmböden vor und wird auch viel als Gartenpflanze wie auch als Heilpflanze angebaut.

Der Rote Fingerhut hat einen unverzweigten, grau-grünen fein behaarten Stengel, der 150 cm hoch werden kann, die großen ovalen bis lanzettartigen Blätter sind oberseits flaumig, unterseits angedrückt graufilzig behaart und laufen am Stengel abwärts. Die Blüten stehen dicht gedrängt am oberen Stengel in einseitswendiger, bei Gartensorten in allseitswendiger Traube. Sie sind purpurn, blaßrosa oder weiß, innen gefleckt und blühen von Juni bis August.

Der Gattungsname kommt vom lateinischen *digitabulum* ›Fingerhut‹ und bezieht sich, wie unsere Bezeichnung, auf die Blütenform. Während *purpurea* die Blütenfarbe bezeichnet.

Der Rote Fingerhut gehört nicht zu den

Wolliger Fingerhut *Digitalis lanata* kommt aus Südosteuropa und wird umfangreich für die pharmazeutische Industrie angebaut, wenn auch heute bereits der Wirkstoff über Zellkulturen in großem Umfang gewonnen wird und durch Umwandlung die direkte Gewinnung von Digitalis aus dem Roten Fingerhut ersetzt hat, da dies wirksamer ist.

Kleiner gelber Fingerhut *Digitalis lutea* ist eine leicht behaarte Staude von West- und Mitteleuropa, die Blüten sind weiß und blaßgelb. Die Pflanze hat ähnliche medizinische Eigenschaften.

Rostfarbiger Fingerhut *Digitalis ferruginea* ist eine Staude Süd- und Südosteuropas sowie Kleinasiens und wird bis zwei Meter hoch, insbesondere die großblumige Sorte ›Gigantea‹. Die letztgenannten drei Arten sind ebenso wie der großblütige Fingerhut *Digitalis grandiflora* mit blaßgelben, innen braun genetzten Blüten und bis ein Meter hohen Blütenständen schöne Blütenstauden für den Garten.

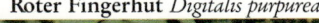

Roter Fingerhut *Digitalis purpurea*

Wolliger Fingerhut *Digitalis lanata*

Gelber Fingerhut *Digitalis lutea*

139

Dorniger Hauhechel *Ononis spinosa*

Leinkraut oder Frauenflachs *Linaria vulgaris*

Echter Augentrost *Euphrasia rostkoviana*

Dorniger Hauhechel *Ononis spinosa* ist eine aufrecht wachsende oder niederliegende Staude Europas, Asiens und Nordafrikas. Sie findet sich an trockenen, grasigen und steinigen Plätzen in Trockengesellschaften, meist nährstoffreicher Kalkböden und steigt bis auf 900 Meter auf. Der stachelige Hauhechel verholzt am Grunde, ist stark verzweigt, die stacheligen Stengel werden 30 bis 60 cm hoch. Die Blätter bestehen aus drei kleinen, kurz gestielten Blättchen, und die rosaroten Blüten zeigen sich von Juni bis September. Der Gattungsname kommt vom griechischen *onos* ›Esel‹, da diese die Pflanze gern fressen, *spinosa* weist auf die Stacheligkeit hin. Eine Sage erzählt, daß diese Pflanze wohl eine der vielen ist, von der die Dornenkrone Christi gewunden wurde. Medizinisch gesehen hat die Pflanze eine lange Geschichte als harntreibendes Mittel bei Blasenentzündung, Vergrößerung der Prostata und Blasensteinen. Weiss berichtet, daß sich die Meinung über Hauhechel als Diuretikum verändert habe. Experimente hätten gezeigt, daß die Wirksamkeit der Pflanze im Saponingehalt der Wurzeln gründet, der wiederum vom Bodentyp abhängt, auf dem die Pflanze wächst. Ebenso besitze die Wurzel ein flüchtiges Öl, das harntreibende Wirkung habe, aber bei einem Absud verlorengehe. Nur eine Infusion habe die harntreibende Wirkung. Dorniger Hauhechel wird manchmal als Beeteinfassung in Bauerngärten benutzt, und die Blüten sind in Salatmischungen dekorativ. Er wird in Rußland als Futterpflanze angebaut, meist aber nicht im Kräutersortiment, jedoch im Wildpflanzensortiment geführt.

Frauenflachs *Linaria vulgaris* ist eine Staude Europas und Westasiens und in Nordamerika verwildert. Es wächst auf Ödland, in Unkrautgesellschaften an Wegrändern, Eisenbahndämmen, auf Äckern, Dünen, auf mehr oder weniger frischen nährstoffreichen, meist sandigen Lehm- oder Steinböden und ist bis in 1000 Meter Höhe verbreitet. Das dünne kriechende, kräftig bewurzelte Rhizom treibt aufrechte, wenig verzweigte, 30 bis 75 cm hohe Stengel. Die stengellosen Blätter sind schmal länglich blaugrün und am Rande unregelmäßig gezähnt. Die Blüten stehen dicht an den Triebenden, sind gelb und orange – ähnlich Löwenmaulblüten – und zeigen sich von Juli bis Oktober. Der Gattungsname kommt vom lateinischen *linum* ›Lein‹, dem die Pflanze im Habitus ähnelt, und *vulgaris* ›verbreitet‹, da sie sehr häufig ist. Früher wurde eine goldgelbe Stoffarbe aus der Pflanze gewonnen; in Schweden wird die Pflanze in Milch gekocht, die dann zur Fliegenbekämpfung offen stehenbleibt, da man glaubt, daß dies ein wirksames Fliegengift sei. Medizinisch gesehen hat Leinkraut adstringierende, abführende und wassertreibende Eigenschaften. Die alten Kräuterheilkundigen hielten es für ausgezeichnet gegen Wassersucht und empfahlen es bei Gelbsucht, Leberbeschwerden, Hautproblemen und Skrofulose. Die frische Pflanze wurde sowohl als Kompresse zur Heilung von Hämorrhoiden als auch in einer Salbe für Entzündungen, Geschwür, und Wunden verwendet, und das destillierte Leinkrautwasser hielt man geeignet zur Behandlung von Augenentzündungen. Leinkraut ist leicht im Kräutergarten zu ziehen. Es kann im Frühjahr gesät oder aus dem Wildstaudensortiment gepflanzt werden. Teilung der vorhandenen Pflanzen im Herbst. Die Pflanze wird bei Blühbeginn gesammelt und entweder frisch oder getrocknet für den Wintergebrauch benutzt.

Echter Augentrost *Euphrasia rostkoviana* (synonym *Euphrasia officinalis*) ist ein einjähriger

Tausendgüldenkraut, Fieberkraut *Centaurium erythraea*

Bruchkraut *Herniaria glabra*

Halbschmarotzer auf Gräsern Europas, Nordwestasiens und wächst in Heiden, Trockenrasengesellschaften auf Kalkboden. Augentrost ist eine kleine Pflanze mit kriechendem Wurzelstock, drahtigem, schlankem, verzweigtem aufrechtem Stengel, der 10 bis 40 cm hoch werden kann. Die tief eingeschnittenen, gezackten Blätter sind dunkelgrün und meist lanzettähnlich. Die weißen oder lila Blüten sind purpurngeädert mit gelbem Schlund und blühen von Juni bis September. Je nach Vorkommen gibt es im Gebirge eine Frühjahrs- und eine Sommerrasse, die von Mai bis Juni, und im Flachland eine Herbstrasse, die von Juli bis Oktober blüht.

Der Gattungsname kommt vom griechischen *Euphrosyne* ›Freude‹, dem Namen einer der drei Grazien, und bezieht sich sicher auf die Freude, die diese Pflanze zu jenen bringt, denen sie wieder zu gutem Sehen verhilft. Den gleichen Namen trägt auch der Bluthänfling, der der griechischen Fabel zufolge Augentrost benutzte, um seinen Jungen das Augenlicht zu geben und dieses Wissen an die Menschen weitergab. Trotz der Ableitung des Namens aus dem Griechischen gibt es keinen Hinweis auf die Pflanzen in alten Kräuterbüchern. Der französische Name *casse-lunette* »Brillen zerbrechen« und unser Name *Augentrost* bestätigen die Anwendung. Wenn auch weit verbreitet als Augenmedizin, hieß es doch auch, daß Augentrost Kopf, Augen und Gedächtnis stärke und ein wirksames Mittel gegen Kopferkältungen und Heuschnupfen sei, ebenso wie ein Verdauungstonikum. Für einen Tee zum Trinken oder als Augenbad kocht man 30 g getrocknetes Kraut mehrere Minuten in ½ l Wasser auf, gießt ab oder badet das Auge drei- bis viermal am Tag.

Als Halbparasit ist die Pflanze im Garten schwer anzusiedeln und zu kultivieren, jedoch bei Aussaat in dem Wurzelbereich von Gräsern eines Trockenrasens ähnlichen Gesellschaft möglich. Augentrost wird im Juli und August in voller Blüte gesammelt und frisch oder getrocknet (dunkel aufbewahrt) angewandt.

Tausendgüldenkraut, Fieberkraut *Centaurium erythraea* (synonym *Erythraea centaurium, Centaurium minus, Centaurium umbellatum*) ist ein einjähriges oder zweijähriges Kraut Europas, Nordafrikas und Südwestasiens und auch in Nordamerika verwildert. Es kommt in sonnigen Rasengesellschaften, auf feuchten Wiesen, Waldlichtungen, Uferböschungen und an Straßenrändern, auf frischen meist kalkhaltigen, aber auch sauren humosen, bis anmoorigen, sandigen oder auch reinen Lehmböden vor. Die faserige holzige Wurzel trägt einen im Blütenstand verzweigten 5 bis 50 cm hohen Stengel, die keilförmigen Rundblätter, glänzend grün, sind deutlich geädert und bilden eine Rosette. Die oberen Blätter sind schmal lanzettartig, stengellos und stehen paarweise gegenständig in regelmäßigen Abständen am Stengel. Die rosafarbenen fünfteiligen sternartigen Blüten zeigen sich von Juni bis September. Der Gattungsname rührt vom griechischen *Zentaur Chiron* her, von dem es hieß, daß er sich selbst mit dieser Pflanze von einer Pfeilwunde kuriert habe, die ihm Hercules zufällig beibrachte. Das Wort *erythraea* kommt vom griechischen *erythros* ›Rot‹, entsprechend der Blütenfarbe. Unser Name Tausendgüldenkraut ist eine falsche Übersetzung von Centaurium. Tausendgüldenkrautblüten sind sehr lichtempfindlich und öffnen sich nur bei schönem Wetter von Mittag bis zum Abend. Sie wird noch als Tonikum und Verdauungshilfe geschätzt, wohltuend bei Leber- und Nierenbeschwerden und zur Behandlung von Wechselfieber; deshalb auch unsere Bezeichnung Fieberkraut. Weiss meint, daß Tausendgüldenkraut eine bedeutende Rolle dort spiele, wo generelle Schwäche und kein Tonus bei den Muskeln des Verdauungssystems bestehe und Appetitlosigkeit herrsche. Die Bitterstoffe der Pflanze stimulieren die Verdauungssäfte und haben einen allgemeinen fördernden und stimulierenden Effekt auf den ganzen Körper. Um wirksam zu sein, muß die Behandlung für einige Zeit durchgeführt werden, aber schon ein Tee einige Tage jeweils vor der Mahlzeit getrunken hilft den Appetit zu verbessern. Er empfiehlt Tausendgüldenkraut in Fällen der Magersucht in Verbindung mit psychotherapeutischer Behandlung in schweren Fällen. Für einen Tee gibt man 30 g blühende Krautspitzen in kochendes Wasser und läßt für zehn Minuten ziehen, gießt ab und süßt, da sehr bitter, und trinkt drei Becher voll pro Tag vor den Mahlzeiten. Für die äußere Anwendung bei Krampfadern, Wunden und Haarausfall werden für einen Absud 60 g blühende Krautspitzen für zehn Minuten in einem Liter Wasser gekocht und als Lotion oder Kompresse angewandt.

Bruchkraut *Herniaria glabra* ist ein einjähriges Kraut oder eine kurzlebige Staude West-, Mittel- und Südwesteuropas, Nordafrikas, Asiens und verwildert in Nordamerika. Sie wächst auf sandigen Flächen und Weiden, ferner an trockenen Wegrändern sowie in Pflasterritzen. Bruchkraut hat eine kleine Pfahlwurzel und viele niederliegende Triebe, die bis 30 cm lang werden können. Die Stengel sind krautig, leicht behaart, grün und mit wechselständigen Verzweigungen. Die ovalen bis lanzettähnlichen Blätter sind winzig, und die sehr kleinen grünen Blüten stehen gehäuft in den Blattachseln entlang des Stengels und blühen von Mai bis Oktober. Bruchkraut ist bekannt für seine entkrampfende Wirkung der Harnwege, die Blätter und blühenden Triebe werden als Tee (auch ohne Kochen) zur Behandlung von Blasenentzündungen, Nierensteinen und Prostataleiden benutzt. Weiss sagt, daß die Pflanze frisch benutzt werden muß, da sie getrocknet ihre Wirksamkeit verliert. Im Garten auch an trockenen Stellen als wintergrüne Bodendecker über kleinen Blumenzwiebeln sehr nützlich.

Mutterkraut *Chrysanthemum parthenium*

Mutterkraut *Chrysanthemun parthenium* (syn. *Tanacetum parthenium – Matricaria parthenium*) ist eine stark aromatische Staude, die bei uns meist einjährig gezogen wird und aus dem östlichen Mittelmeerraum stammt und in vielen Ländern eingebürgert ist, bis hin nach Nord- und Südamerika. In alten Gärten immer wieder spontan auftauchend und gelegentlich verwildert. Der aufrechte, fein gerillte Stengel ist kahl, oft braunrot überlaufen und kann 25 bis 80 cm hoch werden. Die gelbgrünen Blätter der in Gärten verbreiteten Sorte ›Aurea‹ sind in zwei bis fünf Paar einfach bis doppelt fiederspaltige Federlappen geteilt und am Rand gezähnt. Die kleinen Margeriten ähnlichen Blüten, mit gelber Mitte und weißen Randstrahlenblüten, blühen von Mai bis September und stehen in reichblühender breiter Doldentraube. Die Bezeichnung Mutterkraut rührt von der Anwendung bei Frauenleiden her. Mutterkraut wurde seit Jahrhunderten als allgemeines Tonikum für nervöse und hysterische Beschwerden und zur Behandlung von Arthritis verwendet. Die kamillenartig, aromatisch riechenden Blätter werden manchmal beim Kochen verwendet, um einen bestimmten bitteren Geschmack zu erzielen. Ein Tee von 30 g Blätter in 1/2 l kochendes Wasser abgegossen und gekühlt, wurde empfohlen zur Erleichterung bei Gesichtsschmerzen, Ohrenschmerzen und Rheumatismus. Als Umschlag wurde es zur Reduzierung von Schwellungen, zur Anwendung bei Insektenstichen und zur direkten Erleichterung bei Schwellungen empfohlen. Manche glauben, daß ein starker Aufguß von Mutterkraut, mit einem Schwamm auf die Haut getupft, Insekten fernhält. Schon 1772 schrieb der Kräuterkundige J. Hill: »Beim schlimmsten Kopfweh gibt es kein besseres Heilmittel als Mutterkraut.« In den vergangenen Jahren wurde Mutterkraut wieder interessant, da es sich zeigte, daß es bei Migränekranken Erleichterung bringen kann. Doktor P. J. Hylands und E. P. Thomas in Großbritannien und andere Ärzte in Amerika haben klinische Versuche durchgeführt und gezeigt, daß Mutterkraut einen wirksamen psychologischen Effekt hat und vielleicht bei den Substanzen wie Histaminen, Bradykinin, Prostaglandinen und anderen wirkt, von denen man annimmt, daß sie Migräneanfälle auslösen. Es sind noch mehr gezielte Versuche notwendig, um die Wirkungsweise zu erforschen. Chronisch Migränekranke haben herausgefunden, daß tägliche Mutterkrautanwendung die Zahl und Schwere der Migräneanfälle über Monate hin verringert. Die traditionelle Methode ist, täglich ein bis vier Blätter zu essen. Der bittere Geschmack macht es für viele unangenehm und löst auch manchmal bei empfindlichen Menschen leicht allergische Hautreizungen aus, z. B. Mundentzündungen. Aus diesem Grund werden die Blätter meistens zwischen Brot gegessen oder in zubereiteter Kapselform eingenommen. Um genügend Blätter im Winter verfügbar zu haben, kann man Zucker und Wasser zu einem Sirup kochen und nach dem Erkalten frische Blätter darin einlegen; alternativ kann man auch klein geschnittene frische Blätter und Wurzeln in Honig einlegen, es wirkt sowohl als Schutz wie auch als Linderung. Frische Blätter können auch zum späteren Gebrauch eingefroren werden. Mutterkraut läßt sich leicht aus Samen ziehen und an sonniger Stelle auspflanzen, es ist anspruchslos und versamt fast von selbst. Mutterkraut gilt überliefert als Regulans für Menstruation und sollte nicht von schwangeren Frauen benutzt werden. Als Gartenzierpflanze gibt es auch Sorten, deren Blüten gefüllt wirken, da sie nur Zungenblüten enthalten.

Mutterkraut Vergleichsanbau auf Wirkstoffgehalt

Mutterkraut, gefüllt blühend, *Chrysanthemum parthenium* ›Flore Pleno‹

Goldgrünes Mutterkraut *Chrysanthemum parthenium* ›Aurea‹

143

Blutweiderich *Lythrum salicaria*

Blutweiderich *Lythrum salicaria* ist eine Staude Europas, Zentralasiens, Australiens, Nordafrikas und auch verbreitet in Nordamerika. Sie wächst an feuchten und sumpfigen Stellen und bildet oft größere Bestände. Aus dem kriechenden Rhizom erwachsen mehrere kantige, rötlichbraune bis 1,50 m hohe Triebe. Die lanzettartigen Blätter stehen gegenständig paarweise oder zu dritt in Quirlen, und die rotpurpurnen Blüten wachsen in Quirlen und bilden eine lange endständige Ähre, die von Juni bis August und bei Rückschnitt auch noch bis spät in den Herbst erblüht. Die Blütenfarbe variiert auch bis zu hellem Rosa. Der Gattungsname kommt vom griechischen ›inthron ›Blut‹ und bezieht sich auf die Blütenfarbe, und Salicaria vom lateinischen *salix* ›Weide‹, da die Blätter dieser Pflanze ähneln, daneben auch der Standort der gleiche ist. Wenn auch heute kaum noch genutzt, wurde der Blutweiderich bei den alten Kräuterärzten geschätzt zur Erleichterung bei Ruhr, Durchfall, inneren Blutungen und zu starker Menstruation, Nasenbluten und Magenschmerzen. Tatsächlich haben moderne Untersuchungen bewiesen, daß Blutweiderich antibiotische Wirkung gegen den Typhusbazillus und die Ruhramöben besitzt. Zur Linderung bei Durchfall verabreicht man einen Absud von 30 bis 45 g trockener Pflanze (bei frischer Pflanze die dreifache Menge) in einem Liter Wasser, fünf Minuten kochen, zehn Minuten ziehen lassen, abgießen und falls notwendig süßen, drei bis fünf Tassen pro Tag zwischen den Mahlzeiten. Blutweiderich und der verwandte Rutenweiderich *Lythrum virgatum* gehören mit zahlreichen Farbvarianten/Sorten zu unseren schönsten blühenden Sumpfpflanzen des Gartens.

Braunwurz *Scrophularia nodosa* ist eine Staude Europas und des gemäßigten Asiens, sie ist in Nordamerika verwildert. Sie wächst in Laub- und Nadelmischwäldern, Kahlschlägen, an Weg- und Grabenrändern, Ufern, meist auf sickerreichen, nährstoffreichen, tonigen oder sandigen Lehmböden und steigt im Gebirge auf über 1200 Meter. Die Braunwurz hat ein dickes knotiges Rhizom und viereckige Stengel, die 40

bis 80 cm hoch werden können. Die großen ovalen, spitz zulaufenden Blätter haben einen doppelt gezähnten Rand. Die braungrünen Blüten stehen am Triebende in einer lockeren verzweigten Rispe und blühen von Juni bis August. Braunwurz war bekannt als Skrofulosepflanze, da entsprechend der Signaturlehre die Knoten des Wurzelstockes den vergrößerten Lymphdrüsen/Skrofulose ähnelten, und so wurde sie zur Behandlung von allen Arten von Abszessen, Wunden, Brand (Gangrän) und Hautkrankheiten benutzt. Sie ist auch harntreibend und leicht abführend, eine Abkochung der ganzen Pflanze wird benutzt bei Verstauchungen, Schwellungen und Entzündungen. In manchen Gegenden werden gequetschte Blätter auf verbrannte Stellen und Schwellungen gelegt. Die blühenden Triebe werden im Juni oder Juli gesammelt, getrocknet und luftdicht verschlossen aufbewahrt. *Scrophularia nodosa* ›Variegata‹ ist eine Sorte, deren Blätter vom Rand her cremefarben fleckig sind und als Kontrastpflanzung in grünen, halbschattigen Bereichen sehr gut geeignet sind. Wasserwurz *Scrophularia auriculata* ist eine Uferrandpflanze Europas und für feuchte Wiesen und Waldbereiche geeignet. Für alpine Gärten hübsch und empfehlenswert ist die Alpenbraunwurz *Scrophularia canina* syn. *hoppii* mit einer Fülle schwärzlich brauner Blüten.

Seifenkraut *Saponaria officinalis* ist eine Staude Europas, Westasiens, die auch in Zentral- und Ostasien und Nordamerika eingeführt wurde. Sie wächst an Ufern, Wegrändern, auf Ödland und ist meist ein Gartenflüchtling. Das Seifenkraut hat einen kräftigen, verzweigten, kriechenden Wurzelstock, aus dem aufrechte, rötlich grüne 30 bis 90 cm hohe blütenreich verzweigte Stengel wachsen. Die gegenständigen, breit ovalen Blätter sind blaßgrün mit meist drei Längsnerven auf der Blattfläche. Die großen rosa, weißen oder intensiv fleischfarbenen Blüten stehen gehäuft am Ende der verzweigten Triebe und blühen von Juni bis September. Wie der Name sagt, ist die Pflanze als Seifenersatz zum Reinigen verwandt worden. Wegen ihres hohen Saponingehaltes und ihrer sanften Reini-

gungswirkung ist sie seit Jahrhunderten anstelle von Seife zum Waschen von Kleidern, insbesondere empfindlicher Stücke, und zur Körpersäuberung benutzt worden. Sie ist auch wirksam sanft reinigend bei Bildern und Möbeln und auch in Shampoo und Hautlotionen enthalten. In der Vergangenheit wurde eine Abkochung der Wurzeln als Expektorans für die Atemwege genutzt, aber auch bei Gicht, Rheumatismus und Gelbsucht angewandt. Aber Vorsicht, innerlich angewandt kann Seifenkraut Muskellähmung hervorrufen und verbietet sich deshalb für Selbstmedikation. Äußerlich wurde es als Kompresse zur Linderung bei Hautbeschwerden angewandt und früher als gutes Mittel bei Geschlechtskrankheiten angesehen, wenn Quecksilber nicht anschlug. Für einen Absud zur Nutzung als Shampoo, als Hautlotion oder zur Reinigung delikater Gewebe kocht man Wurzelstücke vier bis fünf Minuten in Wasser, läßt abkühlen und gießt ab für die Anwendung. Seifenkraut wächst problemlos im Garten und kann durch Aussaat, Teilung oder Stecklinge vermehrt werden. Es kann sich an geeigneten Pflanzstellen sehr schnell entwickeln; es ist eine haltbare Vasenschnittblume und auch gefüllt blühend in den Gärten zu finden. Die Wurzeln werden im Herbst geerntet und frisch oder getrocknet angewandt.

Wiesenbocksbart *Tragopogon pratensis* ist eine einjährige und staudige Pflanze Europas, des Nahen Ostens und verwildert in Nordamerika. Er wächst in Wiesen, Weiden, Dünen, an Wegrändern und auf Ödland. Wiesenbocksbart hat eine lange braune zylindrische Pfahlwurzel und einen aufrechten hohlen, 30 bis 70 cm hohen Stengel. Die langen schmalen, grasähnlichen Blätter haben deutliche weiße Adern, und die Grundblätter umschließen stengellos den Trieb. Die großen gelben Blüten sind ebenso wie der spätere Fruchtstand löwenzahnähnlich und erblühen von Juni bis Juli an den Triebenden.

Der Gattungsname kommt von den griechischen Worten für Bocksbart, und *pratensis* weist auf die Wiese, das Vorkommen hin, das gleiche gilt für unsere Bezeichnung Wiesenbocksbart.

Braunwurz *Scrophularia nodosa*

Buntblättriger Braunwurz *Scrophularia nodosa*
»Variegata«

Wiesenbocksbart *Tragopogon pratensis*

Die Pflanze öffnet ihre Blüten am Morgen und schließt sie bereits wieder mittags. Im Mittelalter wurde sie wie Schwarzwurzel und die jungen Triebe wie Spargel verzehrt. Neuere Untersuchungen haben gezeigt, daß die Wurzeln reich an Insulin sind, das ihnen den köstlichen süßen Geschmack gibt. Ein Tee von Wiesenbocksbartzungenblüten soll Sommersprossen aufhellen, und das destillierte Wasser von Wiesenbocksbart ist eine gute Lotion für trockene Haut. Culpeper empfiehlt die gekochten Wurzeln für magere und schwindsüchtige Menschen und schreibt auch, daß eine Abkochung der Wurzeln bei Sodbrennen und Appetitlosigkeit empfehlenswert sei. Heutige Kräuterbücher empfehlen einen Sirup zur Linderung bei Husten und Bronchitis. Wiesenbocksbart ist leicht durch Aussaat im Gemüsegarten zu ziehen.

Wasserbraunwurz *Scrophularia auriculata*

Seifenkraut *Saponaria officinalis*

Baumlupine *Lupinus arboreus*

Baumlupine *Lupinus arboreus* ist ein kleiner Strauch des westlichen Nordamerikas, in England und Irland teilweise verwildert, bei uns aber, da nicht winterhart, nur als Kübelpflanze zu kultivieren. Die Baumlupine kann sich zu einem verzweigten Stamm bis drei Meter Höhe entwickeln. Die Blättchen der handförmig zusammengesetzten Blätter sind lanzettähnlich, weich und unterseits seidig behaart; die duftenden gelben oder weißlichen Blüten zeigen sich von Mai bis August. Die gequetschten, in Wasser eingeweichten Samen gelten als harntreibend und menstruationsfördernd bei innerlicher Anwendung. Äußerlich wurden sie manchmal gegen Geschwüre und Entzündungen angewandt. Die Baumlupine ist eine interessante Kübelpflanze, die man nicht zur Selbstmedikation verwenden sollte.

Dreiblattspiere, Amerikanisches Ipecacuanha *Gillenia trifoliata* ist eine Staude des östlichen Nordamerikas und wächst dort in Wäldern, bei uns als Zierpflanze kultiviert. Sie hat eine unregelmäßig geformte, braune Wurzel, aus der mehrere aufrechte Triebe bis 90 cm Höhe erwachsen. Die Blätter sind unterschiedlich geformt, und die weißen, rot überlaufenen Blüten wachsen in lockeren Blütenständen an den Triebenden von Mai bis Juni. Die Indianerstämme Nordamerikas kannten ihre milde, aber wirksame Brechreizerregung, die Siedler übernahmen schnell diese Heilpflanze, nicht nur wegen ihrer Fähigkeit, Erbrechen zu bewirken, sondern auch wegen ihrer giftigen, abführenden und Auswurf fördernden Eigenschaften, und empfahlen sie auch bei Verdauungsstörungen, Wassersucht und Rheumatismus. Die Wurzeln werden im September gesammelt, wenn sie am gehaltvollsten sein sollen; die Anwendung der Pflanze erfolgt kaum noch. Sie ist eine interessante Gartenstaude für halbschattige Bereiche.

Sonnenhut *Echinacea purpurea* ist eine Staude des mittleren Nordamerikas, wo sie in nährstoffreichen Böden, offenen Wäldern und Prärien wächst. Der Sonnenhut hat einen aufrechten, im Blütenbereich wenig verzweigten Stengel, der 60 bis 150 cm hoch werden kann. Die unteren Blätter sind oval, manchmal gezähnt, die oberen manchmal speerförmig und ganzrandig. Die Blütenköpfe stehen einzeln am Stielende mit weinroten Strahlenblüten, die später herabhängen, und hochgewölbtem goldbraunem bis schwarzgrünem Scheibenkopf. Blütezeit von Juli bis Oktober. Die Indianer in Nordamerika benutzen den Sonnenhut seit langer Zeit, insbesondere zur Linderung bei allen Arten von Insektenstichen und zur Behandlung von Schlangenbissen. Ein Stück frischer Wurzel wurde gekaut zur Linderung von Zahnschmerzen, und ein Stamm wusch seine Hände in einer Abkochung der Pflanze, um die Hitze besser zu ertragen. Sonnenhut ist Bestandteil vieler heutiger Salben zur Wundheilung. Die Pflanze hat den Ruf, die Widerstandsfähigkeit des Körpers gegen Infektionen zu stärken und das Blut zu reinigen. Forschungen im Bereich der Immunstärkung haben einige dazu geeignete Pflanzen gezeigt, vor allem aber *Echinacea purpurea* und *Echinacea angustifolia*, die die körpereigenen Abwehrkräfte gegen Infektionskrankheiten aller Art, insbesondere Grippe und Herpesviren stärken. Ihre Wirkung ist ganz ähnlich der der körpereigenen Interferone, einem körpereigenen Eiweiß, zur Überwindung von Infektionen. Die neueste Forschung hat bestätigt, daß Echinacea die körpereigene Interferonproduktion vermehrt und so das Abwehrsystem verstärkt. Die Hoffnung auf Wirksamkeit bei der Krebsbehandlung hat sich nicht bestätigt, jedoch kann er zu einer gewissen Förderung und Stärkung des allgemeinen Wohlbefindens für eine gewisse Zeit beitragen und symptomatische Erleichterung bringen. Der Sonnenhut wächst im Garten auf tiefgründigem leichtem Lehmboden an sonniger Stelle als attraktive Gartenstaude und Schnittblume. Es gibt eine Reihe von Sorten in unterschiedlichen Blütenfarben.

Balsamkraut, Frauenminze, Marienblatt *Chrysanthemum major* (synonym *Chrysanthemum balsamita, Balsamita major*) ist eine aromatische Staude aus dem Orient, aber seit Jahrhunderten überall in den Gärten Europas als Heilpflanze gezogen. Wo sie verwildert, wächst sie an Wegrändern, Ufern und auf Ödland. Das Balsamkraut hat einen kriechenden Wurzelstock und verzweigte, beblätterte, 30 bis 150 cm hohe Triebe. Die langen schmalen Blätter sind fein gezähnt, und die gelben Blütenköpfchen stehen zu vielen in doldenähnlichen Rispen an den Stengelenden, sie erblühen von August bis Oktober. Bei den Kolonisten in Amerika hieß die Pflanze seinerseits *Bibleleaf* »Bibelblatt«, da sie die Blätter gern als Lesezeichen in ihren Bibeln benutzten. Marienblatt heißt die Pflanze auch, da sie im Mittelalter der Jungfrau Maria gewidmet war, was auch zu dem französischen Namen Herbe Sainte-Marie führte. Das Balsamkraut, verbreitet in den Küchengärten des Mittelalters, ist heute aus der Mode gekommen. Die Pflanze hat einen minzenähnlichen Geruch, der beim Kochen zitronenähnlich wird, darauf bezieht sich auch unsere Bezeichnung Frauenminze. Die frischen Blätter gibt man zu Salat und Suppen und würzt damit gebratenes Fleisch und selbstgebrautes Bier. Die Blätter, einem Duftkissen zugefügt, intensivieren den Duft anderer Pflanzen. Ein Tee wird zur Erleichterung bei Magenverstimmung, Ruhr und Schüttelfrost getrunken. Der Pflanze wird nachgesagt, Würmer bei Kindern auszutreiben und ein ausgezeichnetes Tonikum für die zu sein, die an Gewichtsverlust leiden, und es wird auch empfohlen bei Leber-, Gallen- und Blasenbeschwerden. Für einen Tee gibt man 15 bis 20 g der getrockneten Pflanze auf ein Liter kochendes Wasser, läßt fünf bis zehn Minuten ziehen, gießt ab und trinkt zwei bis drei Tassen pro Tag. Balsamkraut wächst problemlos im Garten und kann durch Teilung vermehrt werden, es entwickelt sich an trockenen sonnigen Stellen am besten; teilen und neu pflanzen jeden Herbst ist zu empfehlen. Balsamkraut gehört zum Kräutersortiment.

Katzenpfötchen *Antennaria dioica* ist eine niedrig bleibende, flächig wachsende Staude Euro-

Dreiblattspiere *Gillenia trifoliata*

Balsamkraut *Chrysanthemus majus*

Sonnenhut *Echinacea purpurea*

pas, Asiens, Nordamerikas bis in die Arktis. Sie wächst in Heiden, Wiesen und auf trockenen Berghängen oft über Kalkstein im Rohhumus bis auf 3000 m Höhe. Die Blütentriebe des Katzenpfötchens werden bis 20 cm hoch, die Grundblätter sind löffelförmig und bilden eine Rosette, die Stammblätter sind wechselständig und lanzettartig, beide sind grauwollig behaart. Die weißen, rosa oder leicht gelblichen Blüten stehen dicht gedrängt am Triebende zu zwei bis acht Köpfchen und blühen im Juni. Der Gattungsname leitet sich von *antenna* ab, dem griechischen Wort für ›Fühler‹, da die Pappushaare des Samens einem Schmetterlingsfühler gleichen. Die Blütenstände lassen sich gut mit dem Kopf nach unten aufgehängt trocknen und behalten ihre Farbe. Katzenpfötchen enthält Gerbstoffe, ätherische Öle, Phytosterol und Schleimstoffe und wird medizinisch wegen seiner adstringierenden Wirkung angewandt. Es heißt, daß es wirksam sei bei der Behandlung von Mumps, gegen Bisse giftiger Reptile und Durchfall. Es gehört wegen seiner Schleimstoffbestandteile zu vielen Heilmitteln bei Brustbeschwerden. Ein Tee von 30 g Katzenpfötchen in $^1/_2$ l kochendem Wasser kann in der Anwendung von einem Glas pro Tag als Mundspülung und Gurgelwasser benutzt werden.

Katzenpfötchen gehört zum Staudensortiment, wobei man aber darauf achten muß, *Antennaria dioica* und nicht das üppiger wachsenden *Antennaria plantaginoides* zu erwerben.

Gartensorte des Katzenpfötchens *Antennaria dioica*

Echter Steinklee *Melilotus officinalis*

Sumpfgarbe *Achillea ptarmica*

Zeit hat man festgestellt, daß er bei bestimmten Leiden wirksam ist. In der Homöopathie wird Steinklee bei Kopfschmerzen verschrieben, die von Bluthochdruck und den Wechseljahren herrühren, und Kräuterärzte empfehlen einen Tee zur Linderung bei Katarrh, Blähungen und Verdauungsproblemen. Er wird bei der Behandlung von Krampfadern und Blutstauungen in den Venen angewandt, und Versuche haben gezeigt, daß er auch hilfreich sein kann bei der Behandlung von Lymphödemen. Die aktive Substanz ist Kumarin, das die Pflanze auch für Speisezwecke geeignet macht. Getrocknet kann sie zum Aromatisieren von Eintöpfen und von Füllungen besonders bei Kaninchen dienen. In der Schweiz ist Steinklee ein wesentlicher Bestandteil des grünen ›Schabzieger‹ genannten Käses. Er kann auch in Marinaden und zur Aromatisierung von Pfeifentabak und Schnupftabak genutzt werden, wie auch Kräuterteemischungen und Duftkissen beigefügt werden. Echter Steinklee wächst ausgesät auch problemlos im Garten auf jedem Boden.

Sumpfgarbe, Bertramsgarbe, Weißer Dorant *Achillea ptarmica* ist eine Staude Europas und des Mittelmeerbereichs, sowie Asiens, des Kaukasus, Sibiriens und auch Nordamerikas. Sie wächst in feuchten Wiesen, Sümpfen und an Ufern. Die Sumpfgarbe hat eine dünne fleischige Wurzel, und die aufrechten kantigen Stengel können etwa 20 bis 60 cm hoch werden, sie sind im oberen Teil behaart und im unteren Teil weich filzig. Die langen lanzettartigen Blätter haben scharfgesägte Kanten und sind stengellos, die weißen Blüten stehen von Juli bis August in lockeren Blütenständen an den Triebenden. Das getrocknete Kraut ist als Niespulver geeignet, und Culpeper sagt: »Daß es den Kopf von zähen, schleimigen Gedanken reinigen kann.« Die Blätter werden Salaten zugegeben, die Wurzel gilt als Mittel gegen Zahnweh, und ein Tee der Blätter wird wie Schafgarbe *Achillea millefolium* genutzt. Die Pflanze wächst an feuchten Stellen im Garten problemlos in der Sonne oder im Schatten. Als Zierpflanze oder auch als Schnittblume geeignet, gibt es gefüllt blühende Formen, das heißt Blütenkörbchen, die nur Zungenblüten besitzen.

Großes Flohkraut, Ruhrwurz *Pulicaria dysenterica* ist eine Staude Europas, Kleinasiens und Nordamerikas, sie ist in Nordamerika verwildert. Sie wächst in Sümpfen, feuchten Wiesen, Gräben und an Flußufern. Die Pflanze hat einen kriechenden Wurzelstock und aufrechte, verholzende, verzweigte, im oberen Teil verzweigte Stengel, die 20 bis 60 cm hoch werden. Die Blätter sind unterseits grauflaumig, etwas filzig, am Rande etwas gesägt. Die unteren länglich oder lanzettähnlich sitzend, die oberen eiförmig länglich und unregelmäßig gewellt. Die leuchtend gelben Blüten zeigen sich von Juni bis September. Der Gattungsname leitet sich vom lateinischen *pulex* ›Floh‹ ab, da der Geruch der Pflanze Flöhe vertreibt. *dysenterica* weist auf die Anwendung bei Ruhr hin, deshalb auch die deutsche Bezeichnung Ruhrkraut. Die Araber nannten die Pflanze *Parajeub* »Jakobstränen«, da man glaubte, daß Jakob eine Abkochung der Pflanze zur Heilung seiner Geschwüre genutzt habe. Die Pflanze hat einen sehr seifenähnlichen Geruch und bittere adstringierende Eigenschaften, die einige Kräuterärzte hoch schätzen. Es wird gewöhnlich als Tee bei Ruhr, Hautschwierigkeiten und Geschwüren empfohlen.

Osterluzei *Aristolochia clematitis* ist eine Staude Mittel- und Südeuropas, West- und Nordasiens

Echter Steinklee *Melilotus officinalis* ist eine einjährige, manchmal zweijährige, nach Kumarin duftende Pflanze Europas und ostwärts bis China verbreitet und in Nordamerika sowie in vielen anderen Ländern verwildert. Sie wächst an Wegrändern, auf Feldern und auf Ödland, sie hat eine teilweise verholzende Pfahlwurzel und einen einfachen, manchmal auch verzweigten Stengel, der bis zu 150 cm hoch werden kann. Die langgestielten Blätter bestehen aus drei schmalen blaßgrünen Blättchen mit fein gezähntem Rand. Die kleinen gelben Blüten stehen in einseits wendigen Blütenständen in den Blattachseln und blühen von Juni bis September. Der Gattungsname leitet sich von den griechischen Worten *meli* ›Honig‹ und *lotos* ›Lotus‹ ab und bezieht sich auf die süß duftenden Blüten, die gern von Bienen besucht werden. Der Steinklee wurde im 18. Jahrhundert verbreitet als Viehfutter kultiviert und wird für Speise- und Heilzwecke seit den alten Ägyptern angebaut. Die Ägypter wandten ihn bei Ohrenschmerzen und gegen Würmer an, und für Jahrtausende schrieb man ihm heilende Eigenschaften gegen viele Krankheiten zu. In neuerer

Großes Flohkraut *Pulicaria dysenterica*

und in Großbritannien und Nordamerika verwildert. Sie wurde lange Zeit als Heilpflanze angebaut und ist heute oft in Feldern, Wiesen, an Straßenrändern, alten Siedlungsstellen und in den Bergen verwildert. Die Pflanze riecht unangenehm, hat ein langes kriechendes Rhizom und zahlreiche aufrecht wachsende Stengel, die 25 bis 75 cm Höhe erreichen können. Die großen, oval herzförmigen Blätter sind 5 bis 15 cm groß und unbehaart. Die trübgelben Blüten haben einen verdickten Grund und eine gebogene Röhre mit einer langen, einseitigen Lippe, Blüte von Mai bis August. Der Gattungsname kommt vom griechischen *lochos* ›Entbindung‹ und weist auf die lange Benutzung als Hilfsmittel bei der Geburt hin. Sie war lange ein menstruationsförderndes Mittel, jedoch können hohe Dosen gefährlich sein und Fehlgeburten, Dünndarmentzündung, Brechreiz und schließlich Atemlähmung auslösen. Äußerlich wurde eine Abkochung zur Behandlung von Geschwüren und anderen Hautbeschwerden angewandt. In der ganzen Welt sind Aristolochia-Arten seit Jahrhunderten bei Bißwunden, als Tonikum und Stimulans, als harntreibend und abführend, als menstruationsfördernd, bei Fieber, Gicht und Neuralgien angewandt worden. Nach Weiss hat die Forschung bestätigt, daß die Pflanze den Abwehrmechanismus des Körpers stärke. Versuche an Tieren haben aber auch gezeigt, daß einer ihrer Wirkstoffe, die Aristolochia-Säure, krebserregende Eigenschaften hat, weshalb bei uns Aristolochia-Anwendung verboten wurde. Also keine Selbstmedikation oder Anwendung von Osterluzei-Heilmitteln!

Osterluzei *Aristolochia clematitis*

Kleines Mädesüß *Filipendula vulgaris*

Rainfarn *Chrysanthemum vulgare*

Mädesüß *Filipendula vulgaris* (synonym *Filipendula hexapetala*) ist eine Staude Europas, Kleinasiens und Nordafrikas, wächst in Halbtrockenrasengesellschaften, auf sommerlich trockenen, kalkhaltigen, tonigen Lehmböden. Sie hat ein kurzes Rhizom, und die Wurzeln sind teilweise zu länglichen Knollen verdickt. Der Stengel wächst bis zu 75 cm hoch, die Blätter sind unterbrochen gefiedert, die Blättchen sind klein, länglich fiederspaltig eingeschnitten und am Rande gesägt. Die cremefarbenen Blüten wachsen in aufrechten, dichten endständigen Blüten von Juni bis August. Nach Culpeper sind Mädesüßwurzeln gepulvert in Weißwein und Honig gekocht gut bei Niereninfektionen, Lungenkrankheit, Keuchen und Kurzatmigkeit sowie eine Hilfe zum Aushusten des Schleims. Die Blüten können zur Aromatisierung und zur Verfeinerung von Bier und Wein benutzt werden. Mädesüß ist eine ausgezeichnete Blütenstaude, die problemlos in jedem Boden an sonniger Stelle gedeiht, dieses gilt auch für die gefüllt blühende Sorte ›Plena‹ und die rosa blühende Sorte ›Rosea‹.

Rainfarn *Chrysanthemum vulgare* (synonym *Tanacetum vulgare*) ist eine stark gewürzartig duftende Staude Europas, die auch in Nordamerika verwildert ist. Sie wächst in Schutt-/Unkrautgesellschaften, an Wegrändern, Hekken, Rainen und Flußufern auf meist frischen nährstoffreichen Lehm- und Sandlehmböden. Ferner wird sie als Zierpflanze kultiviert. Rainfarn hat einen kriechenden Wurzelstock mit vielen Faserwurzeln und einen aufrechten, zähen, rot überlaufenen Stengel, der 30 bis 100 cm hoch wachsen kann. Die Blätter mit zehn bis zwölf Paar länglicher lanzettartiger, eingeschnittenen gesägten Fiederblättchen sind feindrüsig punktiert. Die gelben Blüten stehen von Juni bis September in großen flachen Scheindolden. Der Name Rainfarn führt zurück zum althochdeutschen *Reinefano,* hohe gelbe Ackerrainblume. Rainfarn hat eine lange Geschichte der Anwendung seit alter Zeit, als es noch bei Beerdigungen benutzt wurde, um die Toten vor Verwesung zu schützen. Im Mittelalter war es eine der Streublumen, die man wegen ihrer insektiziden Wirkung benutzte. Jahrhundertelang war Rainfarn bei Kindern zum Austreiben von Würmern benutzt worden, ebenso zum Abhalten von Fliegen und Bettwanzen, durch Einstreuen in der Hundehütte zur Freihaltung der Tiere von Flöhen. Rainfarn hatte den Ruf als ausgezeichnetes Tonikum und Stimulans im Frühling nach der Fastenzeit; man hielt es für gut bei fehlendem Appetit, Übelkeit, Schüttelfrost, hysterischen und nervösen Beschwerden, Gelbsucht, Bluthochdruck und Menstruationsproblemen. Heute wird die innere Anwendung von Rainfarn als gefährlich angesehen, da größere Mengen zur Vergiftung mit nachfolgenden epileptischen Anfällen und heftigen Magenreizungen führen können. Da die Pflanze die Menstruation wieder in Gang setzt, darf sie unter keinen Umständen von schwangeren Frauen eingenommen werden. Selbstmedikation sollte man bei Rainfarn aus den vorgenannten Gründen nicht durchführen. Der Rainfarn hat eine lange Geschichte der Verwendung in der Küche. Die frischen jungen Blätter wurden im Frühling in Kuchen, Pudding und Keksen gegessen. Der heiße, pfefferige Geschmack des Rainfarns, den viele nicht mögen, wurde im Mittelalter als Ersatz für die teure Muskatnuß und den Zimt geschätzt und aromatisierte damit Vanillesauce, Pudding, Kuchen, Omeletts, Fisch und irische Würstchen. Rainfarntee kann bei Zahn- oder Ohrenschmerzen sowie Augenschwellungen angewandt werden. Man

Rainfarn *Chrysantemum vulgare*

Gekrauster Rainfarn
Chrysanthemum vulgare ›Crispum‹

Dalmatinische Insektenblume
Chrysanthemum cinerariifolium

Kornblume, Gartensorten *Centaurea cyanus*

nehme dazu 30 g feingehackter Blütenblätter auf ½ l kochendes Wasser, lasse fünf Minuten ziehen, abgießen und süßen. Rainfarn wächst unproblematisch in jedem Gartenboden.

Chrysanthemum vulgaris syn. *crispum* ist eine Sorte mit fein geschnittenen farnähnlichen Blättern und kann wie der normale Rainfarn verwendet werden.

Dalmatinische Insektenblume *Chrysanthemum cinerariifolium* (synonym *Tanacetum cinerariifolium*) ist eine Staude Westjugoslawiens und Albaniens, die heute in vielen Teilen der Welt angebaut wird und manchmal auch verwildert. Der Stengel wird 15 bis 45 cm hoch und trägt dunkelgrüne, lanzettartige, paarig

gefiederte Blätter. Die kleinen weißen Blüten zeigen sich von Mai bis September. Die Dalmatinische Insektenblume hat *Chrysanthemum coccineum* (synonym *Pyrethrum roseum*) überrundet, da sie ein wirksameres Insektizid enthält. Die pulverisierte Dalmatinische Insektenblume ist tödlich bei Fliegen, aber harmlos beim Menschen, sie kann als Pulver oder Lotion auf der Haut als Insektenschutz benutzt werden. Die Blüten enthalten den Wirkstoff und bleiben bei sorgfältiger Aufbewahrung lange Zeit wirksam. Die voll entwickelten, aber noch nicht geöffneten Blüten sind der wirksamste Teil der Pflanze. Je mehr Pollen das Insektenpulver enthält, desto besser ist die Qualität. Die Dalmatinische Insektenblume wächst leicht aus Samen.

Kornblume *Centaurea cyanus* ist eine einjährige Pflanze Europas und Westasiens. Sie wächst in Kornfeldern, an Wegrändern, auf Ödland und wurde mit dem Getreide nach Mitteleuropa gebracht. Kornblumen haben wunderbar leuchtendblaue Blüten, die zur Herstellung einer Tinte für Wasserfarbenmalerei benutzt wurden. Die getrockneten Blüten werden auch Duftkissen als Farbakzent beigemischt oder für Trockenblumengestecke verwendet. Die Kornblumen haben ihren Ruf als Heilpflanze von einem Augenwasser zur Behandlung von Bindehautentzündung und entzündeter Augenlider. Kornblumen wachsen unproblematisch in jedem Garten, bevorzugen sonnige Stellen und werden durch Aussaat vermehrt.

Krause Malve *Malva verticillata* var. *crispa*

Weißblühende Moschusmalve *Malva moschata* ›Alba‹

Wilde Malve, Roßpappel, Käsepappel *Malva sylvestris* ist eine zweijährige Pflanze, selten kurzlebige Staude Europas und eingeschleppt in Nordamerika. Kommt vor an trockenen Stellen, Wegrändern und auf Brachland. Sie hat eine fleischige Pfahlwurzel und einen aufrechten oder niederliegenden, schwach behaarten, 40 bis 100 cm langen Trieb. Die fünflappigen Blätter sind am Rande gesägt und tragen die rosa- bis lilafarbenen Blüten von Mai bis Oktober in ihren Blattachseln. Der Gattungsname kommt vom griechischen *malake* ›sanft‹ und bezieht sich auf die lindernden Eigenschaften dieser und auch anderer Malven. Die wilde Malve hat in der ländlichen Medizin eine lange Tradition und wurde verwendet, wenn man keinen Eibisch zur Verfügung hatte. Blätter und Blüten wurden als Umschlag bei Wunden verwendet und ein Tee zur Linderung bei Husten benutzt. Es gab aber auch die Verwendung als gekochtes Gemüse. Die wilde Malve wächst problemlos im Garten und ist leicht auszusäen. Ihre Fruchtkuchen sehen aus wie ein kleiner Käse, daher der Name »Käsepappel«, und das Wort Pappel kommt vom altdeutschen Namen *Pappala*, das heißt ›schleimig‹ und bezieht sich auf die schleimigen Inhaltsstoffe. Die Pflanze wird im Juni vor der Blüte geerntet, und bei kräftigem Rückschnitt zu diesem Zeitpunkt und gutem Wässern gibt es im Herbst noch eine zweite Ernte. Bei schnellem gutem Trocknen im Schatten verfärben sich die Blüten schön blau. Nur ganz durchgetrocknetes Material hält sich luftdicht verschlossen zu späterer Verwendung.

Moschusmalve *Malva moschata* hat große rosenrote Blüten, die gehäuft an den Verzweigungen des Triebendes sitzen. Bei Berührung und warmem Wetter duften die Blätter leicht nach Moschus. Die weiße Wurzel und die hellgrünen Blätter haben die gleichen Eigenschaften wie bei der wilden Malve und werden ähnlich angewandt, die ganze Pflanze ist aber auch einen ganzen Sommer lang reich blühende Gartenstaude, von der es auch eine attraktive weißblühende Sorte gibt.

Krause Malve *Malva verticillata* var. *crispa* ist eine zweijährige, meist einjährig gezogene, bis zwei Meter hohe Pflanze mit weißlichen Blüten. Sie stammt aus Nordasien, ist aber manchmal verwildert, sie wird hier als Futterpflanze oder zu Salatzwecken angebaut.

Eibisch *Althaea officinalis* ist eine Staude Mitteleuropas, Nordafrikas und Zentralasiens und eingeführt in Nordamerika. Sie wächst auf feuchten Wiesen, auf salzhaltigen humusreichen Böden im Küstenbereich und Marschland und ist Gartenpflanze seit alters her. Sie ist eine sehr dekorative, vieltriebige, 60 bis 120 cm hohe, lilarosa, aber auch weißblühende Pflanze. Die kräftigen weißlichen Stengel und die lang gestielten Blätter sind dicht behaart, sie hat eine lange kräftige, fleischige, manchmal auch leicht verzweigte Pfahlwurzel. Die runden drei- bis fünflappigen unregelmäßig gezähnten Blätter sind dick und weich, samtig mit weichen Haaren besetzt. Die großen, blaßrosa Blüten stehen zu mehreren in den Blattachseln und blühen von August bis September und entwickeln sich dann in die in viele Teilfrüchtchen zerfallenden »Käschen«. Der Gattungsname *Althaea* kommt vom griechischen *altho* ›heilen‹ und *officinalis* aus dem lateinischen, als Zeichen, daß es sich um eine alte Heilpflanze handelte, die »offizinell« war, als Linné ihr diesen Namen gab. Nach Barbara Griggs in ihrer *Grünen Apotheke* fand man den Pollen von einer Althaea-Art an der Stelle, an der man einen Neandertaler im Irak in seinem Grab vor 60 000 Jahren bestattet hatte. Da Pollen dieser Pflanze und von sechs

Eibisch, Gartentyp *Althaea officinalis*

Stockrose *Alcea rosea*

Wilde Malve, Käsepappel *Malva sylvestris*

anderen, die man bei den Ausgrabungen dort gefunden hat, auch heute noch bei der Bevölkerung in dieser Gegend des Irak medizinisch angewandt wird, liegt die Vermutung nahe, daß man diese Pollen bei dem Begräbnis seinerzeit gestreut habe, um den Toten für seine Reise in die nächste Welt zu stärken. Horaz und Cicero erwähnen die abführenden Eigenschaften der Pflanze. Plinius sagt: »Wer immer einen Löffel voll der Malven nimmt, soll an diesem Tag frei bleiben von all den Krankheiten, die ihn an diesem Tage begegnen.« Barbara Griggs berichtet uns von Heinrich VIII., der persönlich sehr an der Kräuterheilkunde interessiert war und Eibisch als Bestandteil seiner Königsgnadensalbe verwandte, um damit die Glieder angenehm kühl und trocken zu erhalten. Eibisch galt bei den Römern als Delikatesse; Syrer, Griechen und Armenier überlebten oft Wochen bei Fehlernten von den überreich vorhandenen Eibischpflanzen. In Frankreich werden die jungen Triebspitzen und zarten Blätter in Frühlingssalaten roh gegessen, um die Nieren anzuregen. Eibisch wird besonders wegen seines hohen Schleimstoffgehaltes geschätzt, der in der ganzen Pflanze, besonders aber in der Wurzel enthalten ist. Wegen seiner besonders lindernden und heilenden Eigenschaften wurde er seit alters her geschätzt. Innerlich erfolgt die Anwendung zur Linderung von Reizungen und Entzündungen, bei Husten, Erkältung, Bronchitis, rauhem Hals, Magengeschwüren, Verstopfung oder Blasenentzündung. Äußerlich wird er als Gurgelmittel für rauhen Hals, Mandelentzündung, Zahnabszesse, Zahnfleischentzündungen und Stirnhöhlenkatarrh benutzt. Eine altbekannte Anwendung ist es, zahnenden Babys und Kleinkindern ein Stück Eibisch zum Lutschen zu geben. Für einen Tee gibt man 30 g

fein geschnittene Wurzeln, Blätter oder Samen acht Stunden in kaltes Wasser, gießt ab und erwärmt und trinkt lauwarm drei- bis viermal pro Tag. Eibisch gehört zum Heilpflanzensortiment und kann durch Aussaat oder Stecklinge vermehrt werden. Gesammelt werden Blätter und Blüten, vor dem Öffnen an warmen trokkenen sonnigen Tagen, nachdem der Tau abgetrocknet ist. Bei feuchtem Wetter verfärben sich die Blätter schwarz und verderben. Die Wurzeln werden im Herbst geerntet und durch Bürsten und Abkratzen, nicht durch Waschen, gereinigt und danach getrocknet.

Stockrose *Alcea rosea* ist eine zweijährige bis ständig ausdauernde Pflanze aus China und wurde im 16. Jahrhundert zu uns nach Europa eingeführt. Sie ist eine verbreitete, prächtig

blühende Gartenpflanze. Die kräftigen Stengel können bis drei Meter hoch werden, sie sind behaart und tragen die langstieligen, runden, herzförmigen, bis dreißig Zentimeter großen gelappten, am Rand welligen und behaarten Blätter. Die Blütenfarben reichen von Weiß über Gelb, Rot, Dunkelpurpurn und Rosa bis fast Schwarzrot und bilden im oberen Drittel des Stengels eine von Juni bis August/September blühende Blütenkerze. Wenn auch meist als Zierpflanze angebaut, wurde die Stockrose auch als Ersatz für Eibisch medizinisch verwendet und ist besonders geeignet bei Husten und manchen Brustbeschwerden. Sie war auch ein Mundspülmittel gegen Geschwüre, und eine Lotion wurde benutzt, um Röte und Flecken im Gesicht zu vertreiben. Vermehrung durch Aussaat oder Pflanzenkauf.

Großblütige Nachtkerze *Oenothera erythrosepala*

Nachtkerze *Oenothera erythrosepala* ist eine zweijährige Pflanze, die aus Amerika nach Europa eingeschleppt wurde und in weiten Landstrichen verwilderte, aber auch ihre großen duftenden, sich abends öffnenden Blüten wegen in Gärten als Zierpflanze verbreitet ist. Wir finden sie an Straßenrändern, auf Ödland, Schuttflächen, in Dünen und an Eisenbahnlinien. Sie hat einen großen, fleischigen Wurzelstock und einen aufrechten kräftigen, dicht beblätterten bis zwei Meter hohen Stamm. Die ovalen lanzettähnlichen Grundblätter bilden im ersten Jahr eine Rosette, aus der dann im zweiten Jahr der Stamm erwächst, der dicht besetzt mit sitzenden Blättern, deren Mittelrippe weiß oder rötlich ist. Die großen gelben duftenden Blüten sitzen einzeln in den Blattachseln der zur Spitze des Triebes immer kleiner werdenden Blätter. Die Blüten öffnen sich abends und schließen sich am späten Vormittag, deshalb auch der Name Nachtkerze. Verschiedene Nachtkerzenarten waren in ihrer Heimat Nordamerika bei den Indianerstämmen Nahrungsmittel, mit den Blättern als Gemüse oder den fleischigen Wurzeln, der einjährigen Rosettenpflanzen, die gekocht oder eingelegt gegessen werden können und einen schinkenartigen Geschmack haben sollen. Deshalb auch der Name »Schinkenwurzel« in Kanada. Die Pflanze hat adstringierende und beruhigende Eigenschaften, und ein Sirup aus den Blüten wird gegen Keuchhusten und Asthma verschrieben. Sie wird auch bei Problemen des Magen-Darm-Traktes und Verdauungsstörungen benutzt. Die fein gemahlenen blühenden Triebenden werden zu Gesichtsmasken verwendet, um der Haut eine schöne Blässe zu verleihen. Neuere Untersuchungen haben gezeigt, daß das Öl der Pflanze reich an Gammalinolensäure ist, einer essentiellen Fettsäure, die der Körper zur Herstellung von hormonähnlichen Substanzen, das heißt Prostaglandinen nutzt, die dazu beitragen, die Haut gesund

zu erhalten und entzündliche Reaktionen zu begrenzen. Nachtkerzenöl kann in Kapselform oder flüssig erworben werden und wird bei Ekzemen, brüchigen Nägeln, Hustenkrämpfen und Arthritis empfohlen. Man glaubt auch, daß es einen Antikoagulationsfaktor besitze und vor Herzanfällen schützen helfe. Nachtkerzen lassen sich leicht aus Samen ziehen und direkt an Ort und Stelle aussäen und dann vereinzeln.

Prachtscharte *Liatris spicata* ist eine Staude des mittleren und östlichen Nordamerikas, die auf feuchten Böden wächst und bei uns in Gärten angebaut wird. Sie hat einen knolligen Wurzelstock und aufrechte, beblätterte Stämme, die 30 bis 180 cm hoch werden können. Die dicht stehenden, schmal linearen Blätter sitzen dicht an den Stengeln bis hinauf zur Blütenähre, die von oben nach unten aufblüht. Die zahlreichen rosapurpurnen Blüten öffnen sich von Juli bis September. Die Pflanze hat einen bitteren Geschmack, duftet aber sehr angenehm durch das Kumarin, welches in ihren Blättern und Wurzeln enthalten ist, weshalb die Pflanze manchmal getrocknet und Duftmischungen beigefügt wird. Als Heilpflanze sagt man, daß die Prachtscharte sehr wirksam harntreibend sei und zur Behandlung von Nierenproblemen, Halserkrankungen und Gonorrhöe verwendet wurde. Problemlos im Garten zu ziehen aus Saat oder als Pflanze des Gartenblumenstaudensortiments, braucht sie zu ihrer Entwicklung Sonne und reichlich Wasser.

Gemeine Goldrute *Solidago virgaurea* ist eine Staude Europas, Asiens und Nordamerikas, die in trockenen, warmen Wäldern zwischen Felsen und Klippen, in Dünen und auf Brachland bis ins Gebirge auf 2200 m hinauf vorkommt. Sie besitzt einen kräftigen Wurzelstock, aus dem beblätterte, verzweigte Stengel von 10 bis 75 cm Höhe erwachsen. Die gestielten Grundblätter

sind oval bis elliptisch, spitz zulaufend und gezähnt. Die Stengelblätter sind schmaler sitzend und gewöhnlich glattrandig. Die goldgelben Blüten öffnen sich von Juli bis Oktober und sitzen gedrängt im oberen Stengelbereich. Der Gattungsname kommt vom lateinischen *solidare* ›ganz machen‹ und bezieht sich auf den alten Ruf als Wundkraut. Sie wird verbreitet in der Homöopathie verschrieben wegen ihrer Eigenschaft, den Körper durch Anregung der Leber und der Nieren zum Ausscheiden von Abfallstoffen zu stimulieren. Sie gilt auch als sehr wirksam zur Abführung von Blasenstein. Goldrutentee hat einen sehr angenehmen Geschmack und kann als leicht harntreibendes Mittel getrunken oder als Lotion zum Stillen von Blutungen benutzt werden. Man nimmt 60 g getrocknete Blüten in 1 Liter Wasser, kocht eine Minute, läßt zehn Minuten ziehen, gießt ab und trinkt drei bis vier Tassen pro Tag. Goldrute ist leicht durch Teilung des Wurzelstockes im Herbst zu vermehren, kann aber auch im Gartenstaudensortiment sowie Heilpflanzensortiment erworben werden. Sie wächst in jedem nicht zu trockenen Boden in der Sonne und im Schatten. Die ganze Pflanze wird ohne Wurzel während der Blütezeit geerntet und bei niedriger Temperatur sorgfältig getrocknet, damit Blüten und Blätter ihre Farbe erhalten. Die zerkleinerte Droge wird luftdicht verschlossen aufbewahrt.

Kanadische Goldrute *Solidago canadensis* und andere Goldrutenarten sind Stauden aus Nordamerika, die in Gärten kultiviert wurden, aber heute als Gartenflüchtlinge verbreitet sind. Es sind bis 250 cm hohe, aus Rhizomen erwachsende behaarte Pflanzen, mit unterschiedlich fächerförmig oder baumartig aufgebauten Blütenständen. Blütezeit von Juli bis September und in Sorten als Gartenblütenstaude und auch für den Schnitt gut brauchbar.

Kanadische Goldrute *Solidago canadensis*

Prachtscharte *Liatris spicata*

Heimische Goldrute *Solidago virgaurea*

Schwarznessel *Ballota nigra* (links), **Gemeiner Andorn** *Marrubium vulgare* (rechts)

Gemeiner Andorn *Marrubium vulgare*

Gemeiner Andorn *Marrubium vulgare* ist eine behaarte Staude des Mittelmeergebietes und Zentralasiens, die aber aus Kultur in Mitteleuropa und Nord- und Südamerika verwildert ist. Sie wächst an Schuttplätzen, auf Weiden und Wegrändern, Küsten und Bergregionen. Sie hat eine kräftige verholzende Wurzel und verzweigte behaarte Stengel, die 40 bis 80 cm hoch werden. Die eiförmig runzligen, rauhgezähnten, graugrün filzigen Blätter sind tief geädert, stehen paarweise am Stengel und werden zur Triebspitze hin kleiner. Die kleinen cremefarbenen Blüten stehen in Gruppen in den Blattachseln und blühen von Juni bis September.

Der Gattungsname kommt wahrscheinlich vom hebräischen *marros* ›bitterer Saft‹, da man die Pflanze für eines der fünf Kräuter hält, die die Juden am Passahfest aßen, um des Auszugs aus Ägypten zu gedenken.

Der Andorn ist seit ägyptischer Zeit zur Behandlung vieler Leiden genutzt worden. Er enthält einen Bitterstoff »Marrubin«, ebenso wie Gerbstoffe, ätherische Öle und Schleimstoffe. Wegen seiner lindernden Kräfte wurde er lange bei Atemwegserkrankungen, wie Bronchialkatarrah, Asthma, Husten, aber auch Verdauungsproblemen, und zur Appetitanregung verwendet. Er wurde auch benutzt, um unregelmäßigen und schnellen Herzschlag zu regulieren. Kandierter Andorn ist eine lindernde Süßigkeit bei Husten und Halsentzündungen. In Sirupform nutzt er nicht nur bei Keuchhusten und Krupp, sondern auch bei kleineren Magenverstimmungen und zur Anregung der Verdauung. Es wurde als Wurmmittel und als Balsam bei Hundebissen benutzt.

Nach Grieve war in England in Norfolk und anderen Teilen des Landes ein Getränk aus Andorn als appetitanregend und gesundheitsfördernd verbreitet. In der Kräutermedizin wird es auch als Ersatz für Chinin benutzt, wenn sich dies als unwirksam erweist.

Zum Tee zur Behandlung von Katarrhen und Husten nimmt man 30 g frische oder getrocknete Blätter auf ¹/₂ l kochendes Wasser, läßt 10 bis 15 Minuten ziehen, gießt ab, süßt und trinkt lauwarm drei bis vier Gläser pro Tag. An trokkenen nährstoffreichen Stellen im Garten aussäen oder aus dem Kräutersortiment anpflanzen; blüht in der Regel erst im zweiten Jahr.

Schwarznessel *Ballota nigra* ist eine behaarte, unangenehm riechende Staude Europas, Marokkos und des östlichen Iran. Die in Unkrautgesellschaften auf Schuttplätzen, an Zäunen und Wegrändern, auf meist frischen nährstoffreichen Lehm-, Sand- und Tonböden vorkommend. Seinen kurzen kräftigen, verholzenden Wurzeln entwachsen verzweigte 40 bis 100 cm lange Triebe. Die gestielten, rauh gezähnten, graugrünen eiförmigen Blätter stehen paarweise am Stengel, sind deutlich geädert und weißgrau behaart. Die rötlich lilafarbenen Blüten stehen in Quirlen in den Blattachseln und öffnen sich von Juni bis Oktober.

Der Gattungsname geht auf das griechische *ballo* ›abweisen‹ zurück, und *nigra* ist das lateinische ›schwarz‹. Der unangenehme Geruch weist zurück, selbst das Vieh frißt die Schwarznessel nicht.

Man schrieb ihr lange Zeit eine Wirkung als Gegengift bei Bissen tollwütiger Hunde zu, wie auch als Wurmmittel, als Stimulansmittel und Antikrampfmittel.

Im Garten leicht anzusiedeln, wird aber schnell lästig.

Ysop *Hyssopus officinalis* ist ein kleiner aromatischer, bei uns staudig gezogener Strauch Süd-

Ysop *Hyssopus officinalis*

Ysop *Hyssopus officinalis* ›Alba‹

Ysop Hyssopus officinalis *subsp. aristatus*

Drachenkopf *Dracocephalum ruyschianum*

europas, Ostasiens und bis Südengland und auch in Nordamerika verwildert, aber oft als Zierpflanze, Heil- und Würzpflanze angebaut. In milden Wintern immergrün, hat diese Pflanze zumindest im unteren Bereich einen verholzten, kantigen Stamm, der bis siebzig Zentimeter hoch wird. Die lanzettartigen Blätter stehen in Quirlen am Stamm, die hellblauen, purpurweißen, rosa oder weißen Blüten zeigen sich von Juni bis August und stehen in dichten, einseitig wendigen Scheinquirlen am Triebende in ährenähnlichem Blütenstand.

Der Gattungsname kommt vom griechischen *azob* ›heiliges Kraut‹ und bezieht sich auf seine Nutzung zur Reinigung heiliger Orte. Ysop wird in der Bibel als reinigende Pflanze erwähnt: »Reinige mich mit Ysop und ich werde sein rein«; Psalm 51, Vers 7, wobei es aber Stimmen gibt, die dies für eine Verwechslung mit einer anderen Pflanze halten. Zweifellos ist aber Ysop im Mittelmeerraum seit vorchristlichen Zeiten für medizinische Zwecke und als Gewürz benutzt worden. Der starke aromatische Geruch der Blütenblätter und jungen Triebe macht Ysop zu einer köstlichen Ergänzung von Salaten, Wildsuppen und Fruchtspeisen, wobei man ihn aber sehr vorsichtig und sparsam verwenden sollte. Er för-

dert die Verdauung von Fett und wird zu fettem Fleisch und Fisch empfohlen. Das ätherische Öl aus der Pflanze wird bei der Herstellung von Likör, insbesondere Chartreuse, aber auch in der Parfümerie benutzt. Ysophonig ist köstlich.

Ysopöl hat eine stimulierende und schweißtreibende Wirkung und wirkt auf das Herz. Es wurde früher dazu benutzt, Blähungen zu lindern und bei hysterischen Zuständen zu beruhigen. Heute wird hauptsächlich ein Aufguß zur Förderung der Verdauung und der Erleichterung bei Husten, Halsentzündung, Heiserkeit und Bronchialkatarrh genutzt. Ysoptee und Ysopbäder sind alte Volksheilmittel bei Rheumatismus, und als Lotion kann er zur Behandlung von Augen-, Ohr- und Halsinfektionen und zur Linderung bei Bissen und Stichen benutzt werden.

Für Ysoptee nimmt man 30 g Ysopblüten in 1 Liter kochendes Wasser und läßt zehn Minuten ziehen, gießt ab, süßt wenn nötig und trinkt dreimal täglich ein kleines Glas voll. Nie bei Schwangerschaft einnehmen, da Ysop menstruationsfördernd wirkt.

Ysop ist bei uns, außer in strengen Wintern und besonders frostgefährdeten Lagen, winterhart und kann problemlos an sonniger Stelle im

Garten als Einzelpflanze oder Beeteinfassung gezogen werden; Vermehrung durch Aussaat, Teilung des Wurzelstockes, Stecklinge oder Anpflanzung aus dem Kräutersortiment. Blüten und grüne Triebenden werden bei Blühbeginn gesammelt, getrocknet und luftdicht aufbewahrt, besser ist jedoch frische Verwendung, da die Inhalts- und Geschmacksstoffe schnell verlorengehen.

Ysop Hyssopus officinalis subsp. *aristatus* ähnelt dem normalen Ysop, bleibt aber kleiner, wächst kompakter und blüht im August blau.

Drachenkopf *Dracocephalum ruyschianum* ist eine Staude Rußlands und Zentraleuropas, westwärts bis zu den Pyrenäen. Sie wächst in trockenen, offenen Bereichen und wird auch in Gärten als niedrig bleibende Zierpflanze gerne kultiviert.

Der Drachenkopf hat einen aufrechten, bis 60 Zentimeter hohen Stengel, die Blätter sind weich, länglich bis lanzettartig, die unteren kurz gestielt. Die blauen bis violetten Blüten wachsen in dichten Quirlen in einer dichten endständigen Ähre und blühen von Juni bis Juli. Der Drachenkopf gehört zum Gartenstaudensortiment und ist eine gute Bienenpflanze.

Echtes Johanniskraut *Hypericum perforatum*

Echtes Johanniskraut *Hypericum perforatum*

Schwarzes Bilsenkraut *Hyoscyamus niger*

Alraunwurzel *Mandragora officinarum*

Weißes Bilsenkraut *Hyoscyamus albus*

Amerikanischer Ginseng *Panax quinquefolius*

Schwarzes Bilsenkraut *Hyoscyamus niger* ist eine giftige, zweijährige, manchmal auch schon im ersten Jahr erblühende Pflanze Europas, Westasiens, Nordafrikas und verwildert in Ostasien und Nordamerika. Sie wächst in Schuttunkrautgesellschaften an Wegrändern, auf frischen nährstoffreichen, insbesondere stickstoffreichen Sand- und Lehmböden. Behaart und unangenehm riechend, hat sie eine spindelige Pfahlwurzel und einen kräftigen, einfachen oder verzweigten aufrechten, bis achtzig Zentimeter hohen Stengel. Die leicht gelappten, ovalen behaarten Blätter sind wechselständig. Die schalenförmigen, gelb-purpurn geäderten Blüten erblühen von Mai/Juni bis Oktober und stehen in einseitig wendigen beblätterten Wickeln am Triebende. Die Kapsel enthält viele kleine nierenförmige Samen. Der Gattungsname geht auf das griechische *hyos* und *cyomos* ›Igelbohne‹ zurück, da man meinte, daß ihm diese Samen schmecken würden. Bilsenkraut hat eine Geschichte. Bilsenkraut wurde von Dioscorides als schlafauslösendes Mittel und zur Schmerzlinderung empfohlen, kam aber wegen seiner tödlich giftigen Eigenschaften in Verruf. Im Mittelalter wurde es mit Schwarzer Magie in Verbindung gebracht. Von Hexen heißt es, daß sie damit ihre Opfer in Zuckungen versetzten. Es enthält das wirksame Alkaloid Hyoscyamin und Skopolamin, das entkrampfende und narkotische Schlafmittelwirkung besitzt. In geringen Dosen wurde es wegen seiner beruhigenden Wirkung bei Personen mit nervösen Reizungen und Schlaflosigkeit benutzt. Seine entkrampfende Wirkung auf Gehirn und Rückenmark hat es zur verbreiteten Medizin in Heilanstalten für Geisteskranke gemacht; zur Behandlung bei akutem Wahnsinn und von Delirium tremens. Äußerlich wurde es angewandt zur Linderung bei Rheumatismus, Arthritis, Ohrenschmerzen, Zahnschmerzen und asthmatischen Beschwerden. Wegen seiner tödlichen Giftigkeit verbietet sich Selbstmedikation.

Weißes Bilsenkraut *Hyoscyamus albus* stammt aus dem Mittelmeerraum und ist sehr ähnlich mit blaßgelben Blüten und wird als Heilpflanze ähnlich eingeschätzt.

Echtes Johanniskraut, Hartheu *Hypericum perforatum* ist eine Staude Europas, Westasiens und Nordafrikas und heute verwildert in Ostasien, Australien, Neuseeland und Nord- und Südamerika. Sie wächst an Wald- und Wegrändern, auf Ödland und auf Kahlschlägen, an sonniger Stelle mit kalkhaltigem Boden. Der gedrungene Wurzelstock trägt aufrechte, kantige Stengel, die am Grunde verholzen, im oberen Teil verzweigt sind und bis ein Meter hoch werden. Die ovalen geäderten Blätter stehen paarweise gegenständig und besitzen durchscheinende Öldrüsen, deren Öl auch in den Blüten vorkommt. Diese sind klein, goldgelb und stehen meist zu dritt an den Enden der Zweige. Sie zeigen fünf Blütenblätter und viele Staubblätter und blühen von Mai bis September. Der Gattungsname kommt vom griechischen *hypericum*, das heißt ›Gegen eine Erscheinung‹ und bezieht sich auf die Annahme, daß das Kraut bösen Geistern so unangenehm sei, daß ein Wedeln damit sie verschwinden läßt. Das lateinische Wort *perforatum* gibt die durchsichtige Wirkung der Öldrüsen in den Blättern wieder. Der deutsche Name ist zum einen Bezug auf die Zuordnung zu Johannes dem Täufer und bei Hartheu zur Konsistenz der trockenen Pflanze. In der Medizin wird die Pflanze hoch geschätzt wegen ihrer lindernden und heilenden Eigenschaften des roten Öls aus Blüten und Blättern. Im Mittelalter wurde es von Kreuzfahrern zum Heilen ihrer Wunden benutzt. Innerlich wurde es gegen Koliken, Würmer und Blinddarmschmerzen angewandt, und ein Tee wurde bei Bronchialkatarrh, Asthma, Menstruationsunregelmäßigkeiten, Eierstockentzündungen, Depressionen, Schlaflosigkeit, nachlassenden Kräften und Zahnweh empfohlen. Die moderne Kräutermedizin erkannte im Johanniskraut eine wertvolle Droge mit Psychopharmaka-Eigenschaften, die bei depressiven Menschen Euphorie auslöst. Für Johanniskrautöl gibt man Blüten und Blätter in ein großes Glas und bedeckt mit kühlendem Öl – zum Beispiel von Sonnenblumen –, schließt mit einem Musselintuch gegen Insekten und läßt das Ganze drei bis vier Wochen in der Sonne stehen, bis das Öl eine rote Farbe bekommt, damit reibt man schmerzende Gelenke, rheumatische und arthritische Stellen, Muskelzerrungen sowie Blutergüsse und Geschwüre ein. Als Kompresse lindert es tiefgehende Quetschungen und Verstauchungen und kann zur Behandlung von Wunden, Entzündungen und Hautausschlägen benutzt werden. Es erhält die Haut weich und in gutem Zustand. Beachten muß man, daß der rote Farbstoff eine fotosensible Substanz enthält, die bei manchen Menschen nach Anwendung bei Sonnenschein Hautreizungen selbst lange Zeit nach innerer Einnahme auslösen kann. Für Johanniskrauttee nehme man 30 bis 60 g getrocknete Blütenstände oder Blüten in 1 Liter Wasser, bringe dieses langsam zum Kochen und dann abgießen nach zehnminütigem Ziehenlassen; dreimal täglich eine Tasse. Johanniskraut wächst verbreitet wild, ist aber auch als Wildstaude problemlos im Garten zu ziehen und wächst sogar im leichten Schatten.

Gelber Enzian *Gentiana lutea* ist eine Staude Zentral- und Südeuropas und in Nordamerika eingeführt. Er wächst auf Bergwiesen und Hängen, hat eine lange dicke Pfahlwurzel und einen kräftigen aufrechten Stengel, der bis 125 cm hoch wird. Die spitz zulaufenden ovalen Blätter haben fünf bis sieben erhabene Rippen und stehen paarweise gegenständig. Die gelben Blüten stehen in Quirlen in den oberen Blattachseln und erblühen von Juni bis August. Der Gattungsname leitet sich von *Gentius*, dem illyrischen König 180 v. Chr. ab, der die Heilkraft der Pflanze entdeckt haben soll. Im Mittelalter galt gelber Enzian als Allheilmittel und war wahrscheinlich Bestandteil aller Wundermedizinen. Er ist in jedem Fall ein wunderbares Tonikum, und der Bitterstoff der Wurzeln ist ausgezeichnet bei Verdauungskrankheiten, Appetitverlust, Krankheit und Schwächezuständen nach chronischen Erkrankungen. Gelber Enzian verbessert das Blut, da die Bildung von Blutkörperchen angeregt wird, und so nützlich bei Anämie, Herz- und Nervenschwäche. Er soll nicht bei Übersäuerung, hohem Blutdruck und in der Schwangerschaft genommen werden. In Deutschland und in der Schweiz wird die Wurzel zum Brennen eines Magenbitters und zum Würzen von Likören und Aperitifs benutzt und dafür auch angebaut. Ein einfacher bitterer gelber Enzian ist angenehmer, wenn er mit Orangenschale und Kardamom gewürzt wird, was jedoch echte Enzianschnapsgenießer ablehnen. Für eine Tinktur nimmt man 60 g getrocknete Wurzel, 30 g getrocknete Orangenschale, 15 g zerstoßene Kardamomsamen in 1 l Brandy. Man nimmt ½ bis einen Teelöffel dieser Flüssigkeit auf ein kleines Glas Wasser dreimal täglich. Gelber Enzian wächst unproblematisch im Garten und ist im Staudensortiment erhältlich, läßt sich aber auch aus Saat ziehen und blüht dann ab drittem bis fünftem Jahr. Er benötigt ausreichend Feuchtigkeit, um kräftig zu wachsen. Die Wurzelernte erfolgt im Oktober – säubern – nicht waschen, und langsames Trocknen der ganzen Wurzel oder schnelles Trocknen kleingeschnittener Stücke. Im nicht blühenden Zustand oder als junge Pflanze sieht gelber Enzian dem weißen Germer *Veratrum album* sehr ähnlich, der jedoch wechselständige Blätter und einen weißen Blütenstand hat.

Amerikanischer Ginseng *Panax quinquefolius* ist eine Staude Mittel- und Nordostamerikas, die heute nach intensivem Sammeln kaum mehr an ihren natürlichen Standorten in kühlen feuchten Wäldern zu finden ist, aber in großem Umfang für den Export nach China angebaut wird. Sie hat eine große fleischige, vielköpfige Hauptwurzel und einen weichen runden Stengel, der 40 bis 60 cm hoch wird. Er trägt zwei bis drei dunkelgrüne fünfteilige Blätter am Triebende, wo auch die grünweißen Blüten doldenähnlich zusammenstehen und von Mai bis August erblühen. Der Gattungsname stammt vom griechischen *panakos* ›Allheilmittel‹, entsprechend den zahlreichen zugeschriebenen Kräften. Ginseng ist unser Name des Chinesischen *Jin Chen* und bedeutet »wie ein Mensch«, da die Wurzel manchmal so aussieht. Das lateinische *quinquefolius* weist auf das fünfteilige Blatt hin. Seit Jahrtausenden schätzen die Chinesen die Ginsengwurzeln wegen ihrer medizinischen Eigenschaften, sie halten sie für ein Aphrodisiakum (wie auch manche Indianerstämme in Nordamerika), als Tonikum für geistige und körperliche Ermüdung, als Herzstimulans und allgemeine Unterstützung zur Verlängerung des Lebens und Erhaltung der Vitalität. Trotz intensiver Untersuchung der Bestandteile fand sich kein spezieller Wirkstoff. Die Gesamtheit der Wirkstoffe gemeinsam jedoch scheint die anregende Wirkung auf den ganzen Körper zu haben. Bei uns wird er manchmal im Heilpflanzensortiment angeboten, ist aber nur bei guter Deckung winterhart.

Mandragora Alraunenwurzel *Mandragora officinarum* ist eine Staude Südosteuropas, die auch in anderen Teilen Europas bei mildem Klima in den Gärten kultiviert wird. Sie hat eine große braune, petersilienähnliche Wurzel, die sich manchmal teilt und tief geht. Die großen dunkelgrünen, ovalen, spitz zulaufenden, zum Teil aufrecht stehenden bis 30 cm langen und 13 cm breiten Blätter legen sich im Alter als flache Rosette auf den Boden. Die glockenförmigen Blüten stehen kurzgestielt zwischen den Blättern und erblühen im März oder Anfang April und entwickeln sich zu runden, erst grünen, dann dunkelgelben, tomatenähnlichen, nach Ananas duftenden Beeren. Der Gattungsname kommt vom griechischen *mandra*, das heißt ›Viehstall, Viehherde‹ und könnte auf die Vergiftungsgefahr für Vieh hinweisen. Das vom lateinischen kommende *officinarum* zeigt, daß die Pflanze schon lange in Gebrauch ist. Der Alraunenwurzel wurden magischen Kräfte zugeschrieben. Alraune kommt vom altdeutschen *Alrun* ›Geheimnis‹, und es gibt Sagen, in denen erzählt wird, daß der, der Alraunenwurzeln gräbt oder ausreißt, dabei stirbt, deshalb ließ man Hunde die Wurzeln unter bestimmten nächtlichen Vorbereitungen dieses Werk tun. Alraunenwurzeln ähneln oft menschlichen Figuren und wurden deshalb für Amulette verwendet und manchmal durch zugeschnitzte Zaunrübenwurzeln gefälscht. Alraunenwurzeln sollten Glück bringen, und man hielt sie für heilkräftig gegen Sterilität. Andere glaubten, Alraunen wüchsen unter dem Galgen und brächten die zu Tode, die sie ausgruben. *Mandragora* enthält wie alle anderen Nachtschattengewächse hochgiftige

Gelber Enzian *Gentiana lutea*

Gelber Enzian (Austrieb) *Gentiana lutea*

Alkaloide, die, entsprechend verändert, beruhigend wirken. Im Altertum wurde Alraunenwurzel zur Schmerzlinderung und Schlafauslösung benutzt. Zu Plinius Zeiten mußten Patienten vor der Operation die Wurzel als Betäubungsmittel kauen. Es wird angenommen, daß der Schwamm, der Christus am Kreuz gereicht wurde, wahrscheinlich mit Mandragoralösung getränkt war. Die totenähnliche Starre der Mandragora war so täuschend echt, daß die Römer Gekreuzigte mit der Lanze töteten, damit die scheintoten Körper bei nachlassender Wirkung nicht wieder lebendig wurden. Der Saft aus der feingehackten Wurzel wurde zur Erleichterung bei rheumatischen Schmerzen, Geschwüren, skrofulösen Tumoren sowie auch jenen gegeben, die an Melancholie, Krämpfen oder Wahnsinn litten. Es heißt, daß eine starke Dosis Delirium und Wahnsinn auslöst. *Mandragora* wird auch in der heutigen Medizin wegen des Alkaloids Hyoscyamin vor der Operation zur Beruhigung von Patienten und zur Reduzierung der Bronchialausscheidungen gegeben, es wird auch zur Behandlung von Bewegungserkrankungen benutzt. Da nicht winterhart, bei uns schwierig zu kultivieren und wegen der Giftigkeit nicht für Selbstmedikation geeignet.

Schafgarbe *Achillea millefolium* ist eine behaarte stark duftende Staude in den gemäßigten und südlichen Teilen Europas, Westasiens und eingeführt nach Nordamerika, Australien und Neuseeland. Sie wächst auf Wiesen, Weiden, in Gebüschen und Wäldern, auf Geröllhalden und Ödland. Der aufrechte, gefurchte Stengel wird 45 bis 60 cm hoch. Die flaschengrünen zwei- bis dreifach gefiederten Blätter sind lanzettartig, die vielen kleinen weißen, rosa und lila überlaufenen Blüten stehen doldig an den Zweigenden in den oberen Stengelteilen und blühen von Juli bis November. Der Gattungsname soll sich auf Achilles beziehen, der mit der Schafgarbe das Blut der Wunden seiner Krieger gestillt haben soll, das lateinische *millefolium* bedeutet ›Tausendblätter‹ und bezieht sich auf die Feingliedrigkeit der Blätter. Schafgarbe bedeutet »Schafkraut«, da es auf den von Schafen beweideten Weiden sehr häufig ist, es war früher auch ein verbreitetes Mittel zum Blutstillen und zur Behandlung von Wunden, Schnitten und Nasenbluten. Schafgarbe hat bis zu 0,5% flüchtiges Öl, darunter Chamazulen, den wirksamsten Bestandteil, aber auch Achillin, Cholin, Valeriansäure, Ameisensäure, Methylalkohol, Flavone und Gerbstoffe. Schafgarbe ist vor allem krampflösend, entzündungshemmend, blähungslindernd und anregend. Sie ist gut für das Verdauungssystem, und Mességué empfiehlt besonders einen Tee bei Magenkrämpfen zur Anregung der Verdauung und zur Ausscheidung von Säure aus dem Verdauungsbereich. Sie soll auch gut wirksam sein für die Blutzirkulation und innerlich angewandt zur Behandlung von Lungen- und Nierenblutungen und Menstruationsproblemen. Weiss meint, daß die Schafgarbe längere Zeit angewandt gut wirksam sei bei Frauenkrankheiten. Schafgarbe soll nicht von schwangeren Frauen benutzt werden. Schafgarbe fördert das Schwitzen und hilft bei beginnenden Erkältungen und fiebrigen Erkrankungen. Sie wurde auch empfohlen zur Behandlung von Hämorrhoiden, Entzündungen, Geschwüren, Blutergüssen, Akne und Zahnschmerzen. Für Schafgarbentee kocht man 30 g getrocknetes Kraut oder 60 g frisches Kraut zehn Minuten in 1/2 l Wasser, man trinkt es warm zwei- bis dreimal am Tag oder benutzt es für ein Schafgarbenkräuterbad. Schafgarbe wächst unproblematisch überall und ist auch in rötlichen Sorten eine gute Gartenblütenstaude, die auch schöne Schnittblumen liefert.

Edelgarmander *Teucrium chamaedrys* ist eine Staude Mittel- und Südeuropas und in manchen nördlichen Gebieten verwildert. Sie wächst an trockenen sonnigen Stellen oder auf Mauern und wird als Gartenzierpflanze kultiviert. Der Garmander hat einen dünnen Wurzelstock mit vielen Faserwurzeln und aufsteigende, an der Basis verholzende Stengel, die bis 100 cm lang werden können. Die unteren gegenständigen, kurzgestielten Blätter sind oval und glänzend grün mit gewelltem Rand, die oberen stengellos und fast glattrandig. Die kräftigen rosa Blüten sitzen in beblätterten Blütenständen am Triebende und erblühen von Juni bis Juli. Früher für verschiedene Heilzwecke benutzt, hat Garmander heute den Ruf, bei Gicht nützlich zu sein und Kaiser Karl V., des Heiligen Römischen Reiches Oberhaupt, soll sich damit kuriert haben. Er war auch ein wichtiger Bestandteil des sehr populären Portlandpuders. Culpeper empfiehlt eine Abkochung der Blätter mit Honig für viele Krankheiten, von Schlangenbissen bis Fieber und Kopfschmerzen bis Epilepsie. Er galt auch als hilfreich zur Behandlung von Gebärmutterbeschwerden und zur Linderung asthmatischen Hustens. Heute wird er

Schafgarbe *Achillea millefolium*

Salbeigarmander *Teucrium scorodonia*

manchmal äußerlich zur Behandlung von Zahnfleischerkrankungen benutzt, wird aber wegen seiner anregenden Eigenschaften verbreitet bei der Herstellung von Alkoholika verwendet. Echter Garmander ist anspruchslos und kann durch Samen, Stecklinge oder Teilung vermehrt werden, er gehört zu den Blütenstauden und wird im Sommer gesammelt und schnell für den Wintergebrauch getrocknet.

Salbeigarmander *Teucrium scorodonia* ist eine Staude Süd- und Westeuropas, von Norwegen bis Spanien und Norditalien, verbreitet in Wäldern, Heiden, auf Trockengrasflächen und in Dünen, aber auch an Wegrändern und auf Ödland. Die weichbehaarte Pflanze hat einen kriechenden Wurzelstock und aufrecht wachsende, verzweigte kantige Stengel, die 15 bis 45 cm hoch werden. Die ovalen, herzförmigen Blätter sind rauh gezähnt, runzlig und graugrün. Die kleinen gelbgrünen Blätter sitzen in einseits wendigen Ähren an den Zweigenden und erblühen von Juli bis September. Der Gattungsname wird zum einen dem legendären Bogenschützen ›Teucer in Troya‹ zugeschrieben, oder auch auf den kräuterkundigen Arzt Dr. Teucer bezogen. Salbeigarmander heißt er, weil seine Blätter dieser Pflanze ähneln. In Geschmack und Geruch ähnelt er dem Hopfen und wurde manchmal als dessen Ersatz zum Bierbrauen benutzt. Seit dem Mittelalter hat er einen Ruf als harntreibendes und menstruationsförderndes Mittel und Tonikum. Er reguliert die Menstruation und verteilt geronnenes Blut bei Blutergüssen und Quetschungen. Er ist wertvoll als Tonikum und fördert den Appetit, besonders nach Gicht- und Rheumaanfällen. Für Tee nimmt man 30 g getrocknetes Kraut in kochendes Wasser, läßt fünf Minuten ziehen, gießt ab und trinkt davon drei- bis viermal pro Tag ein Glas voll. Salbeigarmander ist sehr verbreitet, läßt sich aber auch leicht aus Samen, Stecklingen oder durch Teilung im Kräutergarten ziehen oder aus dem Wildstaudensortiment erwerben. Das ganze Kraut wird im Juni gesammelt und getrocknet.

Katzengarmander, Katzenkraut *Teucrium marum* ist ein kleiner Strauch der westlichen Mittelmeerinseln, aber auch in Spanien und Südeuropa verwildert und auf trockenem sonnigem Boden verbreitet. Katzengarmander hat aromatische Blätter und Zweige, die Niesreiz auslösen und bei Kopfbeschwerden verwendet wurden. Die gepulverten Blätter wurden in Wein bei nervösen Beschwerden und die sehr adstringierende Rinde zum Stillen von Blutungen verschrieben. Wenig kultiviert, da bei uns nicht winterhart, aber um die Jahrhundertwende in manchen Gegenden als Topfpflanze verbreitet.

Alant *Inula helenium* ist eine kräftige, wahrscheinlich in Zentralasien beheimatete Staude, die aber in vielen Teilen Europas, Asiens, Nordamerikas und Japans eingeführt wurde und verwilderte. Sie wächst dort in Feldern, an Wegrändern, in Gehölzen und auf Ödland, meist aber im Garten als Heil- und Zierpflanze kultiviert. Alant ist eine kräftige, attraktive Pflanze mit einem dicken fleischigen Wurzelstock und kräftigen, aufrecht wachsenden, gefurchten, behaarten Stengeln, die 60 bis 150 cm hoch werden können. Die großen Grundblätter sind lang gestielt, unregelmäßig gekerbt, unterseits graufilzig und eiförmig elliptisch. Die Stengelblätter sind sitzend und herz- bis eiförmig und breit lanzettartig und unterseits graufilzig. Die sehr großen Blütenköpfe stehen an den Triebenden in lockerer Doldentraube oder einzeln und blühen von Juni bis August. Der Gat-

Edelgarmander *Teucrium chamaedrys*

Katzengarmander, Katzenkraut
Teucrium marum

Alant *Inula helenium*

tungsname hat wohl einen Bezug zum griechischen Wort *Helenion* ›Helena‹, der Helena von Troja. Es heißt, daß Helena ein Büschel Alant in der Hand gehalten habe, als Paris sie entführte, oder daß die Pflanze aus den Tränen wuchs, die sie beim Raub durch Paris vergoß. Andererseits liest man auch, daß *Inula* im Mittelalter der Name für eine berühmte Arznei gewesen sei. Alantwurzel erhält nach heutiger Erkenntnis Inulin und wurde Jahrhunderte hindurch wegen seiner Heilwirkung benutzt, ist heute aber kaum mehr in Europa in Gebrauch. Hippokrates erwähnt seine Heilwirkung auf Uterus, Harnwege und Atemwege, und Kräuterärzte haben Tee oder Abkochung der Wurzeln lange Zeit zur Milderung bei Husten, Halsentzündungen, Keuchhusten und Bronchitis benutzt. Alant hat auch eine gute Wirkung auf die Verdauungsorgane und ist ein hervorragendes, allgemeines Tonikum und nach Mességué mit antiseptischen und reinigenden Eigenschaften ausgestattet. Alant soll helfen, Krätze, Herpes und Akne zu heilen, wie auch kleine Wunden und Schnitte. Die Wurzel wurde

kandiert als Süßigkeit verzehrt, oder in Pillen für Halsentzündungen und Keuchhusten verwendet. Sie wird auch für Kräuterliköre und als Bestandteil des Absinth verwendet. Für Tee weicht man 50 bis 60 g Wurzel in kaltem Wasser für eine Stunde ein, kocht eine Minute auf und läßt zehn Minuten ziehen, nach Abguß süßen nach Bedarf, trinkt man drei Glas voll pro Tag, jeweils vor den Mahlzeiten zur Förderung der Schleimlösung, Linderung bei Husten, Halsentzündungen und Bronchialbeschwerden. Für eine starke Abkochung nimmt man 45 g Wurzel auf ½ l kochendes Wasser und benutzt es als Lotion für schorfige Haut, kleine Schnitte und Wunden. Alant ist eine prachtvolle Blütenstaude für die Staudenrabatte. Anzucht aus Samen, Stecklingen oder Pflanzung aus dem Blütenstaudensortiment; braucht Sonne und nährstoffreichen, feuchten Boden. Die Wurzeln können zwei Jahre nach der Pflanzung im August geerntet, gesäubert, in Scheiben geschnitten und getrocknet werden, nach einer Weile duften sie köstlich nach Veilchen und werden luftdicht aufbewahrt.

Betonie, gemeiner Ziest *Stachys officinalis* (synonym *Betonica officinalis*) ist eine behaarte Staude Europas und Algeriens, verbreitet in feuchten Bereichen, an sonnigen Hängen in lichten Gebüschen und Laubwäldern und Magerwiesen, bis in 1000 m Höhe. Der Ziest hat einen kleinen holzigen Wurzelstock, auf dem aufrechte 15 bis 60 cm lange Stengel erwachsen. Die aromatischen, rauh gezähnten, paarweise gegenständigen Blätter sind länglich oval und an der Basis behaart und lang gestielt. Die purpurrosa Blüten bilden einen dichten Blütenstand am Stengelende und erblühen im Juli und August. Der Gattungsname kommt vom griechischen *stachys* ›Kornähre‹ und bezieht sich auf den Blütenstand. Der frühere Name Betonie kommt von den keltischen Worten *bew* ›Kopf‹ und *tom* ›gut‹ und bezieht sich auf die alte Anwendung bei Kopfbeschwerden. Das lateinische *officinalis* zeigt den langen Gebrauch als Heilpflanze. Seit alters her hielt man Ziest für ein Allheilmittel. Antonius Musa, der Arzt des Kaisers Augustus, schrieb in einer Abhandlung, daß es ein besonderes Heilmittel gegen siebenundvierzig Krankheiten sei. Ziest wurde in Kräuter- und Klostergärten, bei Kirchen und auf Friedhöfen gezogen und sollte Schutz vor bösen Zauberkräften geben. Im 18. Jahrhundert wurde es von Ärzten abgelehnt, als Volksmedizin aber weiter benutzt. Betonie galt als besonders wirksam bei Kopferkältungen. Eine Prise der getrockneten Blätter löst heftigen Niesreiz aus und klärt damit den Kopf. Eine Abkochung soll in Fällen schwerer Kopfschmerzen helfen. Betonie wird auch bei Halsentzündungen, Asthma, Katarrhen, festsitzender Verschleimung der Atemwege, Gicht, Rheumatismus und Nervenbeschwerden angewendet. Ein Umschlag frischer Blätter wird einige Minuten in kochenden Rotwein getaucht und auf offene Wunden angewandt, um diese zu reinigen und die Bildung von Wundschorf zu erleichtern. Zu einer Abkochung nimmt man 25 g getrocknete oder kleingeschnittene frische Pflanze in ½ l kochendes Wasser, läßt fünf Minuten ziehen, gießt ab und nimmt davon dreimal am Tag ein Glas. Im Garten problemlos aus dem Wildkräutersortiment zu ziehen, an sonnigen trockenen Tagen im Juli ernten, in lockeren Bündeln zu möglichst schnellem Trocknen aufhängen und dann luftdicht verschlossen aufbewahren.

Kardinalslobelie *Lobelia cardinalis* ist eine bei uns einjährig gezogene Staude Nordamerikas, wo sie an feuchten Stellen an Flußufern wächst. Sie ist bei uns eine nicht winterharte Zierpflanze. Der aufrechte Stengel kann 60 bis 120 cm hoch werden und ist wechselständig mit lanzettähnlichen, am Rande gezähnten Blättern besetzt und trägt leuchtendrote röhrenförmige Blüten von Juli bis September am Triebende. *Cardinalis* erinnert an die rote Farbe der Kirchenroben von Kardinälen. Der Gattungsname Lobelie geht auf den Kräuterarzt Lobelius zurück. Indianerstämme pulverisierten die Wurzel der Kardinalslobelie und benutzten sie als Aphrodisiakum und mischten sie dem Essen streitender Paare bei, da sie glaubten, damit ihre gegenseitige Liebe wieder zu erwecken. Die Pflanze soll giftige Alkaloide enthalten und verbietet sich deshalb für eine Selbstmedikation. Prächtige Gartenblütenpflanze, die auch im Schatten lange blüht und volle Leuchtkraft entfaltet.

Blaue Staudenlobelie *Lobelia siphilitica* ähnelt der Kardinalslobelie, ist aber grün und hat blaue Blüten. Die Irokesen benutzten einen starken Tee der Wurzeln, da sie diesen für eine wirk-

Betonie, Gemeiner Ziest *Stachys officinalis*

Staudenlobelie *Lobelia gerardii*

Betonie, Gemeiner Ziest *Stachys officinalis*

Kardinalslobelie *Lobelia cardinalis*

Wolfstrapp *Lycopus europaeus*

Wiesenknautie *Knautia arvensis*

same Arznei gegen Geschlechtskrankheiten hielten (deshalb *siphilitica*) und auch als wirksam zur Behandlung von Asthma verwendeten. Die Pflanze enthält ebenso giftige Alkaloide und verbietet sich für Selbstmedikation, ist jedoch bei uns im Normalfall eine winterharte, prächtig blühende Gartenstaude. *L.* x *gerardii* ist eine Kreuzung dieser Art mit *L. cardinalis* und ist weniger winterhart als *L. siphilitica*.

Lobelia inflata ist eine giftige einjährige Pflanze Zentral- und Nordostamerikas, in Feldern, lichten Wäldern und auf trockenem Ödland, aber auch in Gärten kultiviert. Sie hat einfache oder verzweigte behaarte Stengel, die 30 bis 60 cm hoch werden. Die wechselständigen ovalen Blätter sind am Rande gezähnt und gewellt, dünn und hellgrün. Die winzigen, lavendelfarbigen Blüten stehen in verlängerten Blütenständen und öffnen sich am Stengelende von Juni bis Oktober. Der Gattungsname, der dem Botaniker Matthias de l'Obel gewidmet ist, der 1616 starb, und das lateinische *inflata* beziehen sich auf die ballonförmig aufgeblasene Samenkapsel. Der englische Name Indian Tobacco erinnert daran, daß Indianer die Pflanze kauten und rauchten. Noch heute enthalten einige Zubereitungen zum Abgewöhnen des Rauchens *Lobelia inflata*, obwohl Streit darüber besteht, wie giftig die Pflanze ist. Früher wurden mit der Pflanze einige Krankheiten behandelt, wie Epilepsie, Krämpfe, Diphtherie und Asthma, weiterhin als Umschlag für Verstauchungen und Quetschungen. Innere Anwendung bewirkt heftigen Brechreiz, Depression, Übelkeit, kalten Schweiß und in manchen Fällen auch den Tod. Keine Selbstmedikation.

Wolfstrapp *Lycopus europaeus* ist eine Staude Europas, West- und Zentralasiens und verwildert in Nordamerika, verbreitet in Röhrichten, Bruchwäldern, an Ufern und Gräben auf zeit-weise sehr nassen nährstoffreichen Böden. Die Stengel sind aufrecht, behaart verzweigt, 30 bis 100 cm hoch. Die eiförmig länglichen, grobgezähnten Blätter stehen paarweise und tragen an den Triebenden die kleinen, weißen, innen rötlich gefärbten Blüten in kugeligen Blütenständen von Juli bis September in den Blattachseln. Wolfstrapp wird mit seinen adstringierenden und beruhigenden Wirkungen bei Herzklopfen schilddrüsenerkrankter Personen angewandt. Die englische Bezeichnung *Gipsywort* »Zigeunerkraut« soll sich darauf beziehen, daß die Pflanze zum Nachdunkeln der Haut bei dieser Volksgruppe benutzt wurde. Die Pflanze liefert eine haltbare schwarze Farbe für Wolle und Seide. Problemlos im Garten zu ziehen, wird aber leicht lästig durch Selbstaussaat.

Virginischer Wolfstrapp *Lycopus virginicus* ist eine Staude Nordamerikas, bevorzugt feuchte schattige Plätze. Aus dem kriechenden Wurzelstock wächst ein 15 bis 60 cm hoher, viereckiger krautiger Stengel. Die paarweise stehenden Blätter sind oben lanzettförmig, gezähnt, die unteren keilförmig ganzrandig. Von Juli bis September purpurne Blütenknäuel in den Blattachseln. Gleich unserem Wolfstrapp adstringierend und beruhigend, gleichfalls Anwendung bei Schilddrüsenerkrankungen. Neuere Forschung läßt vermuten, daß Wolfstrapp hormonelle Eigenschaft hat und bei längerer Einnahme empfängnisverhütend wirken kann. 30 g getrocknetes Kraut in $^{1}/_{2}$ l kochendes Wasser, fünf Minuten ziehen lassen, abgießen und öfters zur Linderung bei Husten trinken. Leicht aus Samen im Garten zu ziehen.

Wiesenknautie *Knautia arvensis* ist eine Staude Europas und verwildert in Nordamerika. Sie wächst in Fettwiesen, auf halbtrockenem Rasen und Äckern, mehr oder weniger nährstoffreichen lockeren Lehmböden. Sie hat eine dunkle, etwas verholzte Hauptwurzel und aufrechte einfache oder verzweigte, im unteren Teil leicht borstige, 25 bis 100 cm hohe Stengel. Blätter meist tief eingeschnitten geteilt, stark gezähnt, die oberen sind ungestielt. Die endständigen rosa bis blaulila Blütenköpfchen zeigen sich von Juni bis Oktober.

Der Gattungsname ehrt den sächsischen Botaniker Dr. Knaut aus dem 17. Jahrhundert. Das lateinische *arvensis* bezieht sich auf das Vorkommen im Ackerbereich.

Im Mittelalter wurde sie zur Prophylaxe bei Infektionen genommen und bei Husten, Atemnot und Lungenerkrankungen angewandt. Diese alte Heilpflanze ist wahrscheinlich das bekannteste Mittel zur Entfernung von Sommersprossen, Pickeln, Schuppen und Schorf.

An sonniger Stelle und kalkhaltigen Böden leicht im Garten auch als Zierpflanze zu ziehen und für den Schnitt geeignet. Angeboten wird sie im Wildpflanzensortiment.

Blutwurz *Potentilla erecta*

Gänsefingerkraut *Potentilla anserina*

Buntblättriger Sonnentau *Drosera rotundifolia* ist eine Staude Nord- und Mitteleuropas, Nordasiens und Nordamerikas, kommt in feuchte torfigen Sümpfen, Heiden, Mooren, oft zwischen Torfmoos vor. Er ist eine insektenfressende Pflanze mit Faserwurzeln und besitzt löffelförmige Blätter, langgestielt in einer Rosette stehend, und Drüsenhaare zum Fangen und Verdauen von Insekten. Die kleinen weißen Blüten stehen einseitig endständig, manchmal auch am gabelig verzweigten Blütenstand und öffnen sich von Juli bis September. Die Verdauungsenzyme der Pflanze sind sehr ähnlich denen des menschlichen Magens. Milch mit Sonnentau erhitzt, gerinnt. Die Hauptanwendung erfolgt als Tinktur, Aufguß oder Kräutertee zur Behandlung von Keuchhusten, Asthma, Bronchitis und Blutandrang in den Atemwegen.

Er gilt auch als wirksam zur Behandlung von Alterskrankheiten, wie Arteriosklerose und Bluthochdruck.

Gänsefingerkraut *Potentilla anserina* ist eine Staude Europas und in der gesamten gemäßigten Klimaregion verbreitet. Zu finden auf Schuttplätzen, an Gräben, auf Dünen, Wegrändern, feuchten Wiesen, insbesondere auf kalkreichen Böden. Aus dem dunkelbraunen Wurzelstock wachsen lange, kriechend wurzelnde Ausläufer, die bis 80 cm lang werden können. Die silbrig, weiß behaarten Blätter tragen sieben bis zwölf große Fiederpaare und abschließende Endblättchen. Die Blättchen sind unterseits silbrig behaart und am Rand gezähnt. Die gelben, hahnenfußähnlichen Blüten stehen langgestielt einzeln in den Blattachseln und erblühen von Juli bis September. Der Gattungsname kommt vom lateinischen *potens* ›kraftvoll‹ und bezieht sich auf die starken medizinischen Eigenschaften der Pflanze, das lateinische Wort *anser* ›Gans‹ erinnert daran, daß Gänse diese Pflanze gerne fressen. Obwohl nicht so stark wirksam wie Tormentil *Potentilla erecta*, hat das Gänsefingerkraut doch ähnliche adstringierende, entzündungshemmende und beruhigende Eigenschaften. Alle Teile der Pflanze enthalten Gerbstoffe. Meist werden die blühenden Teile der Pflanze genutzt, manchmal aber auch die adstringierenden Wurzeln. Ein Aufguß wirkt gegen Kolik und Durchfall, und eine stärkere Abkochung wird äußerlich zur Behandlung gegen Hämorrhoiden angewandt, wobei Weiss feststellt, daß seine eigenen Versuche nur geringe Wirksamkeit hinsichtlich krampflösender und adstringierender Eigenschaften gezeigt haben. Ein Destillat von Gänsefingerkraut wird

in kosmetischen Zubereitungen zur Linderung bei geröteter Haut, Flecken und Pickeln benutzt. Seltsamerweise wird immer wieder behauptet, daß die frische Pflanze leicht radioaktiv sei und eine schmerzlindernde Wirkung beim Auflegen auf die betroffene Stelle habe. Für einen Aufguß nimmt man 30 g frisches oder getrocknetes Kraut auf $^1/_2$ l kochendes Wasser, läßt 10 bis 15 Minuten ziehen, gießt ab, süßt und trinkt drei Tassen voll pro Tag nach den Mahlzeiten. Sammeln und schnell trocknen, damit die grüne Farbe erhalten bleibt und luftdicht verschlossen aufbewahren.

Tormentil, Blutwurz, Ruhrwurz *Potentilla erecta* ist eine Staude Europas, Westasiens und Nordafrikas, auf Trockenrasen und Heiden in trockenen, humosen, sauren, kalkfreien Böden. Den dicken, verholzten, runden, rotfleischigen Wurzeln entwachsen dünne, reich verzweigte Stengel, die 10 bis 40 cm hoch werden. Die gestielten Grundblätter sind drei- bis fünfteilig, die Stengelblätter ungestielt, dreiteilig und gezähnt. Die gelben, vierteiligen Blüten stehen einzeln langgestielt in den oberen Verzweigungen und öffnen sich von Juni bis Oktober.

Das lateinische Wort *erecta* bedeutet ›aufrecht‹, obwohl die Pflanze im Gegensatz dazu mehr niederliegend, flachkriechend wächst. Die Bezeichnung *Tormentil* kommt vom lateinischen *tormentum* ›Kolik‹, gegen die das Kraut sehr wirksam ist. Der Name Blutwurz bezieht sich auf die blutrote Farbe im Wurzelfleisch, und der Name Ruhrwurz auf die Anwendung bei Durchfall und bei Magen- und Darmkatarrhen. Tormentil hat einen schwachen aromatischen Geruch und einen stark zusammenziehenden Geschmack. Die Wurzel enthält achtzehn bis dreißig Prozent Gerbstoff und achtzehn Prozent eines roten Farbstoffes. Sie wurde auf den Orkney-Inseln und in Lappland zum Rotfärben von Leder benutzt. Tormentil gilt als eines der sanftesten und wirksamsten natürlichen Adstringens und wird weit verbreitet in der Kräutermedizin benutzt, um Durchfall zu stoppen und dabei gleichzeitig positiv darmwirksam zu sein. Eine starke Abkochung wird zur Linderung bei Hämorrhoiden, wunder Haut im Anusbereich sowie wunden Brustwarzen benutzt. Es wird auch als Spülung für entzündete Augen, zum Gurgeln bei entzündetem Hals, bei Mundgeschwüren und Parodontose empfohlen. Eine Kompresse aus frischen Blättern strafft schlaffe Haut, und der frische Saft in Hautcremes lindert Entzündungen und Wunden. In frischen Saft oder starke Abkochung getauchtes Leinen, mehrfach angewandt läßt es Warzen verschwinden. Tormentil gehört zu den Sumpfpflanzen und dem Wildstaudensortiment, im Garten auch als Zierpflanze leicht anzubauen. Die Wurzeln werden im Frühjahr oder im Herbst geerntet, gereinigt, fein aufgeschnitten und sorgfältig getrocknet.

Heidekraut, Besenheide *Calluna vulgaris* ist ein kleiner immergrüner Strauch Europas und Nordwestafrikas sowie des östlichen Nordamerikas. Es wächst in Heiden, Mooren, Sümpfen, an Wald- und Wegrändern. Die viel verzweigten Triebe können bis 60 cm hoch werden. Die winzigen überlappten Blätter sind dreieckig und sitzend. Die rosa glockigen Blüten wachsen in beblätterten Ähren und öffnen sich von Juni bis September. Der Gattungsname kommt vom griechischen *kallynein* ›reinigen‹, wahrscheinlich wegen seiner harntreibenden und reinigenden Eigenschaften. Der Name »Besenheide« bezieht sich auf das Binden von Besen aus Heidekraut. Medizinisch wurde Heidekraut zur Bekämpfung von Infektionen der Harnwege und der Nieren angewandt. Als Bad oder in Salben gilt es als ausgezeichnet zur Erleichterung bei rheumatischen und arthritischen Schmerzen. Heidehonig ist besonders köstlich. Aus den Wurzelknollen der im Mittelmeerbereich vorkommenden Baumheide werden die Bruyère-Pfeifen gemacht. Zur Linderung bei Rheumatismus fügt man dem Bad einen kleinen Armvoll Heidekraut zu und badet so zweimal pro Tag. Für Harnwegsinfektionen trinkt man dreimal täglich eine Tasse Heidekrauttee, dazu nimmt man 30 bis 45 g Blüten auf 1 l kaltes Wasser, kocht etwa fünf Minuten und gießt ab. Heidekraut gehört zum Blütengehölz/Staudensortiment und wächst problemlos an sonniger Stelle im Garten. Man schneidet die knospigen Blütentriebe und trocknet in kleinen Bündeln unter dem Dach zum Wintergebrauch.

Kanadisches Berufkraut *Conyza canadensis* (synonym *Erigeron canadensis*) ist eine einjährige krautige Pflanze aus Nordamerika und heute weltweit verbreitet. Sie kam im 17. Jahrhundert zu uns und wächst auf Unland, in Feldern, an Wegrändern, Schuttplätzen und im Garten. Die einfachen bis vielfachen, im oberen Teil verzweigten Stengel werden bis ein Meter hoch. Die Grundblätter sind lanzettförmig gestielt und sterben bald ab. Die schmalen Stengelblätter sind borstig behaart. Die Blütenköpfchen tragen viele kleine weiße oder rosa Blüten von Juni bis September. Die Pflanze enthält ein Öl, das ähnliche Eigenschaften wie Terpentin haben soll. Heute gilt es als wirksam bei Mundgeschwüren, Mandelentzündungen und blutenden Hämorrhoiden. Gesammelt wird das blühende Kraut. Es wird in Bündeln getrocknet. Im Garten wird es aber schnell zum lästigen Unkraut.

Kanadisches Berufkraut *Conyza canadensis*

Besenheide, Heidekraut *Calluna vulgaris*

Rundblättriger Sonnentau *Drosera rotundifolia*

Lanzensilberkerze *Cimicifuga racemosa*

Süßholz *Glycyrrhiza glabra*

Wanzenkraut *Cimicifuga foetida*

Süßholz *Glycyrrhiza glabra*

Lanzensilberkerze, Junisilberkerze, Wanzenkraut *Cimicifuga racemosa* ist eine unangenehm riechende (Wanzenkraut) Staude Nordamerikas, wo sie in nährstoffreichen, offenen, feuchten Wäldern wächst. Der kräftige knotige, schwarze, unterirdische Wurzelstock besitzt zierliche, bis zwei Meter hohe Triebe, die Blätter sind doppelt bis dreifach dreiteilig, die Blättchen langgestielt, breit und unregelmäßig grob gezähnt. Der Blütenstand ist nur wenig verzweigt, die Blütentrauben bis 60 cm lang, leicht überhängend, weiß und unangenehm duftend. Die Blütezeit dieser wertvollen Gartenstaude ist Juli, während die Varietät *cordifolia* dieser Silberkerze straff aufrechte, verzweigte, dichtblütige, manchmal leicht rosafarbene Blütenstände besitzt, die sich ab Mitte August zeigen. Der Gattungsname kommt vom lateinischen *cimicus*

›Insekt‹ und bezieht sich auf die angenommene Insekten abweisende Wirkung. Das lateinische Wort *racemosa* bezeichnet den traubigen Blütenstand. Die Anwendung der Wurzel bei den nordamerikanischen Indianern ist alt. Sie wendeten sie bei unregelmäßiger Menstruation und zur Linderung der Geburtsschmerzen an, deshalb auch bei ihnen der Name Squawroot »Frauenwurzel«. Neuere Forschungen haben diese Anwendung bestätigt. Die Wurzel enthält dem Östrogen ähnliche Substanzen, die heute in der Psychotherapie bei Leiden wegen Östrogenmangels angewandt werden. Regelmäßige Anwendung über längere Zeit erwiesen sich auch als wirksam bei Depressionen im Klimakterium. Da die Pflanze giftig ist und Übelkeit und Erbrechen hervorrufen kann, verbietet sich eine Selbstmedikation.

Wanzenkraut *Cimicifuga foetida* ist eine Staude Osteuropas, mit einem unangenehmen Geruch und lockeren, spärlich verzweigten, gelblichweißen Blütentrauben im Juli. Geruch ähnlich dem Holunder. Im Wildstaudensortiment und nicht zu vergleichen mit dem Gartenwert der anderen Silberkerzenarten und Sorten.

Süßholzwurzel *Glycyrrhiza glabra* ist eine Staude Süd- und Osteuropas bis Persien, die auf trockenem offenen Gelände wächst und oft in großem Umfang kultiviert wird/wurde (z. B. bei uns seit mehreren Jahrhunderten in der Bamberger Gegend). Der dicke fleischige, innen gelbliche, außen dunkel rotbraune Wurzelstock hat lange Ausläufer und lange dünne Einzelwurzeln. Die Triebe werden bis zwei Meter hoch. Die wechselständigen gefiederten Blätter

Weberkarde *Dipsacus sativus*

besitzen eiförmige, klebrige Blättchen. Die rötlich hellvioletten Blümchen stehen in langgestielten Trauben von Juni bis September in den Blattachseln und entwickeln sich zu kleinen, weichen Hülsen mit dunklen ovalen Samen. Der Gattungsname kommt vom griechischen *glycyrrhiza* ›süße Wurzel‹ und das lateinische *glabra* ›glatt‹ bezieht sich auf die glatten Hülsen. Süßholz wird seit Jahrtausenden medizinisch schon bei den Ägyptern, Griechen und Römern genutzt und als gut bei Husten und Erkältungen verschiedener Art erkannt. Süßholz hieß im Altertum auch oft Scythic, da die Skythen als gefürchtete Krieger nur von Süßholz in der Lage sein sollten, zehn Tage ohne andere Speisen und Getränke auszukommen. Seit Hippokrates' Tagen wurde Süßholz bei Wassersucht verschrieben, da sie keinen Durst auslöst, wahrscheinlich als einzige Süßigkeit. Die Haupteigenschaft sind ihre lindernden Wirkungen, und so ist sie ausgezeichnet geeignet zur Behandlung bei Hals- und Brustbeschwerden, weshalb sie in Halspastillen und Hustenmischungen verbreiteter Bestandteil ist. Sie wird auch in anderen Arzneien zur Linderung bitterer Geschmacksstoffe benutzt. Süßholz ist auch eine verbreitete Süßigkeit, die problemlos von Diabetikern verzehrt werden kann. Süßholz wird beim Brauen von Porterbier und Stoutbier verwendet, um ihm Körper und Farbe zu geben, und wird auch bei der Zubereitung von Tabak angewandt. Neuere Forschungsergebnisse zeigen, daß es schmerzbefreiende Wirkung bei Magengeschwüren hat und längere Anwendung den Blutdruck hebt. Für eine Abkochung gegen Husten, Erkältungen, Halsentzündungen und Magengeschwüre nimmt man 45 bis 60 g Süßholzwurzel in 1 l Wasser, kocht 10 bis 15 Minuten, gießt ab und trinkt bei Erfordernis. Vermehrung von Süßholz erfolgt durch Stücke von Wurzeln oder Ausläufern, die im Abstand von dreißig Zentimeter etwa acht bis zehn Zentimeter tief gepflanzt werden. Nach zwei Anwachsjahren können im dritten oder vierten Herbst Wurzeln geerntet, gewaschen, vorbereitet und getrocknet werden.

Karde, Weberkarde *Dipsacus sativus* (synonym *Dipsacus fullonum*) ist eine zweijährige Pflanze Europas, Nordafrikas und der Kanarischen Inseln und in Nordamerika stellenweise verwildert. Sie wächst in Schuttunkrautgesellschaften, an Wegrändern und Ufern, auf feuchten, nährstoffreichen, meist kalkhaltigen, sandigen, lehmigen Böden und wird auch angebaut. Sie hat eine dicke gedrehte, gelbliche Pfahlwurzel, die aufrechten kantigen, im oberen Teil verzweigten Stengel können über zwei Meter hoch werden. Die Grundblätter sind lanzettförmig, lang, stachelig und bilden im ersten Jahr eine flache Rosette. Die Stengelblätter stehen paarweise am Blattgrund einen stengelumfassenden, Wasser sammelnden Becherbildung. Die lila Blüten stehen in walzenförmigen Köpfchen an den Triebenden und werden von schmalen, stacheligen, harten, zurückgekrümmten Hüllblättern umgeben. Blütezeit Juli bis August. Der Gattungsname kommt vom griechischen *dipsao* ›durstig sein‹ und bezieht sich auf den tütenförmig verwachsenen Blattgrund der paarigen Stengelblätter, der Wasser sammelt. Die Bezeichnung Karde und Weberkarde kommt vom Karden des Wollstoffs, bei dem die hakigen Stützblätter im Blütenköpfchen zum Aufrauhen des Stoffes benutzt wurden und durch die feinen, dann einseitig gerichteten Fasern eine fellähnliche wasserableitende Wirkung erreicht wurde. Auch der Wurzel wurden früher reinigende Eigen

Weberkarde *Dipsacus sativus*

schaften zugeschrieben. Sie wird zur Stärkung des Magens und bei Gelbsucht empfohlen und eine Tinktur der blühende Pflanze zur Behandlung von Hauterkrankungen. Die getrockneten Blütenstände sind für die Trockenblumenbinderei gesucht und erhalten, wenn bei Blühbeginn schnell getrocknet, ihre Farbe. Die Weberkarde ist bei uns nur angebaut oder aus dem Anbau verwildert bekannt, als Ursprungsart wird *Dipsacus silvestris,* die wilde Karde angenommen. Heute wird das Karden des Stoffes maschinell durchgeführt, so daß Wappenzeichen von Tuchfabriken und Weberfamilien mit der Karde an geschichtliche Nutzung erinnert. Auch das grüne Tuch auf Billardtischen wurde früher so behandelt. Im Garten leicht aus Samen zu ziehen, benötigt aber für die erstjährige Blattrosette pro Pflanze bis 50 cm Pflanzabstand.

Herbstzeitlose *Colchicum speciosum*

Tabak *Nicotiana tabacum*

Colchicum speciosum, oberhalb Trapezunt an der türkischen Schwarzmeerküste

Herbstzeitlose *Colchicum autumnale* ist eine Staude Mittel- und Südosteuropas, die auf feuchten Wiesen und in Auwäldern, auf feuchten, nährstoffreichen, lehmigen bis tonigen Böden vorkommt. Sie bildet schnell Kolonien und besitzt eine tiefliegende, braun schuppige Zwiebelknolle. Die im Frühjahr wachsenden zwei bis drei glänzend grünen parallelnervigen, lanzettartigen Blätter werden 25 bis 40 cm hoch, tragen in der Mitte im Frühsommer die Samenkapsel und welken danach ab. Die sechsteiligen, hell lilaroten Blüten zeigen sich von September bis Oktober, manchmal auch bis in den November hinein. Trotz medizinischer Anwendung der Pflanze in der Vergangenheit sind doch alle Teile hochgiftig, so daß sich Selbstmedikation verbietet. Der Ruf der Herbstzeitlose beruht vor allen Dingen auf ihrer Wirksamkeit gegen Gicht. Der Wirkstoff der Pflanze ist

Colchizin, das die Zellteilung beeinflußt und zu Chromosomverdoppelung führt. Versuche wurden damit in der Krebsforschung gemacht, verbreitet war aber früher die Anwendung in der Pflanzenzüchtung zur Erzeugung von Polyploidie. Früher wurde sie auch als Brechmittel benutzt, wobei aber Überdosierung drastisch abführend wirkt und starke Depressionen hervorrufen kann. Vermehrung durch die Zwiebelknollen, die sich schnell horstbildend vermehren. *Colchicum speciosum* ist eine ähnliche Art aus der Türkei und eine sehr schöne Gartenzierpflanze. Es gibt hiervon auch noch viele andere Arten und Sorten.

Tabak *Nicotiana tabacum* ist eine klebrige einjährige Pflanze oder kurzlebige Staude des tropischen Amerikas und heute weltweit zur Tabakgewinnung angebaut und ist vielerorts

verwildert. Man findet ihn an Wegrändern, Feldrainen und auf Ödland. Aus dem kräftigen Faserwurzelwerk erwächst ein behaarter, klebriger runder Stengel, der 100 bis 300 cm hoch werden kann. Die zahlreichen wechselständigen, blaßgrünen Blätter sind groß, oval lanzettförmig, leicht klebrig behaart, von unangenehm bitterem Geschmack und narkotischem Geruch. Die röhrigen Blüten tragen einen umgeschlagenen rosaroten Saum und blühen von August bis Oktober. Der Gattungsname ehrt Jean Nicot, einen Portugiesen, der die Pflanze nach Frankreich brachte. Von Sir Walter Raleigh 1586 nach England gebracht, erfuhr sie anfangs heftige Ablehnung, wurde jedoch um die Mitte des 16. Jahrhunderts in England offizinelle Heilpflanze. In unserem Jahrhundert haben sich Millionen von Menschen weltweit das Rauchen angewöhnt, trotz der bekannten Suchteigenschaften

Schwarze Flockenblume *Centaurea nigra*

Rote Zaunrübe *Bryonia cretica* subsp. *dioica*

und der zweifelsfreien gesundheitlichen Risiken. Man schätzt, daß etwa zweieinhalb Millionen Menschen weltweit jährlich an Krankheiten sterben, die mit dem Tabak zusammenhängen. In Nordamerika rauchten Indianer Tabak aus medizinischen Gründen. Tabakrauch ins Ohr geblasen, galt als Mittel gegen Ohrenschmerzen, feuchte Blätter standen in dem Ruf, Bienenstiche zu heilen. Viele Forscher kauten die Blätter, um den mit Speichel vermischten Saft dann als Insekten vertreibendes Mittel auf ihre Haut zu reiben. Die wirksamste Substanz des Tabaks ist das hochgiftige Alkaloid Nikotin. Eingenommen, bewirkt es Störungen der Verdauung und des Kreislaufs, ebenso wie es beruhigend, harntreibend und Übelkeit auslösend wirkt. In größeren Dosen bewirkt es Erbrechen, Übelkeit und Schläfrigkeit. Rauch oder ein gerolltes Tabakblatt als Zäpfchen im After, entleert den Darm und hilft bei eingeklemmtem Bruch. Nikotin wurde früher als Insektizid im Gartenbau benutzt, darf jedoch wegen seiner Giftigkeit weder dazu noch zur Selbstmedikation verwendet werden.

Schwarze Flockenblume *Centaurea nigra* ist eine Staude Europas, ostwärts, bis zur Linie Schweden – Italien. Sie wächst auf mageren Rasen und Weiden, Waldlichtungen, auf mäßig feuchten und nährstoffreichen, sandigen und humosen Boden und ist auch in Nordamerika eingebürgert. Sie hat einen kräftigen verzweigten Wurzelstock und feste gefurchte, im oberen Teil verzweigte, ca. 60 bis 90 cm hohe Stengel. Die gestielten Grundblätter sind meist gelappt oder gezähnt, die oberen schmaler und sitzend. Die ganze Pflanze ist graugrün und ziemlich behaart. Die einzeln endständigen, von schwarz gezähnten Hüllblättern aus leuchtend purpurroten Röhrenblüten gebildeten Köpfchen erblühen im Juli und August. Die schwarze Flockenblume war einst als Wundkraut hochgeschätzt und im 14. Jahrhundert Bestandteil einer Salbe gegen Pestwunden. Sie galt auch als nützliches Tonikum und harntreibendes Mittel, und nach Culpeper war sie von besonderem Nutzen zur Behandlung von Halsentzündungen und sehr gut zum Stillen von Blutungen in Nase und Mund.

Rote Zaunrübe *Bryonia cretica* subsp. *dioica* ist

eine Staude Südeuropas, Westasiens und Nordafrikas. Sie wächst an Wegrändern, in Hecken, in Schuttunkrautgesellschaften, auf frischen, nährstoffreichen, humosen, meist lehmigen Böden und ist bis nach England und Dänemark hinauf verbreitet. Sie hat eine ziemlich große, rübenartige, manchmal verzweigte Wurzel und sehr lange rauhhaarige kräftige, brüchige Triebe, die über drei Meter lang werden können und mit einfachen Ranken durch Gehölze hindurch zum Licht klettern. Die langgestielten, tief gelappten Blätter sind rauhhaarig, die weiblichen Blüten stehen in kleinen Gruppen zu drei und vieren in den Blattachseln und blühen ab Mai, sie entwickeln sich zu roten Beeren. Die männlichen Blüten stehen in verzweigten Blütentrauben und werden von vielen Insekten wegen des reichen Pollenangebotes besucht. Männliche und weibliche Blüten wachsen auf getrennten Pflanzen. Der Gattungsname kommt vom griechischen *bryo* »sprießen« und bezieht sich auf das schnelle Wachstum der Triebe. Das lateinische Wort *cretica* bezieht sich auf die erste Namensgebung durch Linné, der sie aus Kreta stammend wähnte und das lateini-

sche Wort *dioica* sagt, daß die Pflanze zweihäusig ist. Die Franzosen nennen die Pflanze *Navet de Diable* »Teufelsrübe« wegen ihrer kräftigen und gefährlichen Wirkung. Alle Teile der Pflanze sind giftig und dürfen deshalb nicht zur Selbstmedikation verwendet werden. Wer die rotfrüchtige Zaunrübe als schnelldeckende Kletterpflanze im Garten verwenden möchte, sollte ein männliches Exemplar wählen, so daß keine Gefahr für Kinder durch die roten Beeren besteht. Die medizinischen Wirkungen der Pflanze kennt man seit Hippokrates. Die Wurzel scheidet bei Verletzung einen milchigen Saft aus, der bitter schmeckt und Übelkeit erregt. Sie wurde wegen ihrer heftig abführenden Wirkung bei Griechen und Römern benutzt, jedoch heute wegen ihrer Giftigkeit und starken Reizwirkung nicht mehr angewandt. In der Vergangenheit wurde sie bei Wassersucht, Rheumatismus und Ischias angewandt und wird heute nur noch in der Homöopathie zur Behandlung von Keuchhusten, Rippenfellentzündung und Bronchitis, aber auch bei Frostbeulen eingesetzt. Aus Zaunrübenwurzeln wurden im Mittelalter falsche Alraunenwurzeln geschnitzt.

169

Purpurdost *Eupatorium purpureum*, aufgenommen am 28. August

Wasserdost *Eupatorium cannabinum*

Wasserhanf, Wasserdost, Kunigundenkraut
Eupatorium cannabinum ist eine Staude Europas, Zentralasiens und Nordafrikas, die in Auwäldern, auf Kahlschlägen und an den Rändern feuchter Gebüsche, Gräben und Wasserläufen und auf Feuchtwiesen zu finden ist. Wasserhanf hat einen verholzten Wurzelstock, einen behaarten rot überlaufenen, 50 bis 150 cm hohen Stengel und riecht beim Abschneiden angenehm aromatisch. Die paarweise gegenständigen behaarten Blätter sind am Stengelgrund gestielt und weiter oben fast sitzend und tragen winzige Harztüpfel. Die lilaroten bis rosaroten oder purpurnen Blütenkörbchen bilden endständige Trugdolden und blühen von August bis September. Ein Teeaufguß der Blätter lindert Erkältungskrankheiten, Arthritis und Rheumatismus. Im Mittelalter war es ein weit verbreitetes Wundkraut und wurde für hilfreich bei Problemhaut und Schuppen gehalten. Forschungsergebnisse deuten auf abwehrsteigernde Kräfte der Pflanze hin, die ihrer Anwendung bei Erkältungskrankheiten und fiebrigen Erkrankungen entsprechen würden; möglicherweise deshalb auch hilfreich bei der Aids-Behandlung. Getrocknet, dunkel aufbewahren. Achtung: hohe Dosierung wirkt abführend. Wasserhanf ist Bestandteil stoffwechselanregender, abführender Teemischungen. Gehört zum Wildstaudensortiment.

Purpurdost, *Eupatorium purpureum,* ist eine Staude aus Nordamerika, die in mehr trockenen Gehölzen und Wäldern vorkommt.

Ihr Stengel ist kräftig, aufrecht und dicht verzweigt, bis 300 cm hoch. Erst oberhalb des Blattansatzes purpurn gefärbt (in Kultur meist ganz rötlich) und die grobgezähnten, länglich spitzen Blätter stehen in Quirlen zu drei bis vier. Die blühenden, sehr großen endständigen Scheindolden sind weiß, rosa oder purpurn und blühen von Juli bis Oktober. Die ganze Pflanze strömt bei Berührung einen vanilleähnlichen

Duft aus. Die englisch-amerikanische Bezeichnung Joe Pye Weed, d. h. Joe Pye-Kraut geht auf die Erinnerung eines amerikanischen Indianerdoktors aus New England zurück, der dadurch berühmt wurde, daß er mit dieser Pflanze Typhus kurierte. Der Purpurdost ist besonders wertvoll als wassertreibendes Mittel, Tonikum und Stimulans und nützlich bei Gicht, Rheumatismus, Wassersucht und Nierenproblemen. Die Meskwaki-Indianer halten ihn für eine Liebesmedizin, an der man knabbern sollte, wenn man mit Frauen spricht, die bereit sind, sich verführen zu lassen. Der Purpurdost gehört zum Gartenstaudensortiment. Angeboten wird auch *Eupatorium maculatum* ›Atropurpureum‹ – neuerdings auch von *E. purpureum* eine Reihe von Sorten.

Spritzgurke *Ecballium elaterium* ist eine krautige, ausdauernde Pflanze aus dem Mittelmeergebiet, die in Südengland an der Atlantikküste verwildert ist. Die Spritzgurke besitzt eine

Spritzgurke *Ecballium elaterium*

lange, weiße, fleischige Wurzel und mehrere runde, dicke, kriechende Triebe, die bis zu einen Meter lang werden. Die rauhhaarigen, herzförmigen Blätter sind gezähnt oder am Rand gewellt, die Blüten sind gelb und erscheinen ab Juli. Die männlichen Blüten stehen einzeln, die weiblichen in Gruppen in den Blattachseln. Die großen, grünen, gurkenartigen Früchte sind fleischig und behaart, und wenn sie reif sind und am Stiel abbrechen, reißen sie an dieser Stelle auf und spritzen ihren saftigen Inhalt mit den Samen weit in die Gegend. Die Anwendung der Spritzgurke ist sehr gefährlich und darf nur im Rahmen verschriebener Arzneimittel erfolgen. Sie kann Übelkeit, Erbrechen, Abort bei schwangeren Frauen und Tod verursachen. Richtig angewandt und in Verbindung mit anderen Substanzen wurde sie zur Behandlung von Verdauungsstörungen und Fettleibigkeit eingesetzt. Eine Kuriosität, die man aus Samen für den Sommer im Garten ziehen kann, da sie bei uns nicht winterhart ist.

Acanthus *Acanthus hungaricus*

auch bei uns verdient ein Acanthus einen Platz in den Staudenrabatten oder im Kräutergarten. *Acanthus mollis* ist bei uns, auch in sehr günstigen Lagen, nur mit Winterdeckung hart, er muß also sicherheitshalber als Kübelpflanze gezogen werden. Absolut winterhart ist *Acanthus hungaricus*, der meist als *Acanthus longifolius* angeboten wird und ebenso stattlich in der Staudenrabatte wächst. Der Standort sollte gut wasserdurchlässig und sonnig sein, damit sich die Pflanze gut entwickelt. Vermehrung erfolgt durch Teilung oder Aussaat. Beide Arten werden im Staudensortiment angeboten.

Stranddistel, *Eryngium maritimum* ist eine Staude, die in Europa von der Nordsee bis an die Küsten des Mittelmeeres und ostwärts bis zum Schwarzen Meer an sandigen und kiesigen Küsten verbreitet ist. Die Stranddistel ist intensiv, silbrig-blau-grün und besitzt lange, fleischig-braune, leicht brüchige weitläufige Wurzeln. Der feste, leicht gerippte Stengel wird bis zu 50 cm hoch. Die unregelmäßig gelappten Blätter sind an den Spitzen dornig gezähnt, die Köpfchen aus blauen Blütenspitzen auf Quirlen der obersten Blätter. Die Stranddistel blüht im Juli und August. Der Gattungsname leitet sich vom griechischen *eruggarein* ›aufstoßen, rülpsen‹ ab und bezieht sich auf die der Pflanze zugeschriebene Wirksamkeit bei Blähungsbeschwerden. Das Wort *maritimum* weist auf die Vorliebe der Pflanze für Küstenstandorte hin, auch die deutsche Bezeichnung weist auf den Standort und die dornige Zahnung der Blätter, ähnlich einer Distel hin. Die Stranddistel ist seit alten Zeiten als exzellent für ihre Verwendung als Gewürz, Gemüse und Medizin bekannt und ihren Wurzeln schrieb man liebeskraftfördernde Wirkung zu. Die Wurzeln schmecken süßlich und enthalten viel Pflanzenschleim. Gekocht oder geröstet, ähneln sie Eßkastanien im Geschmack und sind sehr nährstoffreich, andererseits können sie auch kandiert und als Süßigkeit gegessen werden, oder als Würze für Marmeladen, Gelees und Sahnebonbons genommen werden. Die jungen Blütentriebe und -blätter sind gekocht schmackhaft und werden mit Butter serviert. Medizinisch gesehen ist die Stranddistel wassertreibend und wird für nützlich bei Blasenbeschwerden und schmerzhaftem Wasserlassen gehalten, sie fördert das Schwitzen und ist als schleimlösendes Mittel bei langwierigem Husten und Schwindsucht hilfreich. Es wurde auch Personen mit Nervenerkrankungen verschrieben. Als Salbe kann sie die Heilung der Haut nach Verletzung durch Splitter, Insektenstiche oder -stachel fördern. Clare Loewenfeld und Philippa Back in *The Complete Book of Herbs and Spices* empfehlen den folgenden Hustensirup: Man bedecke 250 g Stranddistelwurzel mit einem Liter kalten Wasser, bringe es langsam zum Kochen und halte das Ganze gerade am Kochen, bis die Wurzeln weich sind. Durch ein Tuch abseihen und je einem halben Liter Extrakt wird der Saft einer Zitrone und die geriebene Schale einer halben Zitrone und 450 g Zucker zugefügt, kurz für 10 Min. aufkochen und auf Dickwerden prüfen, in ein Gefäß füllen und bedecken. Bei Bedarf verwende man einen Teelöffel voll in ein wenig heißem Wasser. Die Stranddistel wächst auch an unseren Küsten wild, kann aber aus Naturschutzgründen nicht gesammelt werden. Die Kultur im Garten ist nur in sandig feuchten Böden an steinigen Stellen möglich. Die Stranddistel wird manchmal im Wildstaudensortiment angeboten und kann durch direkte Aussaat an Ort und Stelle oder im Topf gezogene Pflanze an geeigneter Stelle im Garten angesiedelt werden.

Acanthus *Acanthus mollis* ist eine bei uns bedingt winterharte Staude aus dem Mittelmeergebiet, die bereits im Mittelalter nach Mitteleuropa bis Großbritannien eingeführt wurde und in milden Gegenden verwilderte. Sie wird, da bei uns nicht winterhart, meist als Kübelpflanze gezogen. Die grundständigen, eiförmigen, fiederspaltigen Blätter werden bis 60 cm lang und sind langgestielt. Die Blütenstände können bis zwei Meter hoch werden und sind in der oberen Hälfte dicht mit weißen, purpurgeäderten, dem Löwenmaul ähnlichen Blüten besetzt, von denen jede durch ein stachelspitziges Stützblatt gehalten wird. Die Blütenstände sind sehr eindrucksvoll und auch zum Trocknen für Trockenblumendekoration geeignet, wenn sie von August bis September blühen und halb aufgeblüht geschnitten und getrocknet

werden. Der Gattungsname kommt vom griechischen *akanthos* ›Dorn‹ Dioscorides, der Arzt des griechischen Altertums, beschrieb diesen Acanthus mollis in seiner *De Materia Medica*. Es heißt, daß die schöne Symmetrie der Blätter und der Blütenstände den griechischen Architekten Callimachus in seinen Entwürfen für die Säulen und Kapitelle am Tempel von Korinth inspiriert hat. Acanthus enthält Pflanzenschleim, Gerbstoff, Glukose und Pektin-ähnliche Substanzen. *Acanthus mollis* wurde früher als schmerzlinderndes Heilkraut gebraucht. Die gequetschten Blätter wurden bei Gicht und zur Linderung bei Verbrennungen und Verbrühungen benutzt. Von kulinarischer Verwendung wird nichts berichtet. John Evelyn, ein englischer Kräuterkenner, zog diese stattliche ornamentale Pflanze in seinem Kräutergarten, und

Stranddistel *Eryngium maritimum*

Kardobenediktenkraut *Cnicus benedictus*

Golddistel *Carlina vulgaris*

Benediktenkraut *Cnicus benedictus* in alten Kräuterbüchern auch manchmal *Carduus benedictus* genannt, ist eine einjährige Pflanze aus Südeuropa, die jedoch heute in Zentral- und Südosteuropa und in vielen Teilen der Sowjetunion, Südafrikas und Südamerikas verwildert ist. Sie wächst am Naturstandort, in steinigem Ödland und Ackerbereichen. Das Benediktenkraut hat eine runde, weiße Pfahlwurzel und schlanke, rötlich behaarte, verzweigte Stengel, die bis sechzig Zentimeter hoch werden. Die langen, dunkelgrünen Blätter sind tief gelappt, hell geädert und stachelig. Die blaßgelben Blüten stehen in endständigen Köpfchen, die von stacheligen Kelchblättern umfaßt werden, blühen von Juli bis August. Viele große Kräuterärzte lobten sie für ihre vielfältige Heilwirkung. Shakespeare schreibt in *Viel Lärm um nichts:* »Nehmt etwas von diesem gebrannten Geist des Benediktenkrautes und bringt es auf euer Herz; es ist das einzig' Mittel gegen eure Schwäche.« Das Benediktenkraut war ein verbreiteter Bestandteil der Arzneien gegen die Pest, wurde aber auch gebraucht als Tonikum und Stimulans zur Appetitanregung und zur Verhütung von Unwohlsein. Eine heutige Untersuchung hat ergeben, daß das ätherische Öl in der Pflanze antibiotische Eigenschaften gegen *Staphylococcus aureus* und *Staphylococcus faecalis* hat, wodurch der empirische Gebrauch gegen Infektionen und Unwohlsein erklärt wird. In hohen Dosen ist Benediktenkraut stark brechreizerregend, und das wiederum ist nützlich bei einer Magenvergiftung. Ein Aufguß führt zum Schwitzen und hat sich sehr wirksam bei Wechselfieber erwiesen. Wie Tausendgüldenkraut und Wermut ist es ein allgemeines Tonikum und Stimulans für das Gesamtsystem und es wird auch als gut für das Blut und als

gedächtnisfördernd gehalten. Ein warmer Aufguß von Blüten und Blättern kann in kleinen Mengen stillenden Müttern zur Förderung der Muttermilch gegeben werden. In der Homöopathie wird eine Tinktur von der frischen Pflanze zur Behandlung von Gelbsucht und Arthritis genutzt; äußerlich wird es zur Behandlung von Gürtelrose gebraucht. Zugleich empfiehlt man die Pflanze für Sitzbäder, zur Linderung bei Hämorrhoiden, und man behauptet, Erfolg gehabt zu haben als Wurmkur und bei der Heilung von Wunden. Die Römer aßen alle Teile der Pflanze; sie kochten die Wurzeln, benutzten die jungen Blätter in Salaten und aßen die Blüten wie Artischocken. Heute können wir kleine Mengen junger Blätter dem Frühlingssalat als Tonikum beifügen, oder einen Aufguß als mildes, abführendes Mittel trinken, oder zur Reinigung von Wunden benutzen. Benediktenkraut ist im Kräutergarten leicht aus Samen zu ziehen, es wächst in jedem Boden an sonniger Stelle, man sammelt die blühenden oberen Pflanzenteile im Juli.

Silberdistel, Eberwurz *Carlina acaulis* ist eine Staude aus Mittel- und Südeuropa, die in nährstoffarmen, trockenen, sandigen oder kalkigen Böden wächst. Die Silberdistel besitzt eine lange, fleischige Pfahlwurzel und einen sehr kurzen Stamm und stengellose Blüten. Es gibt auch eine Form mit langstieligen Blüten, die als *Carlina acaulis ›Simplex‹*, oder früher *Carlina acaulis ›Caulescens‹* im Staudensortiment angeboten wird und die Silberdistel für die Trockenbinderei liefert. Die flachen stacheligen Blätter formen feste Blattrosetten, auf denen die Blüten wachsen. Die großen flachen Blüten sind von silberweißen Kelchblättern (Silberdistel!) umgeben und blühen von Mai bis September. Diese

Kelchblätter öffnen sich bei warmem trockenem Wetter und schließen sich bei feuchtem Wetter; deshalb der Name Wetterdistel für dieses Naturbarometer. Der Gattungsname Carlina erinnert an eine Legende, in der Kaiser Karl der Große einen Traum hatte, in dem ihm ein Engel mitteilte, daß seine von den Schrecken der Pest befallene Armee durch die Silberdistel geheilt werden könne. Ob dies tatsächlich passierte und auch wirklich half, wissen wir nicht. Sicherlich stimmen aber die früher der Pflanze zugeschriebenen Eigenschaften gegen Gifte und Schlangenbisse nicht. Wirklich nützlich ist diese Distelart aber zur Behandlung von Hautschwierigkeiten und als Tonikum, wobei aber zu starke Anwendung Brechreiz auslöst. Die Golddistel *Carlina vulgaris* ist als zweijährige Pflanze in ganz Europa auf warmen Kalkböden verbreitet.

Tollkirsche *Atropa belladonna*

Tollkirsche *Atropa belladonna* (Blüte)

Tollkirsche *Atropa belladonna* (Frucht)

Tollkirsche *Atropa belladonna* ist eine Staude, heimisch in West-, Mittel- und Südeuropa, Südwestasien und Nordafrika und heute auch in Nordamerika verwildert, sie wächst in schattigen Waldbereichen auf warmen Kalkböden. Die Tollkirsche besitzt eine dicke weiße fleischige Wurzel, einen kräftigen purpurnen Stengel und wird bis 150 cm hoch. Die dunkelgrünen, ovalen, spitz auslaufenden Blätter werden bis 25 cm lang und sitzen am Stengel unten einzeln und weiter oben, paarweise gegenständig. Die hängenden, grünlich-rotbraunen glockenförmigen Blüten zeigen sich von Juni bis August und werden dann zu glänzenden, schwarzen Beeren, die von August bis November reifen. Die Pflanze riecht unangenehm bei Berührung. Der Gattungsname geht wahrscheinlich auf das griechische Wort *Atropos* zurück, den Namen einer der drei Parzen, die die Schere zum Durchschneiden des Lebensfadens hielten – eine Anspielung auf die tödlichen Eigenschaften der Pflanze. Der Name *bella donna* kommt aus dem italienischen und bedeutet »schöne Dame« in Anspielung auf die Italienerinnen des Mittelalters, die sich Bella-Donna-Saft in die Augen träufelten, um sie leuchtend und verführerisch zu machen – eine der Eigenschaften der Pflanzen ist es, die Pupille im Auge zu erweitern. Diese Anwendung ist bis heute bei Augenuntersuchungen und Augenoperationen hochwillkommen. Trotz ihrer Giftigkeit wurde die Tollkirsche als Heilpflanze Jahrhunderte hindurch geschätzt und in mittelalterlichen Gärten weit verbreitet angebaut. Zu Beginn des 19. Jahrhunderts hat ein junger deutscher Pharmakologe, Friedrich Wilhelm Serturner, weiße Alkaloidkristalle von der Rohdroge Opium extrahiert, er nannte sie Opium. Seine Techniken nutzend, begannen andere Pharmakologen schnell, andere Alkaloide aus den wichtigsten, sie interessierenden Heilpflanzen mit heftiger Wirkung zu isolieren und eines davon war Atropin aus der Tollkirsche. Atropin ist in dem Saft der Wurzel und der Blätter enthalten und in der Medizin als Narkotikum und wassertreibendes, beruhigendes Mittel verwendet worden; es wird bei nervösen Störungen und als entkrampfendes Mittel im Magen-Darm-Bereich und Gallengang benutzt; ebenso zur Erleichterung bei Keuchhusten, Asthma oder Fieber; äußerlich wird es bei Gicht und neuralgischen und rheumatischen Schmerzen in der Behandlung der Parkinsonschen Krankheit und in der Augenheilkunde genutzt. Hahnemann, der Homöopathiebegründer, bewies, daß geringe Dosen von Tollkirschen-Tinktur Schutz vor Scharlach boten, so hieß es für Beth, in Louisa M. Alcott's *Little Women*, daß sie nach Hause gehen und gleich Belladonna nehmen solle, als ihr bewußt wurde, daß sie ihr an Scharlach erkranktes Baby stille. Weiss sagt, daß er die Pflanze als ganz außerordentlich wertvoll in der Behandlung von Geschwüren, chronischen Darmerkrankungen und krampfartiger Verstopfung gefunden habe, und behauptet, daß keine künstlich hergestellten anticholinhaltigen Arzneimittel so wirksam seien wie die Tollkirsche oder weniger Nebenwirkungen besitzen. Die Tollkirsche ist hochgiftig, so daß sie nur im Rahmen ärztlich verordneter Medikamente genommen werden darf und auch im Garten wegen der Gefahr der Vergiftung durch die schwarzen Beeren nicht angebaut werden sollte. Es besteht für Kinder und Haustiere Todesgefahr.

Stechapfel *Datura stramonium* ist eine einjährige Pflanze aus Mittelamerika, die aber heute in den meisten Teilen der Welt vorkommt. Der

Stechapfel *Datura stramonium*

Stechapfel *Datura metel*

Stechapfel ist ein kräftiges, aufrechtes, aber nicht verzweigtes Kraut, das bis zu einen Meter hoch wird. Die großen wechselständigen Blätter sind oval dreieckig und am Rande stark gelappt. Die einzeln stehenden duftenden röhrigen Blüten sind weiß mit sechs erhabenen Adern und blühen von Juli bis September. Aus ihnen entwickeln sich grüne, bestachelte Früchte, ähnlich denen der Roßkastanien, daher der Name Stechapfel, d. h. »bestachelter Apfel«. Die Pflanze wurde bei Zeremonien und für Zwecke der Wahrsagung und Prophetie benutzt, so um Träume und Visionen zu erzeugen und als Betäubungsmittel beim Knochenrichten und bei Operationen. Es wird vermutet, daß die Apollo-Priester in Delphi ihn benutzten, um Prophezeiungen zu bewirken. Der Stechapfel ist mit der Tollkirsche verwandt und enthält die gleichen kräftigen Alkaloide Hyoscyamin und Atropin, die auf das Nervensystem wirken. Seit dem 19. Jahrhundert werden die Blätter wegen ihrer narkotischen, wassertreibenden, entkrampfenden und schmerzlindernden Eigenschaften genutzt; Stechapfel war auch ein Bestandteil der Arzneien, um geisteskranke Patienten zu beruhigen, Schlaf und Gedächtnisschwund auszulösen. Die Blätter wurden geraucht, um bei Asthma lindernd zu wirken und als Tinktur oder in Pillenform zur Linderung von Keuchhusten oder Blasenkrämpfen; mit Salben und Pflastern linderte man Brandwunden und Verbrühungen, rheumatische Muskelschmerzen und bei Hämorrhoiden und Abszessen. Weiss berichtet, daß in der modernen Phytotherapie Stechapfel einer der Hauptbestandteile des Räucherpulvers ist, das Erleichterung bei Asthma bringt und selbst in der Nacht leicht angewandt werden kann. Ungeachtet dessen ist der Stechapfel als Arznei sehr

giftig und darf nur in ärztlich verordneten Medikamenten angewandt werden. Unproblematisch sind die vielen strauchig wachsenden Stechapfelarten mit verholzten Trieben, die als »Engelstrompeten« unsere prächtigsten Kübelpflanzen sind. *Datura metel* ist eine ständige Stechapfelart als Kübelpflanze.

Bittersüßer Nachtschatten *Solanum dulcamara* ist eine verholzende Kletterpflanze Europas, Asiens und Nordafrikas, die heute auch in Nordamerika verwildert ist. Sie wächst in Hekken, Wäldern und an steinigen Stränden oder auch Ufern und entwickelt sich besonders gut, wenn die Standorte feucht und sehr naß sind. Der bittersüße Nachtschatten hat eine runde, harzige Wurzel und einen kriechenden oder kletternden, hellbraun verzweigten Stamm, der zwei Meter und höher werden kann. Die gestielten, glänzend-grünen Blätter sitzen wechselständig und oval oder herzförmig, dreilappig mit zwei kleineren Seitenblättern, die unten am Blattstengel sitzen. Die violetten Blüten sitzen in lockeren, hängenden, rispenartigen Blütenständen und öffnen sich von Mai bis September; Blütentriebe blühen in der Vase weiter und bewurzeln sich auch. Der Gattungsname leitet sich vom lateinischen *solamen*, das heißt ›Tröstung, Beruhigung‹ und zeigt, wie sehr diese Gattung als Heilpflanze geschätzt wurde. Das »bitter-süß« bezieht sich auf die Eigenschaft, daß Pflanzenteile beim Kauen erst »bitter« und nach einiger Zeit »süß« schmecken. Früher wurde der bittersüße Nachtschatten als ausgezeichnetes Heilmittel für eine ganze Reihe von Krankheiten gehalten. Gerard empfahl ihn denen, die an Blutergüssen oder Verstauchungen litten, da er glaubte, daß damit geronnenes Blut wieder verteilt werde. Boerhaave, der hol-

Bittersüßer Nachtschatten *Solanum dulcamara*

ländische Arzt, hielt den bittersüßen Nachtschatten für ebensogut wie Sarsaparilla als aufbauendes Tonikum, und andere nahmen für sich in Anspruch, damit Syphilis, Rippenfellentzündung, Rheumatismus, Fieber und Gicht zu heilen. Weiss berichtet , daß der bittersüße Nachtschatten als kräftige und wirksame Droge für die Behandlung von Rheumatismus, Gicht und Skrofulose zu betrachten ist, weil die Pflanze wassertreibende, stoffwechselwirksame und beruhigende Eigenschaften besitzt. Sie wird auch bei chronischen Ekzemen und Hautproblemen verschrieben. Vorsicht ist geboten, da die Pflanze toxische Nebenwirkungen haben kann, deshalb Anwendung nur nach ärztlicher Vorschrift. Für den Garten gibt es auch eine Sorte mit weiß-bunten Blättern als dekorative Schlingpflanze.

Mönchspfeffer *Vitex agnus-castus*

Mönchspfeffer *Vitex agnus-castus* ist ein duftender, sommergrüner Strauch aus Südeuropa und Westasien, der heute auch in Süd- und Nordamerika eingebürgert ist. Er wächst in trockenem Boden im Küstenbereich. Seine bis sechs Meter hohen Triebe verzweigen sich meist im oberen Bereich. Die dicht grau behaarten Zweige tragen dunkelgrüne, fünf- bis siebenteilige Blätter, die ebenfalls unterseits weiß-filzig sind. Die duftenden blauen Blüten (in Gartensorten auch rosa oder weiß) stehen in Quirlen dicht gedrängt von September bis Oktober an den Triebenden und entwickeln sich in schwarz-purpurne Beeren, die jeweils vier Samen enthalten. Im Altertum schmückten die griechischen Frauen bei den Feiern des Frühlingsfestes zu Ehren der Göttin Ceres ihre Betten mit Mönchspfeffergirlanden. Der Name Mönchspfeffer bezieht sich einerseits auf den pfefferig scharfen Geschmack der zerstoßenen Samen, und andererseits darauf, daß diese bei Anwendung nicht die Wirkung des normalen Pfeffers haben, sondern eine geschlechtstriebdämpfende Wirkung besitzen, das heißt, für Mönche besonders geeignet sind. Im Mittelalter wurden die Beeren frisch zur Erleichterung bei Lähmungen und Gliederschmerzen angewandt und die gepulverten Samen zur Dämpfung des Geschlechtstriebes. Die moderne Forschung zeigt, daß die Pflanze in den hormonproduzierenden Drüsen wirkt und die Progesteronerzeugung fördert, weshalb Mönchspfeffer auch in Frankreich zur Förderung der Milchbildung bei stillenden Müttern verwendet wurde.

Senna, Sennesblätter *Cassia angustifolia* ist eine nicht winterharte strauchige Leguminose, die in Nordostafrika bis Indien weit verbreitet ist und auch angebaut wird und bei uns als Kübelpflanze möglich ist. Sennesblätter haben eine lange Geschichte als Abführmittel und besonders für diejenigen mit chronischer Verstop-fung. Die Wirkung beruht auf Anthrachinonglykosiden, die auf den Dickdarm wirken, und Weinsäureverbindungen, die die Flüssigkeitsaufnahme durch den Magen verhindern und auf diese Weise die abführende Wirkung verstärken. Sennesblätter können auch Muskelkontraktionen in der Gebärmutter auslösen und sollten deshalb nicht während der Schwangerschaft genommen werden. In kleinen Dosen angewandt, bringen sie verläßliche Erleichterung bei Verstopfung, in stärkeren Dosen jedoch Übelkeit und grimmiges Bauchweh. Die Hülsen sind milder in der Wirkung als die Blätter. Die käuflichen Mittel sind gewöhnlich mit Sirup und Gewürzen, wie Ingwer, Nelken und Zimt, gemischt, um sie schmackhafter zu machen und Übelkeit entgegenzuwirken. Es gibt weltweit viele Cassia-Arten, und die meisten davon werden in ähnlicher Weise verwendet.

Wunderbaum von Sansibar *Palma Christi Rizinus, Ricinus communis* wird meist als einjährige Pflanze für das Sommerblumenbeet gezogen, kann aber auch als Kübelpflanze zum Strauch oder im Mittelmeergebiet schon zum Baum heranwachsen. Rizinus stammt aus Indien, wird aber heute als Zierpflanze oder zur Erzeugung von Rizinusöl in allen klimatisch geeigneten Teilen der Welt kultiviert. Rizinius wächst je nach Standort sehr unterschiedlich, hat gewöhnlich eine Pfahlwurzel und einen aufrechten, dunkelroten Stamm, der vier Meter und höher werden kann. Die großen wechselständigen, fünf- bis neunteiligen handförmigen Blätter haben einen unregelmäßig gezähnten Rand. Die roten Blüten stehen gehäuft an den Zweigenden, männliche und weibliche Blüten befinden sich auf der gleichen Pflanze, blühen von August bis Oktober und entwickeln sich dann zu rundstacheligen Früchten. Die Samen sind glänzend und grau-braun-schwarz gefleckt. Sie sehen aus wie Zecken und haben auch bei uns den Namen Zeckenkörner. Das gleiche meint das lateinische Wort *ricinus*, das Plinius benutzte, um die Samen zu beschreiben. Rizinus ist seit uralten Zeiten bekannt. Samen fand man in ägyptischen Gräbern, und Discorides und später Plinius schrieben Jahrhunderte später über ihre Anwendung als abführende Arznei. Im Mittelalter wurde Rizinus als Zierpflanze gezogen, aber auch medizinisch angewandt. Zu unserer Großeltern Zeiten war ein Löffel Rizinusöl als Abführmittel gebräuchlich, heute wird Rizinusöl zur technischen und chemischen Verwendung erzeugt, und die Preßkuchen werden in großem Umfang als Viehfutter benutzt. Rizinusöl eignet sich für Treibstoffmischungen, als Schmieröl, als schnelltrocknendes Öl in der Malerei, zur Kerzenherstellung und als Politur für Möbel und Autos. Es wird zur Herstellung von Fliegenpapier benutzt, da es abschreckend auf diesen Schädling wirkt und ist Ausgangsbasis für Kosmetika und Seifen, als nachwachsender Rohstoff von wachsender Bedeutung für viele chemische Erzeugnisse. Medizinisch ist es bestens bekannt als sanftes Abführmittel für Genesende, Kinder und schwangere Frauen. Das Problem des Rizinusöls ist sein unangenehmer Geschmack, der Übelkeit auslösen kann. Normalerweise wird er durch Zitronen- oder Safranöl überdeckt, oder es wird mit Milch oder Kaffee eingenommen, wobei Rizinusöl-Kapseln wahrscheinlich der angenehmste Weg sind, dieses Mittel einzunehmen. Auf den Kanarischen Inseln benutzen stillende Mütter die frischen Blätter als Kompresse zur Förderung der Milchbildung. Rizinusöl kann äußerlich zur Milderung bei Hexenschuß oder Ringelflechte angewandt werden. Die giftige Substanz von Rizinus ist Rizin, es ist in der Samenschale und damit auch in den Preßrückständen bei der Ölgewinnung enthalten und muß vor der Verfütterung entfernt werden. Drei bis fünf Samen können bei Kindern bereits tödlich wirken. Da

Tinnevelly-Senna *Cassia angustifolia*

Rizinus *Ricinus communis*

in unseren Sommern der Rizinus kaum reife Samen entwickelt, können wir durchaus mit ihm sommerlich-tropisches Flair im Garten erzeugen und sollten uns von der Verwendung dieser seit dem Mittelalter verbreiteten Pflanze nicht abhalten lassen. Wer sichergehen will, kann Blüten und Fruchtstände rechtzeitig entfernen. Jungpflanzen gibt es jedes Frühjahr beim Gärtner. *Ricinus communis* ›Gibsonii‹ ist eine purpurrote Gartensorte.

Zahnwehholz *Zanthoxylum americanum* ist ein kleiner, bis acht Meter hoher, aromatisch stacheliger Baum, der im zentralen und nordöstlichen Amerika in schattigen feuchten Wäldern vorkommt, bei uns winterhart ist. Auf der grauen Rinde sitzen an den Blattansätzen paarweise scharfe Stacheln, die wechselständigen Blätter sind gefiedert und besitzen fünf bis elf Blättchen; die kleinen, grünen Blüten sitzen in Büschen in den Blattachseln, aus ihnen entwickeln sich kleine schwarze Beerenfrüchte. Der Gattungsname leitet sich von dem griechischen Wort *zanthos*, das heißt ›gelb‹ und *xylum* ›Holz‹ ab. Der Name »Zahnwehholz« erinnert an die in seiner Heimat verbreitete Nutzung, die Rinde zur Linderung von Zahnschmerzen zu kauen. Es heißt, daß der Geschmack unangenehmer sei als die Zahnschmerzen. *Zanthoxylum americanum* war eine sehr verbreitete Heilpflanze bei den Indianerstämmen Nordamerikas. Pulver aus Wurzel oder Rinde wurde gegen Zahnschmerzen, Rheumatismus, Typhus, Hautkrankheiten und zur Förderung der Menstruation benutzt, ebenso war es als Tonikum für einen schwachen Magen bzw. eine schwache Verdauung in Gebrauch, und ein Absud konnte bei Kolik, Lethargie und schwacher Durchblutung von Händen und Füßen verordnet werden. Äußerlich wurde ein Absud oder die Wurzel in Pulverform als Kompresse bei Geschwüren und Wunden verwendet. Die aromatischen Blätter und Beeren haben einen Geruch, der an Zitronenöl erinnert, während der Geschmack von Beeren und Rinde heiß und scharf ist und dadurch die Zahnschmerzen – nach Dr. Millspaugh – durch seine Wirkung überdeckt – kuriert.

Aralia racemosa ist eine Staude Nordamerikas, die dort in nährstoffreichen Wäldern vorkommt. Sie besitzt einen dicken, großen, aromatischen Wurzelstock, und die reich verzweigten Triebe werden bis zwei Meter hoch. Die großen wechselständigen Blätter haben ovale bis herzförmige Fiederblättchen mit doppelgezahntem Rand. Die kleinen grünlich-weißen Blüten sitzen zu 10 bis 25 in Dolden und entwickeln sich zu purpurroten Beerenfrüchten. *Aralia racemosa* gehört – wenn auch selten – zum Staudensortiment.

Rotblättriger Rizinus *Ricinus communi* ›Gibsonii‹

Zahnwehholz *Zanthoxylum americanum*

Staudenaralie *Aralia racemosa*

Waldrebe *Clematis vitalba*

Gemeine Waldrebe, Waldrebe *Clematis vitalba*
ist eine verholzende Kletterpflanze, die größte
in Europa, Nordafrika, dem Kaukasus und
Nordamerika heimische Liane. Sie kommt
natürlicherweise in Hecken, im Wald und auf
buschigem Gelände, aber auch an Zäunen und
Mauern vor. Die Waldrebe wird bis dreißig
Meter hoch. Die gefiederten, gegenständigen
Blätter besitzen kleine, gezähnte Nebenblätter,
die weißen, duftenden Blüten mit vier Blüten-
blättern (Tepalen) blühen von Juli bis September in vielblütigen Scheindolden, sie entwickeln
sich zu wollig federigen Fruchtständen. Die
Pflanze ist giftig und sollte nie innerlich angewendet werden; äußerlich verursacht sie Hautrötungen, Bläschen und Entzündungen und
wird aus diesen Gründen in der Homöopathie
verwendet. Sie läßt sich leicht aus Samen ziehen.

Waldrebe *Clematis vitalba*

Roßkastanie *Aesculus hippocastanum*

Roßkastanie *Aesculus hippocastanum* ist ein sommergrüner großer Baum, der aus Albanien und Griechenland stammt und heute weit verbreitet in Westeuropa und Nordamerika eingebürgert ist. Er wird als Ziergehölz und in Alleeform angepflanzt und sät sich auch von selbst aus. Die Roßkastanie hat eine breite Krone und kann bis fünfundzwanzig Meter hoch werden. Der Stamm hat eine rauhe, schuppige, graubraune Rinde und dunkelgrüne fünf- bis siebenteilige handförmige Blätter mit gesägten Rändern. Die duftenden weißen, rot gezeichneten Blüten blühen im Mai in Kerzen, aus ihnen entwickeln sich grüne, runde stachelige Früchte, die ein bis zwei rotbraune Samen, das heißt Kastanien enthalten. Sie kam im 16. Jahrhundert aus Kleinasien, zusammen mit der Tulpe und der Kaiserkrone über den osmanischen Hof von Soliman dem Prächtigen und dem kaiserlichen Hof in Wien nach Europa. Die Roßkastanie ist bekannt für narkotische, fiebersenkende und anregende Eigenschaften. Die Rinde der Zweige wurde anstelle von Chinin zur Zeit Napoleons verwendet, und ein Absud der Fruchtschalen wird für Kreislaufstörungen, Blutstauungen in den Venen, wie z. B. Hämorrhoiden und Krampfadern, empfohlen. In Nordamerika mischten Indianerstämme die gestoßenen Kastanien dort vorkommender Arten mit Schweinefett als Mittel gegen Hämorrhoiden. In Übereinstimmung mit der geschichtlichen Nutzung erhielten die Roßkastanien nun wissenschaftlich bestätigt, daß sie ein wertvolles Heilmittel bei Krankheiten des Venensystems sind. Sie enthalten zwei wichtige Wirkstoffe: Aesculin und Aescin. Aescin ist ein Saponin, das die kapillare Durchlässigkeit und die Spannung in den Wänden der Venen verbessert und damit nützlich für die Behandlung von Krampfadern und

Venenentzündung ist sowie heilsam bei der Behandlung von Schwellungen, Quetschungen und Brüchen. Die Roßkastanie ist auch eine wirksame Behandlungsmöglichkeit bei schmerzhaften, krankhaften Krämpfen in den Beinen. Roßkastanien wurden auch als nährstoffreiches Viehfutter benutzt und ebenso um Seife herzustellen oder Wäsche zu waschen, da sie Saponin enthalten. Es gilt als alte Volksmedizin gegen Rheumatismus und Hämorrhoiden, zwei oder drei Roßkastanien in der Tasche zu tragen und sie durch frische zu ersetzen, wenn sie hart und trocken werden.

Amerikanische Staudenpassionsblume *Passiflora incarnata* ist eine Staude des südlichen Nordamerikas und in Europa und ähnlichen Klimagebieten als Gartenpflanze eingeführt. Aus dem Wurzelstock erwachsen in jedem Jahr mehrere, mit Ranken kletternde Triebe, die bis sechs Meter hoch werden können. Die Blätter sind tief dreilappig und gestielt, die Blüten sitzen einzeln in den Blattachseln, die Blütenblätter sind hell-lila bis rötlich grün, die Strahlenkrone dicht und dunkelviolett, so groß wie die Blüte und hellt zur Mitte hin weiß auf. Sie blühen von Juli bis Oktober und entwickeln sich zu eiförmigen, vielsamigen, reif orangefarbenen Früchten. Ihr gelbliches Fruchtfleisch ist süß und eßbar. Der Gattungsname kommt vom lateinischen *Flos passionis* ›Passionsblume‹ und bezieht sich auf die Symbolähnlichkeit der Blütenteile zur Passion Christi. Die fädige Krone ist die Dornenkrone, die drei Narben des Stempels sind die Nägel, die Staubblätter der Hammer, die gespitzten Blätter der Speer und die Ranken die Geißeln. Obwohl die Passionsblume in gewissem Umfang bei den Indianern genutzt wurde, dauerte es doch bis in das späte 19. Jahr-

Blaue Passionsblume *Passiflora caerulea*

hundert, bis man entdeckte, daß blühende und fruchtende Triebe milde, beruhigende, schlafbewirkende Eigenschaften haben und bei Schlaflosigkeit und zur Nervenberuhigung angewandt wurden. Sie wird heute in der Homöopathie für nervöse Schlaflosigkeit benutzt sowie für Nervenbeschwerden von Herz und Magen und bei Nervenstörungen in Verbindung mit Menstruation und Klimakterium verschrieben. Zur Erleichterung bei diesen Beschwerden bereitet man eine milde Abkochung mit 30 bis 45 g kleingeschnittener Blätter und Blüten in 1 l Wasser, erhitzt bis zum Kochen und läßt zehn Minuten ziehen und trinkt davon drei Tassen pro Tag. Die blaue Passionsblume ist mit trockener Winterdeckung an geschützter Stelle auch als Gartenpflanze geeignet.

Sassafras *Sassafras albidum* in Herbstfärbung

Sassafras *Sassafras albidum* ist ein aromatisch duftender sommergrüner Strauch des östlichen Nordamerikas bis Texas, der dort in dichtbewaldeten Gebieten wächst. Er hat eine graue, orangebraune unregelmäßig rissige Rinde und wird in der Heimat 6 bis 15 Meter hoch. Die grünen Blätter sind entweder oval einteilig oder haben zwei bis drei Lappen und werden im Herbst prachtvoll gelb und rot. Die kleinen gelbgrünen Blüten stehen in lockeren Trauben und blühen von April bis Mai. Sie entwickeln sich bis September zu dunkelblauen Beeren. Sassafras war den Indianern eine sehr vertraute Pflanze. Sie benutzten die Wurzel und die Rinde zur Behandlung einer ganzen Reihe von Erkrankungen, einschließlich Fieber und Masern. Die ersten Siedler sandten bald ganze Schiffsladungen nach Europa, wo die Pflanze bald einen Ruf zur Heilung von Syphilis und Rheumatismus erhielt. Die Wurzeln, Blüten und Blätter wurden vielfach in Tee als Tonikum genommen zur Senkung des Blutdrucks und zur Förderung des Schwitzens bei Erkältungen genutzt. In Louisiana werden die getrockneten Blätter als Filet genanntes Gewürz zur geschmacklichen Verbesserung von Eintöpfen und Saucen benutzt, es ist das Hauptgewürz des Cajun, eines Indianergerichts »Gumbo Filet«. Das aromatische Öl aus der Wurzelrinde wird zur Duftverbesserung bei Parfüms, Seifen, Zahnpasten, Mundwassern, Kaugummi und Bier benutzt, kann jedoch in größeren Mengen innerlich angewandt von Schläfrigkeit begleitete Vergiftung bewirken, weshalb keine Selbstmedikation erfolgen sollte. Sassafras steht auch in dem Verdacht, karzinogen zu sein, darum sollte es nicht zu häufig oder in größeren Mengen den Speisen zugefügt werden.

Bei uns ist Sassafras ein attraktiver Strauch bis kleiner Baum, der an geschützten Stellen im Garten gut wächst und durch seine herrliche Herbstfärbung in klimatisch günstigen Lagen unbedingt versucht werden sollte.

Säckelblume *Ceanothus americanus* ist ein niedriger Strauch des östlichen Nordamerikas, der dort in lichten Wäldern, an Straßenrändern wächst und auch als Zierstrauch kultiviert wird. Er hat lange rote Wurzeln und Triebe, die 90 bis 120 cm hoch werden. Die spitz zulaufenden ovalen, gezähnten Blätter sind weichhaarig, und die kleinen weißen Blüten stehen in größeren Blütenständen an den Zweigenden oder in den Blattachseln und entwickeln sich nach dem Erblühen von Mai bis Juni zu dreieckigen Samenkapseln.

In Amerika heißt der Strauch in New Jersey Tee, da er während des nordamerikanischen Unabhängigkeitskrieges als Tee-Ersatz verwendet wurde. Als Tee-Ersatz ist er bei vielen in Amerika verbreitet, doch bei anderen deswegen abgelehnt, weil das im schwarzen Tee wirkende Teein fehlt. Bei den Indianern wurde die Säckelblume als Lotion für Hautkrebs und bei Geschlechtskrankheiten angewandt. Sie soll beruhigende Eigenschaften haben und bei Asthma, Bronchitis, Keuchhusten und Ruhr angewandt worden sein. Ihre adstringierende Wirkung ist nützlich bei Mundspülungen und als Gurgelmittel.

Bei uns als winterharter Gartenstrauch möglich, jedoch durch andere reicher blühende Ceanothusarten und Sorten, z. B. Ceanothus ›Gloire de Versailles‹ an geschützten warmen Stellen verdrängt.

Myrte *Myrtus communis* ist ein immergrüner Strauch Südeuropas und Südostasiens und bei uns als Topfpflanze und in frostfreien Gegenden auch als Gartenpflanze kultiviert. Die Myrte ist von Haus aus ein großer aromatischer, viel verzweigter Strauch mit rötlicher, im Alter grau rissiger Rinde und wird drei bis fünf Meter hoch. Die großen ovalen Blätter sind dunkelglänzend grün, unterseits blasser und duften kräftig aromatisch bei Verletzung. Die cremeweißen Blüten stehen einzeln oder in Gruppen zu mehreren in den Blattachseln, blühen von Mai bis August und entwickeln sich zu purpurschwarzen Beeren mit nierenförmigen Samen. Die Myrte ist seit alten Zeiten in Gebrauch. Bei Griechen und Römern war sie der Aphrodite/ Venus geweiht und wurde von den Gewinnern der Olympischen Spiele getragen. Im mittleren Osten wurde es als adstringierender Puder für Wickelkinder benutzt. Die Beeren wurden zum Haarfärben benutzt und, um den Atem angenehm zu machen, gegessen. Myrtenöl nutzte man in der Kosmetik und Parfümherstellung und fügte die Blätter Duftmischungen bei. Die Athener liebten frische Myrtenbeeren und nutzten sie getrocknet als Gewürz. Die Myrte erleichtert bei Blähungen und ist als Tee getrunken ein linderndes Expektorans. Neuere Untersuchungen zeigten, daß die Myrte eine antibiotisch wirkende Substanz enthält, die ihre Wirksamkeit bei Brustbeschwerden erklärt. Für einen Aufguß nimmt man 15 g Myrtenblätter auf $^{1}/_{2}$ l kochendes Wasser und läßt 5 bis 10 Minuten ziehen, gießt ab und süßt, falls erforderlich, mit etwas Honig. Die Myrte ist nicht winterhart und wird bei uns als Topfpflanze oder Kübelpflanze mit sommerlicher Freilandaufstellung gezogen. Stecklingsvermehrung im Juli.

Säckelblume *Ceanothus americanus*

Reichlich gießen und auch düngen. Blätter und Blüten im späten Frühling sammeln und trocknen und luftdicht verschlossen aufbewahren.

Virginische Zaubernuß *Hamamelis virginiana* ist ein Strauch des östlichen Nordamerikas und wächst in trockenen und feuchten Wäldern. Der mehrtriebige Strauch hat eine weiche graue Rinde und kann 3 bis 4,5 m hoch werden. Die ovalen, am Grunde ungleichen Blätter sind am Rande gewellt gezähnt und verfärben sich im Herbst leuchtend gelb, wenn zur gleichen Zeit von September bis November die gelben Blütenbüschel erscheinen. Die Früchte enthalten schwarze, innen weiße eßbare Samen, die erst im folgenden Jahr reifen und dann mit großer Kraft herausgeschleudert werden. Es besteht Unklarheit über die Ableitung des Gattungsnamens. Ein altes griechisches Wort *hamemelis* bedeutet ›birnenförmige Frucht‹, während eine amerikanische Quelle sagt, daß er von den griechischen Worten *hama* – zur gleichen Zeit – und *melis* – Frucht – abgeleitet sei, da die Blüten sich öffnen, wenn die Früchte des Vorjahres reifen. Das Wort *virginiana* erinnert an die Heimat der Art in den feuchten Wäldern Virginias. Die Bezeichnung Zaubernuß erinnert an die Assoziation zu Zauberkräften und die Verwendung der gegabelten Zweige als Wünschelrute für die Suche nach Wasser und Gold. Die Indianer Amerikas nutzen die Zaubernuß seit alters her. Salbe und Absud der Blätter und Zweige wurden bei schmerzenden Muskeln und Rückenschmerzen wie auch bei Quetschungen und Zerrungen angewandt. Man nutzte Zaubernuß auch zu Augenspülungen. Zaubernußblätter wurden bald offizinelles Heilmittel zur Linderung von Entzündungen, Blutergüssen, Wunden und wegen ihrer adstringierenden Eigenschaften allgemein empfohlen. Zaubernuß wird als Tonikum und Sedativum verwendet und gilt als nützlich zur Behandlung bei Hämorrhoiden, Durchfall, Nasenbluten und Krampfadern. Sie lindert auch Insektenstiche, Verbrennungen, Verbrühungen und müde, schmerzende Augen. Für einen Aufguß nimmt man 30 bis 45 g Blätter, Zweige oder Rinde in ½ l kochendes Wasser und läßt 10 Minuten ziehen. Abgießen und davon reichlich trinken zur Linderung von Darmbeschwerden. Zur äußerlichen Anwendung Zaubernußmenge verdoppeln.

Myrte *Myrtus communis*

Zaubernuß *Hamamelis virginiana*

Großes Immergrün *Vinca major* (oben), **Immergrün** *Vinca minor* (unten)

Madagaskarimmergrün *Catharanthus roseus*

Immergrün *Vinca minor* ist eine flachwachsende Staude Mitteleuropas und Westasiens, auch in Nordamerika verwildert. Vinca wächst in Wäldern, Gehölzen und Hecken. Die 30 bis 60 cm langen, an den Knoten wurzelnden Ausläufer treiben im Frühjahr aufrechte bis 30 cm lange Blütentriebe. Die weichen Blätter sind kurz gestielt und lanzettförmig-elliptisch. Die blauen, purpurnen, violetten oder weißen Blüten stehen einzeln oder manchmal auch zu zweit in den Blattachseln und öffnen sich von Februar bis Juni.

Großes Immergrün *Vinca major* stammt aus dem Mittelmeergebiet Europas und ist in Gärten in wintermilden Gegenden verbreitet, von wo aus es auch manchmal verwildert. Es ist in allen Teilen größer, mit großen ei- bis herzförmigen Blättern.

Der Gattungsname kommt vom lateinischen *vincire* – binden/fesseln, da die langen Triebe andere Pflanzen überwachsen und niederdrücken – oder vom lateinischen *vincere* – überwinden –, da Immergrün mit seinen medizinischen Eigenschaften verschiedene Krankheiten überwindet. Auf die Größe der Pflanze bezieht sich das Wort *major*. Immergrün hat eine lange Heilkrautgeschichte und wurde oft mit Zauberei in Verbindung gebracht. An vielen früher besiedelten, heute verlassenen und von Wald überwachsenen Plätzen findet sich Immergrün als Relikt aus der Besiedlungszeit – und das auch bei Siedlungsplätzen, die schon Jahrtausende verlassen sind. In England hieß das Immergrün früher auch Hexenveilchen, da es wegen seiner Zauberkräfte in Liebestränken verwendet wurde. Man glaubte auch, daß es böse Geister abwehre.

Beide Immergrünarten werden ihrer adstringierenden und anregenden Eigenschaft genutzt und bei Kopfweh, Schwindelgefühl und Gedächtnisschwund empfohlen.

Immergrünsalbe oder Tee galt als erleichterndes Mittel bei inneren Blutungen, starker Menstruation und blutenden Hämorrhoiden. Es wird auch als linderndes und beruhigendes Mittel bei allen Arten von Wunden und Hautinfektionen empfohlen. In der Homöopathie wurde eine Tinktur von *Vinca minor* bei inneren Blutungen bei Babys verschrieben.

Packungen von Immergrün sollen Krämpfe lindern und gequetschte Blätter, in die Nasenlöcher gesteckt, gelten als Mittel gegen Nasenbluten. Weiss berichtet, daß die Forschung in den fünfziger und sechziger Jahren das Alkaloid Vincamin als wirksame Substanz von Vinca minor ermittelte, das besonders auf das Gehirn wirkt. Versuche haben gezeigt, daß Vincamin eine günstige Wirkung auf Patienten hat, die unter Verkalkung, Gedächtnisschwäche, Konzentrationsmangel, Gereiztheit, Kopfschmerz und Schwindelgefühl leiden. Man entdeckte auch seine Wirksamkeit bei der Behandlung von Ohrensausen und anderen Hörbeschwerden im Alter.

Vinca minor ist überall winterhart, während *Vinca major* nur in wintermilden Gegenden im Garten gezogen werden kann. Vermehrung durch bewurzelte Teilstücke und Verwendung als dichte, laubschluckende Bodendecke im lichten Gehölzbestand.

Madagaskarimmergrün *Catharanthus roseus* (syn. *Vinca rosea*) ist ein kleiner Halbstrauch Madagaskars, der heute in vielen warmen Klimaregionen der Erde verwildert ist und in kühleren Gegenden als Topfpflanze gezogen wird. Der runde aufrechte, verzweigte Trieb wird bis 90 cm hoch. Die paarweise gegenständigen

Gartenformen des Feldstiefmütterchens *Viola tricolor*

Heliotrop
Heliotropium peruvianum ›Royal Marine‹

gestielten Blätter sind oval bis elliptisch mit weicher, glänzender, geäderter Oberfläche und blasserer Unterseite. Die purpurroten, rosafarbenen, violetten oder weißen Blüten besitzen meist ein dunkleres Auge und stehen einzeln in den Blattachseln oder an den Triebenden. Die Pflanze blüht bei uns von Mai bis Oktober. Das Madagaskarimmergrün erregte bei den Wissenschaftlern in diesem Jahrhundert großes Interesse, und man entdeckte 1923, daß die Pflanze als Ersatz für Insulin bei der Behandlung von Diabetes benutzt werden konnte. Die Alkaloide Vincristin und Vinblastin zeigen statistisch signifikante Antitumorwirkung und sind heute gebräuchliche Zytostatika zur Krebsbehandlung, speziell zur Behandlung akuter Leukämie bei Kindern. Unglücklicherweise werden auch gesunde Zellen beeinträchtigt, und es dauert Monate, bis die neurotoxischen Nebenwirkungen abklingen.

Wildes Stiefmütterchen *Viola tricolor* ist eine einjährige Pflanze oder kurzlebige Staude Europas und Westasiens bis zum Himalaja und heute verbreitetes Unkraut in aller Welt. Es wächst auf Ackerflächen oder Ödland, besonders auf neutralen oder sauren Böden.

Die einfachen oder wenig verzweigten Triebe sind fein faserig bewurzelt und wachsen flach bis aufsteigend und können bis 50 cm hoch werden. Die Blätter sind unterschiedlich geformt und werden nach oben hin schmaler, jedoch alle mit gewelltem, gezähntem Blattrand. Die Blüten stehen einzeln langgestielt in den Blattachseln und blühen in Farbkombinationen von Violett, Weiß und Gelb mit deutlicher Saftmalzeichnung. Das Wilde Stiefmütterchen blüht bei Temperaturen über 0° C fast ganzjährig.

Das Stiefmütterchen ist seit Jahrhunderten Gartenpflanze und besitzt deshalb viele Volksnamen, die insbesondere die heutigen großblumigen Gartensorten mit einbeziehen.

So heißen die Stiefmütterchen in Bayern Tag-und-Nacht-Schatten. In alten Kräuterbüchern und Floren heißt das Wilde Stiefmütterchen auch *Viola trinitatis* – Dreifaltigkeitsblümlein –, da die Blüten meist drei Farben zeigen.

Die Heilpflanzenanwendung ist alt. Es ist mild abführend, hilft den Gesamtorganismus zu reinigen und den Stoffwechsel anzuregen. Es wird für Hautkrankheiten und Rheumatismus

verschrieben, Wurzel und Samen jedoch sind Brechreiz erregend und abführend. Kinderärzte berichten von sehr guten Erfolgen bei der Behandlung von Hautausschlägen bei Kindern, Milchschorf und chronischen Hautproblemen. Die Anwendung erfolgt innerlich oder äußerlich als Kompresse. Es wird auch von guten Erfolgen bei Hautausschlägen von Erwachsenen berichtet.

Für einen schwachen Auszug nimmt man 45 bis 60 g trockene Pflanze, weicht in 1 l Wasser für eine Stunde ein und kocht etwa 20 Sekunden kurz auf. 10 Minuten ziehen lassen und bis 1 l täglich davon trinken bei rheumatischer Arthritis, schwachen Nerven, Erschöpfung und Gelbsucht. Ein doppelt starker Absud wird zum Bad bei rheumatischen Schmerzen benutzt und als Lotion bei Hautproblemen. Der Sirup von den Blüten gilt als lindernde Hustenmedizin.

Wilde Stiefmütterchen lassen sich problemlos im Garten aussäen. Man trocknet die ganze Pflanze in den Monaten Juni bis August und bewahrt sie luftdicht verschlossen auf für den Wintergebrauch.

Heliotrop *Heliotropium arborescens* (syn. *H. peruvianum*) ist eine süß nach Vanille duftende, strauchige, bei uns im Topf oder als Sommerblume gezogene Pflanze Perus. Die Blätter sind grünlich purpurn.

Der Gattungsname kommt vom griechischen *helios* ›Sonne‹, da die offenen Blüten der Sonne folgen. Nach Grieve wurde Heliotrop in der Homöopathie als Tinktur verschrieben gegen rauhen Hals und verlagerte Gebärmutter.

Heliotropium arborescens ›Royal Marine‹ hat dunklere Blüten und Blätter als die Art und ist mit anderen Sorten verbreitet in Kultur.

Herbstadonisröschen *Adonis annua* (syn. *A. autumnalis*) ist eine einjährige Pflanze Südeuropas und Südwestasiens und mit dem Getreidebau in der ganzen Welt verbreitet worden. Auf zierlicher Pfahlwurzel steht ein weicher verzweigter, 10 bis 45 hoher Stengel mit feinfiedrigen Blättern. Die kleinen leuchtendroten Blüten mit schwarzem Grund sind einzeln endständig und öffnen sich von Juni bis August. Nach einer griechischen Legende wuchs diese Pflanze aus dem Blut des Adonis, und deshalb der

gleichlautende Gattungsname. Wenn auch in früherer Zeit als Heilpflanze genutzt, ist das Herbstadonisröschen doch heute ohne Bedeutung.

Adonisröschen *Adonis vernalis* ist eine giftige Staude der Bergwiesen Mitteleuropas, die als frühlingsblühende Gartenstaude bei uns gezogen wird. Aus dem dicht bewurzelten Rhizom wachsen die bis 25 cm langen beblätterten Triebe mit den einzeln endständigen gelben Blüten, deren viele Blütenblätter sich von März bis April öffnen.

Das Frühlingsadonisröschen ist eine Heilpflanze mit harntreibenden und herzwirksamen Eigenschaften. Sie wirkt herzberuhigend und bringt Erleichterung bei Herzfunktionsstörungen und Bluthochdruck. Die Wirkung ist zeitlich begrenzt und akkumuliert nicht. Anwendung nur nach ärztlicher Verschreibung, da das in der Pflanze enthaltene Digitalis ähnlich Glykosid giftig ist.

Im Staudensortiment angeboten.

Herbstadonisröschen *Adonis annua*

Mistel *Viscum album*

Stechpalme *Ilex aquifolium*

Mistel *Viscum album* ist eine verholzende, immergrüne, halbparasitisch auf Gehölzen wachsende Pflanze Europas, Nordafrikas und West- und Zentralasiens. Sie wächst auf den Zweigen/Ästen einer Reihe sommergrüner Gehölze und ist auf alten Obstbäumen verbreitet. Das Vorkommen auf Nadelbäumen ist seltener. Die Mistel bevorzugt weichrindige Gehölze und hat bis 100 cm lange verzweigte Triebe. Die gelbgrünen ledrigen Blätter sind länglich oval. Die gelbgrünlichen Blüten sitzen geknäuelt an den Verzweigungen und öffnen sich von Februar bis April. Aus ihnen entwickeln sich weißlich gelbe Beeren, die von Oktober bis Dezember reifen. Der Gattungsname kommt vom lateinischen *viscus* ›Leim‹, da der Saft der Beeren klebrig ist und man daraus Leim für Vogelruten herstellte. Das Wort *album* bezeichnet die weißen Beeren. Die Herkunft des Wortes Mistel ist nicht eindeutig geklärt. Möglicherweise kommt es von dem alten Wort Misteltan, bei den ›tan‹ Zweig bedeutet und ›mist‹ Vogelleim oder von ›mistl‹ verschieden, da die Mistel unterschiedliche Zweige des Baumes darstellte. Die Mistel hat eine lange Geschichte mit unterschiedlicher Bedeutung als Symbol in Legenden und Brauchtum, das von Land zu Land variiert. Die Druiden betrachteten die Mistel als heilige Pflanze und schnitten sie unter vielerlei feierlichen Gebräuchen für ihre Neujahrsfeiern. Fielen einige Misteln dabei auf den Boden, so galt dies als böses Omen. Der Brauch, die Häuser zu Weihnachten mit Mistelzweigen zu schmücken, ist wahrscheinlich aus diesen heidnischen Ritualen entstanden. Grieve erklärt den Brauch des Küssens unter dem Mistelzweig am Neujahrsabend so: In der nordischen Sage wird Baldur, der Gott des Friedens, von einem Pfeil aus Mistelholz getötet und auf Bitten der anderen Götter wieder zum Leben erweckt. Die Mistel wurde danach in die Obhut der Göttin der Liebe gegeben und dazu bestimmt, daß

jeder, der unter der Mistel hindurchging, einen Kuß erhalten solle, um zu zeigen, daß der Mistelzweig ein Zeichen der Liebe und nicht des Hasses geworden sei. Geheimnis und Aberglaube um die Mistel entstanden wahrscheinlich aus ihrer Kraft, die Leiden der Menschen, durch Epilepsie oder Geisteskrankheit verursacht, zu lindern oder zu heilen. Die Pflanze wirkt betäubend auf das Zentralnervensystem, verursacht Gefühllosigkeit und verlangsamt den Herzschlag. In kleinen Mengen nutzte man sie, epileptische Anfälle und andere Krämpfe zu mindern oder zu beenden. Größere Dosen und besonders die Beeren sind giftig und können speziell Kindern gefährlich werden, wenn sie diese verzehren, da stärkere Dosierung die Symptome auslöst, die schwächere Dosierung heilt. Nach ärztlicher Verschreibung eingenommen, kann Mistelbehandlung helfen bei Bluthochdruck, Arteriosklerose, Migräne, Benommenheit, Krämpfen, träger Verdauung und Regelbeschwerden. Weiss berichtet, daß in letzter Zeit umfangreiche Literatur über Mistelanwendung in der Krebstherapie entstanden ist. Behauptungen für ihre Wirksamkeit, Krebspatienten Erleichterung zu bringen und die Entwicklung von Tumoren zum Stillstand zu bringen, sind generell von Krebsspezialisten ignoriert worden. Es gibt aber praktische Beweise ihrer wirksamen Anwendung zur Folgebehandlung nach Operation oder Bestrahlung Krebskranker. Viele Krebskranke behaupten, daß Mistelanwendung ihren Allgemeinzustand verbessert und ihr Wohlbefinden bis zum Endstadium gesteigert hat. Es wäre interessant, wenn jemand objektive Untersuchungen über Mistelanwendung bei Krebs durchführen würde. Umschläge aus Blättern und Beeren, die einige Minuten in Milch oder Wasser gekocht wurden, bringen Erleichterung bei Rheumatismus. Misteln werden im Herbst angeboten und können auch problemlos im Garten auf Apfelbäumen gezogen werden, die sie aber schwächen.

Man kann Beeren in Vertiefungen der Zweige oder auf deren Unterseite schmieren, wo sie durch ihren klebrigen Saft haften bleiben. Die Samen keimen und senden ihre Wurzeln in den Zweig, um ihm das für ihr Wachstum notwendige Wasser mit Nährstoffen zu entnehmen. Belaubte Zweige werden im Herbst vor der Beerenreife gesammelt und getrocknet und dunkel aufbewahrt. Bei der schwierigen Dosierung verbietet sich Selbstmedikation.

Stechpalme, Hülse *Ilex aquifolium* ist ein immergrüner Strauch oder kleiner Baum West- und Mitteleuropas südwärts bis in die Gebirge des Mittelmeerbereichs. Ilex wächst wild in luftfeuchten Wäldern milder Klimagebiete und ist auch in vielen Sorten verbreitete Gartenpflanze. Die Stechpalme wächst buschig, seltener baumförmig und kann 3 bis 15 m hoch werden. Der Stamm ist graurindig und trägt viele grüne Äste mit ledrigen glänzenden, dunkelgrünen, ovalen, wechselständigen, am Rande stacheligen Blättern. Die kleinen weißen Blüten stehen dicht gehäuft in den Blattachseln und öffnen sich von Mai bis August. Männliche und weibliche Blüten sitzen auf getrennten Pflanzen, so daß nur die weiblichen Stechpalmen im Herbst ihre charakteristischen roten Beeren tragen.

Um die Stechpalme ranken sich viele Legenden und Bezüge bis zurück in heidnische Zeiten. Der Brauch, Kirchen und Häuser zu Weihnachten mit Stechpalmenzweigen zu schmücken, geht zurück auf die Gewohnheit der Römer, mit Stechpalmen geschmückte Geschenke an den Saturnalien den Freunden zu senden. Dieser Brauch wurde von den Christen übernommen und zum Christfest – das nur eine Woche nach den Saturnalien folgt – weitergeführt. Auch die Druiden schmückten ihre Hütten mit immergrünen Stechpalmen als Behausung der Waldgeister im Winter. Wie die Mistel gilt auch die Stechpalme als Pflanze mit gutem Omen, da ihre hellgrünen Blätter und

Stechpalme *Ilex aquifolium* ›Golden King‹

Mistel *Viscum album*

Efeu *Hedera helix*, einen Weißdorn überwachsend

Efeu *Hedera helix*, Altersform mit Knospen

Beeren mitten im Winter Leben bedeuten. Eine andere Legende berichtet, daß die Stechpalme aus Christi Fußstapfen entstand und die dornigen Blätter und roten Beeren seine Leiden und Wunden symbolisieren. Das Holz der Stechpalme ist sehr hart und fest und läßt sich gut polieren, weshalb es die Möbelschreiner für Einlegearbeiten schätzen, weil es auch schwarz, rot oder grün gefärbt werden kann. Es wird manchmal auch anstelle von Ebenholz für Teetopfhenkel verwendet. Der fermentierte innere Rindenteil wird manchmal zu Vogelleim verarbeitet. Stechpalmenblätter haben harn- und schweißtreibende Eigenschaften. Sie werden bei Husten, Bronchitis, Lungenentzündung, Wassersucht, Rheumatismus und Fieber verschrieben. Die Beeren sind stark abführend und können übermäßigen Brechreiz verursachen, so daß man sie besser nicht verwendet, da es mildere und dazu noch wirksamere Kräuter gibt. Die Stechpalme ist ein langsam wachsendes Gehölz, das in fast jedem Boden wächst, sich aber in nährstoffreichem, sandigem oder lehmigem Boden am stärksten entwickelt. Die Stechpalme wird durch Aussaat, Veredlung oder Ableger vermehrt. Bei Aussaat grüner Beeren keimen sie im Folgejahr, bei Aussaat der roten reifen Beeren erst im zweiten Jahr. Stechpalmensämlinge sollten erst verpflanzt werden, wenn sie 45 cm hoch sind, und dann im Herbst in gut vorbereiteten Boden. Selbst dann dauert es mindestens zwei Jahre, bis sich die Pflanze vom Umpflanz-

schock erholt hat und wieder zu wachsen beginnt.

Efeu *Hedera helix* ist eine verholzende Kletterpflanze Europas mit Verbreitung von Norwegen bis zum Iran, die auch in Nordamerika verwildert ist. Er wächst in Wäldern, Hecken, über Felsen, an Mauern und Ruinen und in vielen Sorten als Zierpflanze in Haus und Garten. Efeu kann als Teppich den Boden bedecken oder bis 30 m hoch klettern. Die kräftigen verholzten Triebe sind reich verzweigt. Die Befestigung des Efeus an seiner Unterlage erfolgt mit Haftwurzeln. Die meist fünflappigen, glänzenden, ledrigen Blätter sind dunkelgrün und unterseits heller. Sie sind oft hell geädert und aromatisch duftend. Die grüngelben Blüten stehen gehäuft an Triebenden der Altersform, die sich dann entwickelt, wenn die Pflanze frei der Sonne ausgesetzt ist. Die Blüten öffnen sich von September bis November und entwickeln sich bis zum Frühjahr zu schwarzen Beeren, die gern von Vögeln gefressen werden. Im Altertum hielt man den Efeu für den Feind des Weins und fähig, Trunkenheit zu verhindern. Das ist der Grund, warum Bacchus, der Gott des Weins, immer Efeu bekränzt abgebildet wird. Man hielt Efeu auch für das Symbol der Treue, und griechische Priester gaben Neuvermählten einen Efeukranz. In alten Zeiten wie im Mittelalter wurde Efeu gegen viele unterschiedliche Leiden verschrieben. Die in Weiß-

wein eingelegten Beeren wurden gegen die Pest empfohlen, und ein Aufguß der Blätter wurde als Abführmittel getrunken. Efeublätterumschläge galten als wundheilungsfördernd, und Jean Palaiseul berichtet, daß italienische Mütter Efeublättermützchen für ihre Kinder machten, wenn sie an Eiterflechte litten. Heute wird Efeu nur zur äußerlichen Anwendung empfohlen, da stärkere Dosen, innerlich angewandt, giftig sind. Frische Blätter direkt, als Umschlag oder Kompresse, werden bei Nervenschmerzen, Rheumatismus, Ischias, geschwollenen Beinen und Zellulitis verschrieben. Efeublätter sind ein ausgezeichnetes Mittel gegen Hühneraugen (man binde ein Efeublatt, das in Zitronensaft eingeweicht wurde, auf ein Hühnerauge und wiederhole dies täglich, bis es abfällt). Efeusaft als Lotion auf Stirn und Schläfen kann Kopfschmerzen und Migräne lindern. Andere Anwendungen sind die Nutzung als Haarfarbe und zur Farbauffrischung verblaßter schwarzer Stoffe. Efeu wächst problemlos im Garten oder am Haus. Mauerwerk, an dem Efeu klettert, sollte gut verfugt und in Ordnung sein, da lockerer Putz und viele Farbanstriche das mit dem Wachstum des Efeus steigende Gewicht der Pflanze, das an den Haftwurzeln zieht, nicht aushalten. Efeu ist die harte immergrüne langlebige Kletterpflanze, der weder Frost noch Luftbelastungen etwas ausmachen.

Nützliche Adressen

Wer heute ein Gartenpflanzensortiment anbietet, führt auch ein Kräutersortiment. Manche Arten des sehr weit gefaßten »Kräutersortiments« in diesem Buch sind im üblichen Heil- und Gewürzkräutersortiment normalerweise nicht enthalten, sondern finden sich z. B. bei den Gartenstauden, Wildstauden, Gehölzen, Kübelpflanzen, Sommerblumen oder im Gemüse- und Beerenobstsortiment wieder.

Aber nur mit dem botanischen Namen z. B. *Potentilla erecta* ist eine präzise Nachfrage möglich.

Für Stauden kann man Bezugsquellen erfragen bei:

Bund deutscher Staudengärtner
Gießener Straße 47
6310 Grünberg/Hessen

Für Gehölze bei:

Bund deutscher Baumschulen e. V.
Bismarckstraße 49
2080 Pinneberg

Anschauungsmaterial zum Kennenlernen findet man in den Botanischen Gärten. Dort kann man meist auch Hinweise auf spezialisierte Gärtnereien in der näheren Umgebung erfahren.

Die meisten »Kräuter« sind Stauden. Wer gerne andere Menschen mit gleichem Staudeninteresse kennenlernen möchte, um Erfahrungen, aber vielleicht auch Samen und Pflanzen seltener Arten und Sorten zu tauschen, kann Mitglied werden bei:

Gesellschaft der Staudenfreunde e. V.
Dörrenklingenweg 35
7114 Pfedelbach-Untersteinbach

Kräuter –
Informationen und Angebote

Früher, als es zu Zeiten unserer Großeltern noch nicht überall ein breites Kräuterangebot gab, war die Weitergabe über den Gartenzaun die beste Bezugsquelle. Mit der Rückbesinnung auf Kräuter für Küche, Gesundheit und Hobby wächst der Wunsch nach eigener Gartenkultur überall, nur Pflanzen und Pflanzenkenntnisse sind in Vergessenheit geraten und nicht wie früher selbstverständlich.

Erstes Gebot bei der Verwendung von Kräutern ist deren genaue Kenntnis. Kennenlernen der lebendigen Pflanze ist die gute und notwendige Ergänzung zum Buchwissen. Wo aber findet man Kräutersortimente? Alle Botanischen Gärten haben eine Nutzpflanzenabteilung, in der man seine Pflanzenkenntnisse bei genauen Namensangaben vertiefen kann. Oft gibt es auch Apothekergärten oder Kräutergärten in Parks oder bei Firmen, die Arzneimittel herstellen.

Wo größere Staudensortimente angeboten werden, sind »Kräuter« selbstverständlicher Bestandteil des Sortiments. Viele gärtnerische Fachbetriebe wie Staudengärtnereien, aber auch Gartencenter und manche Verkaufsbaumschulen oder Ihr Gärtner um die Ecke bieten zumindest zeitweise ein Heil- und Gewürzkräutersortiment an.

Wer spezielle Pflanzenarten und -sorten sucht, kann für den Kräuterbereich Lieferadressen erfragen bei:

Bund Deutscher Staudengärtner
Gießener Straße 47
6310 Grünberg 1

Die meisten der »Kräuter« dieses Buches sind im gärtnerisch-botanischen Sprachgebrauch Stauden. Stauden bilden mit einjährigen Pflanzen und Gehölzen das große Pflanzenreich, mit dem wir unsere Gärten gestalten.

Wer gerne Pflanzen – Kräuter – Freunde zum Fachsimpeln kennenlernen möchte,
kann Mitglied werden bei der Gesellschaft der Staudenfreunde E. V.
Dörrenklingenweg 35
7114 Pfedelbach – Untersteinbach

Stichwortverzeichnis

(lateinische Artbegriffe in kursiv)